亚瑟·J.马德尔是一位治学严谨的研究者、教师和作者。在现代皇家海军历史这一领域，出生于1910年的他几可堪称最为卓越的历史学家。马德尔教授在西方国家多所大学拥有教职，并曾获得大量荣誉称号，一生先后出版15部有关英国海军历史的著作。教授于1980年逝世。

巴里·高夫是著名的加拿大籍海事和海军历史学家，著有《史学的无畏舰：亚瑟·马德尔、史蒂芬·罗斯基尔和海军历史之战》。该书最近由锡福斯出版社（Seaforth Publishing）出版。

∧ 海军元帅约翰·杰利科爵士，1914—1916 年任大舰队司令（照片摄于战后，收藏于广播时代赫尔顿图片图书馆）

指文® **海洋文库** / S005

［英］**亚瑟·雅各布·马德尔** 著 **杨坚** 译

# 英国皇家海军
## 从无畏舰到斯卡帕湾
· 第三卷 ·

★ **日德兰海战及其之后** ★
**1916.5—12**

民主与建设出版社
· 北京 ·

© 民主与建设出版社，2022

**图书在版编目（CIP）数据**

英国皇家海军，从无畏舰到斯卡帕湾 . 第三卷，日
德兰海战及其之后：1916.5—12 /（英）亚瑟·雅
各布·马德尔著；杨坚译 . ——北京：民主与建设
出版社，2022.4
ISBN 978-7-5139-3777-1

Ⅰ .①英… Ⅱ .①亚…②杨… Ⅲ .①海军－军事史－
史料－英国－ 1916 Ⅳ .① E561.53

中国版本图书馆 CIP 数据核字（2022）第 044675 号

FROM THE DREADNOUGHT TO SCAPA FLOW, VOLUME III:JUTLAND
AND AFTER, MAY TO DECEMBER 1916 by ARTHUR J. MARDER
Copyright: © 1970 BY ARTHUR J. MARDER
This edition arranged with Seaforth Publishing
through BIG APPLE AGENCY, INC., LABUAN, MALAYSIA.
Simplifed Chinese edition copyright:
2022 ChongQing Zven Culture communication Co, Ltd
All rights reserved.

著作权合同登记图字：01-2021-3818 号

# 英国皇家海军：从无畏舰到斯卡帕湾 . 第三卷 . 日德兰海战及其之后：1916.5—12

YINGGUO HUANGJIA HAIJUN CONG WUWEIJIAN DAO SIKAPAWAN
DI-SAN JUAN RIDELAN HAIZHAN JIQI ZHIHOU 1916.5-12

| | |
|---|---|
| 著　　者 | ［英］亚瑟·雅各布·马德尔 |
| 译　　者 | 杨　坚 |
| 责任编辑 | 彭　现 |
| 封面设计 | 王　星 |
| 出版发行 | 民主与建设出版社有限责任公司 |
| 电　　话 | （010）59417747　59419778 |
| 社　　址 | 北京市海淀区西三环中路 10 号望海楼 E 座 7 层 |
| 邮　　编 | 100142 |
| 印　　刷 | 重庆长虹印务有限公司 |
| 版　　次 | 2022 年 4 月第 1 版 |
| 印　　次 | 2022 年 4 月第 1 次印刷 |
| 开　　本 | 787 毫米 ×1092 毫米　1/16 |
| 印　　张 | 24 |
| 字　　数 | 346 千字 |
| 书　　号 | ISBN 978-7-5139-3777-1 |
| 定　　价 | 129.80 元 |

注：如有印、装质量问题，请与出版社联系

# 目　录

## 第一部 日德兰海战（1916 年 5 月 31 日—6 月 1 日）

### 第一章　杰利科的战术：大舰队战斗训令（日德兰前夕）.................1

　　　　战前的战术思想——杰利科颁布大舰队训令——训令的防御基调：大舰队的极端重要性——鱼雷、水雷和潜艇 / 水雷陷阱的威胁——由这些威胁引起的谨慎——另一个因素：紧张的英美关系——大舰队训令并无出人意料之处——海战的单线式战术——对"分队"战术的支持与反对 ——"抢占 T 字有利阵位"机动——远程炮战与平行航线——杰利科对重炮的依赖——集中指挥——卡拉汉和贝蒂提倡分散指挥——大舰队训令中的集中与分散原则——舰队演习中集中兵力的原因

　　　　小型舰艇的防御性角色——有关驱逐舰功能的不同观点——为什么杰利科赋予它们防御角色——装甲巡洋舰、轻巡洋舰和战列巡洋舰的角色

　　　　对大型舰队之间夜战的了无兴趣——对夜战的迷惑和不确定性——缺乏夜战的"手段"——大舰队训令与夜战

　　　　大舰队训令假定德军有意战斗——敌人不愿战斗时的方案——大舰队训令过多的细节——后果——对使用多种武器实施进攻未予足够的考虑——杰利科不愿改变基本原则——斯特迪的战术思想——对大舰队训令的总结——对战术的评论

### 第二章　日德兰：战列巡洋舰的战斗（1916 年 5 月 31 日，下午 5 时 56 分前）.........29

德方的计划——公海舰队的组成——舍尔的 U 艇陷阱未起作用——大舰队出动——大舰队的组成——杰利科和战列舰中队司令——贝蒂和战列巡洋舰指挥官——轻巡洋舰中队司令——驱逐舰支队司令和驱逐舰长——舰队的士气——"旗舰在杰德湾"的情报错误——"坎帕尼亚"号事故——哈里奇舰队被束缚手脚——杰利科和贝蒂之间的机动范围问题——第 5 战列舰中队的部署

# 第三部 第一阶段的结束（1916 年 8—12 月）

# 序

亚瑟·马德尔五卷本著作《英国皇家海军，从无畏舰到斯卡帕湾》第三卷，是全书的中心部分——也为引出后面描述皇家海军惨痛经历的两卷做了必要铺垫：1917 年的 U 艇战，以及 1918 年最后的无声胜利，根据停战协议，德国公海舰队在英国海军的看押下来到斯卡帕湾锚地。很多精彩故事将呈现在读者面前。本卷注定将成为最伟大的英国海军史著作之一。其中原因有很多：全面的研究，流畅的叙述，还有其中精深的分析。然而有些东西更卓著：观点和表达方式的客观与清晰。严肃冷静的判断无处不在。

在前言中，马德尔清楚地说明，他深知日德兰海战是英国海军史上的热点主题。他也知道这是一个说不完道不尽的故事。他从与亲历或认真研究过日德兰海战者的通信或谈话中认识到，问题在于海军将领们以及他们的支持者们之间的分歧：一方是大舰队指挥官，海军上将约翰·杰利科爵士，另一方是战列巡洋舰队指挥官，海军中将戴维·贝蒂爵士。双方都试图将马德尔拉入自己的圈子。他们都失败了。他在前言中写道："蒙太古与凯普莱特家族①的势力都很强大。"他从不期待能改变他们的观点或消除他们的偏见。但是他想用自己的方式，把故事讲给有兴趣的公众。本卷还涉及很多其他有关整段历史的重要主题，但主要讲述的，是 1916 年 5 月 31 日和 6 月 1 日的日德兰海战，以及紧随其后发生的故事。

从英国的角度来看，日德兰是他们错失的一个机会。但如果不把立意放得那么高，也可以将这场海战看作由诸多错误构成的滑稽剧。马德尔是第一位试图剖析这场海战核心问题的研究者。1966 年，本书的第一版面世时，他向人们第一次揭示了管理混乱的海军部是如何草率处理通信问题的——或者说根本未加处理。另外，在关键时刻，海上指挥官未能互通信息。英国军舰大部分时间

---

① 《罗密欧与朱丽叶》中对立的两大家族。

里都是在一团迷雾中作战。

杰利科的行事原则都列在"大舰队作战训令"中。这些原则强调了"大口径舰炮的崇高地位"。马德尔总结说,训令在几个方面遭到了严厉批评。最主要的批评,是舰队指挥权过于集中,挫伤了下级指挥官的主动性。

海军部事先获悉了公海舰队即将出动。杰利科的庞大舰队也驶离了斯卡帕湾和克罗默蒂。他的意图是在斯卡格拉克海峡的入口,与从福斯湾赶来的贝蒂的战列巡洋舰队会合。战斗在英舰与德国巡洋舰遭遇后展开,但是在几个阶段的战斗中,英国舰长们都"令人震惊地忽视了"报告他们的发现。而海军部手握破译的重要情报,要对"不可原谅地忽视"向杰利科发送这些情报负上罪责。在战术层面,杰利科在面对鱼雷威胁时转向规避,遭致了众多批评。而他的对手,海军上将舍尔则在驱逐舰的有效掩护下驶向自己的基地,此时杰利科能做的就只有让重炮战舰在夜幕中追击德军。但是感觉使他确信,敌人在黎明时分会被迫投入战斗。在当夜的战斗中,杰利科在舰桥一间小舱室的长椅上和衣躺下,休息了几个小时。

马德尔考虑了所有技术问题——"穿甲弹可怜的穿透力",舰艇的设计与建造,装甲和火炮射速。他将这些主题作为故事的必要部分,进行了细致入微、颇有见地的讨论,同时也会利用本卷之外的文字来进一步探讨这些话题。但马德尔真正感兴趣的还是人文角度。他希望能自然地将历史人物契合到故事里来,使之更加完善。他坚持把人物和他们之间的交流作为历史的根基——无论是小人物还是当权者。

正如马德尔所讲述的,日德兰对英国是一场情报上的失败。故事的悲剧之处在于,海军部的秘密情报部门——海军情报部第40室,截获并破译了德国海军的7道电报命令,它们都一致指向舍尔将开往合恩斯礁,然后返回威廉港基地。"作战部门"却全都没有发送给杰利科。如果6月1日凌晨3时前,旗舰"铁公爵"号能收到其中任何一份破译情报,杰利科就将有时间切断公海舰队的退路。马德尔设想,当天早上的战斗,本可以成为另一次"光荣的六月一日"海战。

马德尔笔下的作战处所存在的问题,与如今的情况也有许多可类比之处——积累了信息,但分析不够——在日德兰海战中,则是传达失败。马德尔揭示了海军部内"作战"与"情报"部门之间可悲地缺乏信任和联络。其中一个重要因素是作战处的体制。它就是一场个人秀。海军参谋长，海军中将亨利·奥利弗爵士一手主导了所有作战行动。出自第40室的所有情报都交给了他，或者对他负责的人——通常是海军作战处长，海军上校托马斯·杰克逊。他们决定了什么情报可以传达给大舰队司令。奥利弗希望下属能够替自己执行例行工作。他不需要那些协助自己的人有什么创造性头脑。第一海务大臣在海战期间，也只是来到作战处询问战事进展。因此一切都取决于一个人，这也是重要情报未能得到传达的根本原因。马德尔层层揭开了谜团。人们可以认为，他在中央情报局的前身从事情报工作的经历，大大增强了他分析指挥链条和信息传递手段的能力。

马德尔对问题的分析并没有止步于海军部。杰利科战列线尾部的战列舰也难辞其咎。它们反复观察到了探照灯光柱、炮火和照明弹，首先在西北方向，然后在它们舰艉方向延展成弧形。但是这4艘战列舰竟然无所作为，既没有报告它们的发现，也没有与敌人接战。海军中将彼得·格莱顿爵士（Peter Gretton），同时也是一位出色的历史学家，曾致信马德尔："我至今仍在噩梦中看到那些在舰队后方看见德国战列舰和战列巡洋舰的几艘战列舰，将炮口转向敌人，却莫名其妙地没有开火。这种行为应该上军事法庭。"格莱顿和其他人都同意，如果那一大批貌似有雄才大略的军官中，有一位能下令用无线电或信号灯发出**"战列舰、战列舰、战列舰"**的信号，整个历史可能就将被改写。

由于担心把自己的位置暴露给敌人，从而遭到敌军的夜战攻击，大舰队严格限制无线电的使用。舰队安全要优先于通报发现敌人或者对敌攻击。马德尔明确指出，英国海军已经将确保舰队安全奉为圭臬。这种观念如此强烈，以至于下面这条大舰队训令已经形同虚设："首要原则是，发现敌人的报告必须及时送达舰队指挥官。为确保传达成功，必须使用所有光学和无线电通信手段。"马德尔也将责任明确地指向了杰利科，他在大舰队训练中一直未能解决理论和实战之间的巨大差异。

接下来是健康因素。很多受访军官都提到在海战当晚"极度困倦"和"极度心理疲劳"。是杰利科给军官们造成了巨大的精神压力和紧张情绪。很多高级军官一直待在舰桥上。驱逐舰上的官兵更是精疲力竭。战列巡洋舰"虎"号的瞭望、探照灯和信号部门的水兵在值第一更时（晚上8时至12时）就睡着了。换句话说，军官在这场漫长海战中经受了极度的精神和身体疲劳。这对当晚发生的事情没有影响吗？马德尔认为是有的，但也不能将疲劳问题夸大。不过他认为作为猎人，而非猎物，必须在夜间行动时保持高度机警，但大舰队在当晚却不是这样。

马德尔也研究到了被称为"日德兰争议"的影响程度，也就是主力舰队和战列巡洋舰队之间天然和良性的对立关系。由于一些更资深军官不满意贝蒂的快速晋升和他的自负，这种对立被加深了。这只能激怒贝蒂的支持者，他们要把自己派头十足、个性与杰利科的安静低调截然相反的偶像塑造成英雄。他们还相信，是战列巡洋舰队给了杰利科一次千载难逢的良机——来完成他的任务——但是因为他缺乏胆魄而与胜利失之交臂。

争议一直持续到大战结束。1919年，杰利科的著作《大舰队》出版，同时出现的还有一批充满讥讽的、反对杰利科的书籍，这将争议推向了高潮。随之而来的，是1927年出版的有关日德兰海战的《哈珀报告》和丘吉尔的《世界危机》第三卷。后者在细节上有很多错误。两派的斗争开始公开化。连他们的夫人们也加入了争吵。贝蒂于1936年初去世，这也给马德尔提供了一些新的思考材料。杰利科已于1935年底去世，葬于圣保罗大教堂。他们两人相邻而葬，令杰利科伯爵夫人异常伤心。她曾希望将贝蒂的墓穴安放在随便某个角落，而不是海军将领的墓区内。"我理解你和海军部在这件事情（指两位将领的墓穴安置问题）上没有责备圣保罗大教堂的立场"，伯爵夫人在给第一海务大臣，海军元帅厄内尔·查特菲尔德爵士（贝蒂在日德兰海战中的旗舰舰长）的回信中写道，"但教堂本应让心灵得到宁静，而非毁掉这份宁静。"

马德尔间接看到了哈珀文件的内容，因为他得到了存于内阁办公室的复本。这批文件当时已经脱离海军部的管辖。他也因此得知，海军的将军们曾试图重写历史。特别是贝蒂。在马德尔笔下，贝蒂是自纳尔逊之后最著名的海军将领。贝蒂利用他第一海务大臣的职务，试图影响海军上校约翰·哈珀对官方历史的编写，哈珀是一位航海专家，他的报告于1919年完成。哈珀在报告中，揭露战列巡洋舰的炮术逊于杰利科的战列舰。另外，战列巡洋舰在大舰队与公海舰队的两次主要海战中只扮演了次要角色。贝蒂命令哈珀删去某些内容，并修改部分内容和海图。杰利科在战后也曾试图影响官方报告的撰写，不过他并未直接施加压力，也没有强令修改，因为他那时并没有官方职务。惹出争议的是亨利·纽博尔特爵士（Henry Newbolt）的《海军作战》第四、五卷，主要从细节上讲述了大战中的皇家海军史。问题出在对 1917 年杰利科迟迟不愿采用护航队体系的评论上。

马德尔考虑的，影响日德兰海战的因素中，最重要的就是海军传统。英国对掌握海权的信心，以及深厚的海军传统决定了海战结果。英国一直对与公海舰队的海战抱有充分和毫不动摇的信心。这也可以解释为何人们对 5 月 31 日至 6 月 1 日的战斗，产生了巨大的失望情绪。同时德国海军司令部也在事实面前确信，被迫投入一场决定性的海战毫无取胜希望。马德尔认为，如果这场海战增强了什么东西的话，那就是大舰队的士气。这种士气的提升是植根于英国海军传统中的。相反，德国人天性中缺乏海洋概念，完全被皇家海军的威望和压倒性优势所震慑。在战争中，德国从来没有以积极态度运用自己的水面舰队。他们对胜利没有信心，总是害怕损失舰艇。他们也从来没有主动冒险，与大舰队进行一场大规模舰队作战。

英国在日德兰海战中并没有失去制海权。从更高的角度上看，英国在战争中从海权中获取的战略利益也从来没有发生过变化。的确，德国人在此战中干得不错，但是他们从来没有能够从英国人手中夺取那支海神的三叉戟。这是马德尔在书中一再强调的，也是众多学者普遍认同的观点。

本卷在日德兰海战爆发 50 周年之际出版。它获得了高度赞扬和广泛好评。也让马德尔在英国受到举国瞩目。就像海战争议本身一样，争议也从未离开过马德尔，部分原因是他收到的信笺。也是因为马德尔想要付诸定论。他不断地收集证据，磨砺自己对焦点的态度。与海军上校史蒂芬·罗斯基尔互为对手也激励着他不断前行。

出版商同意了马德尔出版经过修改的新版本的要求。《日德兰海战及其之后》第二版于 1978 年问世。相较于第一版，新版本的内容被大大扩充了——从 307 页增至 363 页。马德尔说，"有关海战及之后的总体评论方面做了部分修改，没有哪部书会好到不能再修改的地步"。读者可能会怀疑购买第二版是否物有所值。马德尔则指出他采用了新的资料，包括德国对皇家海军秘密情报部门的认识，官兵的身心疲劳对海战的影响，对人物性格的评述也有所扩充，并且拓宽了对海战各个重要方面的分析。最初战列巡洋舰之间的交战，双方驱逐舰之间的战斗，英德双方的炮术，英军战列巡洋舰殉爆的原因，德军舰队的通信体系和报告，舍尔的战略战术等方面的内容都有所增补。马德尔在除了大大扩充原有的文字内容外，还拓展了新版的主题范畴。第二版之所以更加出色，是因为马德尔进行了更加深入的再思考，也做出了更成熟的结论。有人可能会认为修订版缺少了第一版的锐气，但是如果你把同一本书再读一遍时，已经知道了它的主要特征，也知道自己将看到什么内容。《日德兰海战及其之后》第二版在销量方面和原版相当。

值得注意的是，在第一版问世时，作者和出版商曾经讨论过出版平装版。但最后被证明是不合适的，简单而不可否认的原因是，马德尔总是希望增添而不是删减内容。当时如果出版平装版一定会非常畅销。因此多年之后，选择这样的时机出版平装本，让人们看到马德尔描述的这场伟大而重要的海战，也就顺理成章了。

巴里·高夫
维多利亚，不列颠哥伦比亚，加拿大

# 第一版前言

本卷的主题是日德兰海战。这个故事已经被多次讲过。我则着重介绍了英军舰队在海战中的角色。我略过了很多小规模战斗和其他一些细节，而集中描述了海战的主要特征，特别是那些在解读上引起争议和论战的内容。

围绕"日德兰争议"展开的讨论中，往往充满了情感因素和偏见，特别是在于对两位英军主要参战将领的看法上。蒙太古与凯普莱特家族的势力都很强大，但我本人不倾向于任何一方。自始至终，我都有意识地保持冷静，回避"事后聪明式的清醒观点"，就像荷马所说的，"事情结束后连傻瓜也变聪明了"。另外我谨记在心的还有，那些身处战场的人其实对海战进程知之甚少。坐在舒适的扶手椅中，用通信汇总，大量详尽精确的图表，以及来自双方的记述，对他们的行动做出判断——这些材料当然是指挥官们在日德兰海战中无法得到的——事实徐徐展开，可以不受浓烟和迷雾的干扰，也可以无视舰队和中队司令当时对公海舰队的力量、位置和组成的判断，这对那些军官们是不公平的，也是对历史女神克利俄的莫大讽刺。历史学家还应记住，舰对舰无线电通信在那时还处于襁褓阶段，而空中侦察也聊胜于无，雷达则还没有发明。只要有可能，我都会努力弱化对人性中脆弱之处的批评，海军上校约翰·克雷斯维尔曾在另一段文字中做过类似的表述："在这样一场旷世之战的压力面前，命运往往比人的力量更为强大，即便个人拼尽最大的努力（也难以扭转结果）；指挥官的冒险抉择很可能导致失败，甚至导致彻头彻尾的惨败，但不应因此苛责他们。"

杰利科曾在 1921 年谈道："总有一天人们会了解日德兰。"我希望本卷能够对此做出小小的贡献；但是我绝不奢望自己已经写出了关于海战的历史"定论"。只要历史学还存在，争议就会一直继续下去，荷兰历史学家彼得·盖尔（Pieter Geyl）有一句有关历史研究的格言："历史就是一场永无止境的争论。"日德兰争议就是对此最好的诠释。

本卷最后一部分讲述了从日德兰海战到 1916 年 12 月的历史，它作为日德兰海战的一部分具有一定重要性。这段时期的主要事件是舰队在装备、战术和战略方面的重组，8月19日的战斗（或者说几乎发生的战斗），在捕获法规制约下恢复的U艇战，以及白厅和大舰队中海军高层指挥的变化。这些事件直接或间接地与日德兰海战相关，它们也标志着海上战争一个阶段的结束。

在资料方面，我参考了所有有价值的出版物。我还非常幸运地得以接触到大量有关日德兰海战的限制阅览权限或非出版物材料。我在这里要特别列出如下资料。在私人范围里流传的《海军评论》中的大量文章；海军中将K.G.B.迪尤尔鞭辟入里的文章（特别是1959—1960年的三篇限制阅览权限的文章），不过他对于当时在海上和岸上参加这场海战的人士几乎都没有什么好评价，只有杰利科因其功绩得到了肯定；海军上校（后来成为海军上将和爵士）伯特兰·H.拉姆塞于1929年在海军学院所做的五次有关日德兰海战的讲座（Jellicoe MSS）；海军参谋学院副院长，海军上校约翰·H.哥德弗里（现在已成为海军上将）于1930年在拉姆塞讲座基础上所做的七次中肯的，毫无偏见的讲座（国防部海军图书馆，国防部）；以及又在此基础上经过修改，由海军中校威廉·G.坦南特（后来成为海军上将和爵士）于1932年在海军参谋学院所做的七次讲座〔坦南特女士（国家海事博物馆）〕。到1932年，海军参谋学院的讲座已经完成了标准化。

除这些资料外，我还要加上由迪尤尔兄弟（A.C.和K.G.B.，当时均为海军上校）撰写的海军参谋部专刊——《海军参谋部对日德兰海战的评论》（1922年），他们对杰利科的战术进行了严厉批评。虽然这份材料使用起来要小心[1]，但是仍有未见于他处的资料和一些宝贵的见解。时任第一海务大臣（First Sealord）的贝蒂告诉迪尤尔兄弟，要"理出海战教训"。这份专刊印刷了大约300本，但从未列出致谢名单。有理由相信，贝蒂有意只将其传达给海军参谋学院和一些高级将领，但是海军部委员会以容易引起争议为由劝说他取消了计划——而迪尤尔兄弟恰恰想以此引起争议。1928年，海军上将查尔斯·麦登爵士接任贝蒂后不久就解决了争议问题——将能收集到的专刊全部付之一炬。但是有少量复本被保留下来了。

---

① 杰利科形容它是"用贝蒂的眼睛看到的，纯粹的BCF（战列巡洋舰队）观点"，以及"充满了偏差和错误的推论"。

一些重要的未出版物（我在每一份资料后都列出了要感谢的拥有人）为日德兰及之后的历史提供了珍贵的资料，它们是：

海军部 MSS（公共档案馆）。（1964 年 4 月 1 日，海军部成为国防部海军部。）

贝尔福 MSS（不列颠图书馆）。海军大臣亚瑟·贝尔福的官方通信集，1915 年 5 月—1916 年 12 月。

贝蒂 MSS（第二代贝蒂伯爵）。战列巡洋舰队司令官文件及通信集，1913 年 3 月—1916 年 11 月。（第三代贝蒂伯爵）

科万 MSS（国家海事博物馆，格林尼治）。海军元帅瓦尔特·科万爵士文件集，其中包括一些有趣的信件。

杜夫 MSS（杜夫女士）。日德兰海战时任第 4 战列舰中队副司令，海军少将 A. L. 杜夫的大舰队日记。（国家海事博物馆，格林尼治）

埃文 – 托马斯 MSS［海军中将乔弗里·巴纳德和默文·鲍德朗先生（Mervyn Bourdillon）］。日德兰海战时任第 5 战列舰中队司令，海军少将休·埃文 – 托马斯通信集。（不列颠图书馆）

弗鲁文（Frewen）MSS（战后杰利科有关日德兰的信件，不列颠图书馆；战时和战后日记，列娜·弗鲁文夫人）。海军上尉奥斯瓦尔德·弗鲁文［日德兰海战时在第 4 轻巡洋舰中队"卡利俄佩"号（Calliope）上服役］协助哈珀撰写海军部日德兰海战官方评论。

德国海军部 MSS（国防部海军历史分部；现并入联邦军事档案馆军事史研究室，弗莱堡）。海军少将马格努斯·冯·莱韦措文件，他在日德兰海战时任舍尔参谋部的作战处长，其中包括一些有趣的战后材料。军事史研究室非常慷慨地向我开放了舍尔和希佩尔海战之后所有的报告。

哥德弗里 MSS（海军上将约翰·H. 哥德弗里）。他在海军参谋学院所做讲座的补充文件。（国防部海军图书馆）

哈密尔顿 MSS（国家海事博物馆）。1913—1917 年任第二海务大臣，海军中将弗雷德里克·哈密尔顿爵士 1915—1916 年间的日记和通信集。

哈珀 MSS（皇家联合军种研究所）。海军上校 J. E. T. 哈珀（后来成为海军中将）在撰写海军部官方日德兰海军"记录"时的通信集。（不列颠图书馆）

杰克逊 MSS（国防部海军历史分部）。第一海务大臣，海军上将亨利·杰克逊官方通信集，1915 年 5 月—1916 年 12 月。（国防部海军图书馆）

杰利科 MSS（不列颠图书馆）。相关资料，特别是最近（1963 年 8 月）公开的，杰利科对海军部《日德兰海军评论》的批评（《评论》的附录 G）和温斯顿·丘吉尔爵士在《世界危机》第三卷中对日德兰海战的评论。

凯斯 MSS（凯斯爵士夫人）。海军元帅凯斯爵士文件，包括有关日德兰海战的零星资料。（剑桥大学丘吉尔学院）

莱诺克斯诺夫 MSS（哈密尔顿公爵）。费希尔文件，包括有关日德兰海战及之后历史的侧记。（丘吉尔学院）

罗斯基尔 MSS（海军上校 S. W. 罗斯基尔）。日德兰海战期间在海军部和大舰队服役的军官们珍贵的未出版文件和通信集。

斯特迪 MSS（海军上校 W. D. 斯塔维利）。日德兰海战时任第 4 战列舰中队司令，海军中将多维顿·斯特迪通信集和文件集。

蒂利特 MSS（阿格纽女士）。海军元帅雷金纳德·约克·蒂利特家信集，他在整个战争期间指挥哈里奇舰队。

温莎 MSS（皇家档案，温莎堡）。国王乔治五世文件，包括与高级海军将领和其他海军人士的通信集。

很多军官向我提供了未经记录的史实，以及个人经历和印象：其中与日德兰海战相关的有——海军中将乔弗里·巴纳德爵士，他也是海军上将休·埃文-托马斯爵士的侄子；"无敌"号战列巡洋舰的炮术长，海军少将 H. E. 丹雷泽；日德兰海战中在"鲁莽"号（第 4 战列舰中队）上服役的海军上校 H. C. B. 皮蓬，他在 1919—1920 年协助海军上校哈珀撰写日德兰海战官方历史；关于 8 月 19 日的行动的有——海军中将伯特兰·C. 沃特森，他当时是蒂利特的航海军官；关于日德兰海战及之后的历史，以下军官阅读了我的手稿。

将手稿完全通读的有海军上将威廉·詹姆斯爵士，他曾任第 4 战列舰中队司令斯特迪的中校参谋官；海军上将雷金纳德·普兰基特-厄内尔-厄尔-德拉克斯，他曾任贝蒂的中校参谋官，在"狮"号的参谋部中负责作战；海军中将乔弗里·布雷克爵士，他曾在杰利科的旗舰"铁公爵"号上任炮术长；海军少将 W. S. 查默斯，他从 1914 年 8 月直到战后在贝蒂的参谋部工作，也是贝蒂官方传记的作者；海军上校约翰·克雷斯维尔，他曾任战术学校校长（他将他 1931 年在海军参谋学院的精彩讲座，"1916 年 8 月 19 日的行动"文本借给我参阅）；海军上校 S. W. 罗斯基尔；国防部海军历史分部主管和海军图书馆馆员，海军少校 P. K. 肯普；曾在海军历史分部任职的海军中校 M. G. 桑德斯。曾任贝蒂旗舰长的海军元帅查特菲尔德，以及战后任战术学校校长的海军中将詹姆斯·A. G. 特罗普爵士，他们二人阅读了第一至第四章。曾在"南安普敦"号上任古迪纳夫通信军官的海军上将亚瑟·彼得斯爵士，阅读了第七至第九章，并在他处协助我解决了一些战术上的问题。我诚挚地感谢这些人给予的建设性评论和有趣的侧记——并对书中有关事实和解读的错误给予了指正。

我要特别感谢海军上校克雷斯维尔，他在本卷内容的计划和整理方面做了大量细节工作；日德兰海战海图是在研究了大量英德双方官方史，以及其他资料的基础上绘出的，新绘制海图在清晰度和为读者提供所有相关信息方面达成了平衡。对最后完成的海图绘制（包括文字中的图表），我要感谢曾在国防部水文分部任职的 N. 阿瑟顿先生，以及该部门的 G. 萨维奇小姐和她的同事们。

我还要感谢夏威夷大学和加州大学尔湾分校对我的经济资助和为我减轻了授课负担；美国哲学学会为我提供了经费资助；曾任海军副参谋长和第五海务大臣的海军中将彼得·格莱顿爵士为我提供了大量帮助；杰利科伯爵夫人准许我参阅海军上将杰利科和查尔斯·麦登爵士在日德兰之后的信件（可惜杰利科家族的信件保留下来的极少）；夏威夷大学的图书馆员卡尔·斯特罗文博士，和加州大学尔湾分校的图书馆员约翰·史密斯先生，以及他们出色的工作人员对我有求必应；海军中校肯普和海军历史分部及海军图书馆勤奋的工作人员，在人手不足的情况下，对我的不断烦扰总是耐心有加；海军上将乔弗里·奥利弗爵士，海军中将弗朗西丝·普利汉姆爵士和 J. C. W. 亨里，海军上校 L. E. H. 卢埃林，以及海军中校 R. T. 杨，对英军炮术和海军弹药的诸多问题给予了澄清；海军中将奥布里·曼瑟解释了有关鱼雷的问题；海军中校 W. B. 罗博特姆也在很多问题上给予我帮助；国家海事博物馆的海军少校 D. W. 沃特斯帮助我正确理解 U 艇和贸易保护问题；大英博物馆手稿部门的副保管员 L. J. 哥顿先生解决了杰利科 MSS 中的几个谜团；公共档案馆长厅阅览室的彼得·范罗斯先生，及其他优秀职员做出了超出日常工作的贡献；最后，也是不可或缺的，是夏威夷大学的瓦奥莱特·博格斯夫人和朱迪丝·德永夫人无可比拟的秘书工作。

我要向下列慷慨授权我引用文献的出版商致敬：

卡塞尔公司（第一部，寇蒂斯·布朗公司，第二部，普特南及科瓦德–麦凯恩公司），海军元帅杰利科爵士的《大舰队，1914—1916》，兰霍恩·吉布森和海军中将 J. E. T. 哈珀的《日德兰之谜》，海军上将雷金纳德·培根爵士的《约翰·拉什沃思·杰利科伯爵传》；克里斯蒂和摩尔公司，海军上将威廉·古迪纳夫的《概录》；海军上将弗雷德里克·德雷尔爵士的产业执行人，德雷尔的《海军传统》；维克托·格兰茨公司和海军中将 K. G. B. 迪尤尔，后者的《海军内幕》；威廉·海因曼公司，海军元帅查特菲尔德爵士的《海军与国防》；皇家文书局，朱利安·科贝特爵士和亨利·纽博尔特爵士的《第一次世界大战史：海军作战》；霍德与斯托顿公司，海军少将 W. S. 查默斯的《戴维·贝蒂伯爵生平与通信》；桑普森·洛–马斯顿公司，海军上校约翰·克雷斯维尔的《海上战争》；E. S. 米特勒与佐恩公司，海军上校奥托·格罗斯的《海上战争，1914—1918，北海海战》；约翰·默里出版社，欧内斯特·费勒的《第一次世界大战史：海上贸易》；弗雷德里克·穆勒公司，海军上将雷金纳德·培根爵士和弗朗西丝·麦克默特里的《现代海军战略》；奥德汉姆出版公司和查尔斯·斯克里布纳之子公司，温斯顿·丘吉尔爵士的《世界危机》；皇家联合军种研究所，海军中将克莱格·沃勒的文章，"日德兰海战中的第五战列舰中队"，刊于 1935 年 11 月的《皇家联合军种研究所国防研究》。公共档案馆中未出版的皇家资料复本在公开出版前得到了皇家文书局审计官的允许。我还要特别感谢海军中将弗朗西丝·普利德汉姆爵士和海军中将 K. G. B. 迪尤尔，准许我引用了依然处于限制阅览权限状态的文章内容。

文中的缩写总结如下（官方和非官方）：

ACNS：助理海军参谋长

AP shell：穿甲弹

BC：战列巡洋舰

BCF：战列巡洋舰队

BCS：战列巡洋舰中队

BF：战列舰队

BS：战列舰中队

Captain (D)：指挥驱逐舰支队的海军上校

COS：海军参谋长（也是舰队司令的参谋长的缩写）

CS：巡洋舰中队

DCNS：海军副参谋长

DNC：海军造舰总监

DNI：海军情报总监 [①]

DNO：海军军械总监

DOD：海军部参谋部作战处长

GF：大舰队

GFBOs：大舰队战斗训令

LCS：轻巡洋舰中队

(N)：航海——一种特殊资质

NID：海军部情报处

RFC：皇家飞行队

RNAS：皇家海军飞行队 [②]

SG：（德军）侦察群

SM：潜艇

TBD：（雷击舰）驱逐舰

V/S：视觉（光学）信号

---

[①] 这一战前的称谓（1912年前）在1918年恢复。在第二卷中，我用它代替了1912—1918年的官方称谓DID（海军部参谋部情报处长）。

[②] 1918年4月1日与皇家飞行队合并，成为皇家空军。

W/T：无线电报

亚瑟·马德尔

尔湾，加利福尼亚

1966 年 7 月

## 特别鸣谢

海军中校 W. M. 菲普斯·霍恩比对本书的第二次印刷给予了极大的协助，他在日德兰海战中任职于"切斯特"号。

A. J. M

尔湾，加利福尼亚

1966 年 7 月

# 第二版前言

第一版获得的反响超出了我的预期。但是没有哪部书会好到不能再修改的地步，特别是当书籍出版后，作者又获得了大量新史料，有趣的侧记，和修正史实和改变基本观点所需的资料。我不仅听到了很多军官的反馈，他们大多数曾参加了日德兰海战[①]，我还有幸找到了新的资源，特别是来自以下文件的内容：查默斯文件（W. S. 查默斯夫人）、查特菲尔德文件（查特菲尔德夫人：文件现存于格林尼治国家海事博物馆）、科贝特文件（布莱恩·滕斯托尔夫人——复本存于安大略省金斯顿女王大学的道格拉斯图书馆）、K. G. B. 迪尤尔文件（格特鲁德·迪尤尔夫人：文件现存于国家海事博物馆）、沙恩·莱斯利文件（剑桥大学丘吉尔学院）、提尔皮茨文件和德国海军部记录（联邦军事档案馆，弗莱堡）、内阁办公室记录[②]，国防部海军图书馆（长期失存的杰利科对海军部《评论》的评论），以及英国广播公司（海军上将查特菲尔德、古迪纳夫和德雷尔有关日德兰海战的广播谈话）。我对能让我参阅以上文献的人士表示衷心的感谢。文中的两三处已被纠正或修改，手绘的资料图也重新绘制。

我要感谢已故海军上校约翰·克雷斯维尔、海军中校 W. M. 菲普斯·霍恩

---

① 以下是部分给予我帮助的人士的名单（其中很多人已经离世）：海军上将哈罗德·伯勒爵士、维克托·克拉奇利爵士、安格斯·坎宁安·格雷厄姆爵士、艾尔文·格莱尼爵士、威廉·詹姆斯爵士、亨利·摩尔爵士、乔弗里·奥利弗爵士、亚瑟·彼得斯爵士，以及A. C. 斯特拉特阁下，海军中将科诺尔·阿贝尔－史密斯爵士、奥布里·曼塞弗爵士、B. B. 斯科菲尔德、詹姆斯·特罗普爵士和B. C. 沃特森，海军少将R. W. 布洛克、P. N. 巴克利、W. S. 查默斯、H. E. 丹雷泽、R. M. 迪克和A. D. 尼克尔，海军上校埃里克·W. 布什、R. L. B. 坎利夫，莱昂内尔·道森、格雷厄姆·多纳德、B. H. 肯特、L. E. H. 卢埃林、E. W. 麦基琴、查尔斯·V. 马斯登、H. C. B. 皮蓬、P. H. S. 里德和R. P. 塞尔比，海军中校R. T. 杨，海军少校M. W. B. 克莱格和彼得·肯普，海军上尉埃德温·唐宁和A. C. 格兰特，维克托·谢波德先生、总工程师威廉·C. 德尼斯、迪特尔·荣格格尔和G. G. 泰恩博士。我要感谢格拉斯·罗宾森博士和保罗·M. 肯尼迪博士向我介绍了一些德文材料；角田纯教授和罗杰·丁曼教授提供了有关日德兰海战的日本海军文件；D. M. 舒尔曼教授在我使用科贝特文件时给了了指导；奥利弗·华纳先生帮助我澄清了"狮"号的哈维事件；约翰·坎贝尔为我提供了英德装甲资料，特别是他总结了多年的研究而撰写的，有关日德兰海战中炮术和鱼雷命中的未出版宝贵资料；R. G. 吉布森先生纠正了潜艇损失方面的错误；内阁办公室历史分部的W. I. 麦金多先生和L. F. 怀特先生，帝国战争博物馆文件部保管员W. A. 苏达比先生，联邦军事档案馆长弗里德里希·斯塔尔博士，提供了有关日德兰海战的新资料；艾纳尔·塔瓦斯贡纳先生对英国海军在日德兰海战中的炮术给予了有益的评论；海军上将卡尔·威策尔，海军中将弗里德里希·鲁格，海军上校哈德·彼得林亚尔，海军上校弗里德里希·福斯特梅尔博士，以及高级工程师威廉·哈德勒为我提供了有关德意志帝国海军的资料。

② 我在引源中对资料做了更多说明。当我查阅这些宝贵的资料时（1966年），它们正要被焚毁处理，但随后被送至公共档案馆，编号为CAB45/269。我在引源中称之为"内阁办公室MSS"。其中一部分资料（1922年致科贝特的信件）也可见于科贝特MSS和杰利科MSS。

比和海军上校彼得·肯普，他们在勘误和增补内容方面给予了大力协助，J. D. 劳森先生和海军中校 W. B. 罗博特姆帮助我解决了大量结构松散的问题。

我使用了《海军评论》中有关日德兰海战的文章和通信，但是根据该杂志的规定，我没有给出引源。虽然现在解除了标明引源的禁令——但是做出修改为时已晚。但是我要指出未注明引源的内容大量来自海军中将 K. G. B. 迪尤尔三篇连载的文章，《日德兰海战》，刊于《海军评论》1959 年 10 月号，1960 年 1 月号和 1960 年 4 月号。

一些以前未出版的资源，现在得到皇家文书局审计官的允许而公开出版，和第一版相比，我在引源注释中说明得更加具体，这是因为很多关键的英国资料在现于公共档案馆（海军部记录）和别处之前很久我就已经参阅，并给出了引源。另外我被要求不要使用来自前者的具体资源。所以我认为现在无须回头重新修改引源。

亚瑟·马德尔

圣芭芭拉，加利福尼亚

1977 年 6 月 1 日

# 第一部

---★---

# 日德兰海战
# （1916年5月31日—6月1日）

# 杰利科的战术：大舰队战斗训令

## （日德兰前夕）

（大舰队训令中）充满了"为我们的恐惧做出的辩护"，这也一直体现在我们的战术中……现在迫切需要多一些霍克式的勇气："你已经尽到了为我指出危险的责任，现在就让我和敌人一决高下吧。"

——海军上校雷金纳德·普兰基特－厄内尔－厄尔－德拉克斯，1925年3月

当看到杰利科和参谋人员在巨大压力下制订的大舰队训令时，我们必须视之为卓著的成功之作。也许在战争及其之后和平年代的经验指导下，我们会批评训令存在着细节过多和内容冗长等缺陷，但是……要知道当时我们对如何将作战原则运用到战术中还知之甚少，更重要的是，那时的海军军官也根本没有接受过完成这些工作所需的相关教育！要对此负责的是整个海军。

——海军上校伯特兰·H. 拉姆塞，1929年海军学院日德兰海战讲座

### 1. 动机与主要理念

1815年之后一个世纪里，海军战术的发展基本处于停滞状态。[1]长期和平以及皇家海军无可挑战的优势使人们失去了研究海战的兴趣。1908年以前，除了一些退役海军军官和指挥大型舰队的将官，极少人热心于此——人们普遍认为，研究战略战术是舰队司令的职责——战术研究在海军中并非处于重要地位。"战术思想只是几条流行语加大量的传统"，而19世纪晚期战术家们的研究成果也与实战严重脱节。

大战爆发前五六年，在少数军官的努力下，战术研究得以复兴。但无论是舰队还是岸上单位，对战术的研究均未系统化，当出现些许进展时也缺乏延续

性。海军部对改善情况也贡献甚少。没有一个经过训练的参谋部来为某个既定研究主题制订演习方案，或分析演习的结果。在对抗演习中，为避免伤害某一方指挥官的感情，海军部在1914年以前，一直拒绝公开演习裁判的评论。海军部也从未研究过海战原则在历史上的发展过程，以及通过推演来形成对当代海军战术具有指导意义的思想。海军一向把战略战术的运用，视为舰队指挥官的创造性产物。我们应当注意到，20世纪初的皇家海军正处于技术变革时代的末期。战略战术的研究也注定非常困难。无论从哪个方面看，大部分海军高级将领都认为钢铁、蒸汽和科学已经使海战发生了革命性变化，从"已死的过去"是学不到任何东西的。海军学院也没有鼓励军官们认真开展战术研究，因为"战术原则是通过使用军舰模型，在战术板上进行非现实的海战兵棋推演得来的，这比随意比较双方的舰炮、鱼雷和装甲好不到哪里去"。

结果是，英国海军直到1914年还缺乏一套被普遍接受的、详尽且具备权威性的战术原则。1914年8月4日，当杰利科上任大舰队司令之际，有关舰队战术的训令，只是前任卡拉汉在1913—1914年制订的三四份备忘录，每份备忘录只有几页纸，其内容也仅限于一些"总体原则"，例如对不同类型舰艇功能的定义，以及强调中队和支队指挥官的主动性，等等。杰利科不得不从零开始，制订他的大舰队战斗训令。当训令还在制订中，杰利科就将其中最急需部分下发给舰队。1914年8月18日初版印发的战斗训令总共只有三页，但是杰利科根据战术演习的经验不断地对其增补，加入新内容。实战对战斗训令帮助不大，因为发生在赫尔戈兰湾、科罗内尔、福克兰群岛、斯卡布罗，以及多格尔沙洲的海战，都没有显著的战术价值。1915年12月，杰利科制订了全新的大舰队战斗训令，并于1916年1月公布。日德兰海战发生时施行的战斗训令（有些在接下来的数月中有所修改），是一份大约70页，以密集版面打印的手册（包括图表），这是杰利科及其参谋人员的杰作。但是，杰利科为了填补本应在1914年就成为共识原则的空白部分，加入了大量细节，反而使其中要旨显得模糊了。纳尔逊和豪都避免从细节上指导战术，而是经常邀请手下舰长到旗舰上会谈，使他们透彻了解司令官的战略和战术思想。如果舰长们能经常在"铁公爵"号上聚会，也会产生同样的效果。但是没有迹象表明，杰利科或者贝蒂经常将将官和舰长们召集到旗舰上，即使这样做也极为罕有。在第二次世界大战中情况则完全不同，只要有可能，舰长们在重大行动前都会被召集到一起开会。

那么大舰队在日德兰海战前夕的主要战术思想是什么呢？大舰队训令中有三个主要原则：进攻精神要从属于防御性的审慎，特别是对鱼雷的防御；海战中实施单线队形、平行航线和远程火力；集中指挥。我们将依次审察这些原则。

无论战略还是战术，杰利科都更愿意发动进攻，一击粉碎德国人的海军。但是有一些强有力的原因，促使他每时每刻都把谨慎小心当作自己的职责。首先，他坚定地相信，大舰队的首要任务是保持作为一支优势舰队存在："……舰队作战不能过于冒险，因为英军舰队是维系大英帝国存续的唯一重要因素，对整个协约国集团也是如此。"[2] 这也许和纳尔逊的原则不符，后者在特拉法尔加备忘录中说，"必须要冒一定风险"，杰利科可能也会将此原则谨记在心。但是他写道，特拉法尔加海战中的纳尔逊舰队，"只是英国可调遣舰队的一小部分"，而日德兰海战中的大舰队，"包括了我们几乎全部可用的主力舰。除此之外的后备力量所剩无几"。未隶属大舰队的 13 艘前无畏舰，不管价值几何，都属于"二等作战舰艇"，地中海上的法国和意大利舰队，也"出于政治考量和监视奥地利舰队的任务……"而毫无助益。[3] 用来解释 GFBO 防御基调的，更直接的重要因素，是杰利科已决心避免将主力舰队暴露给水下威胁，例如鱼雷、水雷，或者潜艇—水雷陷阱，从而确保自己在主力舰方面的优势。他和海军部都相信，敌人为了弥补军舰数量的不足，将使用这些手段来缩小双方的实力差距。他对鱼雷的重视，也得到了海军上下的认同（鱼雷的射程已从 1900 年的 800 码，增加到 1916 年的 15000 码），不过从整个大战的经验看，鱼雷的作用在某些方面被夸大了。

对于德军潜艇，杰利科"坚信"，"如果战术运用得当，它们肯定能闯入战列舰队或战列巡洋舰队的阵列"。他再次强调："我们所有图上战术演习都反映，它们（潜艇）将投入战斗，而且当我们的主力舰展开成战列线后，极易受到攻击。"[4] 杰利科认为，布置潜艇—水雷陷阱是完全有可能的。"在最近一次演习中，德军舰队司令首先离开赫尔戈兰湾，但与英军舰队接触时，留下潜艇设伏，并在舰艉方向留下布雷舰，在与主力舰队一定距离处布下水雷，然后在双方可以交火之前，就向赫尔戈兰方向撤退，首先将英军舰队引向他的潜艇，然后引向雷场。我将派出巡洋舰反制这一战术，但这并非易事。"[5] 海军大臣对此也表示认同："首先要发现敌人，这似乎是唯一避免落入陷阱的方法；我认为在任何情况下，英军舰队司令，都不能让舰队通过受潜艇和水雷威胁的水域。"[6]

战争将证明，潜艇的内在缺陷使它们无法有效地与战列舰队协同作战。但直到 1916 年，这并不为人所知。贝蒂也坚信，图上演习已经证明，潜艇可以毫无困难地占据发动攻击的战术位置。1915 年下半年，杰利科也强调了舰队与潜艇在海战中协同的重要性。虽然他知道，即使最新型号潜艇的航速，也无法使它们随大舰队航行。他的战术，是令潜艇先行出动，在舰队之前抵达预定会合海域。1915 年夏天和秋天，杰利科和贝蒂竭力要求将哈里奇舰队的部分潜艇部署在泰恩，以协同大舰队作战。两人都认为，这些潜艇将起到巨大的作用。"可以非常确定，德国战列舰队将有潜艇同行，如果我们的潜艇不能占据位置向敌舰队发起进攻，对我们将明显不利。"[7] 但是，海军部怀疑潜艇的速度会影响其在舰队行动中的战斗力，所以拒绝了此项建议；哈里奇舰队的潜艇，主要用于在德军舰队返航时实施拦截，或者在大规模舰队交战之后打扫残局。① 贝蒂反驳说（杰利科也表示同意）："让我们具有巨大杀伤力，也是最重要的一类舰艇，仅仅在海战结束后才投入行动，这简直太愚蠢了。"[8]1915 年 11 月 17 日，各方就潜艇的使用达成了妥协。一个潜艇支队将部署在布莱斯（Blyth），隶属大舰队指挥，它将在海战中与大舰队协同行动；但是如果敌人对法恩堡岬（Flamborough Head）以北的海岸发动袭击或入侵，潜艇支队将参与防御行动。根据 GFBO 中的条款，如果"舰队在北海中部或南部与敌人作战"，该支队（最终包括 12 艘潜艇，另外还有 4 艘驱逐舰承担潜艇与舰队的中继通信）将配合舰队行动，并发挥两种功能。（1）在舰队侧翼纵队前方 10 英里或 12 英里处活动，当敌人出现时就发起进

---

① 还有可能用于阻止敌人对东海岸的袭击和登陆。

攻。（2）"如果潜艇支队错过了敌人，就应向赫尔戈兰方向推进，占据敌舰队的撤退航线；或者以水面状态航行，跟随敌人的战列舰队，而此时敌人应已转向16罗经点[①]；如果敌人出动时，航向背对赫尔戈兰湾，就会出现这一对我们非常有利的情况。"（第16章，第2、4、5段）由于布莱斯支队在日德兰海战前尚未成立，因此潜艇没有参加舰队作战。

这里出现了两个结论。第一，杰利科的潜艇战术是进攻性的，这与轻型水面舰艇的功能相反。第二，更重要的是，由于杰利科相信英军潜艇在海战中的作用，他假定敌人也会以同样的方式使用潜艇。他不知道，德国海军从来没有演练过潜艇与公海舰队的协同作战，公海舰队司令，海军上将舍尔仅仅想把潜艇当作陷阱，或者是在战斗开始之前为舰队收集情报。

整个GFBO就是一部小心防范敌人在舰队行动中使用潜艇和水雷的安全手册。就像1914年10月30日，杰利科在一封著名信件中对形势做出的评估一样[9]，一支德军舰队按原路撤退，试图将大舰队诱入潜艇和水雷陷阱，这种可能性"必须为舰队司令谨记，并可能对他的战术有重要影响"。（第14章，第3段）在战时演习中，杰利科试图找到一种能反制这种机动的方法，但没有成功。虽然从逻辑上讲，应该发起迅猛的追击，但他预计敌人会运用雷击舰的进攻，和释放烟幕来掩护主力舰撤退，对此他也无计可施。烟幕可以掩盖敌人撤退的方向，雷击舰的攻击使得追击充满了危险。杰利科对这种战术做出了如下解释：

海上演习和图上演习都显示，敌人采取的最难反制的机动，就是整条战列线顺次或以其他方式"转向离开"。这种转向机动（其目的可能是将我们的舰队诱向水雷或潜艇），很明显将置我们于非常不利的地位，因为敌人可能会从主

---

① 罗经点是航海中用于表示方位和转向角度的单位，每个罗经盘面上都会刻有：（1）四个基点：北（N）、东（E）、南（S）、西（W）；（2）四个隅点：每两个相邻基点之间的方向，即北东（NE）、南东（SE）、南西（SW）、北西（NW）；（3）八个三字点：基点和隅点之间的方向（书写时将基点写在前面），即北北东（NNE）、东北东（ENE）、东南东（ESE）、南南东（SSE）、南南西（SSW）、西南西（WSW）、西北西（WNW）、北北西（NNW）；（4）十六个偏点：基点或隅点与三字点之间的方向，书写时在基点或隅点的名称之后加"偏向"的方向。"偏向"用符号"'"或"/"表示。如北偏东（N′E）、北偏西（N′W）、东偏北（E′N）、东偏南（E′S），以及北东偏北（NE′N）、北东偏东（NE′E）、南东偏东（SE′E）、南东偏南（SE′S）等。两个罗经点之间的夹角为11.25度，在指示转向角度时"一个罗经点"即为11.25度。

力舰和驱逐舰上向我们发射鱼雷。如果不追击，敌人就会驶离火炮射程。如果追击，我们就必须接受这种不利的局面，其持续时间取决于我们的速度优势……

可以预计，我将不会在敌人有目的的转向机动后，就立即展开追击，因为我判断敌人的转向是为了将我们诱向他们的潜艇。因此，率领战列线的舰队司令应当通过演练，提高自己的判断力，以决定"引领舰队"保持距离，还是拉近距离。（第7章，第8、9段）

敌人可能从轻巡洋舰、雷击舰、潜艇或武装商船上布雷，但我们只要避开布雷舰艇驶过的海域，就能将威胁"减至最小"。"出于这个理由，当敌人采取相反航向离开时，从其舰艉方向追击是不明智的。"（第7章，第13段）

GFBO还强调，鱼雷的威胁会来自德军战列舰和鱼雷舰艇。"鱼雷的威胁必须谨记在心……在敌人被舰炮火力击败之前，我都无意冒被鱼雷攻击的危险"，为此，"在海战初期，我不想把距离拉近到14000码以内……敌人目前很有可能已经装备了射程达到15000码以上的鱼雷"。（第7章，第7段）[10] 如果敌人在转向后，派出驱逐舰发动鱼雷攻击，我们可以转向两个以上罗经点避开敌人（第9章，第1段）。面敌转向或背敌转向同样有利，因为都可以呈现更小的靶面积；也就是说，只将舰艏或舰艉，而不是侧舷暴露给敌人。将舰艏面对鱼雷来袭的方向，可以"迎头躲过鱼雷航迹"，是首选方案；这样不仅可以避免与敌人脱离接触，也可以最大限度地利用舰艏副炮打击敌人的驱逐舰。在战前的战术演习中，两种机动方式都经过了演练（开始于1911年）。背敌转向是保证舰队安全的更好方式。当舰队后撤时，鱼雷或者因射程不足而停止航行，或者因速度过慢而被轻易规避。

这就是水雷、鱼雷和潜艇引起的审慎考虑。它们导致了这样的结果：那就是在杰利科看来，唯一有效的反制方法，就是不要在敌人有所准备的海域作战。他非常遗憾地认识到，这一作战原则违背了他和舰队的愿望，因为他们都想迫使敌人尽快投入一场战斗。除了海军中将斯特迪（见下文），大舰队上下在日德兰海战之前，都认同这种审慎的战术；高级将领都同意杰利科和贝蒂对鱼雷、水雷和潜艇的观点。

还有一个因素，虽然没有影响 GFBO 的制订，但事先决定了杰利科不会在日德兰冒非必要的风险。这就是 1916 年春英国和美国的紧张关系。两国之间几乎到了相互摊牌的地步。

有一个因素，在我心中贯穿了整个行动（杰利科在战后写道），但是（在别人的建议下）我没有将它写入《大舰队》一书，因为在当时它还属于敏感话题。这就是美国有可能作为对手加入战争，这一可能性更使我不愿意让舰队做无谓的冒险。1916 年初，我们与美国的关系因为海上封锁而变得异常紧张。美国政府已经任命了一个海军委员会，来调查我们按要求将商船带入港口并实施检查是否有必要。我们争辩说由于潜艇的威胁，不可能在海上截停商船后，再用足够的时间就地检查。美国海军委员会则报告称，检查可以在海上进行，将商船带入港口是不合理的。报告被转交我评论，我当然完全不同意报告的结论。外交部和美国大使佩奇先生（Page）都告诉我，两国关系在封锁问题上非常紧张。因此有理由担心这种局面可能产生的结果，也有必要对此持谨慎态度。[11]

海军参谋学院的系列讲座也对 GFBO 缺乏新意进行了评论。海军上校 J. H. 哥德弗里（J. H. Godfrey）指出："（GFBO）的主要考虑，集中在敌人有多少种出其不意的手段，例如让潜艇跟随舰队行动，雷场和远程鱼雷，但是对我们如何能给敌人造成意外则未加重视。这种态度几乎等同于放弃了主动性。"的确如此。杰利科相信，他的主动性受限于德国人多年来设计的各种舰艇，不论大小，都拥有比英军舰艇更强的水下攻击能力[①]，而且德军舰艇的水下防护范围比英军舰艇广泛得多。而英军擅长的舰炮火力则无法在战术上形成出其不意的效果。

主导 GFBO 的第二个主要概念，是希望以单线式战术作战。单线式战术又称先导式战列线，在该战术中所有的主力舰都会跟随前方的友舰，并在远距离上与平行航行的敌人对射，用大口径主炮战胜对手。单线式战术是 17 世纪晚期

---

① 但是德军水面舰艇上鱼雷发射管的优势被英军舰艇以数量抵消了。

建立起来的战术原则，英法两国在整个 18 世纪都采用这一战术，以最大限度地发扬火力。虽然它并不总是能产生决定性的结果，但我们应该牢记的是，18 世纪发生的一些海战之所以未具决定性，常常是因为英军的对手们采取了防御性战略。人们没有忘记，拿破仑战争前后，以及战争期间，海战的基本战术原则是，如果敌舰队司令指挥不当，给你机会的话，你就应当集中力量打击其舰队的一部分。[①] 虽然对战术有诸多研究，特别是拿破仑战争后的二十年里，但是没有人能找到击败一支实力和士气都相当的舰队的有效方法。结果战术思想的发展几乎完全停滞下来，因为特拉法尔加海战已经麻痹了人们的心智，使他们认为英国海军从此将立于不败之地，另外从风帆到蒸汽动力的转变，以及海军在装备上的巨大进步，使人们很难把握现代海军的特点。进入 20 世纪后，公认的海军战术是采用线式战术的舰炮决斗——双方的战列线平行，单舰之间展开你死我活的舰炮决斗。东乡海军大将在对马海战中消灭俄罗斯舰队，使单线式战术成为海军战术的圭臬，不过英国海军认为日本海军在装备和士气上压倒性的优势，而不是他们常常表现不佳的战术，才是取胜的关键。

在战争爆发前的几年里，有少数军官，包括年轻的海军上校 H. W. 里奇蒙德和海军中校 K. G. B. 迪尤尔，以及斯特迪这样年轻的将官，都提倡分队战术（即"分散"战术，或者称为"机动作战"），以取代僵化、低效的长列式单线战术。他们认为，将压力均等地施加在整条战列线上，将不会产生决定性战果。取胜的最佳战术，就是在一场大规模的战斗中让一支分舰队独立地发挥作用——具体来说，就是在敌人的一部分战列线上集中优势力量，如有可能就对其实施包围，这一部分敌舰队被击垮，将导致整条战列线的崩溃。威廉·梅爵士担任本土舰队司令的最后一年（1910—1911 年），在杰出的旗舰长里奇蒙德的建议下，开始了战术变革。梅开展了一系列战术演习来研究分队战术的可能性。对于结果有不同的观点。一位似乎参加过演习的军官称："即使能见度良好，这种协同进攻也有很大的困难。短程无线电和飞机尚未投入使用，而且这两种装备直到

---

① 例如纳尔逊在特拉法尔加备忘录中实施的战术，就是集中打击法西联合舰队的中军和后卫分队。

日德兰海战时仍没有发展完善。"当时曾有人总结说："结论就是毫不犹豫地说不。这种战术的风险在于，高速独立分队很有可能被歼灭，而如果它们不做此冒险，它们就根本无法投入战斗。不论哪种情况，它们的缺席都会削弱主力舰队战列线的实力。"[12] 而当时在本土舰队工作的海军中校迪尤尔则有不同的意见。他在 1952 年回忆说：

首先出现了困难，甚至是混乱，因为舰队司令试图通过信号来控制不同中队和支队的机动。但是在他担任司令职务的末期（1911 年），中队和支队司令都被鼓励在总体进攻计划下发挥各自的主动性。至少从和平时期的结果判断，这种战术非常有效……另外，1911 年 2 月，本土舰队和地中海舰队在西班牙外海进行联合演习，担任红方舰队司令的乔治·瓦伦德爵士的战术就是攻击蓝方舰队的前卫和后卫，并使其中军分队失去了机动能力。由于指示清晰、情报得当，以及赋予下属指挥官自由指挥权，他的战术取得了成功。

不管怎样，1911 年的演习使梅转而支持分队战术。"分散舰队能立即解放各分队指挥官，让他们得以从根基上进攻一条纯粹防御性的战列线，这将产生一种与敌接战的新进攻战术。"[13] 但是很明显，还有关于分队战术优点的不同意见。梅离开本土舰队后（1911 年 3 月），分队进攻战术演习就停止了。他的继任者弗朗西丝·布里奇曼爵士崇尚单线式战术，他改变了梅的战术原则，重新演练起如何展开战列线。的确，除了使用高速战列舰分队或战列巡洋舰独立机动，抢占 T 字有利阵位之外，分队战术在 1914 年还没有获得普遍认同。

战争前夕，大部分高级军官，包括杰利科、贝蒂，以及除了斯特迪外所有大舰队将官，都认为单条战列线是战列舰队作战的最佳战术。GFBO（第3章，第3段）声称："在任何情况下，首要原则是'无畏'舰队要保持整体性……并且只要敌我舰队交战时的航向近似，各中队就应该组成单条战列线。"战列线必须由一长列军舰组成，队形密集，这样后卫军舰才不会处于射程之外。因此军舰之间，甚至中队之间都不允许出现间隙，这样也严重限制了舰艇中队在战斗中的机动自由。

杰利科的支持者坚持认为，单线队形并不僵化，也不排斥在机会出现时派出独立机动的高速中队或分队。他们指的是独立的第 5 战列舰中队（它被赋予了"自由侧翼中队"的功能）和战列巡洋舰队，这似乎暗示了杰利科有意使用这些高速强大的分队，协同主力舰队对敌人战列线的一部分发起毁灭性的进攻。但是这并没有体现在 GFBO 中，训令只要求这些军舰与敌人的战列巡洋舰交战，以及延续战列线。（第 5 章，第 5—13 段；第 24 章，第 7 段；以及第 23 章中的阵型展开示意图）

毕竟水手都是天性保守的；只有少数人渴望改变。单线式战术依靠的，是已被成功证明了的重要优势。它能将最大数量的战列舰主炮投入战斗[1]，它也是保持舰队整体性的最佳阵型。集中指挥被认为是至关重要的，如果各中队都独立机动，又怎么可能集中指挥呢？现代军舰的高航速，在风帆时代并不是一个需要考虑的重要因素，现在对舰队司令来说，却几乎不可能控制舰队中的独立高速中队，特别是在短程无线电和飞机尚处于发展初期阶段时。另外还有两点需要担心：（1）一个试图集中攻击敌人舰队一部分的独立中队，会遭到敌人战列舰队的集火打击而被重创甚至被粉碎，（2）如果敌人采取得当的机动，就可以将英国战列舰队置于非常不利的地位，而与此同时，独立中队可能无法从另一个方向对敌开火。

采用分队战术不仅有一定的风险，而且还有可行性的问题。当舰炮射程只有 3000 码至 4000 码时，是有可能实施分队战术的。但是在日德兰海战之前 10 年，海战距离就已经增加到了 12000 码至 16000 码，这种战术就几乎无法实施了，除非敌人做出极其愚蠢的举动。当然出现这一情况的原因，是远程交战给了双方充裕的机动时间，除非一方掌握了巨大的速度优势，也许航速要高出对方 50% 才有机会。而且正当你试图这样做时，敌人则可能也在做你完全预想不到的机动。当然采用集中战术也会面临同样的情况。一方面我们同意，用优势力量压倒敌人部分舰队的战术可以更快地赢得海战胜利（同时要阻止敌人对你采用同样的战术），另一方面也要承认，要达到这样的目的必须采用与先辈们完全不同的战术。

---

[1] 当所有火炮向侧舷或大致侧舷的方向齐射时，没有火炮会被遮挡。

　　风帆战舰火炮射程较近，射界也很狭窄，只能采用集中战术。现代军舰火炮射界已大增，加上大大延伸的射程，使舰炮火力已能覆盖敌舰队大部分舰艇。集中控制炮术在理论上，可以按舰队司令的意图打击敌舰队的任何部分，由于英军舰队的主炮在数量上对德国占有绝对优势，因此能将比以往任何时代都更大威力的齐射火力施加给对方。单线式战术的提倡者——实际上是所有战术专家——都认为应该将火力集中在敌舰队的先导舰上，也就是通过机动占据"T字有利阵位"。简单而言，T字有利阵位就是己方战列线横向切入正在前进中的敌军战列线的先导舰前进方向。这种阵位能在战术上形成绝对优势，即舰队所有军舰的侧舷火力都能集中在敌人的先导舰上，而敌人却只能用舰艏火力还击，而军舰后部的火炮，则被舰身或前方的友舰阻碍而无法开火。处于不利阵位的舰队司令有两种选择。他可以继续战斗，这意味着他必须将舰队转向与前方的敌舰队平行的位置。每一艘军舰在转向时都会受到敌人集火打击。① 舰队司令也可以命令军舰同时转向逃离。换句话说，T字有利阵位就是风帆时代集中打击敌人战列线一部的现代版本。但就像对马海战揭示的那样，T字有利阵位很难实现，因为它要求军舰有巨大的速度优势。1914 年，抢占 T 字有利阵位仍是英国海军战术思想的基础，因为人们相信，在海战中仍有机会实现这一态势，GFBO［第 7 章，第 5 段；第 15 章，（e）］也使用了这一战术，不过其形式只是当敌人未能及时展开时，将全舰队火力集中在敌人舰艇纵队的先导舰上。我们即将看到，杰利科在 5 月 31 日对公海舰队形成 T 字有利阵位时处于完全不同的情况。

　　在战斗机动和单线式学派之间还有一些共同的基础。双方都意识到，战时航渡时使用单线式纵队太危险了。一旦遇到鱼雷攻击就非常脆弱：舰队将成为敌方雷击舰艇最为显眼的靶标，而且不可能以驱逐舰形成保护屏障。不仅是来自潜艇的威胁使舰队在航渡中采取多列纵队的形式，多列纵队也是在需要时快速展开成战列线的最佳阵型。如果你在向敌人开进时采用单线式纵队，需要用很长时间机动，才能让敌人出现在你的侧舷方向，以利发挥最大火力。所以人

---

　　① 可以料想占据 T 字有利阵位的一方能将火力集中在转向点上，该点的位置是固定的，每一艘敌舰在经过转向点时，都将因为正在转向机动而无法精确开火。

们普遍认同的是，舰队应以多列纵队（分队）形式向敌人靠近，纵队彼此位于"正横方向"，也即相互平行。另外一个共识是，舰队要在战斗开始前展开成战列线，这是将一支大型舰队投入战斗，而部分或很多军舰的火力不会被遮蔽的唯一方式。这并不排除舰队随后以分队为单位转向机动，例如可以这样靠近敌人。让两个学派针锋相对的是，有人坚持要求在海战中，战斗机动不能过于僵硬地一味采取单线战术——允许各种独立机动，可以最方便地达成战术集中。

回到 GFBO（特别是第 7 章，第 7、13 段；第 14 章，第 1 段），我们发现除了采用单线队形外，杰利科的战斗计划还包括：（1）与德国战列舰队在远距离上交战。开火距离"在晴朗天气和良好气候"下，通常不超过 18000 码，随后减小到 15000 码和 10000 码之间，"后一距离要待敌人火力被压制后再达到；在战斗初期，我不想将距离缩短至 14000 码以内"。（2）以单条战列线和平行航线交战。杰利科确信，除非他能将由战列舰组成的巨大战列线，在敌人鱼雷射程以外呈与敌人大致平行的航线，否则就永远无法发挥他的强大侧舷火力。"在战斗中保持与敌人大致平行的航线，是我的基本战术原则之一：（a）因为以这种形式作战可能产生最具决定性的结果。（b）因为德国人如有机会就可能布设水雷。"（3）依靠大口径火炮取得压倒性的胜利。"毫无疑问的是，我们将在一场舰队会战中努力利用火力优势来取得决定性的胜利。"（驱逐舰附录，1915 年 10 月 1 日，第 4 段）

战后，批评者都对 GFBO 中坚持远距交战的立场感到遗憾。他们宣称，英国海军史上所有伟大的胜利都是在近距离上取得的，英军舰队以更高的火炮射速、更高的士气和纪律性粉碎了敌人。他们指出，福克兰群岛海战（1914 年 12 月 8 日）和多格尔沙洲海战（1915 年 1 月 24 日），都说明了远程炮术的局限性。在福克兰群岛海战中，斯特迪的两艘战列巡洋舰几乎耗尽了所有弹药才击沉了敌人的两艘装甲巡洋舰，在多格尔沙洲海战中，战列巡洋舰用了 3 个小时才击沉了大型装甲巡洋舰"布吕歇尔"号[1]。这些海战的教训似乎是，舰炮只有在近

---

① 该舰亦被称为"伪装战列巡洋舰（Pseudo Battle Ship）"。

距离上才有决定性的效果，因为在近距离上才能在短时间内取得大量命中。不管历史如何证明近距离交战的优点，也不管大战中的教训如何，他们都没能说服大战前和大战期间的海军军官。战列巡洋舰"大公主"号舰长，脾气暴躁的瓦尔特·科万钟爱近距离交战——"决定性的距离就是你不会脱靶的距离"——但是我找不到任何一位当时的海军将官说过或写过这样的话。公认的观点是，海战应该在尽量远的距离上展开。在战前 10 年里，英国海军舰炮的有效射程已经从 5000 码增加至 15000 码。海军军官们都相信，如果海军要有效利用它在现代远程火炮方面的优势的话，就必须在远距离上开火。随着距离增加，火炮命中率也会下降。另一方面，炮弹在远距离上呈陡直下落，这比近距离上平直飞行的炮弹给军舰造成的破坏更大。但此外，杰利科担心德国战列舰上发射的鱼雷，他也预计（第 7 章，第 6 段），德军舰队希望在近距离上交战，以掩护驱逐舰的鱼雷攻击，发挥主力舰上重型副炮的威力，出于这些原因，他也不想拉近交战的距离。

至于杰利科对重型火炮的依赖，考虑到它的威力，以及英军舰队在重炮数量、弹丸质量和有效射程方面的优势，这是非常自然的考虑。当贝蒂质疑，英国海军可能并没有执迷于对重型火炮的依赖时，杰利科回应称，他"非常确信，事实正好与此相反"。[14] 实际上，GFBO 的进攻精神都集中体现在一种武器上，那就是无畏舰的重型主炮。我们将会在后文中看到，这种在当时已经占据统治地位的思维，将导致皇家海军的所有其他力量都围绕着让大口径舰炮发挥威力而运转。大口径舰炮地位无法被撼动的一个原因是，当时的海战战术，很大程度上是由一群炮术军官（杰利科就是其中之一）决定的，他们也占据了海军其他兵种的指挥岗位。

现在我们来审视主导 GFBO 的第三个主要概念，海战中的集中指挥，这也部分派生于单线式战术。无论是在书面指导还是实际命令中，集中指挥在 17 和 18 世纪都盛行一时。① 没有任何一位舰队司令会在舰队投入战斗时放弃集中指挥。

---

① 自 17 世纪的荷兰战争开始，通过削减军舰数量和类型减小舰队规模，欧洲所有国家的海军都开始遵循集中指挥原则。

一旦海战在近距离上展开，基本上就无法施加控制，因为在硝烟中无法看清信号，命令只能通过小艇传递，所以自然只能发布各舰如何战斗的总体指示。与之类似，在整个 19 世纪，对战列线的指挥完全由舰队司令从他的旗舰上来实施，他的旗舰也总是处于战列线的中心，像风帆时代一样，他的指挥要通过其他军舰重复其命令来传递。但是到了 19 世纪末，集中指挥被发展到了极端的境地。海军上将迪尤尔指出："从舰队旗舰发出的，指挥每一个机动的命令，产生的效果就像一个人犯了急性关节炎一样，它压制了舰长和分队指挥官的主动性，他们能做的只是被动地紧随前方军舰运动。"协同思想因为有违机械地服从而被完全忽视。无论年轻军官还是高级将领都接受了这一现状。

地中海舰队司令，乔治·特赖恩爵士的旗舰"维多利亚"号的损失，就是集中指挥危险性的极好例证，但是却未被重视。在白昼条件下，舰队副司令，海军少将马克汉姆指挥的分队先导舰"坎伯当"号在转向时冲撞了"维多利亚"号。一份海军部纪要称，"虽然被'坎伯当'号的舰艏冲撞，但如果当时水密门、舱门和舷窗都被关闭的话，军舰是可以拯救的"。在军事法庭上，"维多利亚"号幸存者的证词指出，当时两艘军舰的舰长都在等待上司发出采取这些审慎措施的命令。他们没有主动采取行动，甚至没有去征询将军们的意见。事情显然没有就这样结束。[15]一位海军参谋学院教官注意到：

舰队司令独立和不受辅助地，控制每一艘军舰机动的思想已经深入人心；整个海军都毫不怀疑地接受这一概念。一位站在遥远旗舰舰桥上的超人会得到全军上下的绝对忠诚，海军军官生从入学第一天就被灌输了这种观念。

从那天起，军官生就落入各种专制权威之手，资深军官生（"资深鼻涕虫"）、海军少尉（住舱少尉）、海军中校、海军上校，最后到海军将官。在这些阶层之间还有少数临时权威，但是通过这五个步骤，绝对的权威——舰队司令——才被缔造出来。

集中指挥被发挥到了极致，看似正确、自然，也是唯一的选择。下放权力被认为是虚弱或者懒惰的表现。

就我回忆，这就是我们加入海军时受到的思想禁锢。[16]

20 世纪初，无线电的应用加强了指挥官的控制能力，进一步压缩了下属发挥主动性的空间。有一个极端却真实的例子，一艘停泊在波特兰的战列舰舰长，给他下锚在托尔湾（Tor Bay）的旗舰上的舰队司令发电报，请求从海面吊起夜间纠察用的蒸汽小艇！另外一个鲜明的例子是极具权威的"老硬阿特"·威尔逊对无线电时代带来的诸多可能性的观点（1906 年）："无线电报赋予了以前从来不可能出现的力量，就是我可以控制整个大西洋上的军舰……这就像在一副从直布罗陀到英格兰那样大的棋盘上下象棋一样。"[17]

"指挥过度集中扼杀了主动性，缺乏主动性又使分散指挥成为不可能。"这就是战前的实际情况——而那时，公海舰队的军舰曾每年独立地在海上巡航 6 个月，其间也各自实施机动和训练。只有极少数海军将领试图打破这一恶性循环，试验性地将部分指挥权下放给年轻将官实施分散指挥。卡拉汉就是其中的一位，他在"舰队作战指挥训令"（1913 年 10 月）中，将分散指挥置于第一位。"在实现舰队司令的意图时，应该给予中队、分队司令或下属指挥官更大的，指挥他们手下舰艇的自由。"[18]卡拉汉的补充备忘录，体现了他只希望在接敌过程中保留控制权的意图。"在舰队展开和全面开火后，我将继续指挥我所在的舰队一部（前卫，中军或者后卫），但是舰队的其他部分或者中队，将由它们的指挥官在我下达的总体指示下自行控制。"[19]贝蒂在 1913 年接过战列巡洋舰中队指挥权时，也提倡分散指挥原则。"战争中永远充满了不定因素。战斗中极大多数必须要估算的势态，都具有巨大的不定性。因此，我们迫切需要向舰长们提供所有可能的信息……让他们依照事先未曾预料到的情势，自行斟酌应该采取何种行动。所以'除非在极为特殊的情况下'，作战命令不应该干扰舰长们的判断，而应该具有非常概括的特质。"[20]后来颁布的战列巡洋舰队训令（贝蒂上任时年仅 41 岁，任期 1913 年 3 月—1916 年 11 月）也强调了发挥舰长和下属指挥官的主动性。

卡拉汉和贝蒂（还有梅）是仅有的例外。海军大部分战时身居高位的将官，都秉持 19 世纪 90 年代的指挥思想和方式，那时他们还只是年轻的上尉和中校。杰利科本人则不偏不倚，他的 GFBO 同时含有集中和分散指挥原则，不过他仍清晰地强调了前者。海战战术部分的开头是这样的：

舰队司令在舰队展开前，以及展开过程中指挥整支舰队，除非能见度非常低下……在舰队展开后，并不能确定他是否能指挥三个战列舰中队，因为军舰的航速很快，烟囱也会产生大量浓烟；随着战斗中噪音和烟雾的增加，实施总体控制的可能性会进一步下降。

因此有必要最大限度地分散指挥，指挥战列舰中队的海军中将，有权指挥他们的中队独立地机动，同时要与舰队司令采取一致的机动，并依从他事先传达的意图行事。（第7章，第1、2段）

训令的下一段，实质上又取消了这种"自主权利"的下放："任何情况下，无畏舰队的首要原则就是保持其整体性，要避免用一个分队或中队去攻击敌人战列线的一部分的企图，因为这样很可能导致实施进攻机动的部分舰艇遭孤立，只要双方舰队以大致平行的航线交战，各中队就应该保持其在战列线中的位置。"在同一章节中（第12段）杰利科又进一步列出了分队和中队司令可以独立行动的四种情况。从中可以看出，独立行动被限制为，必须在没有信号的情况下跟随舰队司令机动，对敌人潜艇、驱逐舰和布雷舰的活动采取防御机动，为避免敌人对己方后卫的攻击，或为发动鱼雷攻击而靠近敌人所采取的改变航向的机动。海军上将哥德弗里注意到，"也许提到这些特别的情况是一种遗憾，因为一些人无疑会认为，这些是分队司令仅有的可以采取独立行动的情况"。[21]

这套非常强调（甚至可以说是通篇强调）集中指挥的战术原则，对独立机动思想极具破坏性。首先，是对涵盖所有战场态势，印刷成文的详尽训令的信赖。其次，海军军官们受到的教育，使他们无法利用GFBO中阐述的分散战术。《海军参谋部评论》中写道："集中已经成为海军指挥的核心部分；它已经深入了（19世纪）80和90年代每一个军官的骨髓，在后来一整代舰队指挥官的心中也根深蒂固。"然后，"因为舰队司令在很多战时战术演习中都控制着舰队，自主权利"逐渐被人遗忘。因此，下属指挥官都将集中指挥视为理所当然的事情。最后："将整个舰队由巡航状态转至战斗状态非常困难，需要对此进行频繁的训练，以至于一些人认为，他们唯一的目标就是进入展开阵型中的正确位置，只要能做到就足以令他们非常满意，从而牺牲了主动性。"[22] 这并不是说在舰队作战中集中指挥一无是处。就像海军上校克雷斯维尔所说的，"只要在执行时，没有过分到让军舰因为等待命令而无所事事，那它就是理所应当且正确的。"但可惜的是，日德兰海战证明这一原则被错误地执行了。

我们可能已经注意到，德军的指挥系统，从其历史、教育和训练上看，很大程度上是分散式的。与英军对手相比，德军的下属将官和舰长们，在主动性方面经过了更多的训练，也具有更强的独立性。

## 2. 轻型舰艇和战列巡洋舰的功能

GFBO 将没有装备重型舰炮的舰艇部队视为海战中的防御性力量。下面是一段明晰的阐述：

战列舰队的目标是摧毁敌战列舰，并且要以最大决心，在最短时间内实现这一目标，最重要的是，战列线中所有军舰的注意力都要集中在此目标上，不能为敌人其他级别舰艇的进攻所转移，例如战列巡洋舰、轻巡洋舰、鱼雷舰艇和布雷舰，这些舰艇如有机会都会造成巨大的破坏。阻止此类舰艇对战列舰队干扰的职责，属于那些与敌人这些舰艇级别相当，并主要用于对付它们的舰艇，我们的此类舰艇并非纯粹防御性，而应该以进攻来实现战术目的……（第24章，第1段）

这对轻型舰艇支队又意味着什么呢？驱逐舰于 1892—1893 年诞生后不久，摧毁敌人的鱼雷艇[①]就不再是它们的任务了。驱逐舰成为远洋鱼雷舰艇，主要功能是独立于己方舰队，攻击敌人的战列舰队。舰队交战后的夜晚通常是发动攻击的最佳时机。这一局面持续了将近 20 年，直到在 1908 年发明了热动力鱼雷[②]，随后出现了（21 英寸）远程鱼雷（后者首先于 1909—1910 年装备在"小猎犬"级驱逐舰上）。这些革新，特别是动力革新，使鱼雷射程在 1914 年比 1905 年

---

① 这种低速、适航性差的舰艇排水量还不到驱逐舰的一半。
② 其动力来源是压缩空气和燃油，而早期冷动力鱼雷的动力只是压缩空气。

增加了大约 10 倍（30 节航速时的射程从 1000 码增加到 10000 码）。这样驱逐舰支队就能在白天与战列舰队的协同作战中体现自身的价值。梅的旗舰长里奇蒙德，是一位鱼雷专家，也是首批提出这一建议的军官之一。1910 年，他建议训练本土舰队的驱逐舰与战列舰队协同作战，就像德军正在做的那样。他的想法，是结合舰炮和鱼雷对敌人的战列线发起进攻，这将比单独使用这两种武器更有效果。梅对他的建议很感兴趣，并在任职本土舰队的最后一年进行战术协同演习。结果良莠不齐，原因是驱逐舰支队指挥官并未被赋予足够权力来实施独立作战。贝蒂在 1913 年也提出了同样的想法："驱逐舰在战斗中的首要任务是，抓住机会前出，并向敌人先导战列舰发起密集的远程鱼雷攻击。如果在开战之初就发射 16 或 32 枚鱼雷，只要有 20% 的命中率，就能给敌人造成无可挽回的混乱。发动攻击之后，它们就应该协助对敌人的驱逐舰作战。"[23]

德国海军在如何最有效地运用驱逐舰上，得出了和英国海军相同的结论。杰利科据此认为，更划算的做法是，在己方驱逐舰对敌人的战列舰队发射鱼雷之前，阻止数量可能更多的德军雷击舰对己方发动攻击。所以 GFBO 宣称驱逐舰的"首要任务"，就是阻止敌雷击舰支队干扰战列舰队发扬火力。英军驱逐舰将在德军雷击舰能够发射鱼雷之前，用舰炮将其拦截；向德军战列舰队发动鱼雷攻击是它们的"第二"任务（第 30 章，第 1 段）。随后的表述是："但是必须理解，我驱逐舰支队不能错失成功攻击敌人战列舰队的机会，特别是当目标为'无畏舰'时（第 3 段）"。两段文字之间的矛盾得到如下化解："如果你必须在敌人的战列舰队和驱逐舰之间取舍，对后者的注意应当是首要的，也就是要在它们能向我们的舰队发射鱼雷之前将其阻止。"（驱逐舰附录，1915 年 10 月 1 日，第 24 段）实际上在日德兰海战中，驱逐舰支队指挥官一直坚守自己的"首要任务"，没有对敌人的战列舰发动攻击。

尽管 GFBO 中的驱逐舰战术尽显防御特点（从 1914 年 8 月第一版就是如此），贝蒂的想法却自 1913 年后就从未改变。他认为，英国驱逐舰支队应当在主力舰队前方攻击敌主力舰队，将迫使敌驱逐舰去保护他们的战列舰，从而破坏或者阻止任何对英国战列舰发动的鱼雷攻击。"（他）一直坚信应该首先用我们的鱼雷舰艇发动鱼雷攻击，从而成功地起到挫败敌人发动同样进攻的作用。

另一方面，我相信如果敌鱼雷舰艇首先进攻，我们的驱逐舰将永远无法机动到能挫败这一进攻的位置。我认为使用驱逐舰首先发起进攻，将极大地鼓舞士气，对下一阶段海战也将产生重大影响。"[24] 我们将看到，贝蒂在日德兰海战第一阶段就实施了他提倡的战术。

无可否认，GFBO 将英国驱逐舰支队定位于防御角色，使英国海军将很大一部分主动权让给了敌人。但我们必须铭记，杰利科在为驱逐舰制订命令时，是假设敌雷击舰力量比大舰队强得多。他估计舍尔将会择机出动，合理的假设是，他将带上所有能出动的舰艇，所以他选择的时机将是有极少或者没有舰艇处于入坞状态，或者没有舰艇因其他原因而缺席。出于这样的假设，以及情报显示德国海军经常以 8 个现代化雷击舰支队（88 艘）进行演习，杰利科完全有理由相信，这就是舍尔出动时所带雷击舰的规模。杰利科却不能指望自己有这么多驱逐舰。5 月 30 日，他有大约 70 艘驱逐舰能够出海，这已经被认为是"出乎寻常地为数众多"了。他的计算并不包括哈里奇舰队，因为他"从不期待哈里奇舰队能与大舰队合并部署"。[25] 杰利科还知道："根据战时缴获的德国信号手册和文件，用驱逐舰发动鱼雷攻击是他们海军战术的一个主要特征——当然对我们也是如此，但是德军雷击舰是专门为实施这种攻击而设计的，英国驱逐舰的设计则更强调使用舰炮粉碎德军的鱼雷攻击，而不是对德军战列线发动鱼雷攻击。"[26]

和驱逐舰一样，装甲巡洋舰和轻巡洋舰在战斗开始后都将围绕无畏舰展开，攻击敌驱逐舰和轻巡洋舰。攻击德军战列线（轻巡洋舰使用鱼雷）是它们的第二任务（第 24 章，第 8、10、11 段）。海战开始前，也就是在接敌过程中，它们的主要任务是侦察。"在与敌人发生接触后，最重要的就是要保持接触。"（第 22 章，第 1 段）这一原则适用于所有巡洋舰——装甲巡洋舰、轻巡洋舰和战列巡洋舰——并且在训令的其他部分也有所强调：**"非常重要的是，所有巡洋舰在发现敌舰和报告敌情时，都应该对其定位……"**（第 22 章，第 5 段）战斗当中的侦察并没有被特别提到。不过我们发现了如下声明："当双方战列舰队互相发现对方后，就不再有必要报告敌人的机动……"（第 24 章，第 5 段）"在战斗中报告敌情"只有一个例外："**如果敌人在良好的时机实施机动**，对此进行报告就极有价值，**当舰队司令可能无法观察到时**，任何清楚观察到这种机动的军舰都应该报告。"（第 24 章，第 17 段，粗体为作者所加）而夜间的侦察行动则鲜有提及。

对于战列巡洋舰担任侦察幕和搜索敌人战列舰队的角色，GFBO 只具体谈到过一次："如果我战列巡洋舰队未随主力舰队行动，它可能将会作为前卫力量，以图比其他情况下更早发现敌人……"（第 22 章，第 1 段）在一场大规模舰队作战中，战列巡洋舰有四种功能："第一"是摧毁敌人的战列巡洋舰；在与敌战列巡洋舰交战前支援己方的轻巡洋舰，将敌侦察舰队驱向其战列舰队；如果敌战列巡洋舰未出现，或在将其摧毁后，作为"战列舰队的高速分队，在占据有利的位置后攻击敌前卫舰队"；"在舰队展开前，当敌战列巡洋舰未出现时，驱赶敌人所有轻型舰艇，通过报告有关敌战列舰队的全面情报，使我们获得优势，同时阻止敌军对我方采取的，除飞机侦察之外的其他侦察手段"。（第24 章，第 7 段）

## 3. 夜战

1914 年，各国海军普遍接受的观念，是大型舰队之间展开夜战，存在着无法克服的困难，因此也就对夜战研究缺乏兴趣。[①]也没有哪个国家的海军考虑或者寻求战列舰队之间的夜战。一个主要的原因，是夜战会出现混乱和诸多不确定性。海军上将威廉·詹姆斯爵士说："一场主力舰之间的夜战将会像东尼布鲁克集市（Donnybrook Fair）那样混乱。"友军可能被误认为敌人；战斗开始后舰队司令也将很难实施指挥；一支实力很弱的舰队凭借运气，可能会重创一支强大的舰队，因为后者在火力方面的优势可能无从发挥。这种夜战中运气比实力重要的论调，主要是基于实力更强的舰队由于军舰数量更多，所以在夜间比弱小的舰队更容易陷入危险的混乱。另外一个重要因素，是战列舰队没有合适的夜战"工具"。就皇家海军而言，由于缺乏光圈调节叶片，探照灯的性能低下，更重要的是，探照灯没有先进的控制装置[②]，而且任何比 10 英寸信号灯更大的

---

① 上一场夜间进行的海战发生在1801年，索玛雷兹（Saumarez）击败了法西联合舰队。

② 手动控制探照灯很难在发现目标后，对其进行持续照射。

光源都会引起炫目效应（这种光源可以轻易将探照灯一侧或正后方的操作人员致盲：战前曾试验了多种遥控装置，但显然缺乏紧迫性）；照明弹尚未发展成熟；而且直到战列舰队装备了指挥仪火控系统[①]，重型舰炮的射击都效果不佳。[27] 如果第一次齐射的硝烟飘向目标，那么在硝烟消散前，探照灯和炮手都看不见任何东西。[②] 英国海军在战前和战争期间进行的夜间火炮射击训练（试验性的火炮训练直到 1907 年才开始）极度缺乏精确性，甚至显得滑稽。海军在大部分时间都把精力和弹药用在提高白天的炮术上。海军上将詹姆斯写道："毫不夸张地讲，夜间射击毫无章法——探照灯到处乱晃，一会儿指向天空，一会儿又照向海面；炮手们看不见目标；军舰上充满了军官们愤怒、失望的叫喊。"

　　杰利科和贝蒂都不会考虑主力舰队之间夜战这种鲁莽的赌博。不仅仅是两位将领。笔者发现，在当时，对英军舰队不打夜战这种不成文的规定，并没有什么批评的声音。GFBO 在舰队夜间行动上也仅有一个概括性指示。如果白天的战斗是决定性的，"一旦夜晚来临，驱逐舰就将发起攻击，当它们发射完所有鱼雷后，应使用火炮与敌雷击舰战斗，巡洋舰应继续追击和摧毁那些脱离主力的敌方舰艇；战列巡洋舰、巡洋舰、轻巡洋舰和驱逐舰如无法保持必要的追击速度，应留在后方，在夜间保护战列舰队和受伤的舰艇"。（第 13 章，第 3 段）如果在天黑前未能实现一场决定性海战，舰队应与敌人脱离接触，并准备在白天重新发起攻击（第 4 段）。正如杰利科在日德兰海战发生前两个月所写的那样，"想要发动一场夜战需要太多运气"。[28]

## 4. 批评

GFBO 在几个方面受到了严厉的，而且极难反驳的批评：

（1）杰利科的作战计划假定德军有意交战。因此，如果敌人准备面对英军舰队并付诸一战时，作战计划才显得合理。但是如果敌人拒绝投入一场航向平

---

　　① 一部安装于前樯顶的主望远镜，此外，"伊丽莎白女王"、"君权"和"声望"级的主炮指挥塔上还有一部指挥仪，主炮指挥塔是司令塔的一部分。

　　② 当探照灯和火炮都由处于硝烟上方的指挥战位控制时，这一严重影响火炮效率的缺点就不存在了。

行，舰与舰之间的远距离炮战，而是转向逃跑，而且还有可能释放烟幕，那该怎么做呢？鉴于德军舰队在数量上处于劣势，以及他们一直奉行的战略战术，这不是不可能的。如果敌人不愿战斗，没有按照预先假设，让海战以"固定模式"进行，那么就必须有良好的海上位置和时机来实施这一作战原则（即以侧舷横跨敌人的舰艇）。不幸的是，在日德兰海战中，这两个条件都没有实现。实际上，德军舰队在与大舰队主力两次接触并转向撤退时，大舰队有以下选择：追击，或者采取一条可以将公海舰队及其基地分割的航线。事实上，后者是唯一可行的选择。前者其实并无可能，这里必须再次提醒读者，在1916年，普遍接受的观点是，**由于敌主力舰和驱逐舰上鱼雷的威胁，敌人撤退时不能立刻展开追击**。GFBO中只有一处明确提到了追击，表述为：如果战局已定，战列巡洋舰、巡洋舰、轻巡洋舰和驱逐舰将追击敌人，并"最大限度地重创敌人。当然这并不意味着要草率地展开追击，也不能有意忽视水雷和潜艇对大型舰艇的威胁"。（第13章，第3段）这也许可以通过采取一个更加灵活的战术体系来解决，但这又带来了下一项批评。

（2）即使我们同意，制订"一个概括性的进攻战术"是极为困难的（见迪尤尔，下文），但就使用具体文字来描述每一种可能性，并为普通军官所理解来说，GFBO的确是过分纠于细节了。这其实是集中指挥体现出来的问题之一。虽然海军上将迪尤尔的批评非常严厉，但其中不乏中肯之处：

当154艘英国舰艇在一片面积巨大的海域中作战时，只有积极主动的舰长和分队指挥官才有可能取得决定性的战果。对巡航阵型、位置的保持，和舰队展开等给予详尽指示可能是必要的，但并不是最重要的。舰队司令的主要职责——可能也是唯一的职责，就是制订一个概括性进攻战术，这样每个人才能在消灭敌舰队时自信而坚决地行动。但这种思想完全没有体现。例如，如果位于前卫线的战列舰中队司令，在靠近敌人时不断地被警告要小心从事，并被告知整条战斗线一定要整齐划一，每艘军舰必须保持自己的位置，他又如何能积极进攻呢？如果驱逐舰支队司令的主要任务是保护战列舰，他们又如何能组织或尝试大规模进攻呢？对保持固定阵型给予详尽的指示，为规避鱼雷攻击制订具体的方案等，使下属指挥官无从发挥主动性。那些不允许担任警戒哨的舰艇离开阵位的命令，等于彻底放弃了成功的战术指挥原则。

简而言之，GFBO未能鼓励分队指挥官发挥主动性，也在本质上剥夺了战术灵活性。

（3）杰利科曾是一名炮术军官，对他来说，所有战术的中心是舰炮对决，他希望德国人也这么认为。如果杰利科不是将所有信心都寄托在战列线和火炮威力的优势上，并且在实质上放弃使用其他舰艇和鱼雷发动进攻，他本可以协同使用所有武器装备，最大限度地发挥它们的进攻能力，从而取得更好的效果。但是杰利科并没有考虑协同进攻战术，因为像大多数同代人一样，他是一个体制的囚徒。

45年前，我还是一名年轻军官时，炮术和鱼雷专家之间有一条巨大的鸿沟。炮术军官鄙视鱼雷的效能，鱼雷军官则鄙视舰炮。一方总会"抱怨"另一方的武器。这样的结果是什么呢？用四个字来说就是：战术受制。在炮术专家眼中，海战是一场大规模的舰炮决斗；胜利只能靠火炮取得，而不是联合和协同使用所有装备，战列舰、巡洋舰和鱼雷舰艇支队……虽不是全部，我也要说这大部分是因为固有的观念，我们驱逐舰支队的进攻潜力被低估，或遭到了非难。（我们）对于各种武器之间的协同缺乏共同的愿望。[29]

作为一名战术家和舰队司令，除了GFBO本身存在缺点外，也许杰利科受到的最严厉批评，至少从一个重要事例上看，就是他丝毫没有考虑过改变自己的基本战术原则。我不会质疑"铁公爵"号的炮术长后来（1960年）声称的："他对下属的建议和想法总是持开放心态，他经常与将官和舰长们举行会议，研究大舰队战斗训令的改进，讨论范围极为广泛，包括从零开始，为必要的命令和指示设定框架，并在无数演习中对它们进行试验。"但是，在具体的内容在GFBO中成为教条后，杰利科就再不会乐于看到有人对其发起挑战。

第4战列舰中队司令斯特迪便是那个异端，他对总司令僵化刻板的战术产生了质疑。"我利用每一次机会，尽量婉转地劝说舰队司令修改训令，但总是失败。"[30]斯特迪在1915—1916年致舰队司令的信中，试图说明：（1）单线战术是一种优秀的防御阵型，但是英国海军史上没有哪一场海战是靠此战术获得胜利的，分队战术更加有效①；（2）在面对敌人的鱼雷攻击时，"向敌转向可能比让整条战列线向后转向更有效"；（3）有一种比 GFBO 中指示的更优秀的展开方式：如果以翼状队形为基准展开战列线，不管能见度如何，舰队都能跟随舰队司令组成战列线，这样他可以完全掌控舰队的机动，也无须将控制舰队机动的权力交给侧翼分队司令。而如果舰队司令从中心纵队上指挥舰队展开，就能用最简单的信号，指挥战列线转向两个或更多罗经点。这就使舰队的机动更加灵活，可以对敌人的任何机动迅速做出反应。

1915年10月，斯特迪总结了他的意见，写了一份名为"七条战术原则"的报告，报告的副本被送交杰利科和其他海军将领，希望他们提出建议并开会对其进行讨论。杰利科"特别明显地对斯特迪坚持鼓吹"分队战术优于单线式战术感到不满。[31]斯特迪想要的会议一直未能召开。"这一年（1915年），舰队司令命令我永远不要再提及，或者试图为了制胜敌人，向敌部分舰队施以优势火力而分割舰队，而且只要他当司令，我就要停止在我的旗舰上开展图上战术演习。"

杰利科对建议和批评，或者说是对斯特迪某些建议的态度，不管程度如何，都清楚地显示在1915年11月17日的一封信中。当时斯特迪写了两封信，对靠近退却中的敌人的战术提出建议，他认为，军舰顺次转向不如同时转向更优越。

> 你正在制订的战术是为了靠近撤退中的敌人，我应该使用蓝色信号旗而不是9号信号旗。[32]自战争开始，我和其他将官就研究过蓝色转向命令，我已经决定，而且大多数将官也同意，一旦出现这种可能，9号转向命令极不适用，不管实施转向的是分队、中队还是小队……
>
> 我担心，在此事宜上引起的争议对舰队不利。我知道你并非有意，但我希

---

① 他似乎忘记了光荣的六月一日海战，豪在进攻时使用了非常严格的单线战术。

望你能相信我，这确实正在产生破坏作用，引起了不安情绪，或者对我指挥舰队方式的不满，这些都是极其有害的。一些高级军官将这些情况通报给了我。因此，我致信要求你完全接受我的战斗训令，或者如果你有任何对其做出修改的意见，都务必直接呈递给我，不要与舰队其他人讨论，而成为争议的中心。想要就此引发讨论，而又不想让其他人产生训令正在受到批评的感觉是极其困难的。

第二天斯特迪见到了杰利科。两人的会谈充满了火药味。杜夫为了两人的和解，特意举办了福克兰群岛海战周年纪念午餐会。但是双方在宴席上的发言无异于火上浇油。

1916 年 5 月，杰利科告诉第二海务大臣，"斯特迪总是幼稚可笑"。杰利科的评论也许不无道理——杜夫在这一时期的确注意到，斯特迪"总是因浮躁和草率，以及过于狂傲而自毁长城"——但是，也不应该纵容一位舰队司令如此拒绝他手下的将领和他一起，就其中一位战列舰中队指挥官提出的意见和建议进行讨论。但是有证据显示杰利科并非完全抗拒斯特迪倡议的，或者其他大舰队军官可能提出的分队或其他战术思想。实际上他曾告诉自己的下属，他"保证如果公海舰队在 9 个月内都没有出动，将率舰队演练和研究提议中的新战术，但是保证舰队有足够的时间让训练达到满意程度是不可能的，而一旦修改GFBO，军官却对即将在战斗采用的新战术训练不足是非常危险的"。[33]

\* \* \*

杰利科在 GFBO 中，将所有鸡蛋都放进了一个篮子。他想通过一次双方在白天以平行航线进行的，正式的远程重炮对决来赢得决定性海战。必须承认，他作为舰队司令所制订的作战计划以及其中的战术都是保守和谨慎的。它们缺乏灵活性，也不够大胆，而历史已经证明，不冒大风险就极少能够取得决定性胜利。但是，以他手中的筹码，还有考虑到新出现的，危险的水下武器，谁又能说在未掌握相关信息的前提下，杰利科的战斗训令是过于谨慎的呢？如果 GFBO有什么缺点，那也是预料之中的事情。GFBO 毕竟代表了当时没有第一手实战经

26

(a) 罗盘信号

(b) 蓝色信号

数字2信号旗
蓝色信号旗
（向左转向2个罗经点）

蓝色信号旗
数字2信号旗
（向右转向2个罗经点）

数字2信号旗
罗盘信号旗
（向左转向2个罗经点）

罗盘信号旗
数字2信号旗
（向右转向2个罗经点）

(C) 9号信号

初始位置

9号信号旗
数字2信号旗
（向右转向2个罗经点）

数字2信号旗
9号信号旗
（向左转向2个罗经点）

**图例**

= 原方位

= 左转后方位

= 右转后方位

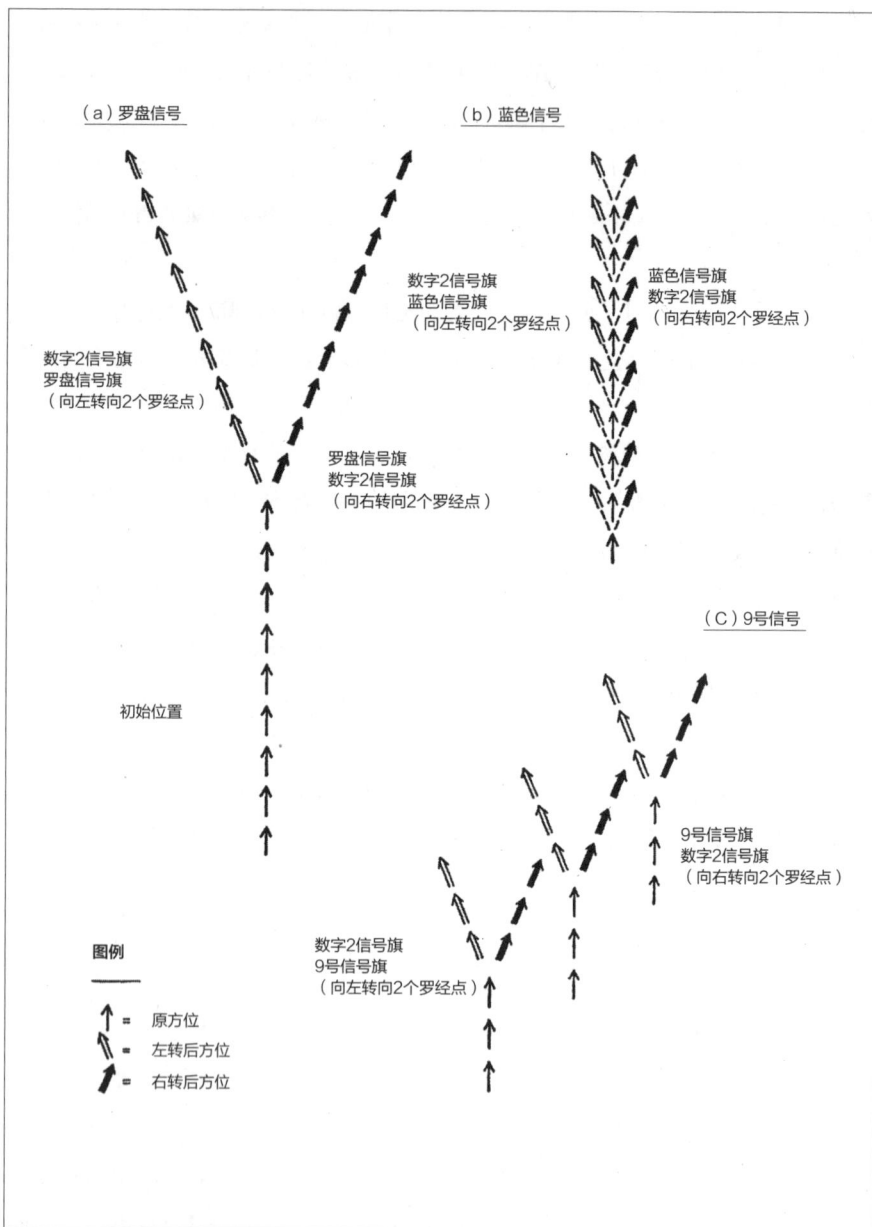

∧ 罗盘信号转向，蓝色信号转向和 9 号信号转向示意图

验的情况下，在和平时代大量研究和演习基础上得出的战术思想。当时获得普遍认同的观点也许并不正确，但也不出人意料：英国海军已经有一个世纪没有与另一个海上强国进行过实战了。海军需要的，是在战斗中获得痛苦的经验，加上对战术原则进行合理和科学的研究，然后对战术原则、指挥体系和装备进行必要的革新。

日德兰海战中，杰利科和贝蒂都未使用过蓝色信号，虽然在某些时候，命令舰队同时转向会更加有利。这是指挥舰队靠近或脱离敌人的最快机动方式，但其缺点是，如果有军舰由于烟囱和火炮产生的烟雾，未能看见和在信号旗降下后立即执行命令，舰队就会陷入混乱。如果除了先导舰外的其他军舰未能看到罗盘信号旗或9号信号旗降下，当它们看到前方舰只转向时也会意识到信号旗已降下，同时主动追随前舰舰艉航迹转向。当时还未开始使用无线电指挥队形紧密的舰队实施机动（无线电只是信号旗的备份通信工具）。第二次世界大战前海军已在很大程度上淘汰了信号旗，这样由舰桥接受信号，以及瞭望和回答信号等造成拖延就不复存在了。

当时任斯特迪旗舰舰长的海军上将威廉·詹姆斯爵士说，斯特迪是大舰队中唯一大力提倡使用蓝色信号的将领。当舰队阵型转变为单纵队前进后，杰利科在需要接敌或与敌人拉开距离时喜欢以中队为单位实施机动；首先使用罗盘信号发出"各中队脱离"的命令，然后挂起9号信号，直到他再次希望舰队呈单纵队前进并发出信号为止。杰利科的舰队航海长，海军上校奥利弗·F.莱格特（Oliver F. Leggett）认为，杰利科不喜欢蓝色信号的原因，是担心相撞事故和给敌人发动鱼雷攻击的时机。[34]

## 有关战术的注解

罗盘信号（Compass Pendant）、蓝色信号（Blue Pendant）和9号信号（9 Pendant）都是命令舰队转向的信号，以一面或多面信号旗，指示转向的角度或者新航向。

### 罗盘信号

意为"按令转向，保持舰队阵型"。该命令通常用于舰队或部分舰队呈单列纵队前进时，在实施时舰队将顺次转向。当信号旗降下时，先导舰开始转向命令中的航向，其他军舰沿其尾迹顺次转向。

**蓝色信号**

当信号旗降下时，所有军舰同时转向新的航向。

**9 号信号**

该信号只适用于舰队呈多列纵队航行时。当信号旗降下时，各纵队先导舰同时转向新的航向，其余舰只沿其尾迹顺次转向。

# 日德兰：战列巡洋舰的战斗

## （1916年5月31日，下午5时56分之前）

战列巡洋舰队的战斗就这样结束了，正如杰利科报告所称，"没有比这更令人难以下咽的结果了"。的确如此——极为难以下咽——无论如何，一个无可争议的事实是，在海战的第一阶段，一支在数量和火力上占有巨大优势的英国海军中队，竟未能击败一支主动求战的弱势敌人，因而我们只能承认，他们在50分钟内遭到了一场失败，不过并非完败。

——海军少将 J.E.T.哈珀，《日德兰真相》

有人说，因为英国损失了两艘战列巡洋舰，而德国一艘也没有损失，所以贝蒂在海战的第一阶段被希佩尔击败了。胜败不是以装备的损失来衡量的；问题是哪一方达到了自己的目的……他（贝蒂）的首要任务是发现敌战列舰队。他成功做到了这一点。……第二个任务，是与敌战列舰队保持接触。他的轻巡洋舰做到了。第三个任务，是阻止希佩尔发现英军战列舰队。在这一点上贝蒂也成功了……

——海军少将 W.S.查默斯，《戴维·贝蒂伯爵生平与通信》

## 1. 开端[1]

（资料图1）

1916年5月，德国发现自己正身处险境。原本在凡尔登取得一场速胜的希望，却因陷入了消耗战而落空了，人力资源的天平正在向它的对手慢慢倾斜，英国封锁产生的压力也逐渐显现。缓解压力的途径只能来自海上，必须打破英国人的绞索。自1916年1月起，公海舰队司令舍尔就明白了，急于寻求与英军优势舰队一战无异于自杀。因此他制订了一个较为谨慎的计划，以期改善自己的处境。如果大舰队接到德军舰队北上抵达斯卡格拉克的情报，就可能被引诱出来，在英军基地外待机的、经验丰富的德军潜艇就有机会击沉几艘大型舰艇。另外，德国海军还有机会拦截和歼灭敌人单独行动的舰艇分队。最后批准（5月30日）的计划，是公海舰队向北出击，目的地是斯卡格拉克，战列巡洋舰及其轻巡洋舰幕在舰队前方担当诱饵的角色。

德国公海舰队于31日凌晨出动，希佩尔于1时离开杰德湾，舍尔则在2时30分离开杰德湾和易北河河口。希佩尔的将旗飘扬在战列巡洋舰"吕措夫"号上，他率领着第1侦察群（5艘战列巡洋舰）、第2侦察群（4艘轻巡洋舰）和30艘雷击舰［第2、6、9雷击舰支队，领舰为轻巡洋舰"雷根斯堡"号（Regensburg）］。舍尔的旗舰是战列舰"腓特烈大帝"号，麾下有第1和第3战列舰中队的16艘无畏舰，以及第2战列舰中队的6艘前无畏舰，他是在第2战列舰中队司令和军官的热切恳求下，在最后一分钟同意让他们随自己出动的。这些航速只有18节（比舰队其他主力舰低2—3节）、火力也不足的"德意志"级战列舰，被德国海军戏称为"5分钟军舰"，这指的是它们在无畏舰打击下所能生存的时间。舍尔的感情用事说明，他已经忘了"布吕歇尔"号是如何在多格尔沙洲拖累战列巡洋舰的。[2] 这意味着德军战列线的航速比英国海军低3节。跟随舍尔出动的，还有第4侦察群的5艘轻巡洋舰和31艘雷击舰［第1（半数）、3、5、7雷击舰支队，领舰是轻巡洋舰"罗斯托克"号］。这样，公海舰队的实力为（括号内为大舰队同类舰艇的数量），16艘无畏舰（28）、6艘前无畏舰（0）、5艘战列巡洋舰（9）、11艘轻巡洋舰（26加8艘装甲巡洋舰），以及61艘雷击舰（78）。

舍尔的U艇陷阱又是如何布置的呢？与公海舰队协同作战的潜艇共有18艘。其中3艘为大型布雷潜艇，负责在福斯湾、莫雷湾（Moray Firth）外海和奥克尼群岛以东布雷。[①] 在各基地外待机的潜艇部署如下：两艘在彭特兰湾，一艘在彼得海德（Peterhead），7艘在福斯湾，2艘监视亨伯，2艘在泰尔斯海灵岛，一

---

① 其中一艘布下的水雷，在6月5日炸沉了基钦纳乘坐的"汉普郡"号巡洋舰。

∧ 1914—1916年时任战列巡洋舰队司令、海军中将戴维·贝蒂爵士与国王乔治五世（1917年拍摄于"伊丽莎白女王"号后甲板，照片由第二代贝蒂伯爵授权）

∧海军中将马丁·杰拉姆爵士,第2战列舰中队司令(照片由国家肖像画馆董事会授权)

∧海军中将塞西尔·伯尼爵士,大舰队副司令及第1战列舰中队司令(弗朗西丝·多德画作,帝国战争博物馆董事会授权)

艘意图强行通过梅岛进入福斯湾。舍尔对潜艇期待得太多, 导致了它们的失败。他的潜艇在大舰队离开基地时没有获得任何战绩, 反而有一艘布雷潜艇被一艘武装拖船击沉。只有两艘目视发现了英军舰队, 其中一艘(U-32)成功发射了鱼雷——它用两枚鱼雷攻击了轻巡洋舰"加拉提"号(第1轻巡洋舰中队), 当时后者距基地70英里(5月31日3时55分)。也没有任何U艇成功执行了侦察任务。监听到的断断续续的无线电信号, 和零星的目视接触, 使它们无法发送有意义的情报。U艇的糟糕表现, 在很大程度上要归咎于在英国基地外长时间待机后造成的效率下降。这里还要提及, 虽然U艇在战斗中没有露面, 但是英军舰队却发出了13次发现潜艇的报告。这无疑是舰队中"潜艇恐惧症"的副产品。杰利科在日德兰海战报告中称, "出现了很多潜艇"。[3]

　　5月31日凌晨5时37分至6时48分, 舍尔收到了三份情报[来自位于新明斯特(Neumünster)的破译中心, 这些情报分别来自破译的英国无线电报、U-32和U-66号潜艇], 称在海上发现了大舰队的大型水面舰艇或是水面舰艇分队。这些情报并没有影响舍尔的计划。"这些报告意味着, 敌人可能已经知道我们出动的消息。但是即使有这样的设想, 他们也没有时间去发布信息、改变各海上单位的航向和它们的构成, 所以这些发现不可能与我们的行动有任何关系。"[4]德国海军的这些行动, 并没有逃脱英国海军部的注意, 告警电报在5月30日中午就发给了杰利科和贝蒂, 称公海舰队可能在次日凌晨出动。随后, 5时40分, 海军部得知敌舰队已经收到了一份特别重要的行动命令, 随即命令杰利科, 将大舰队集结在"长四十"海域以东(位于阿伯丁以东约100英里), "为各种可能性做好准备"。杰利科命令舰队将全部锅炉升火, 为全速航行做准备, 他的命令犹如电击一般振奋了整个舰队。一直以来, 大舰队都扮演着被动角色(虽然这并非不重要), 他们唯一的敌人就是无聊烦闷的日子, 特别是整日狂风呼号的漫长冬季。现在, 5月31日, 终于出现了出海打一仗的希望。战列舰"复仇"号的游戏室里, 军官们刚刚布置好了一局桌上曲棍球, 杰利科的命令仿佛一下将他们变成了小学生一般。军官们欢呼着, 跳跃着, 互相拥抱着跳起了舞。军舰上甲板上也充斥着欢呼声。

　　至5月30日晚上10时30分, 杰利科的旗舰"铁公爵"号和主力舰队已经全部出动，正在驶向命令中的会合地点，这比希佩尔离开杰德湾早两个半小时①。伴随杰利科的是第1（伯尼）、第4（斯特迪）战列舰中队和第3战列巡洋舰中队（胡德）——后者包括3艘"无敌"级战列巡洋舰，由于航速较慢，因此并不为贝蒂所倚重——另外还有第2巡洋舰中队（希斯）、第4轻巡洋舰中队［勒梅苏里（Le Mesurier）］、第4［文图尔（Wintour）］和第12（斯特林）驱逐舰支队，以及第11驱逐舰支队一部［霍克斯利（Hawksley）］。半小时后从克罗默蒂出发的有，第2战列舰中队（杰拉姆）、第1巡洋舰中队（阿布思诺特）以及第11驱逐舰支队余部。它们预计在5月31日上午11时30分与杰利科会合，完成战列舰队的集结。杰利科麾下有24艘无畏舰、3艘战列巡洋舰、12艘轻巡洋舰、8艘装甲巡洋舰、5艘驱逐舰领舰、46艘驱逐舰，以及布雷舰"神仆"号②（Abdiel）。杰利科前往的，与战列巡洋舰队的会合地点，位于斯卡格拉克海峡外，那泽（Naze，斯卡格拉克海峡的入口）以西约90英里。与此同时，晚上11时（5月30日），贝蒂的旗舰——战列巡洋舰"狮"号离开了福斯，随行的有第1（德·B.布洛克）和第2（帕肯汉姆）战列巡洋舰中队、第5战列舰中队（埃文-托马斯）、第1（亚历山大-辛克莱尔）、第2（古迪纳夫）和第3（纳皮尔）轻巡洋舰中队，以及第1［罗波尔（Roper）］、第13［法利（Farie）］驱逐舰支队以及第9、第10驱逐舰支队各一部［哥德史密斯（Goldsmith）］。贝蒂的全部力量，包括6艘战列巡洋舰、4艘无畏舰、14艘轻巡洋舰和27艘驱逐舰，以及承担空中侦察任务的水上飞机母舰"恩加丹"号。第5战列舰中队因临时替代第3战列巡洋舰中队而归属贝蒂指挥，后者之前被派往斯卡帕湾进行炮术训练。⁵

协约国命运所倚仗者究竟是何许人呢？在大多数同代人眼中，"（杰利科是）一个有着伟大职业成就的人——优秀的水兵、聪慧的头脑和强大的将思想转化为行动的能力"，"他将全部生命都贡献给海军的装备发展"，"对他来说，舰炮就是一切……他没有任何个人野心，他质朴的个性和极其慷慨的天性，使他

---

① 舰队旗舰并不属于任何战列舰中队，不过它率领着第4战列舰中队的一个分队。
② 它原本是一艘驱逐舰领舰，在建造过程中加装了布雷设备。

为所有曾与面于他的人所爱戴"。[6]杰利科身材瘦小，相貌平平，谦逊和蔼，外表和性格毫无乖张之处，他也许缺乏贝蒂那种潇洒气派；但是正如大舰队的一位年轻军官，海军上校奥拉姆（Oram）所说的，"尽管如此，他给人的第一印象就是丰富的知识、强大的判断力，更重要的是，对人性的深刻理解力"。[7]舰队上下无不敬仰他的头脑和职业素养。官兵也都认为，杰利科最突出的优点就是他的组织能力。

与杰利科相对的是公海舰队司令，海军中将舍尔在很多方面是一位完全不同的人。舍尔在日德兰海战中的参谋长，海军上校阿道夫·冯·特罗塔（Adolf von Trotha）这样描述他："一个再好不过的同事。他在仪式中从不与年轻军官站在一起。但是他缺乏耐心，经常行事匆匆。他总是期望自己的属下能为一次作战或机动制订出计划和命令的所有细节，然后他会走上舰桥把一切推倒重来。他和我完全不同，有时候我们简直无法共处。对我来说，让一切按照规章顺利进行是极其困难的。我是一个非常一板一眼的人。舍尔则习惯于来到舰桥上即兴下达命令。在作战中，他绝对是冷静清晰的……日德兰海战显示了他的伟大天赋，但是像他那样的人肯定会令下属发狂。"[8]杰利科的参谋长，海军少将查尔斯·麦登，"是一个很单纯的人，友好而害羞，细心而又博学能干"。杰利科还有一位非常忠诚的属下，他的副司令，海军中将塞西尔·伯尼爵士，也是第1战列舰中队的指挥官（旗舰"马尔博罗"号）。伯尼是代表着老派的，严厉监工式的军官——正统、毫无想象力，而且极度缺乏主动性——有一位军官形容他就像"一块硬木头"。他行事从不会积极主动，而且向来以最僵化的方式去理解杰利科的战斗训令。他的同辈将领都不会选择他在日德兰引领战列线。第2战列舰中队司令，毫无个性的海军中将马丁·杰拉姆（旗舰"国王乔治五世"号）也是毫无创造力的军官。他为人可靠，颇具职业素养，朴实无华。另外两位战列舰中队司令则要杰出得多。魅力四射的多维顿·斯特迪爵士指挥第4战列舰中队（旗舰"本鲍"号），他也有缺点——自负——但他善于在实战中学习，喜欢钻研战术，是一位极其优秀的中队指挥官。为人友善的第5战列舰中队司令休·埃文－托马斯是公认的将才。海军上将古迪纳夫对他有恰如其分的评价："一位勤奋、忠诚、能干的军官，他行事谨慎，但也可以说有些愚钝，而且不那么富于想象力。"

战列巡洋舰队司令，海军中将戴维·贝蒂爵士是位领袖式的人物，古迪纳夫毫不夸张地评价他："总是渴望与敌人战斗"，"（大舰队司令的）职责束缚了他，但是在日德兰他毫无顾忌，率领他的舰队在第一时间就投入了战斗。他是一位风云人物。他也希望所有人有和他一样的激情……（他的吸引人之处）不在于他的头脑，甚至也不在于他极为善良的性情与慷慨的个性，而在于他作为一位伟大舰队司令的天赋。他有高瞻远瞩的见地，或者说他在行动中，有意或者无意地兼有拿破仑和腓特烈大帝的风格，那就是战斗一旦打响，一切就交由指挥官在战场上的军事直觉来决定了"。[9] 贝蒂参谋部的一名军官这样描述他："他首先撼动你的，就是那双热情而又有穿透力的眼睛，总是在引起他注意的目标间快速地闪动。他的目光从不在任何东西上驻留很久，因为他的头脑极为敏捷，他之所需只一瞥便能洞悉。他的言语也以同样的节奏配合自己的心理活动。在向他请示决定时，他总是没有丝毫的犹豫，在弹指间就定下了决心。他极富幽默感，让他的参谋团队充满了乐趣，特别是当他们感到身处重压之下时！"[10]

贝蒂在公海舰队中的对手，德军侦察群指挥官，海军中将希佩尔曾被海军元帅雷德尔形容为："精力无限，容易冲动的人，有着快速洞悉事物的能力，和一双'海员的眼睛'……他不擅长舍尔的那一套理论；他最恨的就是文件工作……"[11] 希佩尔的好脾气和幽默感为他赢得了手下官兵的爱戴；他们也欣赏他操控舰船的能力。笔者认为希佩尔是一位出色的战时海上指挥官。

战列巡洋舰队的中队指挥官尽数一流：极其聪慧博学的海军少将奥斯蒙德·德·B. 布洛克（第 1 战列巡洋舰中队，旗舰"大公主"号）；彬彬有礼的海军少将威廉·帕肯汉姆爵士（第 2 战列巡洋舰中队，旗舰"新西兰"号）是贝蒂的"科林伍德"，他身材高大，制服一尘不染，在海军中以特立独行和风趣幽默著称，在任何方面都符合"一位军官加绅士"的形象；海军少将霍雷斯·胡德勋爵（第 3 战列巡洋舰中队，旗舰"无敌"号）是海军最聪明的军官之一，充满了年轻人的勇气和热情，在任何困境下都是一位完美的领袖。他的一位舰长说，他"得到了所有人的爱戴和尊敬"。布洛克和帕肯汉姆随贝蒂一起出动；胡德则与杰利科同行。

贝蒂手下的轻巡洋舰指挥官，有利落能干的海军准将 E. S. 亚历山大 - 辛克莱尔（第1轻巡洋舰中队，旗舰"加拉提"号），他是一位来自凯瑟尼斯荒原的苏格兰人，长着一头红发和一张吊床形状的脸，性情严厉；直爽果敢的海军准将 W. E. 古迪纳夫（绰号"平底船"，第2轻巡洋舰中队，旗舰"南安普敦"号）是一位天生的领导者，深得部下信赖；海军少将特莱维利·纳皮尔（第3轻巡洋舰中队，旗舰"法尔茅斯"号）高大英俊，是一位能力很全面的军官，但是他没有激励感——似乎对自己总是信心不足，也缺乏主动性。跟随杰利科出动的海军准将 C. E. 勒梅苏里（第4轻巡洋舰中队，旗舰"卡利俄佩"号）能力平平。两位装甲巡洋舰中队指挥官均在杰利科阵中，第1和第2巡洋舰中队司令，分别是极其平庸的海军少将 H. L. 希斯（旗舰"米诺陶"号）和守纪模范与健身狂人，海军少将罗伯特·阿布思诺特爵士（旗舰"防御"号）。后者的中队总是问题不断①，但是作为海军军官，他能力极强，而且充满斗志。整体来说，巡洋舰指挥官是一群坚决果敢的战士，各个忠于职守，而且名副其实。

性情沉闷的驱逐舰支队指挥官，海军准将 J. R. P. 霍克斯利［不知什么原因被称为"霍克施泰因"（Hawkstein），第11驱逐舰支队，旗舰"卡斯特"号（Castor）］友善安静，总是怕得罪别人，抑或说他是一个不善于及时把握机会的人更加合适。5位指挥驱逐舰的海军上校（哥德史密斯是海军中校），有人缘极佳的"骗子"斯特林（第12支队），他是最冷静，对战术和装备变革通晓最多的军官之一。他的驱逐舰指挥艺术后来备受人们的称赞。与他类似但略不及之的是法利（第13支队）。其他还有罗波尔（第1支队）、文图尔（第4支队），特别是哥德史密斯（他指挥从哈里奇舰队借调而来的第9和第10支队的各一个分队），都是非常出色的指挥官。总的来说，驱逐舰指挥官是一群忠勇之士。他们可能是世界上最善于指挥小型舰艇的军官，而且不乏创造力。但是操控舰艇是他们唯一可圈可点之处。他们中没有一位深入研究过海战战术，对技术也缺乏认知，而且没有经过足够的训练。

主力舰队所有阶层的军官都热忱地效忠于杰利科，在他们眼中，他就是指

---

① 他担任"纳尔逊勋爵"号舰长时，水兵们把这艘舰称为"教教我们勋爵"号。

挥大师，兼以善良高尚的性格，深深地影响着手下的官兵。一支轻巡洋舰中队甚至把自己称为"第4约翰·杰利科近卫轻巡洋舰中队"。[12]而贝蒂也以他天生的领袖气质，得到了下属的狂热忠诚，他们认为自己依纳尔逊的传统建立了"兄弟帮"。大舰队的整体士气高昂无比，战列巡洋舰队也毫不逊色，正是这样的士气引导着英国海军进行了这场巨舰之间的决斗。

* * *

在日德兰海战的初始阶段，英国方面总共犯下五次错误，或者至少要对此做出解释。第一个错误就造成了诸多深远影响。5月31日凌晨，一名作战处军官来到第40室（海军部秘密情报处），询问代号为DK的德国无线电台位置，但是他并没有解释要求此信息的目的。他被告知，DK位处威廉港，他没有进一步询问就离开了。这名军官误以为，公海舰队的旗舰还在威廉港，并于12时30分把信息发给了杰利科。杰利科于12时48分收到电报，称无线电定位显示，"格林尼治时间上午11时10分，德军旗舰依然留在杰德湾"，"显然，由于空中侦察的延误，他们未能出动"。[13]

但实际上，DK是德军舰队司令在基地的无线电代码；当他出海时，则使用另一个代码，并将DK代码移交给威廉港无线电台。他这样做，是为了掩盖舰队已经出海的事实——例如在袭击斯卡布罗和洛斯托夫特之前他都如此行事——而第40室对此也早已知晓。如果那名军官没有那么匆忙，能够解释说作战处正急于了解敌军舰队的位置，杰利科就永远不会收到那份愚蠢的电报。电报的发送并未通报第40室，内容也未经其确认。第40室的任何人，都本可以指出作战处军官的错误。铸下大错的军官就是作战处处长本人，海军少将托马斯·杰克逊。[14]

出现如此不幸失误的根本原因，在于第40室和作战处之间从来就没有真正友好的合作。虽然第40室从1914年开始，就积累了大量有关德军舰队及其无线电通信的情报，但是它一直被视为保密部门，而与其他所有部门割裂开来，其功能仅仅是提供相关信息。海军上将詹姆斯评论道："日德兰海战时，在作战处军官的眼中，第40室仍旧只是一群知道如何破译密码，极其聪明的家伙，让作战军官征询这些情报人员的意见，简直就是罪无可赦的建议。"作战处没有咨询第40室，而且也没有将向舰队司令发报一事通报他们。这都是杰克逊酿成的错误。克拉克称："（他）极度轻视第40室的工作。在我工作期间，他只涉足过这里两三次，其中一次还是来抱怨，一个交给他的上锁文件箱割破了他的手，另一次是因为德国人开始使用一套新的密码本，'感谢上帝，我不会再得到这些该死的东西了'。"[15] 作战处对第40室心存偏见，是因为后者主要由平民组成。"这些家伙根本搞不懂截获情报中的所有含义！"

　　杰利科对海军部后续发给他的，有关敌舰队动向情报的信心，在不到3小时后就动摇了，因为贝蒂发现德军战列巡洋舰已经全数出动。他之后更加倚仗于自己舰队各单位，而不是海军部发来的情报。在夜间作战时，这造成了灾难性的后果。而即刻产生的影响就已经不能再糟了；它给了杰利科一种错误的安全感——或者令他缺乏紧迫感——导致他未能及时赶到会合地点。他中途停船检查中立国船只，以确定它们不是敌人的侦察部队。此外，他并不想让驱逐舰脱离主力，因为它们再次赶上时需要高速航行，消耗大量燃料，杰利科总是在为驱逐舰节省有限的燃料方面，承受着巨大压力。如果公海舰队未按预计的那样迅速出动，大舰队的驱逐舰可以在海上连续活动两至三天。为了节省驱逐舰的燃料，杰利科的战列舰队直到5月31日下午2时，都保持着15节的经济航速，"铁公爵"号在2时，距预定会合地还有15.5英里，也就是耽搁了大约1小时的时间。杰利科并没有感到不安，因为他没有理由期盼公海舰队已经出动，一场大战近在眼前。"我在下午1时55分向战列舰队发出命令，询问战列舰能在海上向驱逐舰补充多少燃油，这说明我当时期盼，舰队将在海上等待事态的发展，因为海军部电报显示，公海舰队仍在基地。"[16] 如果没有作战处的错误，杰利科肯定会将航速提高5至6节，尽早赶到战斗海域，为自己多赢得一至两个小时的白昼时间。同一份电报也给了贝蒂当头一棒。"我接到电报不到三个小时，就遭遇了整支德军舰队，这让我对OD（作战处）怎么看？"[17]

　　另外，水上飞机母舰"坎帕尼亚"号也遇到了麻烦，它是杰利科唯一的空中侦察力量，最近刚刚安装了飞机起飞设备。由于一系列不幸事件，它在战斗开始时未能跟上大舰队。"坎帕尼亚"号的锚地在斯卡帕湾北岸,下午6时37分(5月30日),它得到命令跟随轻巡洋舰"布兰奇"号(Blanche)出动,后者被分配给第4战列舰中队,是最后一个离港的单位;7时11分,该舰受命为锅炉升火,准备全速航行。但是它却没有收到8时10分发出的,命令舰队于9时30分离港的信号,所以它一直保持锚泊状态。有人可能认为,虽然它离舰队主力的锚地有5英里之遥,但理应注意到舰队的动向,并随队出动,因为舰队出动时刚刚日落,在相当长的时间里还有足够的光线。但是战列舰可能被隐没在南方的海岸背景中,所以直到晚上11时45分,"坎帕尼亚"号的舰长〔海军上校奥利弗·施万(Oliver Schwann)〕才发现舰队已经离开。他立即下令起锚出港,12时15分经过了外围浮栏,但已经落后舰队两个小时。"坎帕尼亚"号需要急追40英里才能赶上主力,但是杰利科在凌晨4时37分命令它返航。他认为"坎帕尼亚"已无法追上自己,并对行动有所帮助,而且他也担心,没有舰艇护航的水上飞机母舰会遭到潜艇攻击。

不管杰利科的考虑有多么周全,都是建立在错误信息基础上的。杰利科认为"坎帕尼亚"的航速只有19节。以这样略高于主力舰队的航速前进,加上采用Z字机动,它要到6月1日下午才能赶上大舰队。杰利科直到1926年才知道,"坎帕尼亚"号的航速可以达到20.5节。[18]它每小时能与战列舰队缩短最少3英里的距离,不出意外,可以在31日下午1时30分,也就是在英德舰队相遇前几小时加入主力舰队。如果"坎帕尼亚"号能够参战,它的10架水上飞机将成为杰利科最有效的侦察力量,在展开战列线之前,为他辨清当时的混乱局面。不过更有可能的是,"坎帕尼亚"号的那些水上飞机在糟糕的能见度下派不上用场,更何况当时尚处于对海空中侦察的发展初期,通信手段还相当原始,导航精度很低。例如当时在演习中,水上飞机上报的敌舰预计位置与实际位置经常有20英里的误差![1]

第三个不幸事件涉及哈里奇舰队。海军部于1914年11月14日致函杰利科,

---

[1] 水上飞机母舰"恩加丹"的表现见下文。

承诺一旦可能发生大规模海战，就让哈里奇舰队加入大舰队。但是在1916年5月30日，海军部将此决定遗忘或者忽略了。海军部在大舰队出动前（5月30日下午5时55分）通知杰利科，驻扎在斯汶（Swin，位于泰晤士河口的北方水道）的第3战列舰中队和第3巡洋舰中队，以及哈里奇舰队将不会出动，除非得到更多有关德军舰队行动目的的情报。海军部还命令（下午6时20分）哈里奇舰队指挥官蒂利特（"海军准将T"），做好在白天出动的准备。晚上10时35分，他接到修改后的命令。要求他时刻准备在1小时内出动。5月31日凌晨4时50分，急切想要出海的蒂利特，向海军部发出了一份紧急电报，提醒他们，他还没有接到进一步的命令。海军部只是生硬地要求他，继续保持1小时待命状态，因为当时敌人的目的仍不明朗。如果蒂利特最晚在30日晚上8时出发与贝蒂会合，以18节的经济航速航行，能在18小时内完成330英里的航程。若要在31日天黑之前加入杰利科舰队，蒂利特需要在当天早上5时前出动。但是，哈里奇舰队却一直在港内"勒紧着缰绳"待命。5月31日下午，蒂利特从监听到的无线电中得知，双方舰队已经交火。下午4时45分，他向海军部请命，在收到回复之前，他将在5时12分率队出击，"为执行任何收到的命令而做好准备"（引自他的作战报告）。他明白地告诉海军部，自己已经在海上了。海军部立即回复了一封蛮横的电报，命令他立即返港待命，蒂利特已经抵达了奥威尔河口的考克灯塔（Cork Light），但也只得掉头返航。蒂利特为此异常愤怒。实际上一切都已经太晚了。如果海军部允许他继续前进，他就能够在6月1日黎明时分，抵达赫尔戈兰湾以南的雷场水道。但是舍尔并没有使用那条航线。

问题出在哪里呢？日德兰海战发生几个月之后，第一海务大臣亨利·杰克逊爵士才知道1914年11月的决定！但是在海战中对蒂利特下达关键命令的，是海军参谋长奥利弗。他后来这样解释：

我和作战处长托马斯·杰克逊，以及他的副手布兰德（Brand），都长期认为德国人会试图封锁我们在海峡内的港口，破坏我们陆军与法国之间的交通线，他们可以使用前无畏舰突击多佛尔海峡，将它们作为阻塞船，我们能对此做出反应的，只有停泊在斯汶的防鱼雷网内的老式战列舰队（第3战列舰中队），它们的作战序列中没有驱逐舰；如果出动第 3 战列舰中队，哈里奇舰队就必须与之同行。我决定让哈里奇舰队按兵不动，直到确认德国老式战列舰已随公海舰队一起行动，以免公海舰队向北佯动引诱大舰队，同时德军的前无畏舰趁机袭击泰晤士河，或者袭扰和封锁法国在海峡内的港口，第一海务大臣亨利·杰克逊爵士也同意此决定。我们直到海战发生后的深夜，才得到德军前无畏舰随行公海舰队的证据，于是命令哈里奇舰队出动，打扫残局并搜索受创的舰艇。[19]

换句话说，将哈里奇舰队留在基地，防范的不是公海舰队南下，而是德军利用其出动做掩护，让另一支舰队进入北海南部水域，位于该海域的比利时港口驻扎有强大的德军雷击舰部队，合兵一处的德军舰队就可以袭击唐斯（Downs），或者攻击海峡以东极其重要的航线。[①] 所以，直到确认这种袭击不会发生之前，哈里奇舰队必须按兵不动。

鉴于当时的情况，很难去严厉指责奥利弗和他的同僚。另一方面，未让哈里奇舰队出动也犯下了用兵的大忌，无论在陆上还是海上，战斗前夕都应该集中兵力。直到 6 月 1 日凌晨 2 时 52 分，所有南部水域遇袭的担心都成为多余时，海军部终于命令蒂利特加入杰利科舰队。3 时 50 分，他率领 5 艘轻巡洋舰、两艘驱逐领舰和 16 艘驱逐舰出发了。但是这支强大的舰队抵达得太晚，它们唯一的作用就是引领受损友舰返回基地。

杰利科在战后抱怨，海军部没有及时让蒂利特前来增援。奥利弗没有正面回应，只是说，"在他们心里只有大舰队是重要的"。他从来没有承认过，未让哈里奇舰队出动是一个错误。

集中兵力原则，同样被杰利科在战斗前夕打破，也造成了英方的第四个错误。和 1914—1915 年的海上行动不同，这一次海上会合的时间和地点，是由杰利科决定的。他将主力舰队的航程终点定在北纬 57 度 45 分，东经 4 度 15 分（距斯卡帕湾 240 英里），预计到达时间是 31 日下午 2 时，他为贝蒂指定的位置，在

---

① 多佛尔巡逻队在航速和火力上都不及德军在比利时的舰队，后者可能至少有22艘驱逐舰，其中11艘是新服役的舰艇。

北纬56度40分，东经5度0分（距福斯260英里），预计抵达时间也是31日下午2时。这样在下午2时，战列巡洋舰队将位于战列舰队南偏东南方向，距离69英里。如果那时贝蒂仍未发现敌情，他将向北转向，与杰利科会合。会合后的大舰队将开往合恩斯礁。杰利科设定的两支舰队目的地之间有69英里的距离，这在后来遭致了众多批评，因为双方在此距离上无法保持目视接触，战列舰队也因此无法快速支援战列巡洋舰队。

那么杰利科和贝蒂相距如此之远，是基于什么原则呢？1915年，大舰队根据特别情报而实施的5次海上行动中，海军部都制订了类似的计划，以至于形成了惯例。在这些行动中，战列舰队和战列巡洋舰队之间的距离，从40英里到110英里不等，平均距离为70英里。只有1916年大舰队实施的两次攻势作战中（3月6日、4月22日），两支舰队之间的距离分别仅为36英里和44英里。所以在1916年5月31日，双方目的地之间的69英里距离并非意外。更重要的是，战列巡洋舰队的首要任务不再是独立实施侦察。因为英德之间发生舰队决战的可能性越来越小，贝蒂舰队的主要功能，变成拦截德军袭击舰队，保卫东海岸的安全。贝蒂在5月31日的任务也是如此。战列巡洋舰队处于前出位置的原因，是预计德军将再次发动对英国海岸的袭击，但目标尚不明确，有必要让战列巡洋舰做好拦截敌袭击舰队的准备。

杰利科在5月30日制订的计划中，战列舰队需要足够靠北，掩护英国海军北方巡逻队，以免其被德军舰队歼灭并打破封锁，而贝蒂的战列巡洋舰需要足够靠南，以拦截任何可能出现的袭击舰队。这两个条件，决定了杰利科和贝蒂之间的距离至少要达到50英里。

杰利科对此没有丝毫疑虑。他在作战报告中解释："我对戴维·贝蒂爵士的舰队处于前出位置并不担心，他得到了第5战列舰中队4艘战列舰的支援，在火力上远超过第1侦察群，而且即便是他们中最慢的军舰，也可以利用航速保持在优势敌人的射程之外。"[20] 但是不管如何解释，69英里对一支前出力量来说仍然太远了。在杰利科展开战列线之前，出现了诸多不确定因素，部分原因就在于他与贝蒂之间的距离过大。也就是说，如果双方有目视接触，或者有其他舰艇可以担任中继联络任务，双方通报彼此之间的距离，就不会心存疑虑。

另一方面，正如拉姆塞在他的日德兰海战讲座中指出的：

如果要缩小双方目的地之间的距离，只能通过以下手段：

（1）将战列巡洋舰的目的地向北移动。

（2）将大舰队的目的地向南移动。

（3）将双方的目的地同时向西移动。

如果采用第一种方案，德军第 1 侦察群将会比实际情况晚一小时出现，这样将不可能预测后来的战事。

如果采用第二种方案，大舰队航行的时间会更长，结果是双方更晚抵达各自的目的地，那样还是否能与敌人遭遇，则相当存疑；如果采用第三种方案，与敌人遭遇的可能性更小——两支英军舰队的位置都更靠西方。当然如果双方能保持目视接触，而敌人又出现时，两支英军舰队彼此报告的位置之间的误差会更小，但是笔者认为，假设舰队或部分舰队，出现在并非实际所在的位置上，来推测可能会发生什么，完全是在浪费时间。

当然就像杰利科本人后来意识到的，最根本的问题就出在两支舰队距离过大。他在战后写道："当我采取下一步行动时，必须将贝蒂保持在我附近，这样我们才能够在行动前知道彼此的位置。我们在 5 月 31 日遇到的所有困难，都源于对信息的需求。当然这要由我来负责，但我已从中汲取了教训。"[21] 最后，鉴于实际战况，杰利科的支持者，以及海军上校罗斯基尔，都对贝蒂将第 5 战列舰中队布置在战列巡洋舰队西北 5 英里处提出了批评（5 月 31 日上午 10 时 10 分，到下午 1 时 30 分，第 5 战列舰中队的位置转为贝蒂的北偏西北 5 英里），因为他未能将自己的舰队布置成一个完整的战术单位。[22] 吉布森和哈珀批评，这样布置埃文－托马斯是一个"致命的错误"，完全违背了杰利科的意图和期望。"脾气暴躁的贝蒂做了敌人希望他做的事……因为急于求战而未能集中兵力……"[23]

事实又是怎样的呢？贝蒂心中似乎有两种考虑。首先是：

舰队司令固执地认为，第 5 战列舰中队的航速没有预想的那样高，而德国战列舰却比预想的更快。他极不情愿让它们（第5战列舰中队）在第3战列巡洋舰中队北上进行火炮训练时，代替其位置，他同意是因为我提出了紧急要求，以及我们都同意将其角色严格限制在支援力量，避免与优势敌人交战，以防因航速不足而无法顺利撤退。结果就是，它们被布置在那样的位置上，与预计发现敌人的位置相距5英里。[24]

贝蒂的第二个考虑，是将第5战列舰中队布置在当它们在向北转向与杰利科会合时，该中队更容易占据大舰队巡航阵型前卫的位置。在收到（下午12时49分）海军部有关德军舰队旗舰当天上午仍在杰德湾的电报后，贝蒂像杰利科一样，把注意力集中在合兵一处上。

贝蒂的传记作者做了一个奇妙的假设，称"如果贝蒂将第5战列舰中队布置得离自己更近，它们就会成为战列巡洋舰队的一部分。而希佩尔发现自己遭遇了如此强大的敌人时，肯定会拒绝战斗，那样海战就根本不会发生了"。[25]

在当时的情况下，没有迹象显示公海舰队已经出动，而且贝蒂即将与主力会合，第5战列舰中队距离贝蒂5英里是合理的。实际上，如果发现敌人时，两支力量能同时投入战斗的话，这一距离也就不重要了。我们随后会看到有关于此的争议。

## 2. 接触

（资料图2—资料图4）

5月31日下午2时以前，英、德双方战列巡洋舰队以几乎呈直角的航线彼此靠近，而且都不知道对手出现在即。德军战列舰队位于希佩尔后方50英里处，呈单线纵队前进，由第4侦察群担任巡洋舰幕。由于天气恶劣，德国飞艇直到将近中午时分，才得以出动执行侦察任务。5艘齐柏林飞艇在午后就已经散布在北海上了。但是海雾和高度只有1000英尺的低云，使飞艇看不到海上的任何舰艇。这些飞艇在下午晚些时候被召回。虽然贝蒂舰队中有"恩加丹"号用于空中侦察，但是他不得不将水上飞机母舰上的几架飞机，保留到可能发生的海战之前使用。只有在确定能发挥它们的作用时，才能放出这些飞机。所以两支正在接近的舰队能依赖的，只能是巡洋舰幕有限的视野。

风平浪静。能见度开始时非常好，但到下午逐渐恶化。海雾、煤烟和硝烟将能见度减少到 7 英里，有时甚至下降到此距离的一半或者更少。

下午 1 时 51 分，当他距预定在 2 时抵达，但如未发现敌情就向大舰队靠拢的位置还有 10 英里时，贝蒂向舰队发出命令，将航向转为北偏东。命令于 2 时 15 分发出，同时他命令第 5 战列舰中队，注意瞭望杰利科战列舰队前方的巡洋舰。此时希佩尔正在英军舰队东方约 50 英里，双方最前方巡洋舰幕之间的距离，大约只有 16 英里。此时双方的航向略呈交会趋势，本应在大约一小时后发生接触，但是双方同时发现了一艘丹麦货船，正好位于两支巡洋舰幕之间，正在停船并放出蒸汽。商船吸引了双方巡洋舰的注意。位于贝蒂巡洋舰幕最东侧的第 1 轻巡洋舰中队的旗舰"加拉提"号，（位于"狮"号以东约 17 英里）于 2 时 10 分，在 14 英里外发现了丹麦货船。该舰立即在轻巡洋舰"法厄同"号（Phaeton）的伴随下前往查看，结果发现两艘敌舰（德军雷击舰）已经截停了货船，附近还有其他德舰。这些敌舰是德军第 2 侦察群最西侧的舰艇。2 时 28 分，"加拉提"号和"法厄同"号向两艘雷击舰开火，但是"加拉提"号在 2 时 20 分就升起了激动人心的信号旗，"发现敌舰"，与此同时它还用无线电报告："紧急，两艘巡洋舰（驱逐舰），可能为敌人，方向东偏东南，航向不明。"

这些信息对贝蒂已经足够了。2 时 25 分，他命令驱逐舰，"在舰队航向转为东偏东南时占据反潜幕位置"，也就是说，舰队将转向合恩斯礁方向，插进敌人及其基地之间。通常，当主力舰队转向时，命令驱逐舰占据转向后的新位置是必须进行的步骤。2 时 32 分，贝蒂挂起了全体转向的旗语命令。[26]"巴勒姆"号上的埃文－托马斯（第 5 战列舰中队），在随后的几分钟内保持了原来向北的航向，并未随战列巡洋舰队转向，直到 2 时 38 分或 39 分才掉头。结果使"巴勒姆"和"狮"号之间的距离，由原来的 4.5 英里拉大到 10 英里，这已经超过了近距支援的距离。[27]这样遥远的距离，使第 5 战列舰中队在贝蒂与希佩尔交火近 20 分钟后才投入战斗，而且射程最少有 19000 码。由于出现了如此重大的战术失误，埃文－托马斯和他的中队在战后成为大舰队中受到最多批评的单位。例如有批评指出，如果战列舰能提供近距支援，"玛丽女王"号和"不倦"号就不会被击沉。[①] 不过我们也将看到，贝蒂的批评者也在用同样的理由反对他。

　　"巴勒姆"号为什么没有与"狮"号一起向东偏东转向呢？部分原因，是战列巡洋舰队的信号管理再一次出现了低级失误。[28] 贝蒂的第一条命令（2时25分）是用旗语发出的，随后该命令再次以灯语向"巴勒姆"号发出（2时30分）。"巴勒姆"号的信号日志并没有收到命令的记录，但是第5战列舰中队在2时34分收到了命令；中队其他舰艇的信号日志上记录有该命令，"不惧"号（驱逐舰支队领舰）还收到了由"巴勒姆"号转发的命令。[29] 那么命令有没有真正传达到舰桥上的埃文-托马斯呢？科贝特表示很难做出准确的结论，而海军战术学校在1938年所做的演示证明，命令"并未传达到海军少将"。但是有证据［"巴勒姆"号舰队参谋官威尔弗雷德·艾格顿（Wilfrid Egerton）的证词］显示埃文-托马斯确实得到了命令。但是，即使假设他看到了这道命令，也没有明确地指示他，应该在何时实施转向。[30]

　　"巴勒姆"号显然收到了贝蒂的第二道（2时32分）命令舰队转向的信号。A. C. 迪尤尔评论称："关键是，实施一道旗语命令的信号就是降下信号旗，而信号旗是在2时32分降下的。（其他任何舰艇都没有报告）信号旗肯定是在2时32分降下的，但'巴勒姆'号显然直到2时40分，才记录和实施了这道命令。"[31] 埃文-托马斯在给《泰晤士报》的一封信中（1927年2月16日），称他的转向出现了延迟，是因为命令仅以旗语发出，由于两舰之间距离遥远，而且鉴于当时的情况：战列巡洋舰正在升火达到全速，"冒出大量浓烟……如果命令能够像当天其他命令那样用探照灯发出，他们就能立即看到"。还有一个因素是，战列巡洋舰几乎正好在"巴勒姆"号的舰艉方向，这样烟囱冒出的烟尘将使旗语识别非常困难。

　　第1战列巡洋舰中队的殿后舰，是时运不佳的"虎"号（参见多格尔沙洲海战），它自5月31日凌晨4时28分起，担任起将贝蒂的命令接力发送给"巴勒姆"号的任务，当时后者正处于"虎"号的舰艉方向。下午1时30分，当第

---

5 战列舰中队重新布置在战列巡洋舰队前方后，"虎"号接力传送命令的任务就不再有效了。但是"虎"号仍应受到指责，因为它未将贝蒂的第二道命令发送给"巴勒姆"号。用探照灯将命令发送给"巴勒姆"号不是不可能的。因为"巴勒姆"号位于"虎"号舰艉约两个罗经点的方向，后者依然可以向它发送信号，而不会被"狮"号和其他友舰阻挡。而且"虎"号的信号不会受到烟尘的影响，因为当时的风向是偏西方向。不管怎样，"狮"号上信号部门的人员都极度缺乏信号常识，他们没有立即用探照灯向位于左舷舰艉方向的"巴勒姆"号重复贝蒂的命令。而"虎"号则有合理的理由认为，"狮"号已经这样重复了命令。

除了这些消极因素外，还有一个积极因素。埃文－托马斯首先认为，贝蒂想让他继续原来的航向，这样可以从南北两个方向夹击敌人。用他自己的话说就是："（转向的）延迟是因为有理由认为，在没有收到命令的情况下，海军中将希望第 5 战列舰中队继续向北，以阻止敌人向同样的方向逃窜——这就是当时我头脑中的想法。如果当时我知道，战列巡洋舰队将很快以向南的航线投入战斗，我自然会做出不同的机动，当然，做事后诸葛亮是很容易的。"[32] 贝蒂也遭到了批评，不仅因为忽视了集中兵力这一极为重要的原则，而且他在转向新航线时，未能确保"巴勒姆"号收到第二道命令。批评者认为，当"巴勒姆"号没有对信号发出回应时，他本应查明问题所在。正如埃文－托马斯在《泰晤士报》上指出的："毕竟，一位海军将领在烟雾笼罩下高速冲刺之前，确保他的命令被舰队中相距最远的舰艇理解，难道这不是海军战术的基本原则之一吗？"作为贝蒂批评者的吉布森和哈珀也声称："但是贝蒂因一时冲动，仓促投入战斗，把他的战列舰抛在身后。"[33]

另外，如果战列巡洋舰队遵循大舰队的信号规则，所有有关航向和航速的信号，都必须用探照灯向舰队阵型外侧的中队和巡洋舰重复，出现问题的关键命令（2 时 32 分）本应该按惯例，以灯光信号传递给"巴勒姆"号。埃文－托马斯写道：

第 5 战列舰中队的位置在阵型转变完毕后，已经位于舰队前方 5 英里处。在任何情况下，舰队司令转向前，都要用探照灯向第 5 战列舰中队发送改变航向的命令。另外，此前与战列巡洋舰协同行动时，所有此类命令都由"巴勒姆"号向它们重复传达。所以在没有收到命令的情况下，第5战列舰中队的指挥官有足够的理由认为，他即将接到某种命令——可能是在短时间内保持航向，切断刚刚发现的敌轻巡洋舰的退路。[34]

杰利科的评论，可以视作对贝蒂的总结式批评：

当时的情况是，已经发现了敌人并判明了其实力……而他舰队中最强大的分队……仍在5英里之外，很明显，最明智的举动应该是立即集中兵力，特别是第5战列舰中队，不仅实力最强，而且航速比战列巡洋舰慢3—4节……在那样的距离上根本不可能识别旗语信号，而且战列巡洋舰也可能正在释放大量浓烟……所以也没有可能判别它们的机动。当然应该用探照灯或无线电，或同时使用两种手段发送命令。2时39分（"加拉提"号记录的时间）和2时35分（"铁公爵"号和"狮"号记录的时间）……"加拉提"号报告，发现了来自一支舰队的大量浓烟，方向东偏东北。无论如何，这都是集中舰队的明显的和最好的理由，而且当时也有时间集中舰队，因为贝蒂在作战报告中称，敌人不可能不经战斗就绕过合恩斯礁。[35]

为贝蒂辩护的人回应说，埃文-托马斯的任务毕竟是支援战列巡洋舰队，"巴勒姆"号在2时25分接到第一份敌情报告时（2时20分由"加拉提"号发出），埃文-托马斯就无须等待任何命令，应立即跟随战列巡洋舰转向，即使以当时的条件，他无法立即判断出战列巡洋舰队正在转向何处。正如古迪纳夫曾经评论的（BBC访谈节目）："他应该知道，海战中的第一原则就是集中重型舰艇；这样如果之后想分散兵力，也会很容易……他（埃文-托马斯）自然而且明显地应该向他的指挥官转向。"

还有一个具有一定重要性的考虑。当战列巡洋舰向东偏东转向时，第5战列舰中队正在按照2时15分接到的命令，密切瞭望大舰队的巡洋舰幕。也就是说，它们正在注视着相反的方向，就像哥德弗里说的，"军舰在执行瞭望任务时，通常是要把视线完全集中在目标方向的"。当收到贝蒂的第一道命令时（2时25分命令驱逐舰占领反潜阵位），埃文–托马斯的旗舰长，大舰队中最出色的舰长之一，亚瑟·沃勒尔·克雷格，立即建议埃文–托马斯向东转向。埃文–托马斯拒绝了，因为他认为，自己已经被布置在舰队前方5英里，是可以联系战列巡洋舰队和主力舰队的位置。GFBO和舰队演习都使他确信，自己的首要任务就是将中队保持在指定的位置上。按照第二次世界大战中的标准，他肯定会被批评为"反应迟缓"，但是在1916年，却没有理由对他如此苛责。埃文–托马斯是在按照他那个时代所有海军军官被训练遵循的原则行事——那就是，"我的司令官最了解情况；如果他需要我离开原来指定的位置到别处去，他会这样告诉我"。对埃文–托马斯那一代海军军官来说，发挥主动性是不敢想象的。

第5战列舰中队和战列巡洋舰队之间无法顺利协同，造成了混乱的局面，两位指挥官都需对此负责。日德兰海战时，"铁公爵"号的炮术长提到，贝蒂"在指挥舰队机动时就像一个带着一群猎狗的猎人，所有军舰的目光都死死地盯在'狮'号上。因此当第5战列舰中队加入时，相对已经习惯于协同行动的战列巡洋舰、轻巡洋舰中队和驱逐舰，非常有必要给予他们更多的信息"。[36] 这就是问题的关键。埃文–托马斯和贝蒂以前从未合作过。在离开罗赛斯之前，埃文–托马斯甚至没有与贝蒂进行会面，了解自己上级的作战意图。而且他根本不知道是否还有其他单位一同行动，他第一次知道大舰队已经出动，是在收到瞭望命令的一刻。他也没有收到战列巡洋舰队训令，[37] 这造成的一个后果是，埃文–托马斯并不知道贝蒂允许下属在作战中发挥主动性。而第5战列舰中队此时和之后，似乎事事都在等待命令。

"加拉提"号继续发出敌情报告，直到让贝蒂明白，他对付的不仅仅是一支孤立的轻巡洋舰部队。到下午3时15分，他在向南的航行中，已逐渐将航向转向东南，而在这个方向上，他只有4艘轻巡洋舰随行（古迪纳夫的第2轻巡洋舰中队），因为第1和第3轻巡洋舰中队已经"开往炮声传来的方向"，向"加拉提"号靠拢，后者正处于正北方向。这让战列巡洋舰以东的海域呈完全空虚状态，而且明显违反了GFBO的指示："发现敌人之后的首要任务，是要与其保持接触……（但是）应节省兵力，不要让过多舰艇集中于一点，超过了完成任何任务所必需的数量。"（第22章，第1、3段）这一仓促行动的后果，就是战列巡洋舰队在没有警告的情况下与希佩尔遭遇，如有完整的侦察幕，贝蒂本可以早几分钟发现希佩尔，而杰利科也不会那么晚才得到敌情通报。[38] 而如果"恩加丹"号能够将它全部的水上飞机吊出舷外放入海中（1916年时尚无弹射器），执行其空中侦察任务的话，这一切都将无关紧要。"恩加丹"号只是在3时8分，放出了4架水上飞机中的一架[①]。侦察效果不佳，主要是因为云层太低，飞机想要观察海面就只能在900英尺高度飞行。这样高度上的能见度为1至4英里，不足以同时观察到英军和德军舰队的位置。3时47分，飞机的一根输油管爆裂，它只能返航，并于下午4时被重新吊回"恩加丹"号。这是海战史上第一次（也是日德兰海战中的唯一一次）在战斗中使用飞机，并在飞机与舰队之间建立无线电联系。"恩加丹"号没有进一步的行动，因为它的航速无法跟上舰队主力。到3时30分，海况已恶化到飞机无法从水面起飞。而且，虽然鲁特兰的飞机很快被修好并已为再次起飞做好准备，而且甲板上还有其他飞机，但是显然已没有执行更多架次侦察任务的要求。该舰之后与在战斗中失去行动力的"勇士"号（第1巡洋舰中队）一同被抛在主力舰队后方。

3时30分，"狮"号在东方发现，敌战列巡洋舰呈单线阵型向西北方向航行。双方相距约14英里。贝蒂立即向东转向，科贝特认为，这是"极为精明"的选择，"因为这样可以达到切断敌人退路的目的"，贝蒂随即将航速增至全速。他完全有信心，在敌人抵达合恩斯礁之前迫使其投入战斗。当然，他当时还以为德国的战列舰队尚在杰德湾。

希佩尔已经在3时20分发现了英军战列巡洋舰。英舰位于他的西面，并正在以全速向他抵近。希佩尔估计英军舰队实力优于自己，他别无选择，只能召回轻巡洋舰（它们正开往西北方向追逐"加拉提"号），并在3时33分向右转向16罗经点，取东南航向驶向德军战列舰队，希望能将贝蒂引向主力舰队的火网。

---

① 飞行员是海军飞行上尉F. J. 鲁特兰（F. J. Rutland），他后来得到了绰号"日德兰的鲁特兰"，以及观察员、助理军需官G. S. 特莱文（G. S. Trewin），侦察机在3时30分至3时45分之间，用无线电发回了三份敌情报告（但"恩加丹"号却未能成功地用探照灯将情报转发给"狮"号和"巴勒姆"号）。但是其中只有一份有价值（3时33分发出，报告敌人已转向南方，"加拉提"号则在3时45分向贝蒂发出同样的报告）。

几分钟后，贝蒂转向东偏东南方向（3时40分），并组成战列线（3时45分）。双方的战列巡洋舰迅速接近，并以平行航线航行。3时48分，贝蒂首先开火，几秒钟后希佩尔开始还击。第5战列舰中队被抛离在遥远的地平线上，由于距离太远未能参加第一阶段的战斗。

贝蒂的批评者质疑他为什么等待如此之久才开火——开火时双方相距仅15000码——虽然那时希佩尔进入他的有效射程仅有几分钟。根据贝蒂的报告，他没有提前开火，是因为没有预计到敌人已处于他的射程之内。测距仪的工作条件并不理想，浓烟、雾霭，也许还有操作人员过度兴奋的精神都是原因。实际上，**双方**在战斗之初都过高估计了和对手的距离，不过德舰在开火时的距离误差远小于英方。贝蒂在开火时还以为双方的距离为18000码，刚好在他12英寸主炮18500码的有效射程之内，12英寸是"新西兰"号和"不倦"号的主炮口径[①]，而当时的实际距离可能仅略大于15000码。

## 3. 南向战斗

（资料图3—图5）

战列巡洋舰之间战斗的第一阶段，"狮"号逐渐将航向转向南偏东南，以拉开双方的距离，因为双方在3时54分已接近到13000码。希佩尔也逐渐向南转向。结果是双方继续呈平行航线向南航行。英德双方几乎同时向对方开火——3时48分。德舰炮火异常精准。由于贝蒂的军舰在西方明亮的天空下非常易于辨认，德军战列巡洋舰仅用了几分钟，就测得了准确的距离。到4时8分，德舰已取得了约14次命中，而已方仅被击中3次。[39]一枚击中"狮"号的炮弹仅差分毫就会造成致命的后果。下午4时，这枚大口径炮弹击穿了Q炮塔（中部炮塔）的顶部装甲——查特菲尔德对当时的情景有如下描述：

炮弹将半个炮塔顶炸飞到空中，落下时又重重地砸在上甲板上。爆炸引燃了装填篮内的发射药，后者正要被送入炮膛。爆炸及其引起的火灾，杀死了炮

---

① 其余4艘战列巡洋舰装备了13.5英寸主炮，最大射程23000—24000码。

室和工作间内的所有官兵。炮室内燃烧的发射药，并没有立即引燃装载在炮塔下方装填篮里的其他发射药；但是炮塔内肯定有大量正在焖烧的物体，只需一点干燥的空气就会立即爆燃成火焰。当战列巡洋舰队转向180度向北航行时（炮塔被击中后20分钟至30分钟），由于呈顶风航行状态，气流灌进了炮塔。就在此时，处于弹药升降机内的8个发射药包被引燃，并发生了剧烈的爆炸，烈焰直冲上主樯的高度……炮塔发射药舱和炮弹舱内的乘员——大约70人——几乎在一瞬间全部阵亡……舰体内部的火焰直达住舱甲板……[40]

　　"我们都捂住了眼睛"，"恩加丹"号上的一名海军飞行上尉 G. 唐纳德（G. Donald）写道，"同时大声喊：'哦天啊——'狮'号完了！'但是它并没有完，很快，'恩加丹'号靠近'狮'号，并向它致以三次欢呼，而贝蒂就站在露天舰桥上向我们挥舞他的帽子。那真是动人的一刻！""狮"号的 Q 炮塔被击中后，炮塔指挥官，皇家海军陆战队少校 F. J. W. 哈维（F. J. W. Harvey）虽然已经受了致命伤（据传他的双腿均被炸断），[41] 仍然执行了旗舰长查特菲尔德发来的命令。他竭力爬到传声筒，用尽最后的力量，命令弹药处理室内的水兵关闭发射药舱舱门，并向发射药舱注水，所以后来爆燃的大火虽然弥漫了整个炮塔，并冲上了天空，但未波及发射药舱内的药包。哈维的英勇行为（他因此被追授维多利亚勋章）拯救了贝蒂的旗舰，避免了它重蹈战列线中最后一艘军舰"不倦"号的命运。德舰的一次齐射中，有三枚炮弹击中了"不倦"号的上甲板（4时2分），并在舰体内爆炸，该舰立即偏离航线并从舰艉开始下沉。德舰的第二次齐射又击中了它舰艏炮塔附近。在紧接着发生的第二次爆炸后，该舰于4时5分倾覆，消失在高度达到其樯杆两倍的黑色烟云中。57 名军官和 960 名水兵阵亡；仅有两人被一艘德军雷击舰救起。查特菲尔德爵士对"不倦"号的损失给予了恰当的评价。"这是令人沮丧的一刻。不过相比第一分队的其他军舰，'不倦'号排水量较小，防护也较弱，因此还不算是严重的战术损失。"[42]

　　第5战列舰中队一直以全速从舰艉方向追赶贝蒂，终于在4时6分投入战斗。德国官方史评论道："如同九头蛇一般，英国海军多出了4艘比刚刚损失掉的'不倦'号火力强大得多的军舰。"埃文-托马斯率领的，是大舰队中炮术最佳的中队之一。虽然投入战斗时，它们距德舰尚在19000码开外，超出了主炮最佳射距，但它们很快取得了命中。它们的目标一直被雾霭和烟尘遮蔽，只能看见炮口的闪光，即便如此，第5战列舰中队还是显示了精湛的炮术。4艘超级无畏舰上的15英寸主炮，得到了舰上装备的最现代化火控设备的支持，同时也因希佩尔正全力与贝蒂的战列巡洋舰交战，所以埃文–托马斯中队快速而精准的炮火很快开始奏效。到4时16分，位于德军战列线末尾的"毛奇"号和"冯·德·坦恩"号已被命中多次，并造成战损。

当贝蒂得知，埃文–托马斯已经参战，并在狠狠打击德国后卫舰艇时，他开始试图靠近敌人，集中火力于希佩尔的前卫力量。4时12分，他转向东南方向。希佩尔此时仍保持了他南偏西的航向。双方战列巡洋舰队因此迅速拉近了距离，从4时15分至4时43分，战斗"异常激烈，双方也都十分坚决"（引自贝蒂的报告）。也就是在这一阶段，贝蒂遭受了半小时内的第二次重大损失。在5分钟内，"玛丽女王"号受到了"德弗林格"号和"塞德利茨"号，在14500码到15800码距离上的集火打击。4时26分，一枚陡直下落的炮弹击中了它Q炮塔侧面的甲板。一团红色的火焰瞬间席卷了它的前部舰体，同时前部弹药舱发生了殉爆，随后中部弹药舱发生更剧烈的爆炸。军舰被一折两半，消失在直升入一千英尺高空的巨大烟云中。人们最后一次看到这艘骄傲而优雅的军舰，是它高高抬起的舰艉，螺旋桨还在慢慢地转动。在驱逐舰"顽固"号（Obdurate）上目睹这一可怕景象的舰长奥拉姆（Oram）发现，"这震撼的一幕简直让人难以置信"，"人们会有一种身临其境的感觉，仿佛魔术师揭开了托盘上的黑色幕布——里面什么也没有"。57名军官和1209名水兵随"玛丽女王"号沉没；后来只打捞起20名幸存者。也就是在这个时刻，一直平静地站在无保护的舰桥上指挥的贝蒂，对他的旗舰长道出了那条恰如其分的著名评论："我们这些该死的军舰今天出了些问题。"[43]

那些没有亲眼目睹这两起灾难的人，根本想象不到会有这样的惨剧。"铁公爵"号上的一名引擎技术人员回忆说，不久后，当军舰驶经其中一艘战列巡洋舰的残骸时，"每个人都兴奋地大声欢呼，因为我们理所当然地认为那是一艘德国军舰"。[44]

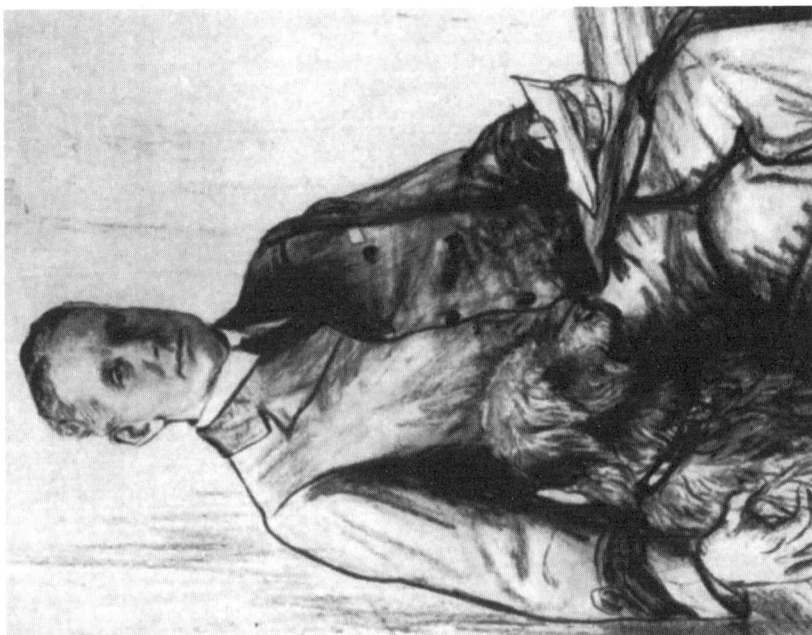

∧海军少将威廉·C. 帕肯汉姆，第 2 战列巡洋舰中队司令（照片由第二代贝蒂伯爵授权）

∧海军少将霍雷斯·L. A. 胡德阁下，第 3 战列巡洋舰中队司令

尽管德国人成功击沉了两艘英军战列巡洋舰, 他们的局势正在变得岌岌可危, 除非能马上得到增援, 因为他们在实力上处于绝对劣势。4时9分, 贝蒂命令驱逐舰发动鱼雷攻击, 这使希佩尔更加难以招架, 特别是在4时15分以后。就在这个时刻, 希佩尔的第9驱逐舰支队, 开始突前对贝蒂的战列巡洋舰实施攻击, 以缓解己方战列巡洋舰队受到的压力。从4时30分开始, 双方之间的海面上展开了驱逐舰对攻战。每一次攻击都严重干扰了对方主力舰的射击。贝蒂的12艘驱逐舰(第10、13驱逐舰支队)和轻巡洋舰"冠军"号, 由坐镇"内斯特"号的海军中校巴里·宾汉姆(Barry Bingham)指挥, 向敌人发动了猛烈进攻, 德方则有15艘驱逐舰(第9驱逐舰支队, 并得到了第2驱逐舰支队的支援), 由轻巡洋舰"雷根斯堡"号率领, 双方的交战距离只有3000码至7000码, 而双方驱逐舰之间的距离一度仅600码。英方发射的20枚鱼雷中有两枚命中目标: 一枚命中了一艘雷击舰, 另一枚击中"塞德利茨"号, 但并未造成严重损伤。鱼雷攻击未对希佩尔的主力舰造成损害, 是因为英军驱逐舰都在忙于对付敌人的驱逐舰。德军雷击舰发射了18枚鱼雷, 其中一枚击中了一艘驱逐舰。这场激战的结果, 是双方各损失两艘驱逐舰: 英军的损失["游牧民"号(Namad)和"内斯特"号]是由正在从南方接近的, 德军战列舰队的炮火造成的; 德军的一艘驱逐舰被炮火击沉(V–27), 另一艘中雷沉没(V–29)。[①]德军战列巡洋舰队和英军第5战列舰中队都曾转向规避鱼雷——埃文–托马斯转向一次(两个罗经点), 而希佩尔则三次转向(分别转向5个、两个和两个罗经点)。到4时36分, 希佩尔已经在向东远离贝蒂的方向航行, 并已脱离了战斗。

驱逐舰勇敢的进攻行动对战局产生了影响。贝蒂的压力被进一步缓解了, 更重要的是, 当他向北转向时, 德军战列巡洋舰队也在转向(希佩尔于4时41分恢复了南偏西的航向, 以重新投入战斗), 因此未能抓住英舰转向的有利时机对其开火。4时43分, "狮"号发出命令召回驱逐舰。整个战局却突然发生了变化。

---

① "游牧民"号首先向德军雷击舰发射的炮弹击中而失去了机动能力; "内斯特"号则是在极其英勇地对德军战列巡洋舰发动鱼雷攻击后, 被"雷根斯堡"号发射的一枚炮弹重创。

舍尔在3时54分就得知，希佩尔已经和英军战列巡洋舰交火，并正在将英舰引向自己的方向，他随即以单线纵队向西北方向前进，以接应第1侦察群。古迪纳夫的旗舰"南安普敦"号正在"狮"前方两至三英里执行侦察任务，它意外地在东南方向发现了德军战列舰队的先导舰只。古迪纳夫事后描述了战争中第一次望见敌人战列舰队的重大时刻：

……大约在下午4时30分，在我们舰艏方向，首先看见了烟尘，然后是桅杆，再后来是军舰。亚瑟·彼得斯说："看，长官，这是一艘轻巡洋舰一辈子最期待的一天。你前面是整个公海舰队。"我看到16艘战列舰，每艘舰的舰艏两侧都有驱逐舰拱卫。我们报告了看到的情况。在发出情报之前，我们用几分钟时间进行了最后的确认。我的旗舰副舰长［E. A. 阿斯特利－拉什顿（E. A. Astely-Rushton）］直爽而冷静，他说："如果你要发送报告，最好现在就发，长官。你可能没有第二次机会了。"我们发出了情报，转向撤退，而敌人也在12000码到13000码的距离上开始向我们开火了。[45]

古迪纳夫中队与公海舰队的距离一直拉近到12000码，直到他们可以看清德军舰队的全部阵容。在抵近舍尔的过程中，公海舰队竟然没有向古迪纳夫的舰艇发射一枚炮弹，这可能是因为，他们认为这是己方的轻型舰艇部队，正在被英国主力舰驱赶回自己主力的方向。古迪纳夫在下午4时30分发出的第一份电报称，在东南方向发现了一艘敌轻巡洋舰；3分钟之后他用探照灯打出信号："东南方向发现战列舰"，随后于4时38分，向贝蒂和杰利科发出了一份完整的无线电报："在大致东南方向发现敌人战列舰队，航向北……"

看到"南安普敦"号的探照灯信号后，贝蒂立即将航向转向古迪纳夫的方向。几乎与此同时，他就在东南方向看到了敌人先导舰只的桅杆和烟囱，距离已不足12英里。查特菲尔德爵士相信，这出乎了贝蒂的意料，"但也不是什么特大意外，因为贝蒂总是心怀这种可能性"。贝蒂立即明白这意味着什么，4时40分，他命令，挂起战列巡洋舰和战列舰顺次向右舷转向16个罗经点的命令，即全体转向西北方大舰队的方向。4时46分，为了尽可能取捷径，贝蒂命令向北航行。克莱利·巴内特（Correlli Barnett）在他的《掌剑者》（*The Swordbearers*，1963年）一书中称，贝蒂"从舍尔面前转向逃走，标志着他遭到了决定性的失败"（140页）。贝蒂的确遭受了重大损失，但并不能说他在敌人面前脱逃了。他的根本任务，已经从一支打击舰队变为侦察力量。他必须保持与舍尔的接触，并将敌人引向北方，同时不断地向杰利科报告敌人的航向、航速和阵型，这样英军战列舰队才能迅速有效地投入战斗。尽管如此，贝蒂依然要担任打击舰队的角色，因为他还必须阻止希佩尔发现英军战列舰队。当杰利科从仅仅50英里开外的西北方高速赶来时，整个大舰队都对抓住公海舰队，并在其能够返回基地前将其包围，持有很高的期望。舍尔和希佩尔都不知道，英军战列舰队正在以20节的航速向他们冲来。

当贝蒂转向北方后，驱逐舰支队和第1、3轻巡洋舰中队，都立即开始配合战列巡洋舰的机动，重新占据舰队前方的阵位。古迪纳夫却没有依转向命令行事。他仍在以25节的高速向东南方向航行，以期更精确地判断敌人的航速、航向和组成，如果可能还将试图发动鱼雷攻击。[①] 一时间，第2轻巡洋舰中队在14000码至20800码之间，遭到了至少10艘德国战列舰的轰击。就在古迪纳夫心满意足之前，从13000码距离上密集射来的大口径炮弹落在他的周围，掀起的水柱不止一次浇遍了"南安普敦"号的舰身，古迪纳夫只好转向（4时48分），跟随位于他前方5英里的战列巡洋舰向西北方向驶去。

（"南安普敦"号上的一名海军上尉写道）老实说，接下来我感觉，每一分钟我们都可能完蛋。在折磨人的整整一个小时里，我们都经受着德军战列舰队后卫舰只发射的11英寸炮弹的打击，也就是说，所有德国战列舰，只要射程够不着第5战列舰中队的，就会认为，把我们干掉来打发时间也不错。不用说我们连一炮也不能还，因为隔着16000码呢⋯⋯我看（这是经过认真推理和深思熟虑后的估测）在这一小时内，有40枚大口径炮弹的落点距我们不足75码，还有很多落在远处。我们简直有如神助⋯⋯从海军准将以下的所有人都觉得，能

---

① 他们只在15400码距离上向德军舰队发射了一枚鱼雷。

安然度过这一小时是不可思议的事情——但是上天眷顾着我们——直到杰利科爵士和战列舰队到来我们才脱险……[46]

古迪纳夫在整个战斗中的表现，为所有执行侦察任务的海军将领树立了榜样，虽然在向北航行的过程中，他的报告出现了推算方面的错误与误差。他的英勇行为，使他成为这场海战中的亮眼人物。当他视察自己中队的一艘军舰时，他发现舰长桌子上的镜框里，写着纳尔逊特拉法尔加备忘录中的一句话："任何一位将自己军舰并靠上敌舰的舰长都不应受到指责。""平底船"古迪纳夫对此评论说："在我中队里，我希望你把这镜框放倒。我们要做的，是与敌人保持接触并报告他们的动向，你要完成任务，就不能像纳尔逊说的那么做。"

当贝蒂命令全体转向时，第5战列舰中队尚在战列巡洋舰队后方（即北方）8英里处。"巴勒姆"号并没有收到"南安普敦"号发出的敌情报告[①]，也必定没有看到贝蒂的转向命令，因为命令仅由旗语发出，而且很明显没有用探照灯向除了"南安普敦"号以外的其他舰艇重复。这又一次证明了西默尔的无能。[②]埃文-托马斯看见战列巡洋舰队已经转向，但是他正在急急追赶希佩尔，不知道德军战列舰队已经出现，所以看不出有任何需要转向的理由。8分钟以后（4时48分），第5战列舰中队与战列巡洋舰队以相反的航向交错而过，贝蒂挂起信号旗命令，埃文-托马斯中队顺次向右舷转16罗经点（即右转180°掉头）。

这一命令有三个错误，杰利科在战后撰写的，未出版的海战评论中，猛烈抨击了前两个错误。

（1）埃文-托马斯中队在大约4时57分，或者说在"狮"号上的信号旗降下时（意为开始实施）开始转向，而此时，**"巴勒姆"号已经在相反的航向上驶过"狮"号左舷**大约1英里至2英里了。根据严格的信号发布程序，如果贝蒂希望第5战列舰中队在身后提供近距支援，转向信号旗应该在第5战列舰中队抵达战列巡洋舰队侧舷方向**之前**的某个时刻降下。有人争论说，埃文-托

---

① "巴勒姆"号上的无线电接收和解码工作肯定是效率低下的，当然也有可能是天气原因导致接收困难。

② 海军部《评论》，27页，暗示埃文-托马斯收到了命令但迟迟没有转向，这是极不公正的。

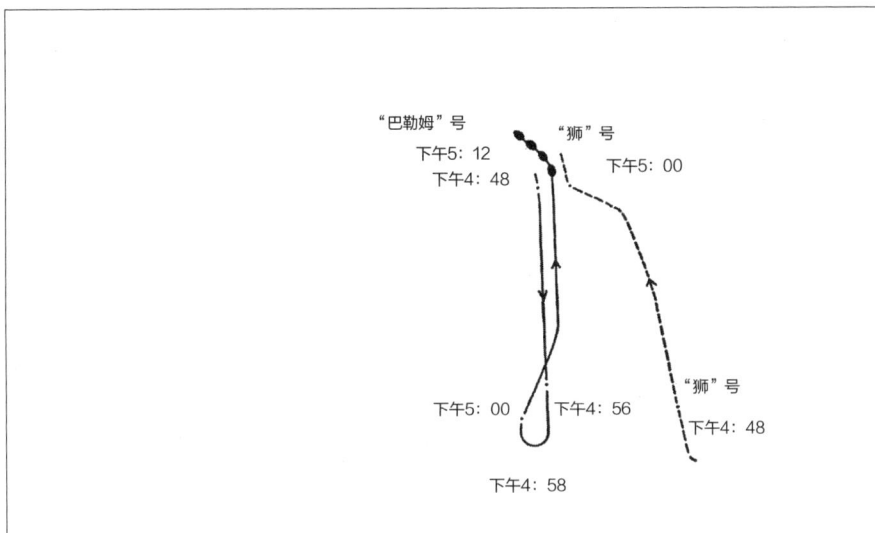

∧ 第5战列舰中队在向北航行时的右转示意图

马斯无须等待信号旗降下——他本可以主动执行命令。但是像埃文-托马斯这样，长期按精准命令指挥舰队的将领，在当时是不会如此行事的。

（2）不应该命令第5战列舰中队顺次转向。杰利科评论说："如果因任何理由（其实没有一个明显的理由），想让第5战列舰中队转向跟随在战列巡洋舰队末尾，正确的机动方式，应该是全体同时转向。"他在别处指出，同时转向会快得多（蓝色信号转向），而且不会给德舰提供一个"转向点"，让它们将火力集中在每一艘在此位置转向的英国战列舰。杰利科声称，第5战列舰中队在转向时，"遭到了公海舰队战列舰（第3战列舰中队）的猛烈打击，其中两艘战列舰在转向点被敌人的集火重创"。但是杰利科的批评并无太大意义。

杰利科可能想到了前无畏舰时代广为接受的观点，那时军舰航速慢，火炮射程短（所以炮弹飞行时间也短），而且火控系统相当原始，这样，就使转向航线出现了一个易于打击的固定位置，每艘经过此位置的军舰都会被击中。另外，虽然军舰在完成转向后都会加速，但在转向点由于舵角达到最大，航速也会降到最低。但是以 1916 年时的火控系统、军舰的高航速和炮弹的飞行时间来看，这一理论已难以适用。海军少将 P. W. 布洛克在日德兰海战之后评论称：

（该理论）夸大在炮火下顺次转向危险性的观点。在火控系统无法辨别顺次转向和同时转向的军舰，也无法在没有对海上固定某点有效瞄准的前提下，使一艘移动中的军舰向该点持续和精确地射击。也许目标宽度和长度的增加，可以让舰炮在没有瞄准的情况下多命中一到两枚炮弹，如果转向的敌舰迎面而来，也可以将火力集中在距离最近的军舰上。但是火炮之间的相互干扰，以及敌舰的转向机动都会降低命中率。贝蒂命令顺次向北转向的主要缺陷，是让第 5 战列舰中队毫无必要地在近距离上，暴露在舍尔前卫舰只的打击之下。

实际上，德舰并没有集中火力于转向点。他们的官方史称，"威廉王储"号和"皇后"号战列舰于 4 时 50 分向"巴勒姆"号开火，并一直"有效地"与之接战，直到它在 4 点 58 分向北转向，那时它被击中两次，无线电天线被击毁，还有其他一些严重损伤。两艘德国战列舰的射击，"同时给英国人的**印象**是，第 5 战列舰中队在转向点遭到了集火打击"。但在转向时只有"巴勒姆"号被击中过。

最后，舰队同时转向的结果，将导致指挥官从纵队末尾指挥他的中队，很难断定因此造成的危害不会大于各舰在转向点遭到打击。如果不能及时转向，无论如何它们都会被击中。

（3）以任何标准看，贝蒂发出的都是一道错误的转向命令，因为，如果他想让第 5 战列舰中队提供近距离支援，就应该发出"向左转 16 罗经点"的命令。[47] 向右转向导致埃文 – 托马斯与敌舰的距离扩大了 1600 码，同时也拉开了他与贝蒂之间的距离。而且，还迫使埃文 – 托马斯转向超过了 180 度，以跟上"狮"号的尾迹。[48] 贝蒂的错误是明白无疑的。[49]

两支英军舰队的相对速度达到了将近每分钟一英里，当埃文 – 托马斯完成向北转向时（5 时整），他已落后战列巡洋舰队达 3 英里。此时，他已处于德军战列舰队前卫分队的猛烈打击之下。但是延迟转向也有一些积极影响。埃文 – 托马斯现在位于战列巡洋舰队后方，在向北航行的过程中，一直在用重炮打击希佩尔和德军战列线的先导舰只。通过吸引公海舰队的火力，埃文－托马斯掩护了贝蒂的撤退。

＊　＊　＊

对于战斗开始时向南航行的阶段，1924年的《布拉西海军年鉴》指出，在以往的海战中，"的确曾出现过实力较弱的一方占据一定程度优势；但是，一支在航速和火力（以及数量）上都优于对手的英军舰艇分队，在53分钟的战斗中被压制和击败，这是史无前例的"。当然，"失败"（或用希佩尔的话说，"部分失败"）是指损失两艘战列巡洋舰，而德方却损失轻微。这也是针对贝蒂的主要批评。其他指责还有，除了第5战列舰中队，英方战果实在惨不忍睹。指责本身经常有夸大之嫌。但是不能否认。希佩尔的表现确实更加优异。

贝蒂的批评者，抓住了他在南向战斗中出现的两个主要失误：他忽视了在投入战斗之前集中重型舰艇的原则（有人甚至将两艘战列巡洋舰的损失，也归咎于贝蒂在此方面的"失职"），以及战列巡洋舰低劣的炮术。他们将第5战列舰中队的炮术与战列巡洋舰队对比之后发现，前者要大大优于后者。[50]

对于第一个指控，贝蒂的支持者，包括丘吉尔，不禁发问，他为什么**应该**等待第5战列舰中队？他有6艘战列巡洋舰，而希佩尔只有5艘，而且，他相信自己的军舰在一对一作战时也优于敌人。他知道德国军舰在防护方面有优势，也当然记得敌人曾在多尔戈沙洲重创过"狮"号；但是在这次战斗中，他威力更强的主炮险些使拥有更厚重装甲的"塞德利茨"号爆炸沉没，而德军口径略小的炮弹没能击穿英舰的侧舷主装甲。那么在理论上，贝蒂应该能够轻松地击败实力更弱的敌人。说他应该等待第5战列舰中队，也就是说他应该更加小心，在某种程度上也可以说这是怯懦的表现。另外，经验告诉他，等待增援很可能会导致失去抓住这个老对手的绝好机会。比较以前希佩尔一看见优势之敌（或者他认为占优势的敌人）就立即掉头撤回基地。可以提出以下问题：如果贝蒂等待第5战列舰中队，希佩尔会等待他吗？舍尔也认为这一指责对贝蒂不公，他认为："指挥6艘战列巡洋舰主动进攻5艘德军战列巡洋舰，这是英国指挥官天性使然，他要阻止对方逃走，因为他肯定要考虑，这支敌人的小舰队有避战的可能性。"[51]

这一观点存在一个缺陷，那就是贝蒂在下午 2 时 32 分，以及在其后的一个小时里，都不知道他将面对的对手的实力。另外海军部当时的情报显示，德军能出动 6 艘战列巡洋舰，而不是实际上的 5 艘。

杰利科的作战报告似乎也认同贝蒂的行动。"当戴维·贝蒂爵士发现敌战列巡洋舰时，他采取了正确和唯一可能的航线，与敌接战并全力切断敌人的退路……他占有巨大优势，他的指挥也无可指摘。"[52] 但是，他在战后经过重新考虑的观点认为，贝蒂本应该在交战前集中兵力。如果他这样做，"第 5 战列舰中队压倒性和精确的火力，与他战列巡洋舰的火力协同，必定能在公海舰队能够提供支援之前，就给予德军战列巡洋舰毁灭性打击"。杰利科接着说道："如果我能够早知道，戴维·贝蒂爵士后来在此问题上的态度的话，我肯定会在原始作战报告中，指出他所犯下的错误"。[53] 在回顾中，杰利科不能理解贝蒂为什么没有在下午 2 时 20 分"加拉提"号第一次发现敌舰，和 2 时 32 分他转向东南方向之间采取集中兵力的步骤。而贝蒂在得到"证据确凿的警报"，得知附近的敌舰不仅是刚刚发现的轻巡洋舰和驱逐舰后，仍未将重型舰艇集中，这就更不可原谅了。杰利科一直记得"加拉提"号于下午 2 时 39 分发出的报告，称它已"在东偏东北方向发现大量浓烟，疑似一支舰队"，以及 2 时 51 分的另一份报告，"浓烟来自除驱逐舰和巡洋舰外的 7 艘船只。它们已向北转向"。杰利科断言："这是敌人舰队出现的清晰警报，在这种情况下，舰队司令应集中他的舰队，而让集中机动发挥作用的最佳机会，是在敌人能发现我方，并查悉我方的阵型和实力之前就完成机动。每个人都可以理解戴维·贝蒂爵士对战斗机会的渴望，但是在战斗开始之前，他绝对应该集中力量，特别是这种集中，就像事实已经证明和他已经意识到的那样，将不会让敌人占据任何位置上的优势。"[54] 在最后一篇评论中，杰利科还指出，"加拉提"号在下午 2 时 45 分、3 时 5 分和 3 时 8 分报告敌舰正在向北偏西北方向前进。在这期间，贝蒂将自己的航向从东偏东南转向正东（3 时 1 分）和东北（3 时 13 分）。第 5 战列舰中队在 3 时 15 分已经将与战列巡洋舰队的距离拉近至 7 英里。杰利科说："此时就是贝蒂集中力量的最佳时机。敌人正在向北航行（英军战列舰队的方向），所以贝蒂与敌人之间损失 2 或 3 英里的距离并非至关重要。但是他没有抓住机会。"[55] 贝蒂则在 1934 年的一份备忘录中，对自己的决定进行了强有力地辩护：

关于在与敌接战前没有等待第 5 战列舰中队。在哈珀的书中，他提到了大舰队司令接到海军部情报，称无线电定位显示公海舰队仍在威廉港，并因此为大舰队司令的无所作为而开脱。我也收到了相同的情报，因此我当然有理由相信，面前的敌人仅仅是他们的战列巡洋舰队。如果我等待第 5 战列舰中队，而不是径直开往敌人及其基地之间，我就根本无法迫使他们投入战斗……而且我会因为没有尽全力消灭敌人而上军事法庭！什么时候开始，6 艘英军战列巡洋舰要忌惮与 5 艘敌战列巡洋舰交战！！

当时发生了三件事情，使贝蒂在开火前无法与第 5 战列舰中队合兵一处。当贝蒂向北转向并将航速从 23 节增至 25 节的全速时（向全舰队发出机动命令是在 3 时 30 分），第 5 战列舰中队原本已经将双方距离缩短至不足 1 英里，其方位在战列巡洋舰的西方，航向东北。但是"狮"号挂起的信号旗在 6 英里开外无法辨认。"巴勒姆"号于 3 时 35 分收到探照灯发出的命令并立即执行，但是由于之前的拖延，到 3 时 40 分，双方距离已超过 7 英里。由于贝蒂航速较快（战列舰中队的航速低于 24 节），这一距离至 4 时 5 分又增至 9 英里，而且贝蒂不断改变航向，当战列舰试图取捷径追上时，他先是转向东偏东南（3 时 45 分的信号旗），随后在 4 时前又逐渐向南转向（未发信号明示），这使埃文-托马斯更难拉近与他的距离。海军少将查默斯认为，除非绝对有必要，贝蒂无须发出更多的转向命令。"他的意图很明白，而埃文-托马斯也应有同样的意图。"[56]对此笔者要补充说明，贝蒂经常在无信号的前提下转向，他手下的舰艇注视着他的举动，只需跟随他机动即可。从这里我们又可以看出，第 5 战列舰中队和战列巡洋舰队以前从未协同行动过。

关于第二项指控，战列巡洋舰队的射击精度到底如何呢？科贝特和很多人都说不如人意。希佩尔在作战报告中，对南向战斗的描述是："英军战列巡洋舰的火力，没有给我们的战列巡洋舰造成严重损伤……与之不同的是，'马来亚'级（第 5 战列舰中队），以及之后敌人的主力舰队显示了卓越的炮术。"[57] 德军战列巡洋舰被击中 17 次，其中 6 次来自第 5 战列舰中队。[58] 很明显，贝蒂舰队在火炮射速和精度方面都低于希佩尔舰队。英方不仅"玛丽女王"号和"不倦"号爆炸沉没，"狮"号的 Q 炮塔被击毁，而且"虎"号的 Q、X 炮塔也被击中，使它仅有 6 门主炮可以使用，"大公主"号的一门主炮也因炮闩机械故障而失去作用。德军也未能幸免。"吕措夫"号舰艏上甲板被击穿了一个大洞，结果造成了致命的进水；"塞德利茨"号舰艉背负式主炮塔被一枚直接命中的炮弹摧毁，另有两座炮塔因进水而无法使用；"毛奇"号和"冯·德·坦恩"号都因侧舷中弹而进水达 1000 吨，后者的 A 炮塔被击毁，X 炮塔也被击中而暂时无法开炮，剩下的 4 门主炮中的 3 门也出现故障。但是没有一艘德国主力舰被击沉。

英军舰队为什么没有取得更优异的战绩呢？

1. **不利的能见度条件**。帕斯菲尔德称，能见度对战列巡洋舰队构成了"严重的障碍"。在整个南向战斗中能见度都对德方有利。查特菲尔德爵士对此进行了解释。"我们背后的西方，是一片晴朗的天空，将军舰清晰地投映在地平线上，而敌人的舰艇却难以辨别。他们背后的东方，是暗灰色的天空和雾气缭绕的地平线；目标定位对我们很难，而对他们却容易得多……因此在向南航行时，战列巡洋舰队处于极为不利的条件……"[59] 贝蒂和埃文－托马斯在作战报告中都声称，他们只能向朦胧的目标开火，后者还说，多数情况下只能看见敌舰炮口的闪光。另一方面，德国人即使在极远的距离上也能看清英舰。杰利科也理解作战报告中描述的情况。他在给贝蒂的信中（6 月 4 日）写道："我从埃文－托马斯那里得知，当时的光线对你极为不利。他说在未交火的一侧他的能见度至少为 12 英里，而在敌人方向，当他射击时只能看见炮口闪光。我能理解为何你的船在那种情况下损失惨重。"[60]

2. **烟囱的烟尘对英舰射击的干扰**。当时的风向是西南偏西，将贝蒂舰队先导舰冒出的烟尘吹向德舰方向。贝蒂在作战报告中，还特别提到了战斗初期第 9 驱逐舰支队的浓烟造成的干扰。该支队急于占据战列巡洋舰前方的阵位，以期对敌人发动鱼雷攻击，它们经过战列巡洋舰开火一侧，冒出的浓烟几乎完全遮蔽了"大公主"号和"虎"号的视野。希佩尔则处于上风位置, 烟囱的烟尘和炮口的硝烟都很快消散在其后方。

3. **英方炮弹的质量低于德方**。英制炮弹以倾斜角度击中装甲板时经常发生碎裂, 从而无法击穿敌装甲。英制穿甲弹内的高爆装药过于敏感, 在炮弹穿透厚度大于口径三分之一的装甲板的过程中就会爆炸。希佩尔在描述南向战斗最后阶段时说, "唯一让我们免于灾难的, 就是英国炮弹装药的低劣质量"。在以下三点中我们还会提到弹药的问题。

4. **缺乏防爆措施**。英国海军习惯于在弹药处理室堆满发射药, 以及将弹药舱门保持敞开状态。在这种情况下, 如果有火苗进入弹药处理室就会引起剧烈爆炸。"狮"号为此采取了防范措施, 这也是它的 Q 炮塔被击中起火后, 没有遭到与"不倦"号和"玛丽女王"号同样命运的部分原因。但人们会问, 贝蒂为什么没有建议全舰队采取类似的措施。而德军则已经从多格尔沙洲海战中汲取了教训。

5. **德制体视式测距仪的优势**。

以上是贝蒂未能击败希佩尔的 5 个主要原因。另外还有 5 个次要原因。

6. **战列巡洋舰上弹药舱的装甲防护不足**, 特别是对陡直下落的炮弹。我们将看到这是一个引起激烈争论的问题。

7. **战列巡洋舰火力分配命令的失误**, 这是"狮"号在战斗爆发时（3 时 46 分）挂出的旗语造成的。为了发挥英军战列巡洋舰单舰的优势, 贝蒂命令两艘先导舰, "狮"号和"大公主"号同时将火力集中在希佩尔的先导舰"吕措夫"号上, 其他各舰按顺序向相应敌舰开火。对"吕措夫"号的集火打击很快见效。但是"玛丽女王"号未收到贝蒂的命令, 而是向德军战列线中与自己对应的第 3 艘军舰"塞德利茨"号开火。这样在开战的 10 分钟内, "德弗林格"号丝毫未受干扰。该舰的炮术长写道: "因为一些错误我们被置于一边。我冷笑起来, 开始抱着完全平静的心态向敌人越来越精准地开火, 就像射击演习一样。"[61] 战列线的后半段也出现了类似的混乱, "虎"号未接到火力分配命令, 它和"新西兰"号都在向德舰队的第 4 艘, "毛奇"号开火。而双方战列线的最后一艘, "不倦"号和"冯·德·坦恩"号则展开了一对一的决斗。

| 不倦 | — | 冯·德·坦恩 |
|---|---|---|
| 新西兰<br>虎 | — | 毛奇 |
| 玛丽女王 | — | 塞德利茨<br>德弗林格 |
| 大公主<br>狮 | — | 吕措夫 |

根据上述示意图，英军集中火力于"毛奇"号，并不足以弥补让"德弗林格"从容射击的错误。"由于容易误判炮弹的溅落点，所以两艘军舰同时对一艘军舰射击的效果要低于二比一。""不倦"号被击沉后，"新西兰"号将火力转移到"冯·德·坦恩"号上。"大公主"号随后将火力从"吕措夫"号转移至"德弗林格"号，而在"玛丽女王"号爆炸后，"虎"号开始向"塞德利茨"号射击。

8. **繁琐的目标定位规则**。这些规则执行起来非常复杂缓慢，海战之后，制订了速度大为提高的定位规则。

9. **英军战列巡洋舰在向南航行时航速达到 25 节，而德舰只有 19 节。因此德舰在战斗中是更稳定的射击平台。**

10. **战列巡洋舰队的炮术（可能除了"玛丽女王"号）未达到战列舰队的水准**。杰利科在私下里表态认为，战后编纂的炮术记录，"确凿地显示了我们大部分战列巡洋舰非常低劣的射击水平，我在整个大战期间十分担心他们的炮术训练效果"。[62]"非常低劣"的说法也许过于严厉了，不过，即使我们用杰利科的评价来衡量贝蒂舰队的炮术水准，也有不少情有可原的因素，来解释战列巡洋舰不如人意的表现。首先是英国海军战前进行的，不切实际的年度战斗演习。战列巡洋舰的战斗航速将达到 25 节，但在战斗演习中，它们的航速却只有 12 节。1914 年战斗演习的火炮射程为 9000—10000 码，但所有人都认为，主力舰之间如果不经战斗，是不可能拉近到如此距离的。很多军官，特别是战列巡洋舰队的军官，都知道这套体制的危险性和局限性。本土舰队司令卡拉汉曾试图说服海军部，让战列巡洋舰摆脱这套演习体制的限制，但未能成功。但是，海军部还是在 1914 年春天做出了让步，允许战列巡洋舰在高速条件下（约 22 节）开展炮术演习，射击目标是16000码外慢速拖行的战斗演习标准靶。这次演习获取了大量经验。战争爆发阻碍了炮术的进一步提高，这主要是因为福斯湾内缺乏进行全口径主炮射击训练所需的设施。这也是战列巡洋舰队的炮术不如战列舰队的第二个主要原因。[①] 相反，德国海军舰艇总是到波罗的海进行射击训练。尽管如此，贝蒂也尽了最大可能来提高战列巡洋舰队的炮术水平，他也仔细研究了赫尔戈兰湾和多格尔沙洲海战的经验教训。他给杰利科的信件，表现了他对炮术一直有深入的研究。他的手下也有很多富有经验的炮术长——"玛丽女王"号的卢埃林（Llewelyn）、"狮"号的朗赫斯特（Longhurst）、"无敌"号的丹雷泽（Dannreuther）、"大公主"号的普里基特（Prickett），等等。贝蒂身边的炮术顾问查特菲尔德，则是海军最优秀的炮术专家之一。[63] 综合考虑，在日德兰投入战斗的战列巡洋舰队还是颇具战斗力的。如果它们的炮术在战斗中，特别是在南向战斗中发挥欠佳，并不能由舰队和他们的将领来负责，而主要是非人为因素造成的。贝蒂本人将原因主要归于上述的第三和第六个因素。对于前者，他在战斗发生两周年之际写道："我在言语和文字中都强烈地表达过，我坚信，如果战列巡洋舰在1916年5月31日能拥有性能正常的炮弹的话，战斗的结果将会截然不同，也会改变整个战争的走向，使之对我们更加有利。"[64] 在第二阶段的战斗中，英军的条件有所改善，战列巡洋舰队就展现出了良好的炮术。关于第六个因素，或装甲防护问题，贝蒂在1934年的备忘录中这样评论："两艘战列巡洋舰的损失不是任何舰上官兵的错误所致，这些可怜的人们，我们对军舰设计上的缺陷无能为力……他们的军舰建造得如此坚固，而我们的船只要有一点点火苗就会爆炸。"

## 4. 北向战斗

（资料图6、7）

就在第5战列舰中队向北转向之前的4时52分，德国第1侦察群顺次向右

---

① 战列巡洋舰队偶尔会到斯卡帕湾练习炮术。

舷转向 16 罗经点，并增至全速航行，浑然不知英军战列舰队正在迎面而来。贝蒂和希佩尔的角色相互调换了。贝蒂再次被低能见度所困扰。"能见度正逐步下降，严重阻碍了东向视野。"[65] 从大约 4 时 45 分至 5 时 10 分，双方战列巡洋舰再次交火，但战斗很快就因能见度太低和贝蒂驶出射程而中断。在贝蒂左舷后方行进的第 5 战列舰中队却首当其冲，在 5 时 10 分至 5 时 30 分之间，断续陷入敌战列巡洋舰和战列舰队先导舰只倾泻的弹雨中。列在队尾的"马来亚"号，竟然在一分钟内数到四周落下了 6 轮齐射。虽然埃文－托马斯的中队也有战舰中弹受创，但给敌人造成的损伤更大，先后击中了敌人的两艘战列舰和 4 艘战列巡洋舰。[66] 5 时 30 分前后，埃文－托马斯终于脱离了对方的射程，战斗才告一段落。

当贝蒂于 5 时 35 分，将航向由北偏西北转至北偏东北时（向右舷转向 4 罗经点，以调整航向对准大舰队），希佩尔也将航向转至西北（5 时 26 分向左舷转向 4 罗经点，执行舍尔发出的，转向西北的命令），双方战列巡洋舰的航向又呈汇集态势了。5 时 40 分，贝蒂在 17000 码距离上再次向德军战列巡洋舰开火，但目标非常难以判断。[67] 与此同时，埃文－托马斯再次发现了德军战列巡洋舰和战列舰队先导舰并恢复射击。现在，能见度第一次开始有利于英方。太阳低垂在天空，刺破了贝蒂身后的雾霭，照得德国炮手眼花缭乱，对英舰测距和校射都变得更加困难。而英国炮手却因为敌舰清晰可见，和射程较近而掌握了优势。而且此时希佩尔未能得到舍尔的支援，因为他们之间的距离已从 3 英里拉开至 6 英里。贝蒂和埃文－托马斯的齐射异常猛烈，而希佩尔却由于西方的能见度太差而无法有效还击，他只好向北偏西北转向（5 时 47 分），随后又向北转向（5 时 51 分），并命令他的雷击舰支队发起鱼雷攻击。

他尚未脱离险境。一个新的对手却突然现身，第 3 战列巡洋舰中队（胡德）在 4 艘驱逐舰和轻巡洋舰"坎特伯雷"号（Canterbury）、"切斯特"号（Chester）的伴随下，自 3 时 11 分开始就开始全速航行，以驰援贝蒂。在"无敌"号右舷方向 6 英里处的"切斯特"号，已经在 5 时 35 分与第 2 侦察群（希佩尔的轻巡洋舰幕）交火，很快就被围攻得奄奄一息。炮声以及随后看到的炮口闪光，使胡德立即命令将航向由南偏东转向西北（5 时 40 分），以解救"切斯特"号。5 时 56 分，希佩尔迫于贝蒂的压力向东转向。从东北方向射来的大口径炮弹开始震撼他的军舰——来自胡德中队的打击——希佩尔相信，他已经遭遇了英军战列舰队。他立即命令，舰队全体同时转向西南，即与来敌相反的方向（6时5分），并撤向舍尔的主力舰队。6时10分，他带领第1侦察群转向东北，占据己方战列舰队的前卫位置，后者已经开始将航向调整至东北方向。此时德军战列巡洋舰队的形势已处危殆。更重要的是，贝蒂已经占据了他的侧翼（不管他是否有意这样做），更有胡德的奇袭，将希佩尔向东方和南方压迫，使他完全看不到正在逼近的杰利科舰队。这样就让德军战列舰队在杰利科现身时处于极为危险的境地。

就在德军得以脱身之前，第2侦察群已从5时50分开始遭到胡德中队的沉重打击。"威斯巴登"号（Wiesbaden）的动力受损，"皮劳"号和"法兰克福"号也被重创，而胡德付出的代价是一艘驱逐舰。胡德的意外出现，除了迫使希佩尔决定掉头撤往舍尔方向以外，最重要的结果，是将原来向贝蒂发起鱼雷攻击的德军雷击舰吸引到第3战列巡洋舰中队的方向，这样它们在攻击完毕后就无法及时重新集结，干扰英军战列舰队的展开机动。而以德方的观点，此举对于德军而言还有一个更加悲剧性的后果。

如果不是这个中队（第3战列巡洋舰中队）的干扰，之前发起进攻的德军雷击舰支队本应向另一方向，即贝蒂舰队出击，这样就可能阻滞后者从正前方包抄德军战列线的机动，就像后来英军战列舰队做到的那样。但是如果真是那样，（已经完全展开的）德军战列巡洋舰队和第3战列舰中队，就可能在敌人的战列舰队正在实施展开机动之时突然出现，并可能占据T字有利阵位，而不是在后来因为被贝蒂迂回侧翼，而自身处于被敌人抢占T字有利阵位的境地。[68]

还有另外一个因素可以解释这一错失的良机——用海军上将莱韦措（Levetzow）的话说，"就像扮演了冲入羊群中的狼的角色"。由于胡德中队猛烈而准确的炮火，德军认为他们遇到了敌人的主力舰队，由海军少将贝恩克（Behncke）率领的德国公海舰队先导中队，第3战列舰中队，在"蜂拥而来"的英军战列舰队前急转掉头，几乎做了一个180度的转向。舍尔参谋部的作战处长说，在这种情况下，"正在前方冲杀的德军舰队先头分队无法保持自己的阵型，德国海军锐利的矛……却无法刺中目标——英国主力舰队赢得了展开的时间，这真是英国人的运气"。海军上将舍尔去世前不久在魏玛告诉笔者，"一想到上天曾经给了他们一个全歼英军舰队的机会，他就夜不能寐"。[69]

德军对北向战斗的结果非常失望。他们所得甚微，而且在关键的下午6时，总体战况也对他们不利。贝蒂不顾重大损失，成功地完成了肩负的首要任务，将对自己命运一无所知的公海舰队，引诱到英国主力舰队面前。[70]第1和第2侦察群正在全面撤退。英军舰队的炮术在北向战斗中大有提高。贝蒂的战列巡洋舰被击中5次，埃文－托马斯中队被击中13次（大多发生在刚完成转向时），共计18次；德军主力舰共被击中21次（希佩尔15次，舍尔6次），除了一次外，全为第5战列舰中队所取得。[71]英国方面受损最重的是"马来亚"号：一枚炮弹击穿炮塔顶部装甲，造成严重的发射药火灾，两枚炮弹击中了满载吃水线以下的舰体，造成大量进水，污染了燃油。德军方面的损伤则更严重。两枚击中"吕措夫"号舯部的15英寸炮弹摧毁了无线电室；三枚炮弹击中"德弗林格"号的舰艏，造成严重进水；"塞德利茨"号艏部被4枚15英寸炮弹击中，造成进水加剧；"冯·德·坦恩"号的火炮故障仍未排除——该舰的所有火炮都暂时无法开火。

人们对贝蒂舰队提出了两点批评：（1）他们未能在整个北向战斗中与敌人保持接触；（2）未能不断为杰利科提供有关敌人战列舰队的位置、组成和实力的可靠情报。实际上，贝蒂在整个北向战斗中未发出一份报告。杰利科本人评论说：

> 如果戴维·贝蒂爵士能够在下午5时40分，他再次发现德军战列巡洋舰并与之交火时，向我报告敌舰位置，就会大大减轻我的困难，但是，他在4时45分至6时6分之间没有发出任何报告，后来的报告还是在我紧急要求下才发出的……（贝蒂）应该将向舰队司令报告敌情，作为自己的首要任务。我在战斗训令中对此做了最突出的强调。[72]

实际上，杰利科是隐晦地批评了贝蒂将与德军战列巡洋舰交战的重要性，置于向主力舰队报告敌情之上的错误做法。

对贝蒂的第一项批评有如下反驳:（1）虽然战列巡洋舰队与德军舰队一度脱离接触达半小时（5时10分—5时40分），但查特菲尔德坚称，低能见度是唯一的原因。"以当时的能见度，我们不可能在不遭到敌人集火打击的情况下，与敌人保持接触，或者发现敌人的战列舰队。"[73]（2）"海军中将已经看到敌人的战列巡洋舰占据了敌战列舰队的前锋位置，在缺乏相反信息的条件下，可以合理地断定敌人将保持这样的相对位置。要亲眼观察到敌人战列线上的所有军舰，显然是不可能的。"[74]

关于第二项批评，可以反驳的理由是，和战列巡洋舰在一起的还有多艘轻巡洋舰，它们的任务就是向舰队司令提供情报。"狮"号的一名军官看到，"它们就展开在'狮'号前方，但是在'狮'号的舰桥上，司令和他的参谋们不得不把在低能见度下，指挥大量战舰（战列巡洋舰）和强大的敌人交战，作为最重要和最紧急的事项"，"当然，更多的敌情报告依然是需要的"。贝蒂知道，古迪纳夫中队正在不断地向杰利科汇报敌情。但是，这并不能减轻他持续向杰利科报告敌舰的位置、航向和航速的责任。事实上，英军轻巡洋舰（除了古迪纳夫中队）和战列巡洋舰都没有意识到用无线电持续报告敌情的重要性，但大舰队战斗训令特别指出，在战斗开始之前——也即主力舰队之间展开战斗前，这是所有巡洋舰的首要任务。[75]5时27分，贝蒂的确命令在他前方的第1和第3轻巡洋舰中队前去寻找希佩尔舰队。如果其中一个中队能重新发现公海舰队，另一个中队，用杰利科的话说，"在战列巡洋舰队向北航行时，布置在其前方3到4英里处，以与我的轻巡洋舰幕建立联系"，那他接下来做决策时就会轻松很多，"我至少就可以提前获得有关敌人战列巡洋舰位置的更精确的情报"，"但是，事后再来对此提出批评很容易"。[76]最靠近敌舰队的是第5战列舰中队，它们一直到5时25分都与德军战列舰队保持着目视接触，本可以为杰利科提供急需的情报。但是竟然没有一条信息被发出。"巴勒姆"号的无线电设备已经在北向战斗中被击毁，"马来亚"号上的通信设备也严重受损，只有"勇士"号可以发送报告。但埃文－托马斯似乎并不比贝蒂更重视向舰队司令汇报敌情，而且像贝蒂一样，他事后也声称，当时还以为轻巡洋舰正在履行这一职责。

海军上将哥德弗里在他的日德兰海战讲座中，提出了两个有趣的观点。"最没有头脑的人也知道，我们舰队的航向，并非指向英国海军的任何基地。舍尔为什么没有警觉，并意识到他们（英军战巡）正在向援军靠拢呢？"他的另一个思考是："如果我们的战列巡洋舰和第5战列舰中队能向西航行更远的距离，吸引敌人更加远离他们的基地，对我们是否会更有利呢？我们知道舍尔已经倾巢出动，看起来，他每向西方移动一码都对我们更有好处。"

下午5时56分，贝蒂的战列巡洋舰队终于望见了战列舰队。对战列巡洋舰队和第5战列舰中队的每一名官兵来说，这都是难忘的一刻。海军少将查默斯写道："经过一场艰苦卓绝的战斗，我们发现了公海舰队，并将它们像一群绵羊一样引向了屠场。""大公主"号舰长瓦尔特·科万后来这样表述了他们当时狂喜的心情："望见处于射程之内的主力舰队时，我们都想把帽子抛上天了，看起来敌人肯定跑不了了。"[77]这场海战即将进入一个新的阶段。

# 战列舰队的战斗

## （5月31日，下午5时56分—约晚上9时）

———————————— 第三章 ————————————

我认为杰利科爵士的战略无可指责。不能因为他没有迫使舍尔投入战斗而责备他。他唯一可以指摘的，就是没有尽其所能，来抓住和利用上天降临给他的唯一机会（舍尔的第二次转向）。他的战术真实地反映了他的用兵之道。要让他的名字永垂青史，这位勇士身体缺乏的，仅仅是冒险精神，对荣誉的挚爱，以及每一位伟大征服者都拥有的内在激情。

纳尔逊和絮弗伦都是狂暴和热情的斗士。

——海军上校E.理查德（法国海军），引自海军参谋学院日德兰海战讲座

任何人在理解我作为大舰队司令官，在日德兰海战中面临的困难之前，有必要对引起这些困难的两个主要因素，有清晰了解并铭记在心。这两个因素是：1. 我缺乏来自战列巡洋舰队及其附属轻巡洋舰中队提供的，有关公海舰队的位置、阵型和实力的大致准确的信息。2. 当战列舰队发现公海舰队部分舰只时，我缺乏足够的能见度，主要原因是雾霭，部分原因是来自我们战列巡洋舰和其他舰艇的烟尘。

我的批评者……似乎都没有从最低限度上意识到，上述因素对我在大舰队与公海舰队相遇后两小时内指挥的影响。

——杰利科，"海军部对日德兰海战的评论"（1927年？）

英国大舰队司令的地位很独特。他的责任之重非他人可比。也没有任何人——君主、政客、海军或陆军将领——承受着他肩上那种巨大的压力——他下达的命令可以在两到三个小时内无情地决定，谁是战争的胜利者。英军战列舰队的毁灭就意味着一切的结束。杰利科是唯一一个可以在一个下午输掉整场战争的人。

——丘吉尔，《世界危机》

## 1. 战列舰队的展开

（资料图 7、8）

杰利科收到"加拉提"号于下午 2 时 20 分发出的第一份敌情报告时，他正处于原定于下午 2 时抵达的目的地以西 12 英里。除了发现敌轻型舰艇外，这份报告并没有特别意义，但是，杰利科还是于 2 时 35 分命令舰队提升蒸汽压力，准备全速航行。在收到"加拉提"号发出的更多报告后，他将航速提至 18 节（2 时 55 分），并命令侦察幕前出展开，展开半径为 16 英里（3 时 10 分），随后命令转向东南，也就是合恩斯礁的方向，航速增至 19 节（3 时 27 分）。在收到"狮"号在东南方向发现 5 艘敌战列巡洋舰的情报后，他增速至 20 节（3 时 58 分）。3 时 59 分，他得知贝蒂已投入战斗，由此直到 4 时 38 分（"第一次沉寂"），杰利科没有收到任何战况报告，只有消息称第 5 战列舰中队也已参战。随后在 4 时 38 分，传来了"南安普敦"号的敌情报告。这是杰利科第一次得到有关舍尔的消息，也改变了整个局势。4 时 47 分，他向舰队发出了所有人热切盼望的信号，"敌战列舰队正向北驶来"，4 分钟后，他向海军部发出了令人震惊的消息，"舰队交战在即"。科贝特写道："当这久久盼望的消息在空气中扩散，沿着无数条电线四处传播，热情从全国各地迅速聚集起来。海岸线上的所有船坞都运转起来，所有拖船都升火待发，准备协助受损的舰艇，此时最热情高涨的，就是那些留在港内摩拳擦掌的海军舰艇。"在白厅，汉奇注意到一向不动声色的海军大臣贝尔福，也"处于极度兴奋的状态"。大舰队在经过将近两年郁闷的等待后，早已"嗜血成性"，并信心满满。1914 年 11 月，海军元帅亚瑟·威尔逊爵士，把一场将德国海军"一网打尽"的伟大海战称为"大多数海军军官的梦想"，现在，就是实现这一梦想的时刻了。

4 时 45 分，从"大公主"号发来了贝蒂的无线电报告："已在东南方向发现敌战列舰队……""铁公爵"号并未直接收到这份电报，而是由"本鲍"号战列舰转发来的（5 时 5 分）。不幸的是，"本鲍"号改动了报告的部分内容，当杰利科收到它时，内容为："已发现 26—30 艘战列舰，可能（！）敌意，方向南偏东南，航向东南。"这份含义不清的报告并未得到充分重视。看到信息后的杰利科相信，公海舰队已经全体出动，而不是其实际阵容，即 22 艘战列舰

（16艘无畏舰，6艘前无畏舰）和5艘战列巡洋舰。杰利科此时的判断是完全合理的，因为这份敌情报告的内容，"完全证实了海军部的信息，即敌人（战列舰）的数量为28艘（18艘无畏舰，10艘前无畏舰，另有6艘战列巡洋舰），我自然对情报深信不疑，并且在对态势进行衡量时，猜测我将面对全部公海舰队，包括28艘无畏舰和10艘前无畏舰，而不是实际上那支差别甚大的力量"，"由于舍尔坚持避战思想，我从未同时看见过3艘到4艘以上的德军战舰，我也从未精确地，甚至是大致地证实过他的实力"。[1]

　　杰利科的战列舰队此时正以6条平行纵队在海上巡航，整个阵型像一把5英里宽的巨大梳子。每一根梳齿是一个战列舰分队，由4艘战列舰组成（每一个战列舰中队由两个分队组成），纵队的先导舰是分队司令或中队司令的旗舰，"铁公爵"号是两个中心分队中，略靠东侧分队的先导舰。舰队左翼（东侧）是第1分队（杰拉姆，"国王乔治五世"号），右翼（西侧）是第6分队（伯尼，"马尔博罗"号），两翼分队之间，由左至右为第2分队（莱韦森，"猎神"号），第3分队（杰利科，"铁公爵"号），第4分队（斯特迪，"本鲍"号），第5分队（冈特，"巨像"号）。现在最大的问题，就是找到最佳展开方式——也就是说，让战列舰队组成战列线——是以右翼纵队为准，还是以左翼纵队或是中心纵队为准实施展开机动。这意味着，命令选中的基准纵队前出，其余纵队做两次90度转向，第一次转向基准纵队，然后顺次转向跟随其尾迹前进。如何决定，将取决于德军战列舰队的阵型和大致位置、航向和航速，而杰利科恰恰无法得到可靠的有关情报。

　　杰利科的巡洋舰没有尽到自己的职责，他从它们那里，只收到了断续的、相互矛盾的，或者明显有误的情报。但是，他本人在海战之后显得非常宽容。"我从巡洋舰那里什么也没得到，因为它们自己也什么都没有看到。"[2]如果没有"南安普敦"号，杰利科就会对战局一无所知。[3]从4时38分至5时，杰利科得到了五份有关德军战列舰队的报告，其中三份来自"南安普敦"号。之后是长达40分钟的"第二次沉寂"。从5时40分至6时3分，他收到来自"南安普敦"号的三份报告，以及数份来自其他舰艇的，内容模糊的报告，称发现了炮口闪光云云。这段时间内，已经冲入希佩尔的侦察幕并被重创的"切斯特"号没有报告任何敌情[4]，连胡德也没有报告他们正在与第2侦察群交火。笔者在前文中已经提到了战列巡洋舰队和第5战列舰中队在敌情报告方面的表现令人失望。另一个问题，是杰利科本人是否对获得情报做出了足够的努力。为什么不早在4时45分，就命令第4轻巡洋舰中队或者一个驱逐舰支队全速向东南方向开进，执行侦察任务呢？

　　在没有雷达的时代，单舰在海上使用航位推算法实时确定本舰的位置并非易事。根据演习经验，杰利科曾为航位推算法引入"参考坐标法"作为辅助：战舰将向上级汇报航位信息，通过中继巡洋舰进行视觉信号转发，从而让旗舰得以推算己方舰艇的相对位置。GFBO 中（第22章，第19、20段）强调了这种方法的重要性。杰利科告诫手下，不能完全信赖无线电报告的准确性。5时33分，贝蒂和杰利科之间第一次建立了光学信号联系，因为行驶在"狮"号前方4英里至5英里的"法尔茅斯"号（第3轻巡洋舰中队），发现了杰利科前出巡洋舰幕最右翼，航速较慢的第1巡洋舰中队的"黑王子"号。但是，"法尔茅斯"号并不在正与德军战列舰队保持接触的"南安普敦"号的视野之内，而距"铁公爵"号13英里的"黑王子"号，也看不到"南安普敦"号。由于第2轻巡洋舰中队是唯一与公海舰队保持目视接触的英军中队，因此无法建立起完整的目视通信链。而且，双方都没有报告已与对方侦察幕发生了接触。[5]

　　杰利科已经安排"汉普郡"号（第2巡洋舰中队），作为他的轻巡洋舰幕（第4轻巡洋舰中队）和前出侦察幕（第1、2巡洋舰中队）之间的视觉信号中继舰。下午3时10分，杰利科命令两支巡洋舰中队前出至主力前方16英里展开侦察幕。但是这些老式装甲巡洋舰的航速仅略高于无畏舰（它们的航速号称有22.5—23节，但是《日德兰海战报告》中提到，它们的最大航速只有20—21节，从未超过22节），而接敌阶段的战列舰队一直以高速航行（从4时开始航速达到22节），同时自下午4时，海上的能见度开始下降，这些装甲巡洋舰只是略呈梯阵型前行，以靠近位于中心的军舰，它们与战列舰队之间的距离从未超过12英里。在向南航行的过程中，这一距离又因巡洋舰停船和搜索行动而减半，当然这也是它们的职责之一。结果是当发现敌人时，它们并未处于原来预想的位置，而是在"铁公爵"号前方仅仅6英里处。由于能见度不断下降，侦察幕的宽度也从40英里减少到25英里，进一步降低了侦察的效能。

　　这还不是杰利科面临的唯一困难。由于"铁公爵"号和"狮"号自离开基地后，在不同的潮汐中长时间Z字航行，航位推算法的误差已越来越大，而且战列巡洋舰队部分罗盘的工作，可能还暂时受到了重炮开火的影响。[6]

　　下午6时前，战列舰队右翼纵队先导舰"马尔博罗"号，在右舷舰艉方向观测到炮口闪光，并听到大口径舰炮的开火声，该舰将这个出乎意料的情况报告给杰利科（5时50分），随后在6时整，"马尔博罗"号看见了己方的战列巡洋舰。杰利科曾以为（根据航位推算），"狮"号在下午6时应该在他东南12英里处，但是现在他收到了"马尔博罗"号的报告，再经过自己的亲眼证实（6时1分），才发现"狮"号在自己南偏东南方向5.5英里处。换句话说，杰利科原本期望在舰艉正前方发现贝蒂，结果他却出现在舰艉右方，也即比根据之前收到报告推断的位置远远偏向西方，距离也近了6.5英里。这一发现的重大意义是，根据所有报告，杰利科原以为将于6时30分，在大舰队右前方发现德军战列舰队，现在他却将在右舷某处（西方）发现舍尔，时间也提前了20分钟，也就减少了他可以用来做展开机动的时间。[①]"从那之后得到的信息显示，德军战列舰队的位置在西偏北约7英里处，正在我方的右舷方向，而不是舰艉方向。由于整个局势仍不确定，所以当时最重要的，就是从战列巡洋舰队中第一艘发现德军战列舰队的军舰那里，得到德军舰队的方位与距离。"[7]杰利科可以听见重炮的轰鸣，意味着德军主力舰就在附近，但他只能估计它们的大致方位。杰利科此刻的心情非常焦急："我希望有人能告诉我谁在开火，目标又是谁。"这确实是极为复杂的局面。

　　当"铁公爵"号发现贝蒂的战列巡洋舰时，杰利科向贝蒂发出信号（6时1分）："敌战列舰队在哪里？"贝蒂（此时位于"马尔博罗"号以南两英里，正径直驶向杰利科）自从向北转向后就没看见过德军战列舰队，他只好回应："敌战列巡洋舰在东南方向。"杰利科于6时6分得到此信息。他不知道贝蒂

---

　　① 如果仅仅依据"铁公爵"号和"狮"号的定位偏差，杰利科预料将提前15分钟发现敌人，但是报告中错误的位置数据，让他认为自己的准备时间会更短。

并未与德军战列线保持接触，所以对贝蒂的回应感到不解，甚至有点恼怒。贝蒂根本没提到敌人的战列舰队，而且信息内容与10分钟前古迪纳夫发来的情报相矛盾，后者称，敌战列舰队已向北转向，而希佩尔正在舍尔的西南方向。杰利科重复了询问（6时10分）。形势已正变得极度紧张。杰利科仍处于巡航状态，而对手的战列舰队正以28节的相对速度接近 [①]，也就是说双方距离每分钟就减少半英里。杰利科的时间正在耗尽。

贝蒂在自己北方4英里处发现英军战列舰队的先导舰后，就将航向转向东方。他这样做，原因有二：第一，他希望杰利科能在他的后方某处展开，也就是向最靠近敌人的右翼展开；第二，他想要阻止希佩尔发现英军战列舰队。正当他向右转向，占据杰利科舰队的前卫位置时，雾霭突然消散，他发现了希佩尔和德军战列线的前卫分队。贝蒂立即用探照灯向杰利科报告（6时14分）："已在南偏西南方向发现敌战列舰队。"

贝蒂的报告，缺少了至关重要的敌人航向的信息，而将敌人的位置，确定在英军战列舰队的右舷方向，并极为靠近杰利科。由于杰利科认为"狮"号的能见度只有5英里，那么，似乎德国人距离自己只有大约5英里（实际距离为约7英里），而且可能在任何时刻，从雾中出现在"马尔博罗"号的侧舷方向。杰利科在战后写道："除了能见度太差外，我面临的最大困难，是'狮'号（12英里）、第2轻巡洋舰中队（20英里）和'铁公爵'号之间的航位推算误差。这令我在意想不到的方向发现了敌舰和你，也使舰队展开非常困难，因为我首先看到的，是自右舷舰艏至侧舷方向的炮火，这对估测敌人的位置非常重要。实际上，直到展开机动完成后，我才知道敌人的确切位置。"他再次强调："我从未感到如此'迷失'，就像我在会议上有些搞不清形势一样。敌人的战列巡洋舰到底是在前方，侧方还是在后方。当然'马尔博罗'号看得更清楚，但是从它和你那里发来报告需要时间，我可能因此失去宝贵的时机。'狮'号和'铁公爵'号之间的航位推算误差使得情况变得最为复杂。这种情况虽然不可避免，但确实让我非常迷惑。" [8]

---

① 不是普遍认为的40节：双方舰队航速均为18节，而且并非完全相向而行。

〈海军准将埃德温·S.亚历山大-辛克莱尔，第1轻巡洋舰中队司令（弗朗西丝·多德画作，帝国战争博物馆董事会授权）

〈海军准将威廉·E.古迪纳夫，第2轻巡洋舰中队司令（弗朗西丝·多德画作，帝国战争博物馆董事会授权）

∧ Q 炮塔被击中的"狮"号，5 月 31 日

∧ "无敌"号爆炸半小时后的残骸（驱逐舰"獾"号正在驶近，救起了 6 名幸存者，在驱逐舰和残骸之间可见搭乘着 4 名幸存者的救生筏，海军中校 H. D. E. 丹雷泽就在其中。）（照片由帝国战争博物馆董事会授权）

**如果英军舰队于6时15分向右展开，其在6时30分时的大致队形**

**备注**
第5战列舰中队（欠失去战斗力的"厌战"号）逐步行驶到了"马尔博罗"号前方，加入战列线，但该中队可能在机动过程中遮挡了"马尔博罗"分队的射界。

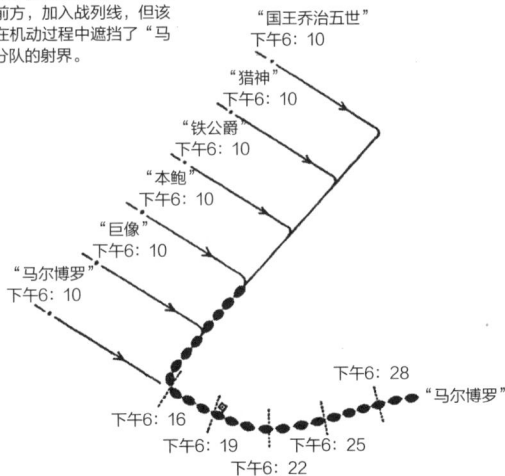

"国王乔治五世"
下午6：10

"猎神"
下午6：10

"铁公爵"
下午6：10

"本鲍"
下午6：10

"巨像"
下午6：10

"马尔博罗"
下午6：10

下午6：28

"马尔博罗"

下午6：16

下午6：19　　下午6：25

下午6：22

**"马尔博罗"号在各时刻的推测位置**

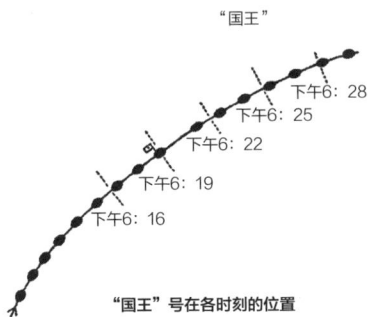

"国王"

下午6：28

下午6：25

下午6：22

下午6：19

下午6：16

**"国王"号在各时刻的位置**

∧ 如果向右翼展开，英军队形的示意图

必须立即做出展开机动的决定。完成机动需要 15 分钟至 20 分钟，每拖延一秒钟，都会增加大舰队在机动中遭到敌人打击的危险，因为在机动过程中，很多主炮塔的射界，将被遮挡而无法开火，而敌人的战列线已经布置完成。而且，还必须做出正确的决定。一次错误的展开机动，可能让敌人抢占对大舰队的 T 字有利阵位，而且一旦开始机动，就无法做出更改。海军上校麦金泰尔（Macintyre）比喻说，战列舰队"更像我们萨克逊祖先使用的双手巨剑，杀伤力惊人，但挥舞起来十分笨重"。科贝特非常形象地描述了杰利科当时所处的情况：

历史上，很多英国海军将领都面临过需要当机立断的危急时刻，但是没有人像海军上将杰利科在这场海战的关键时刻那样，需要更出众的领导力、成熟的判断力和快速的决断力。如果要及时做出展开机动，就一秒钟也不能再拖延了。敌人正在他的侧舷方向，而不是前方。他仅仅能猜测它们的航向。几英里之外浓雾缭绕：他仅能看到一片模糊景象，而每一秒钟，局势发展之快都是他的先辈们无法想见的。两支敌对舰队，正以前所未有的高速冲向对方；战列巡洋舰、巡洋舰和驱逐舰都在抢占它们的战斗阵位，驶过他前方视野的军舰，无一不在喷吐着致密的浓烟。最重要的是，前方和右舷传来的激烈炮火声，在这种盲目与缭乱中，海军上将杰利科必须做出将国运悬于其上的决定。[9]

不仅仅是他的国家。杰利科的决定，将影响到世界上数以百万计的人的生活和命运。这无疑是海权影响历史的巅峰时刻。

用杰利科自己的话说："决定的关键，是要以右翼纵队（西方）还是左翼纵队（东方）为基准组成战列线。我第一个和下意识的感觉，是要向右翼展开，用最短的时间让舰队投入战斗，但是炮声和来自'狮'号及'巴勒姆'号的报告，都越来越清楚地显示，公海舰队已近在咫尺，它们所处的方向，将使我们完成向右翼展开后，陷入极为不利的境地。"[10]

杰利科认为，以右翼纵队为基准展开有三个缺点：（1）向右翼展开，将使战列舰队暴露给敌人的大规模鱼雷攻击。"我预计，德军雷击舰将位于他们的战列舰队之前，很明显，处于有利前锋位置的雷击舰借助大雾发动鱼雷攻击，将有极大的成功率；在展开过程中，让战列舰队暴露给敌雷击舰的攻击就是自杀行为，因为这将使舰队在关键时刻陷入混乱。"（2）这将使战列舰的前卫分队（右翼纵队"马尔博罗"号分队），在能得到支援之前的关键一刻——也即展开机动完成一半时，遭到德军战列舰队的集火打击，而该分队均由最老和火力最弱的无畏舰组成。每一个后续分队转向至右翼纵队后方再开火射击，都至少需要4分钟。（3）战列线的先导分队有可能被迫向东转向。因为，先导分队极有可能与敌舰队发生"重叠"，从而让敌人占据巨大优势。① "一旦出现这种情况，右翼纵队就必须向左大角度转向，以避免位于T字不利阵位，而每一个后续分队都不得不做同样的转向，也就是说，要多转向8罗经点才能组成战列线。"这意味着，英军战列舰队需要转向12罗经点，同时还要遭到大批德军战列舰密集的侧舷齐射，而机动中的英军舰队，则可能有一半主炮无法还击。

　　这三点，都是向右转向存在的缺陷。而向左转向则有两个巨大的优点。一是能使舰队对敌人占据T字有利阵位，二是能见度因素。在接敌的最后阶段，从下午5时40分开始，杰利科命令他的旗舰长德雷尔（在他看来也是"当代最优秀的炮术专家"）对各个方向测距，以决定哪个方向的光线对舰炮射击更有利。测距结果明确显示，面向南方的能见度最好，因为太阳此时正低垂在西方。向右翼转向，将牺牲这一有利条件，因为双方主力舰队之间的战斗，将肯定在日落后不久发生。德方报告声称，他们在战列舰交战的整个过程中都很难分辨英国舰艇。这并不是在暗示英国方面的能见度更好；但是我们还要对此多做一些解释。

　　鉴于以上所有原因，杰利科终于在6时15分决定，向东展开——以左翼纵队为基准组成一条单战列线，并且，接受这一机动将使舰队远离正在抵近的敌人的缺点。由于敌舰队突然出现在一个未曾预料到的方向，他认为自己已别无选择。如果他能事先得到有关舍尔的更准确情报，无疑将更早实施展开机动，并因此在双方交战的初期，获得更大的自由机动空间。

　　那么杰利科在当时的态势下做出的，是最好的选择吗？或者说，他是否正

---

① 重叠，是指英军战列线的先导分队正处于德军战列线中心分队的侧舷方向。

确选择了用于"组成"战列线的基准分队呢？杰利科的个别批评者，包括迪尤尔兄弟和温斯顿·丘吉尔①，对这个问题给予了否定问答。他们永远无法认同他向左翼展开的决定。反对的关键理由，是它增加了双方舰队之间的距离，推迟了战斗开始的时间，而当时只剩下两到三个小时的白昼了。这样，就降低了进行一场决定性海战的几率；展开应该以右翼分队，也就是最靠近敌人的分队为基准，与向左展开相比，这样将使整条战列线向右方靠近5英里。"如果展开机动的目的是让主炮指向侧舷，并使敌人处于所有主炮的射程之内，那么杰利科的机动未能满足这一条件，因为以当时的能见度条件，舰队展开后并未全部处于有效射程内……向左展开无疑风险更小，但是与敌人的距离增加了4000码，而每1000码距离都意义重大（因为当时能见度仅略大于5英里），而哪怕10分钟的白昼时间也对战斗胜利极有价值。"[11] 批评者还认为，向右翼展开可能遭遇鱼雷攻击的风险被夸大了。"敌驱逐舰大多处于主力舰队的下风一侧，此时无法发动鱼雷攻击。德军第9雷击舰支队和半个第12雷击舰支队，已经与'鲨鱼'号②和第3战列巡洋舰中队交火，而英军的第3、4轻巡洋舰中队，和第12驱逐舰支队都可以向敌驱逐舰发动反击。"[12] 在海军将领中，只有斯特迪认为当时应该向右翼展开："当命令向左翼，或远离敌人方向展开时，第1战列舰中队司令（伯尼）本可以果断向另一方向转向。当时我希望他会这样做，而我也会跟随他机动。我不是说他应该如此行事，但是如果我处在他的位置，就极有可能这样做。"[13]

　　另一方面，德国官方史和拉姆塞都断言，向东展开是杰利科"唯一的选择"。前者声称："必须认同英国将领的观点，即如果他以这种方式（向右翼）展开，将把舰队带到一个德军舰队乐于见到的位置。"舍尔在日德兰海战时的参谋长冯·特罗塔，"坚信杰利科的决定是正确的"。哥德弗里认为，杰利科的决定，"给我们舰队带来了难以置信的优势"。吉布森和哈珀则认为，这是一个"左右了战斗胜负和战争胜负的伟大决定"。贝蒂手下的军官也对此十分赞赏。海军上将德拉克斯说，杰利科对舰队的指挥，"在我们看来简直完美无缺"。科

---

① 后者对日德兰海战的评论是与 K. G. B. 迪尤尔合作撰写的。
② 由勇敢的洛夫特斯·琼斯（Loftus Jones）指挥，他还率领着另外4艘驱逐舰。

贝特也毫不怀疑杰利科决定的正确性。"我们现在知道，在这样低能见度条件下展开，可能会给他的对手一个求之不得的机会。海军上将舍尔进攻战术的所有原则非常明白，就是要率领一支劣势舰队，在短时间内对对方战列线的一部分，使用压倒性的舰炮和鱼雷火力，然后在敌人可以集中力量反击之前，就在烟幕的掩护下撤退——这是公海舰队一直演练的大胆机动。"[14]

这些赞赏杰利科决定的人都认为，除了向右翼纵队展开存在一些缺点外，向左翼展开有三个巨大优势。它使战列舰队驶过正在接近的敌舰队的舰艇，也就是抢占了T字有利阵位。虽然，杰利科的右翼纵队将因此推迟10分钟才能投入战斗，但T字有利阵位的意义远大于这一缺点。实际上，拖延还带来了一个益处，因为它给了杰利科更多时间来延展他的战列线，使之与预计将要出现的舍尔的前锋，正好形成直角。第二，不管公海舰队想要撤回赫尔戈兰湾还是斯卡格拉克，向右展开都将英军战列舰队布置在了舍尔的退路上，这样就将迫使其投入一场决定性的战斗。第三，杰利科充分利用了光线优势。他的舰队除了炮口闪光，几乎难以辨认，而德军战舰的身影，则被衬托在西方明亮但有迷雾的地平线上。向右翼展开，虽然可以让杰利科更早投入战斗，但他不可能获得上文提到的任何一项优势。

有人提出了第三种展开方式，即以"铁公爵"号为首的中心纵队为基准展开，其他纵队追随其尾迹前进。这种展开方式的优势，是组成的战列线将比向左翼展开更靠近西南方向达4000码。《海军参谋部评论》和丘吉尔都热心鼓吹过这种机动方式。英国本土舰队在战前也经常演练中心展开机动，这就是海军上将梅为此引入的"中心信号"机动。杰利科似乎并未考虑过这种展开方式。GFBO清楚地说明，他的意图，是将舰队司令置于战列线的中央位置。如果他从未考虑过这种机动，显然也不会在实战中使用。中心展开曾被认为是最佳展开方式。但是在当时不可能实施。因为它要求发出大量命令信号，而且大舰队也未操练过，所以一旦实施，肯定会造成严重混乱。德国官方史、科贝特、拉姆塞和哥德弗里（他们都不是杰利科派的人物，如果科贝特算是有一点倾向于他的话）都认为，以中心纵队为基准展开，相比向左翼展开太过复杂，因此在舰队即将与敌人交战时根本无法实施。我们可以用杰利科自己的话做出总结：

反对这一建议的最主要原因，是所有经验都显示，在一支庞大的舰队中，司令官的最佳位置是战列线的中央。仅仅将舰队布置在更靠近敌人4000码的距离上，对战斗结果没有影响，因为只要我们一开始齐射，海军上将舍尔就会立即实施他的16罗经点转向，逃离我们的战列线。唯一真正可以代替向左翼展开的，是"倾斜信号"展开，但是，这在我的脑海中只存在了一瞬间，就因种种缺陷而被我否决了。[15]

在德国官方对海战的评论正式出版前（1925年），想要绘制海战的完整图景是不可能的。德国的官方评论问世后，朴次茅斯海军战术学校用所有参战舰艇的模型对海战进行了复盘重演，在每一个阶段，都用一块可见度盖板来演示"铁公爵"号舰桥上的视野。似乎每一位观摩演示的军官（直到1935年，整场海战重演才最终完成）都确信，杰利科的展开命令是一次杰作，以他当时得到的有关德军战列舰队位置的信息来看，也是绝对正确的。1933—1934年，杰利科曾在数次海战复盘中亲临现场，他非常焦急地想要知道，自己是否可以做得更好，但他一直没有找到更可取的其他方案。

\* \* \*

笔者个人赞同杰利科和他的支持者们的观点。变换队形需要很长的时间，而大舰队在队形调整开始时先导舰的航向不利，展开过程中的机动性也受到了影响。在战前，英军长期强调各战列舰分队的先导舰应当直接调整为与敌军战列线预计航向尽可能呈直角的航向。（斯特迪在1915年10月将这一原则整合进了他的"七条战术原则"当中。）这种行动方式的最大好处是给予了大舰队最大的灵活性，可以用最短的时间完成方向的变换。在日德兰海战中，两翼先导舰分别以东北和西南方向带队展开，但并没能按照要求排成一条东西方向的战列线，"由于未能贯彻'战术原则'，右侧分队完全暴露在了敌军火力下，而左侧分队则位于他们预计位置后方数英里，因此实际上并没有投入战斗"。[16]虽然杰利科认为各分队先导舰已经调整航向，排成了一条几乎与德军前进方向呈直角的战列线，但由于"铁公爵"号与"狮"号的航位推算误差，这些分队的航线并不在那条线上。这并不意味着"七条战术原则"是错误的，而只是因为航位推算法出现了偏差。

如果杰利科能及时得到准确情报，用以判断敌人现身时的方向，他就可以将各纵队先导舰布置成与敌人前进方向呈直角，从而简化展开过程。正如他后来所说的，"用这一时期发送给我的信息来推测敌战列舰队的位置，只会导致混乱，根本无法为接敌预先采取行动，譬如，把各纵队先导舰排列成与敌人来向呈直角的必要机动，或者将驱逐舰布置在进攻位置，而不是保持反潜阵型"。[17] 正因为缺乏情报，杰利科展开机动的决定才堪称神奇。舰队用了很长时间才全部进入战斗位置，但过程中没有发生任何混乱，如果杰利科能事先将舰队布置成正确的角度，就会大大缩短机动时间。但是以当时的态势，很难生成一个在战略上和战术上，比杰利科实际采用的机动更优越的展开方式。总结其优点，它使战列舰队抢占了 T 字有利阵位，将英国主力舰队横亘在敌人及其基地之间，而且给杰利科提供了良好的光线。如果日德兰海战未能产生一个更理想的结果，也绝不是因为采取了错误的展开方式。

这里我们把海战故事暂停一下，先来简要地对两支主力舰队交战时的能见度情况做出评论。在一段时间内，这是一个有争议的论题，或者更恰当地，用一位"杰基·费希尔主义者"的话说，这是一个人对抗全世界的论题（海军上将迪尤尔）。传统观点认为，当时存在着"幕布般的大雾"，并断言在下午6时后，能见度从未超过12000—14000码，而且在很多区域甚至低于2000码。海军上将迪尤尔则认为，幕布一说纯属"幻觉"，他声称在双方的两次交火中，英军战列舰队的能见度都非常好，比如"勇士"号（第5战列舰中队）记录了敌人的距离，"在6时17分为19000码，能见度极佳"，还有在第二次交火时，一些战列舰的射距达18000码，等等。

调和两种相互冲突的观点是不可能的。因为雾霭的总体影响较小，当时的大气能见度其实是相当不错的。**但是成团的海雾，加上双方舰队烟囱的浓烟和炮口的硝烟，严重降低了总体上的能见度。**德军处于极大的劣势，因为落日映衬着它们的舰影。而英军舰队在另一方面，更多地受到烟尘的影响。杰利科称："当时风向为西偏西南，风力2级，把敌舰烟囱的烟尘吹向了我方战列线。"虽然偶尔也会出现良好的能见度，特别是对后卫分队，但不能掩盖这样一个基本事实：下午6时之后的能见度，虽然有利于英方，但也算不上良好，特别是对前卫和中央分队而言。战列舰队"总体的平均能见度"，不超过12000码，有时甚至只有几千码。英军一直未能看清德军的整条战列线。英军战列线中，也没有任何人在任何时刻，同时观察到多于4艘的德军主力舰，[18] "壮丽"他们也不知道，出现在视野中的敌舰属于前卫、中央还是后卫分队。一个故事可以说明，当时杰利科本人的视野有多么糟糕，海战结束后的第二天早上，杰利科找到他的火炮军官乔弗里·布雷克（Geoffrey Blake），问海战中他在向哪艘军舰开火。布雷克回答说，是德军战列线的先导舰"国王"号。"你确定？""是的。"布雷克回答。杰利科随即问道："你确定那不是'无敌'号（第3战列巡洋舰中队旗舰）？"[19]战后，杰利科在给海军大臣的报告中写道："整体情况极难把握，因为我不知道到底正在发生什么，除了炮口闪光、炮弹激起的水柱、爆炸的舰艇，以及偶尔能瞥见一艘敌舰外，我们什么也看不到。"[20]

## 2. 第一次战斗

（资料图8—图10）

两位海战的主角和两支舰队，在徐徐拉开的幕布下，即将开始他们的第一次交锋。他们只有略多于三个小时的时间来相互切磋，因为日落将发生在晚上8时19分，而夜幕将在9时30分降临。6时14分的关键时刻，杰利科正站在"铁公爵"号上层舰桥的右侧。他身着一件蓝色旧雨衣，戴着金叶已磨去光泽的将官帽，一条白色围巾护住脖颈。站在磁罗盘前方机动平台上的海军上将德雷尔回忆了当时的场景。

我听见，信号兵大声喊出贝蒂在杰利科反复要求下回应的每一个字……然后是司令官向我走来时发出的锐利、特有的脚步声——他的鞋跟上钉有铁掌。他飞快地踏上罗盘平台，一声不响地注视着磁性罗盘大约20秒。我饶有兴趣地看着他那敏锐的、历经风霜的褐色面孔，猜测他要如何行事……在观察他时我意识到，他像往常一样冷静沉着。然后他抬起头，打破了沉默，用他清脆的，斩钉截铁的声音，对站在我旁边的舰队通信官，海军中校 A. R. 伍兹（A. R. Woods）下达命令："**升起等速信号，方向东南……**"

伍兹说："您想让它向左转1个罗经点吗，长官，这样他们就知道是以左翼纵队为基准了？"这事并不起眼，以杰利科在"铁公爵"号指挥舰队展开机动的习惯，当命令得到回应时，这种改动也并非必要。

杰利科立即回答："非常好。升起等速信号，方向东南偏东……"

伍兹探出舰桥围栏，向信号军官大喊："升起等速查理伦敦（查理伦敦意为东南 – 东）。"命令同时以无线电发出……

当一些军舰还在回应信号时，为了加快机动速度，杰利科像惯常一样对我说："德雷尔，开始机动。"我立即鸣响了两次短汽笛（意为向左转向），同时命令左转舵。正在向这个方向观察的，相邻两个纵队的指挥官也照此行事；每艘先导舰都鸣两次短汽笛，然后开始转舵。海战史上最壮观的机动就这样开始了。信号旗实际上是在6时15分降下的。我们尚未见到德军舰队，但显然它们已近在眼前了。[21]

左翼分队先导舰，也是杰拉姆中将的旗舰"国王乔治五世"号，成了整个舰队的前锋，它几乎是径直地向前驶去（即东南偏东方向），纵队中其他战列舰紧随其后。与此同时，其余纵队一艘接一艘向左转向，形成单线纵队，再跟随先导分队前进。对所有目击者来说，这都是一幅令人血脉贲张的壮观景象。

展开机动中也存在着一些不尽人意之处。按大舰队训令规定，正处于两支舰队之间的贝蒂，应该在战斗开始时占据战列舰队的前锋位置，以对抗敌人战列巡洋舰可能发动的远距离鱼雷攻击。但是贝蒂看到，他能达此目的的唯一手段，就是以最高航速驶过英德舰队之间的地带，然后自英军战列线的右舷穿至左舷。（向西绕过战列舰队的尾部耗时太长。）贝蒂这样机动，虽属迫不得已，但造成了三个消极的结果。（1）战列巡洋舰队冒出的大量浓烟干扰了战列舰队，阻挡其视线，严重影响舰炮射击，还在 6 时 26 分，迫使杰利科将航速从 17 节降至 14 节，以便于战列巡洋舰队占据前方阵位。① （2）战列舰队的减速，拖延了本已迟缓的展开机动，而且造成战列线尾部的几艘军舰拥挤在一起，进一步妨碍了战列线顺利组成。6 时 33 分，贝蒂抵达战列舰队前方的阵位后，杰利科才再次提速。（3）6 时 29 分，由于能见度太差，杰利科试图靠近敌舰队。他升起信号旗，命令各分队转向南偏东南方向（向右舷转 3 罗经点），但是随即又取消了命令，部分原因，是贝蒂仍阻挡在战列舰队的先导分队前方。[22]

根据 GFBO，第 5 战列舰中队应该在主力舰队先导舰前方 1.5 英里处。现在，当埃文－托马斯发现"马尔博罗"号时（6 时 6 分），还以为舰队已经完成了以第 1 分队（"马尔博罗"分队）为基准的展开机动。因此他决定向东占据自己的阵位，也就是占据正在向东南方向航行的"马尔博罗"号的舰艏方向。但当他努力前行时，才意识到自己搞错了，展开机动正在以另一端分队为基准进行，而他已无可能在不阻挡战列线射界的情况下，顺利占据自己的阵位，埃文－托马斯决定开到战列线的尾部。他的中队在当天剩下的时间里都处于该位置。

第 5 战列舰中队要驶到战列线的尾部，必须要向左急转，结果遭到了弹雨的洗礼。"厌战"号因舵机卡死而做了两个完整的回转，使它距敌人战列线首端不足 10000 码，结果被 13 枚大口径炮弹击中。它在舵机恢复工作后跟随"巴勒姆"号开向北方，但是下午 7 时，它在距"马来亚"号半英里处再次出现舵机故障。"厌战"号已无法继续战斗，埃文－托马斯只好命令它撤回罗赛斯。但是战列巡洋舰队的一些军官对此非常不满，认为"厌战"号本可以继续战斗。[23]

"厌战"号的临时回转，将敌人的火力从"勇士"号巡洋舰上吸引开来，因此避免了后者可能招致的覆灭命运。这里要讲述另一个故事。下午 5 时 47 分，作为巡洋舰幕一部分的第 1 巡洋舰中队的"防御"号和"勇士"号（前者是阿布思诺特的旗舰），发现了德军第 2 侦察群。英舰立即开火，但射程不够。敌人随即消失在雾中，阿布思诺特转向右舷急追（6 时整）。不巧的是，就在他赶

---

① 另外，杰拉姆认为，贝蒂可能会干扰战列线的先导舰，为获得更多机动空间，他自己主动在6时26分略向左舷转向。

上敌舰时，在极近的距离上横跨了"狮"号舰艏，迫使后者向左急转规避。经过被打瘫在海上的"威斯巴登"号（第2侦察群）时，阿布思诺特停下来准备将其击沉，以免它在英军战列巡洋舰经过时发射鱼雷。当他距德舰5500码时，德军主力舰巨大的轮廓，从南方不到8000码处破雾而出。两舰的结局就此注定。① "德弗林格"号和德军战列线首端的4艘无畏舰，用重炮将"防御"号轰成了齑粉，6时20分，该舰"在一团高达数百英尺的巨大的烟柱和火焰中突然消失，几乎是在一瞬间被摧毁的"。 "防御"号上的官兵无一幸存。'战士'号也很可能重蹈'防御'号的命运，幸亏"厌战"号的回转拯救了它。它设法安全地撤向西方，大约8时30分由"恩加丹"号挂缆拖行，但是由于受损严重和海况恶劣，只好在阿伯丁以东160英里处，由"恩加丹"号救出所有舰员后弃舰自沉（6月1日早上7时）。

阿布思诺特的进攻精神备受赞扬。但他同时也因向敌人"疯狂冲刺"而受到指责。他不仅人船俱毁，而且迫使当时明显正在和敌人主力舰交战的"狮"号转向，整个中队的火力偏离目标，同时在巡洋舰冒出的浓烟中，失去了与敌人的接触。看不出阿布思诺特有什么理由，不去从后方延续战列巡洋舰队的战列线，这样不仅可以与敌保持接触，还可以有更广阔的机动空间。但是他没有做出正确的判断。我认为，他的勇武来自海战前，他对自己首要任务高标准和正确的理解，那就是侦察，以及特别是在当时的势态下，与贝蒂一起与德军舰队的前出力量交战。正如GFBO规定的（第22章，第4段）："我方巡洋舰的任务，是在需要时支援轻巡洋舰，以及在敌前出力量与我方战列巡洋舰交战时向前推进，并与敌战列舰队建立接触。后者应被考虑为一个最重要的任务，目的是在战列舰队发现对方之前，为舰队司令提供精确的信息……"由于能见度太低，阿布思诺特不知道他与敌人重型舰只之间的距离。海战前不久，在斯卡帕的一次散步中，他告诉查特菲尔德，如果在舰队展开时，他位于战列线尾部（接敌时他的位置在两翼之一），他将从两支舰队之间穿过，而不是从战列舰队未交战的一侧通过。后者将

---

① "大公主"号上的瓦尔特·科万看到，一艘装甲巡洋舰径直向德军战列线的前卫分队开去，他心中"敢拿任何东西打赌"那是阿布思诺特。

是极其难堪的表现。另外，他认为如果大舰队正在向公海舰队开火，敌人就不会给他造成麻烦。他没有预见到能见度如此之差，没有其他英国舰艇出现在他附近，导致公海舰队集中火力向他射击。[24]接下来，就是勇敢的第3战列巡洋舰中队司令，海军少将胡德的旗舰，"无敌"号的悲剧结局。发现第1侦察群正在从南方接近后，胡德转向与其呈平行航线，并于6时23分，在9000码的距离上开火。这场在正在展开的，发生在英军战列舰队东南方向的战斗异常激烈。胡德的齐射非常准确。"吕措夫"号和"德弗林格"号均被命中多次。胡德从前部舰桥的传声筒中对火控平台上的炮术长（海军中校H.E.丹雷泽）说："你打得很好，保持下去，越快越好，每一炮都很重要。"但是片刻之后，"无敌"号就重蹈了"不倦"号、"玛丽女王"号和"防御"号的覆辙。4艘德军战列巡洋舰和一艘战列舰都将火力集中在"无敌"号上。它已经接连中弹，但还未形成重大损伤，6时33分，一枚大口径炮弹击中了Q炮塔，穿过顶部装甲在炮室内爆炸，将炮塔顶部炸飞，并引燃了炮塔下方的发射药。于是发生了连环殉爆。当时在"狮"号上的海军上将德拉克斯，"永远都忘不了发生在'无敌'号上的惊人瞬间，它被舰体中部弹药舱发生的爆炸一折为二"，"断成两截的舰体随即沉入海底，两截残骸相隔一段距离，几乎是垂直地插在海中，舰艏和舰艉均露在水面上方"。1026名官兵中只有6人幸免，其中包括丹雷泽。"不挠"号舰长肯尼迪现在成了该中队的资深军官。由于当时战场能见度普遍很低，当"无敌"号爆炸时，其他英舰上的一些人还以为那是一艘德军战舰，引起了一阵震天欢呼！[25]

胡德头脑极其聪慧，在任何情况下处理任何事务都迅捷果断，可惜一颗卓越的将星就此陨落。如果他没有阵亡，肯定会升至海军元帅，因为他时年仅45岁，就已经跻身海军少将晋升名录的中层位置，6月3日，第二海务大臣（弗雷德里克·哈密尔顿爵士）访问罗赛斯，见到贝蒂时向胡德致哀，贝蒂眼含泪光，说："你应该亲眼看到他率自己的中队投入战斗，那真是惊心动魄的一幕。无人像他那样享有此等哀荣。"[26]

最后还有一个鲜为人知的悲剧事件。"当战列舰队加速前进时，有很多先前战沉的舰艇上（"无敌"号是其中之一）的官兵还在水中，依靠漂浮的桅杆和其他残骸挣扎求生；有些人身负重伤。但是他们仍然向开来的军舰挥手欢呼——

一些落水者甚至被这些军舰卷入水下而溺亡。但是这些舰艇没有时间，也无法在这样高的速度下转向。一部分落水的官兵被小型舰艇，或者因受创而失去机动性的舰艇搭救。"[27]

虽然大舰队直到6时40分才完成展开机动，同时战列巡洋舰队和第5战列舰中队也占据了战列线的首尾位置，但是"马尔博罗"号于6时17分，就在13000码的距离上向德舰开火了，第5战列舰中队也在大致相同的时间和距离上开始齐射。舰队整体上大约在6时30分开始射击。射程和能见度大约为12000码。杰利科在作战报告中写道："根本不可能发布火力分配命令，每次只能看见敌人前卫和中央分队的3艘到4艘军舰，不过可以更清晰地看见其后卫分队的舰艇。我们的军舰只能在看见敌人的时刻迅速开火。"虽然能见度时好时坏，但英军战列巡洋舰（尤其是第3战列巡洋舰中队）和战列舰，对德军战列巡洋舰和战列舰队的先导舰只造成了沉重打击（大约在6时25分至6时35分之间），而英舰自身几乎毫发无损。可怜的"威斯巴登"号，遭到了每一艘经过其近旁的英国军舰的打击，奄奄一息地漂浮在水上。

没人敢在"铁公爵"号开火之前开炮（旗舰炮术长的回忆）。他们都怀着一种同情心，认为对着一艘正在下沉的军舰开火不吉利。但是我问舰长德雷尔是否准许开火。他说要请示舰队司令，在几句争论之后司令同意了。于是我们开始射击，我很高兴，无聊烦闷的气氛因此消失了，大舰队所有其余舰艇也在经过"威斯巴登"号时向它开火，将它打得面目全非。我认为它在沉没之前还发射了一枚鱼雷。[28]

德军战列巡洋舰的境地非常危急，希佩尔的旗舰"吕措夫"号遭受的打击尤其沉重，舰体严重倾斜，舰艏已埋入水中，不得不脱离战列线（6时37分）。现在"德弗林格"号成了先导舰，但是它也已被重创，海水正从舰艏的一个大洞不断灌入舰体内。希佩尔也未能将将旗转移到"塞德利茨"号（大约下午7时），因为海水已经漫上了该舰舰艏的中甲板，其无线电设备也被击毁。"冯·德·坦恩"号则所有炮塔都暂时无法操作。只有"毛奇"号还有战斗力，希佩尔决定将司令部转移到"毛奇"号上,但是直到晚上9时50分他才登舰,并恢复了指挥。

这一阶段战斗的炮术统计显示,英军主力舰大约被击中20次[1],德舰被击中23次[2]。[29]"边境总督"号(Markgraf)由于一根桨轴发生弯曲(原因不明),被迫关闭了左侧发动机。"国王"号主装甲带下方被一枚13.5英寸炮弹击穿,并引爆了一个弹药舱内的5.9英寸副炮发射药。虽然未发生殉爆,但这一击导致"国王"号舰体内进水达1630吨。更严重的战损,是两枚击中"吕措夫"号的12英寸炮弹造成的,炮弹在侧舷鱼雷甲板上或附近爆炸。进水非常迅速,并且最终失去了控制,导致军舰被放弃。英军战列线**丝毫未损——整条战列线未被击中一枚炮弹——**的确令人称奇,因为德国大口径舰炮都在集中射击"风暴角"[3],"整个大海都被溅落的炮弹所搅动,发出可怕的巨响"。"马来亚"号上一名炮塔军官写道:

> 我方战列线的尾端聚集着一大批军舰;第5战列舰中队,一个轻巡洋舰中队,以及一个驱逐舰支队,都拥挤在一片很小的区域内,敌人也将所有火力集中在这里。在倾泻而下的弹雨中,轻巡洋舰和驱逐舰都在曲折航行或频频急转,努力避免相撞,而大型军舰也不得不做出各种机动……整幅景象是我见过的,最超乎想象的海战场面。我迄今都觉得不可思议的是,只有极少数舰艇被击中,而且没有发生任何相撞事故。我想,这肯定是有史以来水兵们技艺和智慧的最精彩表现……[30]

舍尔受到的震惊是空前的。[31]德军战列舰队收到的第一条关于英军战列舰队的消息,是目击到该舰队在北方,也即公海舰队正前方展开成横跨其舰艏的战列线时迸出的炮口焰。资料图8显示了6时30分的海战态势,清楚地再现了当时的场景。注意英军战列线的展开形式:24艘战列舰组成了5.7英里长的纵队(如

---

① 其中"厌战"号被击中13次,"大公主"号被击中2次,该舰的X炮塔因此失去作用,"无敌"号大约被击中5次。

② 14次来自英军战列巡洋舰,其中12次来自第3战列巡洋舰中队,另有9次来自杰利科的战列舰,其中7次是"铁公爵"号取得的。

③ "马尔博罗"分队在展开机动时的转向点,第5战列舰中队、"防御"号和"勇士"号等都在经过该转向点附近的海域。

果包括第5战列舰中队，就是27艘战列舰，6.7英里长，不过它们尚未投入战斗），面对的是由22艘德军战列舰组成的，9英里长的战列线。德军此时正在试图集中舰队的一部分力量，资料图中可能显示的是已经集中之后的阵型。德国官方史如此描述这高潮一刻："突然之间，德军前卫分队遭遇了一道连续的，自西北到东北方向的重型舰艇战列线的猛烈轰击，一轮接一轮几乎没有间隔的齐射，使德军战舰几乎完全没有能力进行反击，因为在浓烟和硝烟的遮掩下，我们看不到任何一艘英军无畏舰。"

那么舍尔又当如何应对呢？

他的基地在约350英里外，他的舰队正面对着占据极大数量优势的敌人，而且德军第2战列舰中队还使他的航速远低于对手。立即将舰队撤回基地，意味着要不可避免地损失较慢的军舰，如果他放慢速度支援这些军舰，就会让整支舰队陷入危险。唯一的机会，就是在剩下的几个小时白昼时间里，与英军舰队保持一定距离，然后利用黑夜逃跑。据此目的，德军舰队向东转向了新出现的敌人（实际上是向左舷，即东南方向转2个罗经点）……[32]

舍尔无法一直使用这样的策略将敌人引向东方，因为虽然他成功摧毁了"无敌"号（德国人误以为是击沉了"厌战"号）和"防御"号，但他的境地却变得更加令人绝望。德军舰艇正遭受沉重打击，在弹雨下艰难行进。舍尔的前卫分队均被重创，阵型开始混乱。现在也不可能对英舰定位。面向北方和东北方向的能见度正在恶化，加上风向改变，来自德国舰艇的浓烟，正经过自己的前卫分队上空飘向英军舰队，几乎将后者完全遮蔽起来。

以平行航线与一支具有如此火力优势的舰队交战，无异于疯狂之举。舍尔明白，唯一能让他逃离险境的，就是使用"Gefechtskehrtwendung"，即"战斗回转"机动，舰队同时转向16罗经点（类似英国的蓝色16信号），在鱼雷攻击和烟幕的掩护下脱离战斗。[33] 他还从来没有在炮火下实施过战斗回转机动。但是6时33分，舍尔不顾可能发生的混乱和碰撞，对全舰队发出命令："全体向右舷转向16罗经点（即掉头180度向东），并组成航向相反的单条战列线。"所有军舰几乎同时开始转向，"就像一个训练有素的舰艇中队在实施'全体回转'"。同时，舍尔命令第3驱逐舰支队发动攻击并施放烟幕。到6时45分，复杂的机动已经完成，舰队形成了航向南偏西的战列线。由于公海舰队完全消失在烟幕和逐渐浓厚的大雾中，英舰于6时42分停火。舍尔的技巧和决心，将他的舰队从灾难边缘拯救回来，不过他之前陷入的困境，让他显得十分不明智。

由于大雾，以及西南风将烟雾直吹向英军战列线，舍尔的转向很难察觉。战列线中央和尾部的4艘战列舰，以及第3轻巡洋舰中队的"法尔茅斯"号，的确看到敌先导舰实施了转向。然而这并不意味着全体舰队已经转向，所以没有人将此情况上报旗舰。或者，他们认为杰利科也看到了这一情景。[34] 杰利科并未看到德舰转向，不知道舍尔的舰队已经掉头离开。开始他认为，敌人的消失，"仅仅是因为大雾更加浓重，但几分钟之后，他意识到肯定另有原因"。[35] 杰利科应该如何应对呢？科贝特列出了几种选择：

立即以中队为单位转向追赶是不可能的。这将把整个舰队，直接暴露给敌人战列舰发射的大批远程鱼雷……（同时）还会使德军雷击舰直接来到英军战列舰队前方，让它们处于发射所有鱼雷的有利位置。

舰队逐次转向也不是理想方案，虽然这样只有一部分军舰会暴露给鱼雷攻击，但舰队必须冲入敌人占据的水域。这一危险是不可接受的。德军战列舰据信（错误的情报）都携带了水雷，有理由相信，它们会在撤退时布下雷场……

另一个方案，是向右转向西行，这样可以将舰队保持在北方，但是，这只能将敌舰队置于自己的舰艏位置，而不是将自己置于敌人的舰艏，而且，鱼雷的威胁也不会明显减小。能够部分解决困局的唯一方法，就是将舰队分开，但是无疑只有在晴朗的天气和更多的日光下，这种方法才能有效地挫败敌人的脱离战术。当时天气恶劣，夜晚即将来临，独立中队之间的协作是不能实现的……而且在当时的条件下，面对舍尔这个出色的战术家，独立作战的舰艇中队，很有可能在孤立无援的情况下被敌人集中力量歼灭……

战前，杰利科肯定已经预见到，舍尔会实施这一机动，并一直在苦苦思索有效的反制方案，而他也得出结论，"只有充足的时间和优势的航速才是答案，这意味着，除非舰队会战在白天较早时刻发生，否则很难，或者不可能达成决定性的结果"。但是白昼即将结束，面对舍尔的逃脱战术，和严重影响视线的低能见度，什么样的行动，能将这场已经有良好开端的海战推进到决定性的结局呢？

杰利科已无选择，因为他根本无法辨别敌人撤退的方向，他只能尽可能切断敌人到赫尔戈兰湾的退路，因为只要保持在那条航线上，早晚还会再次发现敌人。[36]

或者，就像海军上将培根总结的那样："他的指挥艺术非常高超，不会让舰队冒被舍尔抓住的危险。他宁愿对舍尔实施迂回机动，切断他的退路，并在再次发现他时与之交战。"

杰利科当时决定，尽快将舰队横置在敌人可能撤回威廉港的航路上。他并没有考虑到，德国人正在向西撤退，这将使它们开往开阔海面。下午6时44分，杰利科决定，以中队为单位向敌人转向1个罗经点，也就是说，转向东南方向，当他认为，自己已经向东行驶了足够的距离，肯定能在敌人返回基地时将其拦截时，他又转向4罗经点，即转向南方（6时55分）。[37]① 英军战列舰队已不再是一列纵队，而是呈梯形排列，6支纵队相互重叠，以平行航线向南驶去。在前锋位置上，贝蒂在下午7时刚过完成了回转，也追溯主力南下。7时5分，杰利科将航向调整为西南偏南（舍尔当时在他的西南方约13英里处），他可能是想利用剩下的白昼时间再次投入战斗。不管他当时意图如何，在发现西南方向的敌方雷击舰，以及"国王乔治五世"号报告发现一艘U艇后，他立即恢复了向南的航向。

\* \* \*

贝蒂因在舍尔消失后"未能重新与其接触"，而受到了批评。科贝特写道："能见度依旧很差，而位于战列舰队右舷舰艏方向约3英里的战列巡洋舰队，

---

① 就在舰队向南转向之前，战列线尾部的"马尔博罗"号被一枚鱼雷击中，这也是日德兰海战中英国主力舰唯一一次中雷。中雷部位在一号轮机舱和液压舱侧面，两个舱室均因此进水，鱼雷可能来自被重创的"威斯巴登"号，或驱逐舰V-48号。"马尔博罗"号的航速降至17节，舰体出现7度侧倾，影响到主炮装填，但该舰在白天的战斗中，一直保持着战列线中的位置。

处于比他（杰利科）更有利的位置来评估态势，他自己得不到任何有用的信息去洞悉情况。"[38] 这段文字激怒了查特菲尔德。"我们怎么会知道，我们刚把德军战列舰队带到舰队司令面前，他就把它们弄丢了呢？当舰队司令因为后撤，而与敌战列舰队脱离接触时，战列巡洋舰队的主要任务，已不再是单独与敌人保持接触。"[39] 对于哈珀批评的，战列巡洋舰队"当时的主要任务是侦察"，有人回应说："这当然完全是出于对这种军舰功能的无知，因为大舰队展开后，战列巡洋舰队的主要任务，是位居其前方，集中火力打击敌人战列线的前卫舰只，也即敌人的战列巡洋舰。通常情况下，一直需要执行侦察任务的，是战列巡洋舰队的轻巡洋舰……"[40] 贝蒂一方的观点显得无懈可击。[41]

贝蒂并未完全与敌人脱离接触，直到下午7时，"狮"号率领着"大公主"号、"虎"号和"新西兰"号离开了南偏东南的航向，莫名其妙向右舷转了32罗经点，这是一个耗时15分钟的原地回转。杰利科认为，回转发生的时间是从6时54分至7时9分[42]，正好是战列巡洋舰队占据主力舰队前方的合理位置时。结果，贝蒂因为过于靠南而失去了与杰利科的接触之后，依靠回转机动再次回到主力舰队附近，虽然杰利科声称，当英德战列舰队于7时5分后发生第二次战斗时，贝蒂的回转机动，使他距公海舰队比杰利科还远5000码至8000码。[43] 重新与敌人接触后，贝蒂一直向西南方向前进，并没有随同杰利科因规避鱼雷攻击而转向。

四个轻巡洋舰中队中，只有第2中队坚守自己的任务，一直向最后看到敌人（6时47分）的方向疾驶。古迪纳夫顶着敌人先导主力舰的密集火力毫不退却。他于7时撤到战列舰队的火力支援范围，向杰利科和贝蒂报告，敌人位于东偏东南方向。虽然杰利科已经命令舰队向南转向，但古迪纳夫和他的中队，因为英勇的侦察行动而受到了高度褒奖。作为轻巡洋舰中队指挥官，古迪纳夫知道当舰队展开，他抵达自己的阵位后，他的侦察任务并没有完结，一旦与敌人失去接触，他必须前出，为舰队司令探明情况。GFBO在这一点上定义模糊，也是其他轻巡洋舰指挥官未能积极行动的原因。

杰利科在舰队展开中的战术，也并非无可指责。其中一项批评是，当舰队处于展开机动时，他应该派速度较高的第5战列舰中队，攻击德军战列舰队未交战的一侧。<sup>①</sup>丘吉尔的批评，清晰地反映了这种意图。"他谨慎地以外侧纵队为基准展开，这样就更迫切地要求他，确保能迫使敌人投入战斗。要这样做，他只需命令4艘'伊丽莎白女王'级……脱离主力，去进攻敌人未有交火的一侧。"<sup>44</sup>这一建议忽视了一个事实，那就是，即使杰利科想要派遣独立的主力舰中队发动攻击，他也很难命令自己的一个中队，去进攻他看不见的敌人<sup>②</sup>，他也不清楚敌人的阵型和组成。另外，因为第5战列舰中队正处于敌舰交火的一侧，它如何能够开到敌人的另一侧呢？丘吉尔的批评被人称为："不公正和非理智批评的典型……根本没有考虑到几分钟之后，德舰队转向16罗经点时，第5战列舰中队该怎么办。"<sup>45</sup>

海军上将迪尤尔批评说，当舍尔实施战斗回转时，（杰利科）应该赋予舰队更大的行动自由权，但这可以算作纸上谈兵加事后聪明。

当舍尔挂起战斗回转的信号时，英国海军的计划如同纸牌屋一样坍塌了，但是此举也将公海舰队置于一个脆弱和困难的境地。它的后卫暴露在优势火力之下，却又无法立即得到前卫和中军的支援。我方各有4艘战列舰的6列纵队可以各自转向并向两翼压迫，夹击并歼灭敌人的后卫分队，同时第5战列舰中队，战列巡洋舰和部分驱逐舰支队全速前进攻击敌人的前卫和中央分队，那里过时的德军第2战列舰中队将成为一个容易对付的目标。

这是斯特迪对杰利科战术的主要批评之一，他期望分别位于战列线尾部和首部的第2或第1战列舰中队，能积极主动地以最高速度向敌人靠拢。<sup>46</sup>迪尤尔则指出了为什么没有使用分队战术。"做出这一命令违反了GFBO的规定和精神（即战列舰队应该以整体形成单条战列线），因此这种战术可能会拖延战列线的形成。"我们必须铭记，杰利科当时没有意识到舍尔使用了战斗回转机动。即便他知道，使用分队战术也将冒很快失去对舰队控制的风险，因为各中队将

---

① 还有人说，埃文-托马斯看到了敌人转向，他应该主动靠近敌人发动攻击。毕竟GFBO给予了实施这种行动的自由权。

② 杰利科命令舰队展开时，距能看见德军舰队的位置还有3000码。

分散在能见度极低的广阔区域内。独立行动的战列舰中队可能会暴露在敌人的集中火力下而被逐个歼灭。

## 3. 第二次战斗

（资料图 10）

英军舰队向南转向后，舍尔决定再次尝试突破。6 时 55 分，舍尔的旗舰上挂起信号旗，命令向右舷转向 16 罗经点，即向东转向。几分钟之后，德军战列舰队再次组成单战列线向英军战列舰队的弓形战列线的中央开去，此时杰利科距德军舰队 10 英里，航向正南。舍尔的先导战列舰中队和战列巡洋舰正在进入整个大舰队的火力网中。

舍尔试图使世人相信，他出人意料地东进，将舰队第二次暴露在完整无损，火力占尽优势的英军战列舰队的 T 字有利阵位前是有意为之。他给出了几个理由，其中决定性的原因如下：

（他在写给德皇的作战报告中称）若想进入"夜间巡航状态"还为时尚早。敌人能够在天黑前迫使我们投入战斗，他可以阻止我们发挥主动性，最后他可以切断我们返回德国港湾的航线。

只有一种方法能避免这个结果：不计后果地再次前进，与敌人第二次交战，并将所有驱逐舰投入进攻。

这一战术必然起到出敌意料的效果，打乱他在当天剩下时间里的计划，而且如果攻势足够强大，就会有利于我们在夜间撤离。

舍尔还提到另一个因素：他希望能"拯救已被重创的'威斯巴登'号，或者至少救出它的舰员"，[47] 还有另外一个解释。奥地利驻柏林海军武官引用了舍尔对他第二次冲击的观点，"大致如下"："当我注意到英军舰队的压力暂时消失，而我的舰队还完整时，我掉头返回，因为他认为战斗不能就这样结束，我应该寻求再次接敌。"[48]

德国官方史强调舍尔的战术和纳尔逊在特拉法尔加海战中使用的战术极其

相似，还引用了纳尔逊的评论："我认为这将使敌人震惊和混乱。他们会对我将如何行动感到迷惑。"但是德国人故意遗漏了纳尔逊的下一句话："它将造成一场混战，而这正是我想要的。"事实上，海军上将培根指出了德军舰队司令的最终目的。"如果海军上将舍尔真的意图是对大舰队的战列舰队发起一次猛烈的冲锋，那么他将战列巡洋舰布置在前锋位置就是令人费解的。因为这些相对脆弱的军舰将使冲锋的威力大打折扣。在1916年，一位舰队司令命令舰队以纵队向敌人战线的侧舷发动攻击只能是徒劳之功，事实也是如此；但是让战列巡洋舰打头阵企图出其不意是不可思议的举动，因为它们没有战列舰那样厚重的装甲。"[49]魏兹泽克报告在战斗中（也即实施这一机动的时刻），舍尔告诉他的一位参谋，"如果我因此而被踢出海军，责任全在我本人"。海战之后，他在向德皇做口头报告时说："在和平时期……如果我实施了在斯卡格拉克实施的那种战术，可能有人会认为我根本没有能力指挥一支舰队。"[50]

舍尔当然不可能故意率公海舰队进攻英国海军的战列线。舍尔迫切要做的，是在6月1日的白昼到来前，与大舰队脱离接触，或者至少摆脱自己面临的危险。因此他的意图更可能是要在天黑前从英军舰队的尾端（北面）溜过，然后通过斯卡格拉克海峡逃回基地。他判断英军舰队比实际位置更靠东南方向，如果他的判断正确，那这一战术就是可行的。在此当口他可能认为杰利科正在全速向赫尔戈兰湾进发，以置身于他和本土基地之间。因为开始位置的错误，也许是因为某个参谋人员在绘图时出现了定位错误，他的航线过于偏东，而没有更加向北——或者在转向前没有等待足够长的时间。这种解释无碍于，或者说只是略损他作为一名出色战术家的声誉。尽管如此，直到他去世，舍尔都坚称："对英军战列线的第二次进攻，就是对我们心中没有丝毫'逃跑'想法的最有力的证明。"[51]然而，笔者必须指出，这一猜测并没有直接证据的支持，并与舍尔本人和其他军官的证词相矛盾。

不管舍尔的意图如何，他的战术都没有让杰利科"感到意外"，或者"破坏了他的计划"。反而是舍尔要震惊于发现自己的归途被断，前卫分队正在被英军战列舰的重炮粉碎。大约在下午7时10分，杰利科战列线的两个后卫分队（位于最北方）在西南方10000码以外发现了德军的先导舰只，它们立即开火。到7时15分，来自大部分英军战列舰的火力正在11000码至14000码的距离上覆盖舍尔的整条战列线，德军第5战列舰分队（"国王"号分队）和战列巡洋舰首当其冲。贝蒂的战列巡洋舰也在7时15分之后不久投入战斗，从15000码至19800码开外向德舰射击。由于能见度太差（他们只能看见英国军舰的炮口闪光）和战术位置不利，德军舰队除了少数几艘主力舰外都无法还击。命中统计表明，在"第二次接触"中（7时10分—7时30分），英方只被击中了两次（都击中了"巨像"号战列舰），而德军主力舰被击中35次，其中战列巡洋舰被击中23次。杰利科的战列舰取得了30次命中，第5战列舰中队取得5次命中。[52]"吕措夫"号的两门主炮彻底失去作用，还有一门暂时失能；"德弗林格"号有两座炮塔无法使用；"塞德利茨"号左舷炮塔的一门火炮被摧毁；"大选帝侯"号战列舰被一发13.5英寸炮弹击中舰艏部位，造成大量进水。更使情况恶化的是，位于前锋位置的战列巡洋舰在强大的炮火面前减速，造成后面的舰艇挤作一团。

舍尔连出三招，以期绝处逢生。首先，他于7时13分向战列巡洋舰发出了历史性的进攻命令。命令的原文是："战列巡洋舰，向敌人前进。倾尽全部火力。"（Schachtfreuzer ran an den feind, voll einsetzen.）[53]虽然"吕措夫"号已退出战斗，其余战列巡洋舰均遭重创，但它们仍毫不犹豫地在"德弗林格"号［舰长哈陶格（Hartog）］的率领下，组成一条纵队，以全速向英军战列线发起了"死亡冲锋"。它们一直冲到距最近的英军战列舰"巨像"号只有7700码的位置，但是7时17分，它们看到了旗舰于7时14分挂起的信号旗，命令它们停止冲锋，转而与英军战列线的前卫舰只交火。为此战列巡洋舰向南转向，但随即又折向西方以与己方舰队一致机动。第二，舍尔在7时15分命令驱逐舰支队发动进攻并施放烟幕，以掩护主力舰队的撤退。第三，他于7时18分命令战列舰队同时向右舷转向16罗经点，这是德军舰队第三次实施回转机动。舍尔的战术缓解了舰队的压力，不过由于舰队旗舰和第3战列舰中队一度拥挤在一起，舰队直到7时30分才完全脱离英舰的射程[①]。但危机终于结束了，德军战列舰队第二次从死境中脱身。舍尔此时正在向西南方向行驶，而与英军战列舰队已脱离了目视接触。

---

① "不挠"号直到7时40分还在向德军的后卫舰只射击。

〈海军中将弗兰兹·希佩尔，1916—1918年任侦察舰队司令（照片由帝国战争博物馆董事会授权）

〈海军中将莱因哈特·舍尔，1916—1918年任公海舰队司令

∧ 大舰队旗舰"铁公爵"号（照片由理查德·帕金斯提供）

∧ 战列巡洋舰队旗舰"狮"号（照片由第二代贝蒂伯爵授权）<sup>①</sup>

---

① 本图及第31、56页图，承蒙第二代贝蒂伯爵的善意而得以复制，照片来自他父亲麾下战列巡洋舰队军舰和军官照片集。

当舍尔命令雷击舰支队发动进攻时，它们已经发射了所携带的296枚鱼雷中的50枚。第1雷击舰支队的4艘雷击舰和另外两艘雷击舰正在保护"吕措夫"号，它们共携带有22枚鱼雷。其余6个雷击舰支队共有224枚鱼雷可用于攻击，但在舍尔下达命令后，只有第6和第9（13艘雷击舰）两个支队成功抵达可以发射鱼雷的阵位，于7时16分前出至德军战列舰队的前卫分队附近。它们共发射了携带的58枚鱼雷中的31枚，没有一枚命中目标，只有21枚抵达了英军的战列线。德军一艘雷击舰被击沉，两艘被重创。有人说德军雷击舰没有发射全部鱼雷，是为了留待夜战中使用。由于鱼雷无法再装填，所以这种说法不无道理。

其他雷击舰支队，第3和第5支队（17艘雷击舰，67枚鱼雷）后来实施了攻击，目标主要是大舰队的后卫舰只，但是它们被英军部署在后方的第12驱逐舰支队击退，只有一枚鱼雷得以射出；第2雷击舰支队（10艘雷击舰，以及第6支队的3艘，63枚鱼雷）也投入了攻击，但在英军战列舰转向并消失在雾中时被召回；第7雷击舰支队（9艘雷击舰，36枚鱼雷）没有前出，因为支队指挥官认为自己的位置太靠后方而无法投入进攻。

我们来看看当杰利科于7时20分看到敌人的雷击舰正在烟幕的掩护下接近英军战列舰时，是如何实施反击的。（1）杰利科命令第4轻巡洋舰中队全速前进攻击敌雷击舰（7时22分）。同时海军准将霍克斯利（第11驱逐舰支队指挥官）依照GFBO的指示，未经舰队司令批准就率领半个支队前出，反击德军雷击舰的进攻。第11支队的其余舰只可能依照命令也很快加入霍克斯利的行动。[①]英方舰艇的反击，以及第1和第4战列舰中队的火力，阻止了德军雷击舰有效地发动攻击，德军雷击舰只能在大约7500码的距离上发射鱼雷。（2）7时22分，杰利科按照GFBO中的程序率领舰队转向：以小队为单位（Sub-divisions）向左舷（南偏东南）转向两个罗经点（7时22分，7时25分），直到战列舰队的航向临时转为东南方向。[54]

杰利科转向机动的结果是，德军雷击舰发射的21枚鱼雷在抵达英军战列线

---

① 霍克斯利命令前卫位置上的另一个驱逐舰支队，第4支队按兵不动，可能是为了防范德军接下来的进攻，同时也为了减少大批驱逐舰在两支舰队之间全速航行冒出的大量浓烟对战列舰队射击的影响。第1和第3轻巡洋舰中队并没有投入反击，不知道它们是因为没有接到命令就以无命令为由作壁上观，还是因为它们可能没有看到德军雷击舰，直到双方发生交火，或者更有可能的是，因为它们的任务是在舰队交火一侧的前方实施侦察，事实上，当时它们确实正在努力试图抵达战列巡洋舰前方的阵位。

时已经接近 10000 码的最大射程，航速锐减，使军舰非常容易规避。实际上杰利科转向的角度尚不足以使所有战列舰脱离危险，有数艘战舰不得不做出规避机动。第 1 战列舰中队报告有 11 条鱼雷轨迹穿过了它们的战列线，但得益于英军官兵娴熟的操舰能力，所有鱼雷均被规避。

德制鱼雷的尾迹不如英制鱼雷隐蔽，这也是英军能够成功将其规避的重要原因。它们在海面上划出清晰的航迹，因此给军舰足够时间做出适当的机动。杰利科并没有期望在任何情况下能够看到敌人的鱼雷，因为海军情报处在海战前不久给他的情报并非如此。科贝特评论说："这是海战中出现的意外之一，如果更早知道这一情况，就有可能修改有关规避鱼雷攻击的指示。"[55] 不巧的是，英军驱逐舰支队正好处于未交火一侧——它们未能及时重新集结——在这个位置上它们无法发起攻击和发挥防御作用。至少，它们未能干扰德军雷击舰的鱼雷攻击。

杰利科的转向让舰队中的不少军官感到震惊。① 例如"狮"号上贝蒂的参谋之一，海军上将德拉克斯就感到"毛骨悚然"，他本能地认为："这是我们一直在讨论的防御战术中最可悲的一刻。由于能见度很低，大舰队即将中断战斗，可能会永远失去这个能获得决定性胜利的最佳机会。我记得我当时的想法是，这是我正在见证这辈子最遗憾的时刻，现在 44 年已经过去了，那一刻仍然栩栩如生。我肯定贝蒂当时的看法与我没什么两样。"[56] 战后杰利科的这次机动招致了最多的批评。海军上将杜夫评论说："一次发生在战列线中央分队侧面的驱逐舰攻击不可能威胁到我们的前卫，对中央分队的威胁也很小，但对后卫的威胁就很大。要应对这种情况，只需让我们的后卫分队转向。而他做的是发出'预备'信号，让舰队花了 12 分钟全体转向，从而丧失了进行一场决定性海战的所有希望，而在那之前我们还掌握着主动，可以将我们的前卫分队**转向**敌人。"[57] 斯特迪也对杰利科的决定不满。因为第 4 战列舰中队并未受到威胁，伯尼也对此持批判态度。[58] 里奇蒙德则评价称，"海雾渐浓，日头渐短，敌军士气渐丧……这一切都意味着战斗无法继续下去"。[59] 在有关日德兰海战的诸多争议中，这是讨论最

---

① 鉴于海战之前每个人都知道舰队司令在这种情况下会转向，笔者无法理解为什么这些军官会有这种感觉。这是写在 GFBO 里面的。

热烈的话题。海军上校罗斯基尔曾列出"胜利从我们的指尖滑落的四个主要原因"，而"杰利科在大胆追击的机会来临时表现怯懦"位居其二。[60]

总结这些批评，我们可以说，转向发生在一个非常不幸的时刻。德国人在战术上已经被击败，正在狂奔逃命，当他们完成战斗回转机动时，战列线已经一片混乱。如果杰利科"采取积极追击的战术"，可能会给德舰队造成巨大损失，甚至获得一次大捷。至少，杰利科有机会全歼舍尔的战列巡洋舰。可以争论说，鱼雷的威胁被夸大了，但不管怎样，必须承认这种威胁，虽然一次"面敌转向"也可能不会有更大的鱼雷威胁。但是，两次转向造成的时间和距离上的损失，即宝贵的几分钟和大约3000码，让敌人顺利逃入了烟幕和雾霭之中。[61]

结果虽然令人遗憾，但也确实很难人为改变。杰利科有坚实的理由来驳斥那些批评：

（1）他的军舰呈密集队形（前后两艘战列舰之间的水面距离只有300码），所有战列舰都处于敌人鱼雷的射程之内。

（2）杰利科有理由推断敌人会使用所有鱼雷舰艇发动一次大规模攻击。[62]《海军参谋部评论》可以很轻松地断言，"只有少量鱼雷抵达英军战列线意味着如果当时保持舰队航向并没有很大风险"。但是皇家海军没有能够预见未来的水晶球！杰利科既不知道实施攻击的德军雷击舰的具体数量，也不知道受攻击的范围其实很小。他只知道敌人全部88艘雷击舰都已出动，而且很可能在关键时刻派上用场。

（3）将舰队转向敌攻击支队的危险在于它们可能形成"多波次"的攻击，鱼雷可能从不同角度来袭。培根详述了这种情况：

如果大舰队面敌转向，敌第3、第6和第9支队可能如常进攻，而第2和第7支队看到我们转向后，可能会联合同时发起进攻的第5支队组成第二攻击波，第7支队也可能单独发动第三波攻击。这种多波次攻击极具威胁，因为当军舰已经转向规避某个方向的鱼雷时，很难再次转向，从而有效规避来自另一个方向的第二波攻击。假设敌人发射了224枚鱼雷中的120枚，这就意味着来袭鱼雷的总数达到了152枚，而不是实际上的32枚。[63]

（4）1916年，在杰利科已经确定了的作战计划中，鱼雷攻击的风险是不可接受的，对付敌人鱼雷集中攻击的战术就是背敌转向，海军上下几乎一致接受了这样的战术思想（斯特迪是反对者）。正如杰利科在作战报告中表达的："敌人发动鱼雷攻击时，我们执行的是以前制订的，并在演习中操练过的战术……"[64] 杰利科在别处做了进一步辩解：

但是，我很怀疑如果拉近距离而且鱼雷因此而具有较高航速时，仅靠娴熟的操舰到底能拯救几艘军舰。在斯卡帕湾进行的多次演习（使用操雷或者"碰撞"式雷头，而不是战雷头）清楚地显示，驱逐舰从不到8000码的距离上对战列线发动鱼雷攻击时，即使鱼雷航迹可辨并实施规避机动，也能获得很高的命中率（根据海军上将培根的数据，命中率可达30%）。另一个很好的理由是，鱼雷的实际位置总是在暴露其航迹的气泡前方很远的地方，而且与气泡之间没有固定的距离，这给辨认鱼雷的位置带来了很大的困难。[65]

换句话说，通过两次背敌转向将敌人鱼雷的射距从7000码增加至10000码，保证了舰队的安全。培根认为杰利科的转向可能至少拯救了6艘战列舰。"马尔博罗"号躲开了3枚鱼雷；"复仇"号"紧急转向"，使两枚鱼雷擦身而过，随后它再次做出规避机动；"大力神"号和"阿金库尔"号都做了急转，并以60度的角度驶离战列线才避开了鱼雷；一枚鱼雷在"铁公爵"号和"雷神"号之间穿过；"巨像"号也规避了一枚鱼雷。"这些都是目视可见的鱼雷，如果这些军舰以侧舷而不是舰艉面向来袭方向肯定会被击中并丧失战斗力。但是肯定还有其他穿越战列线而没有被发现的鱼雷。另外，由于我们的转向，德军第2、第5和第7雷击舰支队未能发起攻击。的确，如果约翰爵士没有采用正确的背敌转向机动挫败敌人的攻击，我们的战列舰队将被削弱到不足以与公海舰队对抗的程度。"[66]

无论背敌转向还是面敌转向[①]都没有事先演练过，这的确令人感到费解。杰

---

① 即通过将舰艉面向鱼雷来袭方向，减少目标面来避开威胁。

利科对此进行了解释：

> 战前和战时都没有用向舰艇发射实弹鱼雷的方式进行过试验，因为有损失鱼雷的风险，特别是这种试验即使在像斯卡帕这样大的港口内也无法取得满意的效果，而本质上也不可能在海上进行。我们能做的就是从理论上研究调查，我针对鱼雷攻击的战术就是以调查结果为基础的。[67]

也许根据后来获得的知识，特别是在第二次世界大战中的经验，更明智的战术是面向来袭的驱逐舰转向。[68] 但是如果舍尔意图脱离战斗，背敌转向和面敌转向又有什么区别吗？

（5）当杰利科两次发出转向命令时，他不知道敌人已经转向离他而去，也不知道他们正在做什么。从"铁公爵"号上看不见舍尔的机动方式，这要归功于驱逐舰有效施放的烟幕，海上的雾霭以及渐暗的光线。杰利科的第一个念头是舍尔"暂时消失是因为正在变浓的大雾"。他于7时32分警告第4轻巡洋舰中队不要过于靠近德军舰队，这说明他认为德舰仍在附近。而且他没有得到有关敌人机动情况的报告。战列线末端的4艘战列舰（"勇士"号、"马来亚"号、"圣文森特"号和"复仇"号）观察到敌人转向离开；但是没有人向杰利科报告，主动性在这些高级军官身上的稀缺令人瞠目——在海战中这不是第一次，也不是最后一次。轻巡洋舰在这方面的表现也相当低劣，它们的位置既不能反击德军雷击舰的进攻，也无法向司令官报告德军舰队转向的重要情报。7时22分，第4轻巡洋舰接到命令前出攻击正在接近的德军雷击舰。不幸的是，该中队没有处在布置给它们的，可以与其他位于前锋位置的轻巡洋舰协同的位置上，即先导舰"国王乔治五世"号交火一侧两个罗经点，距离4英里处，此时它们的实际位置竟然在"国王乔治五世"号正前方1英里处。第3轻巡洋舰中队位于战列巡洋舰前方，也无法与敌人保持接触。很明显该中队认为保持自己在舰队前方的战斗位置就算恪尽职守了。第1轻巡洋舰中队则根本不在战斗范围内，从舰队展开开始它就在拼命试图重新占据它在战列巡洋舰队中的阵位。即便是第2轻巡洋舰中队此时也令舰队司令失望了。它们于7时30分发现德军战列舰队正在向南偏西方向航行，但不知什么原因并未向杰利科报告。

批评者很难理解杰利科怎么可能会相信已被重创和数量上处于劣势的敌人还想要重新战斗。即使他本人没有亲眼看到这一幕，也应该意识到他们已经转向脱离。但是有一种解释。杰利科知道德国海军进行了战斗回转机动的演练，但是他认为德军只有在与对手呈平行航线战斗时，才会实施这一机动，目的是让己方的雷击舰支队有机会在两支舰队之间发起进攻，而不会遭遇英军的轻型舰艇。

我们可以设想，如果杰利科完全知晓舍尔实施了战斗回转机动，他采取的战术会有什么不同吗？出于以下理由，笔者对此表示怀疑：

约翰·杰利科爵士需要决定和立断的，是为了以炮战消灭敌人的战列舰而甘于让自己的战列舰冒着遭受鱼雷攻击的风险，还是采取与敌人脱离接触，却肯定可以使自己免受损失的转向……考虑到天色将晚，只剩下一个小时的白昼时间，他给敌人造成重大损失的机会已经十分微小：而自身却很可能遭受相当的损失。那么就只有一个合理的答案，也就是通过转向来确保自己舰队的安全。[69]

让我们再来做更多的假设。如果杰利科不仅完全知道敌人的机动，知道敌人驱逐舰非常有限的攻击能力，以及德国鱼雷在航行时并非踪迹全无，而且和我们现在一样，知道希佩尔的战列巡洋舰和位于前卫位置的第3战列舰中队（"国王"号、"大选帝侯"号和"边境总督"号）的状况，以及德军战列舰队转向后的混乱——如果他知道全部这些情况，我肯定他会毫不迟疑地命令全体舰队展开追击，并向敌人转向。但是这样会取得什么辉煌战果吗？杰利科的支持者们说：**不会**——他最多可能会再击中德舰几枚炮弹，因为德军战列舰队仍然处在驱逐舰释放的烟幕的掩护下。他们还说就是展开一次"大胆的追击"，也不会使杰利科在天黑前更靠近正在逃跑的德舰队。德军战列舰中速度最快的"国王"级可以以22节航行，比大部分英军战列舰更快（只有第5战列舰中队的航速高于它）。[70]它们本来是德军战列舰队的前卫分队，当战列线全体实施战斗回转后，它们成了公海舰队的后卫分队。杰利科在天黑前不可能赶上它们。由于德军较慢的无畏舰与英军战列舰的航速相当，所以杰利科也无法及时追上它们。最后，那些航速只有18节的前无畏舰在转向后成了德军舰队的前卫舰只。虽然它们的航速比英军战列舰低，但是它们距英舰太远，天黑前也不可能赶上。因此，以剩下的白昼时间看，面向敌人转向也不足以迫使其投入战斗。而且杰利科必须冒触雷的危险，更不用说英军战列舰队会驶入德国第2、第3、第5和第7驱逐舰支队的目视范围，给它们发动鱼雷攻击的机会。

最后我们要引述杰利科本人对这些"如果"的评论：

即便我知道他（舍尔）后撤的距离，以及忽视鱼雷的威胁，想要在天黑之前恢复接触仍然十分困难，因为在海上烟雾的条件不可避免地推迟了我们得知德军战列舰队后撤的时间，这使他们占得了先机。但是不管怎么样这可以造成一个对我们有利的结果，那就是迫使德军舰队更加远离他们的基地，因而增加双方在第二天重新发生战斗的机会。[71]

## 4. 白天最后的战斗

（资料图11、图12）

7时30分，白昼时间只剩下一个半小时。日落时间是8时19分（目视可见的日落）：当时面向东方可见度大约为6英里，西面的可见度则不超过3至4英里，直到当晚9时仍有足够的光线可供舰炮瞄准射击。经常有人批评杰利科在这段时间内无意于迫使敌人投入决定性的战斗，而是认为在避免失败和保持大舰队完整方面已经尽到了自己的责任。但是如果考虑到战列舰队在剩下的白昼时间里的机动航线，就知道这种批评是不公正的。英军战列舰队一直在以分队为单位向东南方向航行。7时35分，杰利科命令舰队向右舷敌人的方向转5个罗经点。由于舰队在转向规避鱼雷时队形出现了一些混乱，杰利科在7时36分命令组成单战列线，7时40分他命令再向右舷转3个罗经点，大舰队的航向已经呈西南方向。8时，舰队又转向4个罗经点向西航行，速度也从16节增加至17节，杰利科的目的是要靠近敌人。这些变化可能是对7时30分（发出时间为7时40分）来自"狮"号的报告做出反应，"铁公爵"号于7时59分收到报告，称发现了敌舰（战列舰队的后卫舰只），"方向西北偏西，距离10至11英里"。至晚上8时，所有英国舰艇都位于舍尔的归航航线上，虽然情况对杰利科还不甚明朗。

杰利科和贝蒂各自的支持者热情高涨地投入了争论，不过原因各不相同，7

时 47 分，贝蒂用无线电向杰利科发出了著名的"跟随我"的信号，当时"狮"号在战列舰队前方大约 6 英里处。信号的内容是："呈请前卫战列舰（杰拉姆的第 2 战列舰中队）跟随战列巡洋舰。这样我们可以切断敌全部战列舰队。"贝蒂的支持者责怪杰利科对贝蒂"呼吁性的信号"［海军中校卡莱恩·贝莱尔斯（Carlyon Bellairs）］无动于衷，而杰利科的支持者则认为贝蒂的信号"既无意义也不必要"，"很可能会误导舰队司令"（哈珀），因为他已经命令舰队向西转向，也就是说相对于战列巡洋舰的航向，他比贝蒂更靠近敌人，而且公海舰队已经被切断了退路。①

贝蒂发出此信号并非没有理由，不过我们会看到，他的建议是不可能实现的:

在半小时之内，战列巡洋舰就再次与敌人的战列巡洋舰和战列舰交火，而我们的战列舰却没有抓住这最后的机会……战列巡洋舰队指挥官的意图很明显，就是要将英军舰队置于敌人及其基地之间……杰利科实际上也很快预见到了贝蒂建议的行动（指的是杰利科在 8 时向西转向）[72]，这也证实了贝蒂信号中他的动机是正确和适当的……

难道哈珀在质疑每一位舰队司令在白昼即将消逝的关头，对切入敌人及其基地之间给予重要关注的正当性？难道他是在质疑每一位舰队司令运用所有手段达成此目的的职责和权力吗？贝蒂的建议是在白天继续战斗的唯一希望，但哈珀也可能认为战列舰之间的战斗已经是决定性的了，杰利科的目标已经实现，冒着风险继续战斗已无必要。[73]

贝蒂焦急地想要利用剩余的白昼时间向西压迫，但是他也感到能见度太差，自己也处于孤立无援的境地，所以不能一味冒进。他再次向西转向两个罗经点，也就是说比杰利科的前卫战列舰更靠近敌人。对站在"狮"号舰桥上的人来说，杰利科的先导战列舰的航向似乎过于靠东了。正如查特菲尔德所写的："我永

---

① 这里假设贝蒂提到的"切断"的含义指的是切断敌人返回基地的航线。

远都不会忘记当我们发现了敌人，却看到他（杰拉姆）在我们身后3英里至4英里，引领着他的分队以4个罗经点的偏差向东开去时那种痛苦万分的心情。[74]一张7时45分的态势图清楚无误地显示，就在贝蒂发出信号时，"狮"号不可能发现敌人。贝蒂当时距德军战列巡洋舰12英里，距最近的德军战列舰13.5英里，距德国先导战列舰18.5英里。考虑到"狮"号的位置，贝蒂发此信号的意图很难理解。不过有一个较为简单的解释。贝蒂在7时40分曾报告依然与敌舰保持目视接触。他可能在发送无线电信号时与敌失去了接触，但是他正试图努力恢复接触，不管怎样，他知道敌人大致的方向。海军上将德拉克斯说：

7时47分的信号，"呈请前卫战列舰……"可能是在7时40分之后几分钟之内起草的。当时的实际情况是这样的。我们看见前卫舰只（第2战列舰中队）从我们的左舷远去，我对贝蒂说："纳尔逊会发出'跟随我'的信号。"贝蒂立即回应："但我不能那样做，我不是舰队司令。"我随即起草了第二份较长的信号并得到了贝蒂的核准。这份电文用词更加委婉，内容是："致舰队司令并抄送'国王乔治五世'号。呈请前卫战列舰跟随并支援我们。"如果电文更简短些就能更快地发出。至于有人争论说我们不知道敌人位置的问题，我只能说起草电文时贝蒂和我都对敌人战列巡洋舰和先导战列舰的位置非常确定。[75]

"铁公爵"号于7时54分收到了贝蒂的电报，但是直到8时刚过，解码后的电文才送到舰桥上的杰利科手中。[76]杰利科看到信号的内容"明显有误"："狮"号绝无可能看到任何德军战舰。另外，贝蒂的信号是在他已经命令舰队向西转向（8时）后送达的。贝蒂发送信号时当然不可能预见到杰利科的行动。但是这却从根本上改变了态势。

海军中将贝蒂发给我的上一份信号（杰利科的评论），即7时30分的信号，告知我他的航向是西南方向，而当我收到他要求前卫战列舰跟随战列巡洋舰的信号时，战列舰队的航向比战列巡洋舰更靠近敌人4个罗经点。因此我经过几分钟思考，认为实施贝蒂的建议就要让前卫战列舰向远离敌人的方向转4个罗经点。于是我用无线电告诉他（8时），我正采取向西的航向，假设他也会转向同样的航向，我才会放心命令海军中将杰拉姆跟随他前进，而不至于让前卫舰只弄丢德军舰队。这就是我当时的举动。[77]

杰利科命令引领战列舰队，同时也是最靠近贝蒂的第2战列舰中队跟随战列巡洋舰前进。此时英军战列线略呈弧形，所以"铁公爵"号可以用探照灯直接向"国王乔治五世"号发出信号。后者也立即回应，"铁公爵"号也得以用非常直白的信号向它下达命令。杰利科的通信官回忆说，"没有出现一刻耽搁，这是最快的视觉通信"。[78]杰拉姆根本无法执行命令，因为他既看不到敌舰，也不知道贝蒂的具体位置。贝蒂也既没有告知自己的位置，同时也和杰拉姆没有目视接触。（实际上他在"国王乔治五世"号西南偏西约6英里处。）因此杰拉姆和其他战列舰中队一起保持了向西的航向。

查特菲尔德认为杰拉姆未采取行动的理由是站不住脚的。"只要海军中将杰拉姆努力一下，就能很快发现战列巡洋舰队。"[79]即使杰拉姆有足够的信息去"跟随"贝蒂，并将航速从19节增至21.5节（他的中队的最高航速），他也不可能在天黑前接近战列巡洋舰队。战后杰利科对此评论说："当然在我心中，毫无疑问贝蒂没有意识到战列舰队的航速只有20节。在之前的战斗中，他所指挥的战舰航速都不低于25节。"[80]

即便没有遵从跟随"狮"号的建议，第5战列舰中队也不会错失绝佳的机会，或者丧失极为有利的战术优势。就像拉姆塞看到的，"战列舰队正在按海军中将贝蒂的要求行事，而且做得更多"。

贝蒂的信号并没有对海战产生影响；但是在战斗和战争结束后都引起了争议。一方用此事件来对比贝蒂积极大胆的战术和杰利科"小心犹豫"的战术。并暗示如果更多地采纳前者的战术就会产生更积极的战果。反对方则认为贝蒂的信号是毫无意义的自吹自擂。杰利科和贝蒂都没有公开评论过此事。在前海军大臣的一封信中，他暗示这场愚蠢的争论将有损舰队的士气和团结。"也许（对贝蒂支持者）最大的打击就是让'跟随我'的神话最终破灭。现在在伦敦流传的故事，是贝蒂当时打出的信号是'跟随我，我们就能击沉整个德军舰队。'而你拒绝了他的建议，结果让德国人跑掉了。不过真实信息（《日德兰海战通信》，1920年12月）的公开和你的回复已经让那个胆小主帅阻止旷世英雄获取伟大胜利的传说破灭了。"[81]

随后发生了当天白昼期间英德主力舰队之间第三次和最后一次战斗。舍尔的状况可谓岌岌可危。驱逐舰支队的报告使他确信自己遇见了大舰队全部主力，而且现在正阻挡在他的归途上。他的夜间战略是让所有可用的驱逐舰发起进攻，掩护他取直线返回合恩斯礁，"不顾敌人的所有攻击保持此航向"。他非常担心自己受杰利科的压迫不停向西运动，因为他每向这个方向航行一英里，就等于为归家的航程增加了一英里。因为他在7时45分将航向转为西南偏南。

晚上8时的态势是，德军战列舰队正在呈两列纵队向南航行，英军战列舰队呈7列纵队向西航行，战列巡洋舰的航向则为西南方向。此时德军舰队正在12英里的远处横跨英军战列舰队的舰艏。但是贝蒂此时在西南方向8英里处，航线即将与德军战列舰队的前卫分队汇集，贝蒂在8时派出第3轻巡洋舰中队（纳皮尔）向西扫荡，以期发现敌人的前卫舰只。8时9分，"法尔茅斯"号（旗舰）报告在北偏西方向发现了敌舰。那正是德国第2战列舰中队前方的第4侦察群。8时15分，纳皮尔取与敌人平行的航线，中队的全体舰只都开始向德舰开火（8时20分）。激烈的战斗持续至8时32分。德国人转向8个罗经点并消失在渐暗的光线中。贝蒂在听到炮声后于8时17分率战列巡洋舰也转到此方向。但是战斗仅仅发生在轻巡洋舰之间。8时21分，他向西南偏西转向，以期靠近敌人。贝蒂终于在西南方向发现了正在向南航行的第1侦察群，他立即在10000码的距离上开火（大约8时23分），在短促、激烈的交火中再次重创了"德弗林格"号和"塞德利茨"号，后者的最后一座炮塔也在战斗中失去了作用。但是情况突变，德军战列巡洋舰得以急向西转，全速前进并释放烟幕，终于脱离了险境（8时35分）。解救第1侦察群的是突然出现的德国第2战列舰中队，和引领德军战列线的6艘老式战列舰。它们靠近到距离贝蒂只有8000码处，阻止了他追赶先前的对手。[82]第2战列舰中队也随即向西转向（8时35分），从视野中消失。贝蒂在8时40分停火，因为在雾霭和黑暗中他已无法分辨目标。但是随着其他德军战列舰中队实施同样的机动，贝蒂实际上将敌人向西南—西方向压迫了8英里，使它们的归途增加了半个小时以上的航程。**贝蒂的行动是整个大战中主力舰之间的最后一次战斗。**

　　白昼即将消逝前的一次好机会（其实是三次）就这样失去了。8时45分，"卡罗琳"号和"保皇党人"号（第4轻巡洋舰中队第2分队，位于"国王乔治五世"号前方2英里处）在西北方向约8000码处隐约发现了3艘德军战列舰。它们是德国第1战列舰中队的先导舰只。"卡罗琳"号向"国王乔治五世"号报告，"300度方向发现3艘军舰，距离8000码，明显为老式战列舰"，"卡罗琳"号随即上前发动攻击。杰拉姆制止了攻击行动（9时6分），他在10000码处看到这些舰影，但他相信它们是己方的战列巡洋舰。（后者实际上在他以南6英里处。）"卡罗琳"号再次发出信号，称它们显然是德舰，杰拉姆回复，"如果你非常确定就攻击"。但是他仍然坚信这些军舰是贝蒂的战列巡洋舰，所以他立即用无线电向杰利科报告："在280度方向发现我们的战列巡洋舰，航向210度。"两艘轻巡洋舰趋前攻击，在9时10分各发射了一枚鱼雷，但没有命中，它们随即在烟幕的掩护下后撤。驱逐舰支队指挥官（海军准将霍克斯利，旗舰是轻巡洋舰"卡斯特"号）正率领着第11驱逐舰支队跟随"卡罗琳"号，他也看见了军舰并确认是敌舰。机会再次来临；但他并没有使用鱼雷发起攻击，他在作战报告中解释了原因："当我们的舰队（指杰拉姆的战列舰分队）尚未开火时，我不能投入进攻，因为天色还没有暗到无需舰队的火力支援就可以发动攻击的程度。"当时的训令（GFBO第30章，第3段）似乎在高能见度的情况下支持这种观点（敌人可以在远距离上用副炮击退鱼雷攻击），但在低能见度下则不然，而当时的情况就属于后者。"杰拉姆要对这一事件负全部责任，而且他的航海长刚刚从战列巡洋舰队调来，已经确认发现的军舰是我们的战列巡洋舰。"[83]

　　杰利科已经将舰队以分队为单位转向西南（8时28分），以重新组成单战列线，向贝蒂开火的方向快速接近；但是他没有发现敌人的踪影。[84]不过杰利科已经知道了敌人的大致位置，这要归功于"卡罗琳"号等舰在战列舰队前方的战斗，以及战列线尾部的古迪纳夫与试图进攻第5战列舰中队的德军雷击舰之间的战斗（8时30分—8时39分），还有贝蒂的行动，以及他在8时59分发出的信号（9时5分收到），信号准确报告了敌人的航向（"敌战列巡洋舰和前无畏舰在我北偏西34度，距离10英里至11英里，航向西南。"）。不幸的是，这些舰队之间的战斗并没有让舍尔改变返回合恩斯礁的航向，也使杰利科失去了在天黑前进行一场全面海战的最后机会。"此时我们正处于敌人和他们的基地之间，如果当时是下午6时而不是夜幕即将降临，我就能打出第二场特拉法尔加海战。"[85] 杰利科的观点是合理的，也得到了整个大舰队的认同，因为在晚上9时，两条战列线的先导舰"国王乔治五世"号和"威斯特法伦"号相距不到6英里，而且航线交汇。在当天进行一场决定性的海战已无可能，英军舰队开始再寻战机，试图获得另一场光荣的六月一日海战。

## 关于贝蒂的32罗经点转向

贝蒂在战争结束后担任第一海务大臣，他禁止海军上校哈珀在正在绘制的官方海图中显示贝蒂曾做过一个360度的转向。他坚称战列巡洋舰的转向先被改为向右舷转向，然后又向左转向，也就是说航线呈S形。而对于32罗经点的转向，他断言，"根本是荒谬的，也是不存在的"。[86] 几天后他更加明确地表示："所有文字记录都无法改变我们没有向右舷转32罗经点的**事实**。我们确实向右舷转向16罗经点，然后向左舷转向16罗经点。原本的意图是转向8罗经点来观察战列舰队的行动，但是由于陀螺仪故障我们转向的角度过大，而且没有及时发现。我们不可能转向32罗经点，因为这样会与后方的舰艇相撞。"[87]《日德兰海战作战报告》中，注有1916年7月17日的资料图8a就是贝蒂的版本："狮"号先向右，然后向左转向。

整个故事，包括哈珀绘制的"狮"号做32罗经点转向的无可辩驳的证据，可见哈珀和弗鲁文的海军部文件集；特别是在杰利科的《大舰队》第二版的"附录，第2章"。例如，"狮"号和"新西兰"号的航迹图（前者有贝蒂本人的签字）都清晰显示了一次360度转向（《日德兰海战作战报告》中的插图10和31，位于142页和394页的对页）。① 海军少将查默斯对此提供的证据则颇具结论性。

我被轰出司令海图室后（《贝蒂》，232页），跑到司令塔上层的另一间海图室继续绘制军舰轨迹。正在负责指挥军舰的航海长亚瑟·斯特拉特（Arthur

---

① "大公主"号的海图未显示转向，"虎"号则未提供海图。

Strutt）把他的记录本给了我，并通过传声筒告诉我航向和航速的变化（因为他不能离开罗盘）。大约 6 时 50 分，他说："我们正在右转，先别作业，等我告诉你新的航向再说。"过了一会儿，正如我感觉到的，他说："我们还在转向。"当我们正在急转时，我记得看见战列舰队的前卫舰只从西方破雾而出。最后斯特拉特说："我整整转了一圈。正从刚才最后的位置重新开始。"这次哈珀认为非常重要的回转并没有出现在（"狮"号的）官方海图上。另一方面，我在自己绘制的第一张大比例海战示意图上标出了回转。开始贝蒂不相信他转了整整一圈，并让我把它绘制成 S 形机动。[88]

贝蒂为什么会在战斗中做出这一异乎寻常的机动呢？我们不知道他的意图究竟是什么。但是很可能是他意识到自己已经驶出了己方战列舰队的视线，他非常自然地决定以最快速度转向 16 罗经点以让战列舰与他保持接触。当转向即将完成而军舰仍在右转。由于惯性，军舰需要一定时间才能开始左转，所以"狮"号未能及时停止右转，直到完成了一次 32 罗经点转向，它的僚舰也自然跟随它完成了一次回转。这不是猜想，而是海军少将查默斯对笔者所述。海战后他与贝蒂交谈之后，认为"贝蒂于 6 时 50 分开始向右舷转向，以期发现敌人；但是他并不希望失去战列舰队的支援[①]，所以他转向半圈，没有发现本方舰队，他继续向右转向，直到与杰利科的前卫再次接触，对我来说这是很合理的举动"。[89]

贝蒂有为什么对这一转向如此计较，而坚持要将它绘制成 S 形呢？也许他认为一次 32 罗经点转向在海图上看起来非常愚蠢。但是 S 形转向比一次回转更加不堪，因为这将使他向右偏离原来的航线 1 英里之遥，而一次 32 罗经点转向会让他回到原来的位置。是不是贝蒂不愿意承认这次转向使他远离了敌人呢？我们也不知道。海军少将查默斯回忆说："我们都不理解为什么他喜欢 S 形机动，而不是一次回转，也许仅仅是因为他很固执，或者可能他对自己做了不明就里的事情感到十分恼火！"[90] 我们对这一争议的讨论也只能到此为止。

---

① 也许他想到了之前与第 5 战列舰中队协同的经历。

# 日德兰：夜间战斗

## （5月31日，约晚上9时—6月1日午前）

我从来没有对夜战发表过评论，但是杰利科的部署，未能考虑到与敌人保持接触，对我和其他人来说，反而像是以避免接触为目的。（舰队司令没有下达命令，强调保持与敌接触的重要性，和随时将情况通报给"铁公爵"号。）

——海军少将厄内尔·查特菲尔德爵士致海军中将罗杰·凯斯爵士

1923年1月

杰利科已尽其所能；在最关键时刻，黑夜、坏运气和情报传输的屡屡失败，使他失去了获得压倒性胜利的机会，没有哪个指挥官能像他那样，配得上第二次光荣的六月一日海战。

——海军上校爱德华·奥尔瑟姆（Edward Altham），《杰利科》

## 1. 部署

（资料图 12、13）

晚上9时，随着夜幕快速降临（到9时45分，能见度已不足1.5英里），杰利科面临的艰巨任务，变成了如何制订夜间作战计划。"我立即否决了在重型舰艇之间展开夜战的想法，这极有可能引向一场灾难，首先战场上有大量鱼雷舰艇，其次，根本没有可能辨别敌友。另外，现代技术条件下，夜战结果，很大程度上是由纯粹偶然的因素决定的。"[1]

还有一个促使杰利科放弃夜战的原因，他认为英国海军的探照灯及其控制装置，没有敌人的有效。可以肯定的是，杰利科在《大舰队》一书（381页）和他的作战报告中提到德制探照灯时，并没有暗示他事先知道，这些探照灯及其控制装置的性能有多么优良。①但是他肯定设想，它们的性能不像英国同类装备那样低劣。海军上校克雷斯维尔回忆说，"在战前夜间射击训练中，我们这些观摩的年轻军官经常嘲笑英国探照灯的低劣性能，它们只能用于击退驱逐舰进攻，而不能用来与战列舰作战"。战时夜间训练表明，探照灯的情况在1916年有所好转。此外，对夜战非常重要的，为战列舰副炮安装射击指挥仪的工作才刚刚开始，而且一直被劳动力短缺和制造上的困难所拖延。杰利科也知道，德军雷击舰比英军驱逐舰装备了更多鱼雷发射管，这让他相信，不能仅靠火炮来击退雷击舰进攻，所以敌雷击舰会在夜战开始阶段，获得毁伤大量英国主力舰的机会。海战结束后，他告诉第一海务大臣，"在鱼雷艇和远程鱼雷时代，没有什么能让我投入一场夜战，我可能会因此遭到惨败，这实在太冒险了"。²他并不把己方的驱逐舰支队视作夜战利器，因为如果要它们投入夜战，就必须将其部署在舰队四周，"它们肯定会被敌驱逐舰牵制，也会被我们自己的军舰误击"。³

海军上将奥利弗称，他当时强烈反对杰利科拒绝寻求与公海舰队进行夜战的决定⁴，很多作者也都表达了同样的观点。但是对杰利科的决定的挑战，并没有坚实依据。**鉴于当时的情势**，他的决定合理也正确。如果与敌人展开夜战，很可能造成一场灾难。当然，如果大舰队经过特别的夜战训练并有相应装备，情况就会大不相同。即使是对杰利科提出诸多批评的《海军参谋部评论》，也认同他关于夜战的决定。

杰利科的下一个问题，是选择航向。"我不想放弃当前的有利位置，所以不能向东或者向西航行，因此我决定向南，在那里，我就能在白天恢复战斗，而且，我将可以在敌人驶向赫尔戈兰湾，或者开往埃姆斯河，然后沿海岸北上时将其拦截。"⁵据此，他于9时1分命令，战列舰队将航向从西南转向南，航速17节，这样做的目的，是将自己保持在德军舰队以东。9时17分，他命令战列舰队进入夜间巡航状态，各分队以纵队前进，纵队之间则呈平行航向，间距1英里。队形如此紧密，是为了让纵队之间保持夜间视觉联系，以防将友舰误认为敌舰。

---

① 德制探照灯不仅功率更大，控制装置也能使其更迅速地照射目标。

大舰队（当晚11时）

公海舰队（当晚11时）

德军进出都会使用的航线

德军只会在出港时使用的航线

丹麦

埃斯比约

合恩斯礁

杰利科的安全界限（避免触发英军布设的水雷）

德军画出的雷区大致轮廓

阿姆拉姆沙洲

阿姆拉姆水道

德军并不知晓的英军雷场缺口

赫尔戈兰

易北河

威悉河

亚德河

威廉港

埃姆斯河河口

弗里斯兰群岛

荷兰

德国

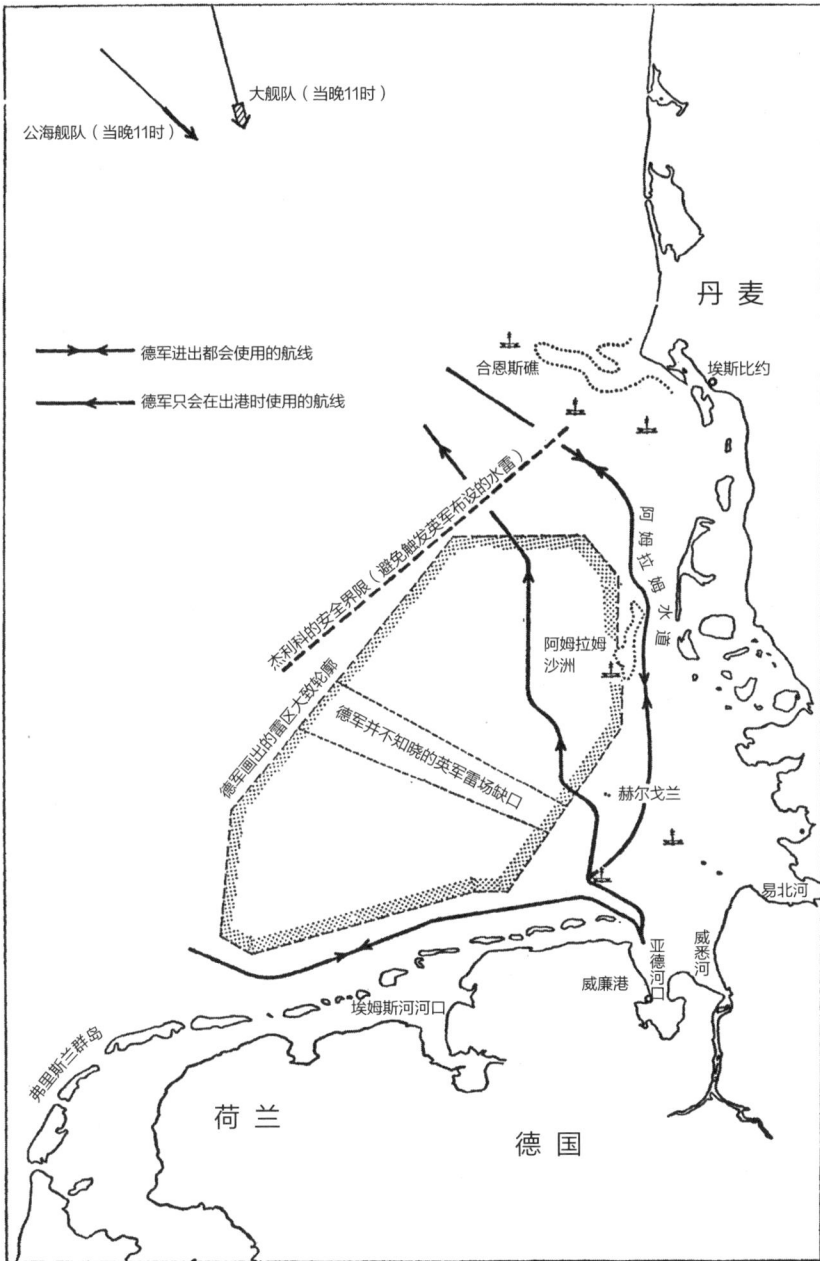

∧ 舍尔可选择的返航路线示意图

由于速度较低，"马尔博罗"号分队位于主力舰队左后方3—4英里处，第5战列舰中队，则位于该分队和主力舰队之间。第4轻巡洋舰中队在舰队前方执行侦察任务，并准备反击敌人的任何进攻。第2轻巡洋舰中队冲进西方的黑暗中，正处于英德两支舰队之间，看能否有所发现。驱逐舰则云集在战列舰队后方5英里处（根据杰利科9时27分发出的命令），从右至左分别是第11、4、13、9、10和12驱逐舰支队，它们作为后卫部队，主要为了防止德军轻型舰艇从后方偷袭，同时也防止德军战列舰队绕过英军舰队尾部踏上归途。[6]在与英军驱逐舰的通信中，杰利科体现的意图是，如果驱逐舰支队与德军舰队相遇，可以发动大规模进攻，将敌人逐向西方。

贝蒂于晚上9时16分，收到了杰利科转向南方的命令。鉴于夜色渐浓，他需要知道与战列舰队的距离，战列巡洋舰队受损情况，德军舰队的集中程度，并且要在"白天最有利的情况下"处于保证能发现敌人的位置，他认为，"在夜间靠近敌战列舰队既非他所愿，也没有道理"，因此，他按杰利科的命令转向南方。"在这种情况下，我的职责，是确保敌舰队不会绕过我们的南翼返回基地。"[7]9时30分，战列巡洋舰队向南机动。科贝特对贝蒂想法的评论是："这可能是对杰利科战术的最佳解读。战略态势的关键是，敌人可能在夜间经过我舰队前方或后方向东逃窜。"贝蒂的位置在"铁公爵"号西南偏西13英里，正好在德军舰队正前方，可以阻止舍尔加速从前方越过英军战列线。贝蒂右舷前方6—7英里，是第1和第3轻巡洋舰中队。但是贝蒂安然度过了整个夜晚，没有任何发现。

9时32分，正当"狮"号向南转向时，它向紧随其后的"大公主"号发出灯光信号："请立即向我发出询问和应答信号，因为我已将信号遗失。""大公主"号照办了，向"狮"号发出了保密识别信号。很多年来人们都认为，英军战列巡洋舰不知道的是，敌人第2和第4侦察群就在2英里开外，能够看见"大公主"号的信号；这次"不幸的疏失"，造成了严重后果，因为敌人利用了这些信号；这可能是当"蒂珀雷里"号（Tipperary）发出询问信号时，第4驱逐舰支队遭到猛烈射击的原因。杰利科在多年后才知道此事，并将其写入了"日德兰海战中的错误"一文。他对奥斯瓦尔德·弗鲁文说："'狮'号这一举动当然是愚蠢的。"谁应对此负责呢？那就是查特菲尔德。机密识别信号由舰长本人负责，虽然在没有通知西默尔并征得他同意的情况下，信号不可能发出。但是，这一事件很大程度上是虚构的。德军轻巡洋舰在战时日志中，没有提到识别信号，官方战史《北海海战》也没有记录此事。"但是，有确凿的证据证明，公海舰队从一开始就知道英军的识别信号。"[8]

决定不在夜间冒险之后，杰利科的难题，就成了如何确保天亮后，在敌人能够获得岸基保护之前迫使其投入战斗。这就需要确定舍尔将要使用的航线。这里一共有四种可能。杰利科正确地排除了卡特加海峡——但是海军部的《评论》却包含了这一航线（70页），因为这是"选择之一（晚上9时，舍尔距小贝尔特海峡344英里），将给英军舰队一整天的时间追击和重新投入战斗"，杰利科说，这一设想"考虑不周"，因为"如果舍尔采用这条航线，并以16节速度航行，到天亮时将距离大舰队150海里，大舰队肯定需要在白天长时间追击才能赶上。""如果大舰队有4节的航速优势（这是一个乐观的设想），就需要一整天，甚至多至38小时的追击时间！"[9] 杰利科主要担心的是，舍尔会试图在黎明前，从英军舰队前方或后方突破封锁向东航行，返回赫尔戈兰湾。

为了返回基地，舍尔还不得不穿越英军在海湾内布下的雷场，这片雷场呈带状，从合恩斯礁向西南方延伸100英里，然后向南转向，直到荷兰的弗里西亚群岛。德军的主要航道就在基地和开阔海区之间，德国海军一直在赫尔戈兰湾的东部和南部海岸之间实施扫雷作业，而杰利科也知道他们的扫雷行动。也就是说，德军主要航道为：位于阿姆拉姆滩（Amrum Bank）内沿石勒苏益格－荷尔斯泰因海岸抵达合恩斯礁西南15英里处（直抵合恩斯礁的航线因为深度不够而很难使用）；以及南向航线，或称埃姆斯河航线，即沿从亚德河到埃姆斯河的弗里西亚海岸航行。[10] 另外还有一条北方出口，从阿姆拉姆滩以外穿过赫尔戈兰湾，从合恩斯礁西南约30英里处驶出雷场，5月31日，公海舰队就是从这条航道出海的；但是杰利科似乎并不知道这条航道，而且，德军舰队从来没有在返回基地时使用该航道，也许是因为航道的出口没有任何标记。另一方面，杰利科知道，英国雷场在赫尔戈兰湾西北偏西处有一条空隙，他认为舍尔有可能试图从那里返航——实际上后者从未考虑过这种可能性，也没有在那里实施过扫雷作业。

从表面上看，埃姆斯航线是舍尔最不可能使用的，因为它比其他航线都长得多。赫尔戈兰湾和合恩斯礁航道看起来最有可能,而后者可能性更大——这是舍尔最快捷的回港路线。经各条航线,从他9时的位置抵达雷场边缘的距离分别是:

| | |
|---|---|
| 到合恩斯礁航道 | 105 英里 |
| 到阿姆拉滩外侧航道 | 110 英里 |
| 到雷场空隙的航道 | 135 英里 |
| 到埃姆斯航道 | 180 英里 |

但是杰利科认为,舍尔取道埃姆斯航道的可能性最大。"我在晚上9时41分得到情报,德军舰队航向是西南偏西[11],另外,我们的潜艇在合恩斯礁保持着频繁巡逻,所以我认为,海军上将舍尔可能会考虑,将前往埃姆斯航道作为躲避大舰队的最佳手段。到埃姆斯航道的航程,有大约180英里,其中一半可在黑夜掩护下完成。"[12]

出于谨慎,杰利科将自己布置在无论舍尔选择赫尔戈兰湾航道还是埃姆斯航道都可以拦截的位置。"天亮时,我的位置将距埃姆斯航道80—90英里,距赫尔戈兰湾西北偏西的英国雷场之间的空隙约40英里,距阿姆拉滩西北的英国雷场中的航道10—20英里。"[13] 上文中提到的那个位置,指的是赫尔戈兰湾北部航道,但是我们已经提到,杰利科有可能不知道这条航道的存在。[14]

大舰队最终采用的航线几乎是一条朝向埃姆斯河的直线,且无法顾及合恩斯礁航道,也无法涵盖赫尔戈兰航道的大部分。不过杰利科并没有完全不顾德军取道合恩斯礁的可能性。为了避免将封锁合恩斯礁的任务完全丢到在维尔的轻型舰艇外围巡逻的,哈尔维奇的3艘潜艇肩上,杰利科于当晚9时32分命令布雷舰"神仆"号全速航行,尽快前去加强位于英军潜艇巡逻线西南方向的雷场。这项命令在次日凌晨1时24分到2时4分之间完成。实际上,将"神仆"号从斯卡帕湾调到北海布设该雷场的行动命令早在公海舰队出航前就已经发出。该舰于5月30日大舰队出航前就已经收到了作战命令。[15]

杰利科相信他已经阻断了舍尔的退路,有信心在第二天早上再次投入战斗。

德军舰队并没有足够的速度从他前方穿过，如果他们试图从英军战列线后方溜走，驱逐舰支队将对其进行毁灭性的进攻。杰利科还准确地推测出，"塞德利茨"号、"德弗林格"号和"吕措夫"号的战斗力已丧失殆尽。其实他还可以加上"冯·德·坦恩"号，该舰的全部主炮均已无法使用。杰利科当时还以为，自己尚有8艘战列巡洋舰，因为直到第二天，他才知道"玛丽女王"号和"不倦"号的命运！[①] 但是，杰利科仍然在敌人两次进入他的有效射程时，拥有压倒性的优势。

德军舰队从7时52分开始向南航行。9时10分，舍尔将航向转向南偏东南1/4东，航速16节，转向命令中还有这样一句："保持该航向。"9时46分，航向再次调整为南偏东南3/4东，因为舍尔判断，英军舰队正在横跨他的舰艇，稍向东转向能够避开它们。到晚上约10点，公海舰队已经进入夜间巡航状态。未受损的第1战列舰中队处于前卫位置（先导舰是"威斯特法伦"号），其后是遭受重创的第3战列舰中队。后卫是第2战列舰中队，"德弗林格"号和"冯·德·坦恩"号。"塞德利茨"号和"毛奇"号位于战列舰队以东蹒跚而行。受到致命伤的"吕措夫"号，则在舰队最后一艘军舰的视野之外挣扎。第2侦察群在战列舰队前方组成轻巡洋舰幕，第4侦察群（还包括第2侦察群的"埃尔宾"号）在舰队左侧。正在向南航行的英军战列舰队，位于公海舰队东偏东南方向约8英里处。德国官方战史声称，一旦舍尔回到合恩斯礁外海，他的决定就将取决于夜战结果，和"随后的态势"。毫无疑问，他的目标就是以最快速度返回基地。他宁可冒遭受重大损失的风险，也不愿意被切断退路，他准备不惜一切代价突破英军舰队的封锁。他在当晚9时写下的战时日记对此非常明确："……为了避免被从南方赶来的敌强大追击舰队，切断返回德国港湾的航线，我们必须在黎明之前抵达合恩斯礁，这支敌舰队可能是在得到昨天战斗的消息后，从英国南部基地出动的。我们在夜晚取得突破的机会要大于白天；因此战列线的先导舰只，要尽一切手段防止被迫转向，**必须坚定前行**（Durchhalten）。"

---

① 这再次说明，英军指挥官们难以置信地忽视了持续将"铁公爵"号视野以外的战况向杰利科报告，1938年查特菲尔德称，他不记得曾有任何人发出过信号："我已经失去了'玛丽女王'号！"

## 2. 夜战与舍尔的逃脱

（资料图 13、14、15）

夜战可大致分为七个阶段，其中六个都是英军驱逐舰与退却中的德军舰队之间短促而激烈的战斗。"这些惊心动魄的战斗充满了巨大的勇气、不确定性和可怕的突然性。"第一次战斗发生在 9 时 50 分前后，德军第 7 雷击舰支队与英军战列线尾部的第 4 驱逐舰支队相遇，后者当时正向北航行，试图占据指定给它的，位于战列线后方 5 英里处的阵位。第 7 支队发射了 4 枚鱼雷，但无一命中，它们未及发现英军战列舰队就向南撤退。英军第 4 支队中只有"花冠"号（Garland）发现了德舰并与之交火，并报告了敌情。这是夜间仅有的几次由驱逐舰报告的敌情之一。

大约与此同时，在略靠西南方向的海域，德军轻巡洋舰"法兰克福"号和"皮劳"号（第 2 侦察群）发现了由"卡斯特"号率领的英军第 11 驱逐舰支队，后者正赶往东北方向的夜间阵位。"卡斯特"号很明显未发现敌人。德军轻巡洋舰在 1200 码距离上发射了鱼雷，根据德国官方史，它们随后"没有开炮，也没有打开探照灯就返身撤离，以避免将敌人的驱逐舰引向己方的战列舰队"。"卡斯特"号和第 11 支队向南转向追踪德军舰队。10 时 15 分，"卡斯特"号在右舷舰艏方向发现了 3 艘军舰，它们是德国第 4 侦察群一部。德舰向英舰发出识别询问信号。"卡斯特"号则安静地一直抵近到距德舰 2000 码处。突然，德方两艘先导舰① 打开探照灯，并向"卡斯特"号猛烈开火。"卡斯特"号用它的 6 英寸和 4 英寸舰炮还击，并发射了一枚鱼雷。只有两艘英军驱逐舰发射了鱼雷。其他驱逐舰根本没有开炮，因为它们要么不确定对面正在开火的是友舰还是敌舰，要么因"卡斯特"号急促射击发出的炮口闪光而无法看清任何目标。"卡斯特"号的一名军官认为："我们后方的大部分驱逐舰未能开火是因为它们不确定与我们交战的是敌是友。很多驱逐舰舰长都确信对方是友舰，而且返回斯卡帕湾，他们登上本舰时还一直这样强调。直到我们幸运地在舰上的残骸中找到了德制

---

① "汉堡"号和"埃尔宾"号——后者由于冷凝器故障未能跟上所属的第2侦察群，所以加入了第4侦察群。

弹片，他们才改变了想法。"[16] 所以正如驱逐舰部队司令霍克斯利所言，他们失去了"一个发射鱼雷的绝佳机会"。目标仅在1000码开外，而且明亮的探照灯使其成为极佳的鱼雷标靶。"卡斯特"号报告了这次交火（10时50分），不过内容非常粗略，而且遗漏了自己的位置和敌人的航向。霍克斯利在报告中称："驱逐舰支队随后跟随战列舰队南下，我们的任务是在天亮后战列舰队发现敌人并与之交战时保持与本方战列舰队的接触。"德国官方战史则这样评论："很明显，他认为为了恢复战斗，在黎明前保持他在战列舰队附近的阵位，比在夜间发动攻击取得战果更重要。"但是"卡斯特"号在战斗中被重创，舰桥和无线电设备受损，很多传声筒被打断，而且遭受了重大伤亡。

第三次战斗发生在10时30分前后，英军战列舰队后方的英军第2轻巡洋舰中队，发现了正在重新编队的德军第4侦察群。双方的航线几乎平行，而且都经历了试图辨别敌友的紧张时刻。很明显它们又几乎同时下定了决心，因为就在古迪纳夫即将下令开火的瞬间，德舰突然打开探照灯并向"南安普敦"号和"都柏林"号倾泻炮火。一场短促而激烈的战斗在800码距离上爆发。一名年轻的驱逐舰军官［后来的海军上将艾尔文·格伦尼爵士（Irvine Glennie）］写道（内容也包括第四次战斗）："那些未有此经历的人，不可能理解探照灯直射我们的面孔，火炮在真正直瞄距离内向我们开火时的可怕效果。"就像科贝特形容的那样："一瞬间，到处是飞舞和爆炸的炮弹引发的巨响，炮口闪光、炫目的探照灯和急速变换的航向让人眼花缭乱。这是一场老式的直瞄距离内的战斗，双方的炮弹几乎都不可能脱靶……一切在15分钟内就结束了。""南安普敦"号的海军上尉金-豪尔写道："……正如一个同僚对这场夜战的评论，'晚上10点我们舰上还有一些不信上帝的家伙，到11点就没几个了'。"双方都伤亡惨重，"南安普敦"号遭重创。"都柏林"号的舰桥被击中，航海长阵亡，海图室和无线电设备被摧毁。该舰与中队失散，无法为自己定位，直到第二天上午10时才重新归队。"南安普敦"号发射的一枚鱼雷击沉了轻巡洋舰"女性之赞"号（Frauenlob，又译"福乐普"号）。由于"南安普敦"号的无线电设备被击毁，中队各舰之间暂时失去了联系，一直到11时30分"南安普敦"号接到向上报告战况的命令时，才将战斗向杰利科汇报。

第四次战斗于 11 时 30 分，爆发于公海舰队和第 4 驱逐舰支队之间。前者在 10 时 45 分向左舷转向两个罗经点，结果很快与大舰队后方的驱逐舰幕遭遇。"海军上将杰利科用来阻止公海舰队逃跑的强大驱逐舰群，即将接受严峻考验。"大约 11 时 20 分，第 4 驱逐舰支队的先导舰只正引导支队向南行驶，它们发现，右舷方向隐约有舰队正在接近。先导舰"蒂珀雷里"号在不到 1000 码距离上向来舰发出识别询问信号。敌舰立即向英国先导舰还以激烈的炮火。第 4 驱逐舰支队遇到的，正是德军战列舰队——第 1 战列舰中队——并因此获得了进攻良机。"蒂珀雷里"号及其后方的 4 艘驱逐舰发射了鱼雷，但是后面其他驱逐舰未辨敌友，未能发射鱼雷，直到敌人的一道探照灯光柱照亮了后方的一艘敌舰。驱逐舰"攻城雷"号（Petard，隶属于第 4 驱逐舰支队东面的第 13 驱逐舰支队）的舰长判断这是一艘"赫尔戈兰"级战列舰。但是"攻城雷"号和同时发现了敌舰的轻巡洋舰"冠军"号（第 13 驱逐舰支队领舰），都没有将此重要信息向杰利科通报。

战斗一直持续到 12 时 20 分。一艘德军雷击舰被击沉。德军雷击舰队旗舰，海军准将迈克尔森（Michelsen）乘坐的轻巡洋舰"罗斯托克"号被一枚鱼雷击中，失去了机动能力，轻巡洋舰"埃尔宾"号在随第 2 侦察群穿过德军战列舰队的战列线时被战列舰"波森"号（Posen）号冲撞。（两艘轻巡洋舰后来均被放弃并沉没。）英军驱逐舰"喷火"号（Spitfire）与德军战列舰"拿骚"号均以左舷舰艏与对方相撞。"喷火"号虽然因相撞，和被"拿骚"号的 11 英寸主炮的巨大炮口风暴吹击而严重受损，但仍然成功地返回了泰恩河锚地。"拿骚"号舰艏水线以上被撞出了一个直径达 11.5 英尺的大洞，航速降至 15 节。除了鱼雷，英军驱逐舰还有效发挥了舰炮的威力：4 艘德军战列舰被击中。英军有 3 艘驱逐舰被击沉，4 艘被重创，其中一艘"雀鹰"号（Sparowhawk）的艏部被另一艘驱逐舰"布洛克"号（Broke）撞击，后来只能受命自沉。

第 4 驱逐舰支队实际上已经不存在了。少数在激烈夜战中幸存下来的舰艇分散在海面上，无法继续战斗了。第 4 支队也因英勇战斗获得了最高赞誉："他们独自迎战了整个德军战列舰队，没有一个人退缩。敌人舰群用直瞄火力一次又一次轰击它们，然后消失在黑夜中。但他们却不屈不挠，寻找下一个目标，持续向敌人进攻，直到每一艘驱逐舰都发射了所有鱼雷，或者被打成一堆残骸……

虽然该支队收获甚微，但并不是因为人为因素，而是因为他们面对着占据压倒性装备优势的敌军。"[17]

如果杰利科能及时得到战况通报，这场海战可能会对局势产生重大影响，因为德军舰队的撤退因海战都被推迟了半个小时。但是，在所有4次海战中，杰利科没有得到任何通报——"攻城雷"号、"冠军"号或者"马来亚"号（第5战列舰中队），当晚11时40分都看到了非常重要的一幕（见下文）。对这一现象有两个解释。第一，驱逐舰舰长们的注意力全都集中在眼前的生死战，而忽视了向舰队司令汇报。第二，他们都习惯于在支队领舰的指挥下作战，直接向舰队司令报告战况，对他们来说并不重要。我还想指出，驱逐舰并未接受过执行侦察任务的训练，GFBO中也没有要求驱逐舰支队，在白昼或夜晚持续与敌舰队保持接触并报告敌情。

当这次战斗（第4次战斗）还在进行中，舍尔的舰队已经开始远离杰利科的战列线。两支舰队的航线本来略呈交汇状态，双方既看不到对方，也不知道对方的位置，但却越来越近。

它们沿着一个非常狭长的V字两边航行，但是却没有在V字的顶点相遇，这是海战史上最大的谜团之一。在关键的几分钟里——大约15分钟——舍尔将他的先导中队（第2战列舰中队）调至战列线的尾部，而杰利科则把英军舰队后卫分队调至先导位置；当时英德舰队的航速分别为17节和16节。

一些细微因素，而不是人为计划，使杰利科抵达V字顶点并越过交汇点的时间（11时30分），比舍尔提前了几分钟。双方的航线由V形变成了X形——航线交错，但双方对发生的情况都一无所知——从那一刻，也就是大约午夜时分起，双方开始渐行渐远。[18]

大约12时15分，公海舰队先导舰在3英里距离上从后方经过了第5战列舰中队，以及位于第5战列舰中队东侧后方的英军战列舰队后卫分队（"马尔博罗"号小队）。

第五次战斗发生在12时30分（6月1日）。虽然此时公海舰队的前卫已处于英军战列舰队以东，但仍有两个英军驱逐舰群位于德舰队和合恩斯礁之间。第一个驱逐舰群包括第9、10和13驱逐舰支队的13艘舰艇，由"利迪尔德"

号（Lydiard）率领。大约 12 时 30 分，它发现一列大型舰艇，尽管对方向它开火，但"利迪尔德"号仍认为那是友舰。但是，"攻城雷"号毫不怀疑这些军舰的敌意，而且不认为对方是战列舰。但是就像第 13 驱逐舰支队的其他舰艇一样，"攻城雷"号已经在白天的战斗中用尽了鱼雷，所以无法发动攻击，但是第 9 和第 10 支队中 5 艘仍有鱼雷的驱逐舰，却未抓住这次良机。同样可悲的是，杰利科又未收到此次战斗的通报，即便战斗就发生在战列线尾端，"马尔博罗"号分队北面约 4 英里处。"马尔博罗"号的一名军官事后称，他们看到了战斗，但还以为是德军雷击舰在攻击第 5 战列舰中队。[19] 战斗中一艘英军驱逐舰被击沉，另一艘驱逐舰被击伤。

1 时 45 分，第一缕黎明的微光出现在东方的天际，公海舰队距合恩斯礁灯塔船和安全区只有 28 英里了。在它们东面，仍有一支可以拦截它们的力量——坐镇"福克诺"号（Faulknor）的海军上校 A. J. B. 斯特林（A. J. B. Stirling）率领的第 12 驱逐舰支队。此时，斯特林在右舷舰艉方向，发现了一支大型舰艇纵队，航向东南。他立即抢占敌舰艉位置，15 分钟后率队转向，以单列纵队向敌人发起冲锋。16 艘驱逐舰中，只有 6 艘发射了鱼雷（大约 64 枚鱼雷中的 17 枚），其中一枚或多枚击中了老式战列舰"波美拉尼亚"号（Pommern），并引爆了该舰的部分弹药舱。"波美拉尼亚"号发生了爆炸，"化作无数碎片"，舰上人员无一幸免。英军舰艇在烟幕掩护下撤退。一艘驱逐舰被重创。第六次战斗就这样结束了。

发起攻击时，斯特林用无线电向杰利科报告（1 时 56 分）："紧急。优先。发现敌战列舰队。本舰位置在第 1 战列舰中队后方 10 英里处。"[20] 当晚有数十艘英军驱逐舰发现了德军舰队，但"福克诺"号是唯一一艘试图将敌情向杰利科汇报的军舰。它的电报（它发出的第一份电报）也是当晚唯一已知的，报告发现敌人**战列舰**的情报。不幸的是，这份电报，以及该舰在 2 时 8 分发出的电报（"紧急。我正投入攻击！"），还有 2 时 13 分发出的第三份电报（报告敌人的航向为南偏东南），都未能发送成功。当时英军驱逐舰上无线电设备功率很小，无法克服敌人的持续干扰。（德军有一个专门从事干扰英国无线电信号的部门。）另一个可能的原因，是天线受损导致发送失败。第三个原因（由海军上校哈珀和他的部下在战后提出）——是"福克诺"号在拍发电文时选择了错误的频段。1922年，杰利科指出：

> 即使"福克诺"号的情报能送抵舰队司令处，也无助于大舰队拦截公海舰队。
>
> 根据"福克诺"号报告的位置，舰队司令相信，第1战列舰中队处于它的左舷方向，距离也较近，所以会在凌晨2时命令舰队向北，或北偏东转向，以拦截德军舰队。即使舰队司令并不确切知道"马尔博罗"号分队的位置，它们北上时，也将与德军战列舰队相距至少10英里之遥[①]，在海上能见度不足3英里的情况下，根本不可能发现德军舰队。
>
> 《日德兰海战文件》（作战报告）出版时，给读者留下的普遍印象是，如果"福克诺"号成功发出电报，就能拦截到公海舰队；因此我才要指出以上事实。[21]

这时发生了第七次，也是最后一次战斗。率领第13驱逐舰支队的轻巡洋舰"冠军"号，正在从东北方向驶来。他们听见了第12支队战斗的炮火声，"冠军"号立即转向战场方向，并全速航行（2时15分）。但是支队中只有"顽固"号（obdurate）和"莫尔斯比"号（Moresby）号跟上了"冠军"号，两艘来自被打散了的第12支队的驱逐舰也加入了它们。大约2时30分，这支小舰队发现，西方有4艘大型军舰。"冠军"号既没有向杰利科报告，也没有投入战斗，只有"莫尔斯比"号（它辨认出敌人是"德意志"级战列舰）发射了一枚鱼雷，击沉了一艘德军雷击舰。这是日德兰海战中的最后一战。"莫尔斯比"号重新加入"冠军"号编队，根据杰利科2时22分发出的命令（见下文），编队于2时45分向北转向，向己方战列舰队靠拢。处于后卫位置的两个德军中队，即第2战列舰中队和第1侦察群的"德弗林格"号与"冯·德·坦恩"号[②]，在归途上都未受到任何一支英军舰队的阻拦。

---

① 也就是说，不管"马尔博罗"号分队实际位置如何，或者舰队司令认为它的位置在哪里，结果都不会有什么不同。

② "吕措夫"号已于1时45分被放弃，并于2时由护航的雷击舰将其击沉，前面已经提到"毛奇"号和"塞德利茨"号已经脱离主力舰队独自航行。

海战的尾声发生在3时30分。"冠军"号和4艘驱逐舰在3000码距离上，发现了4艘德军雷击舰相向开来。一艘英军驱逐舰发射了两枚鱼雷，击中了一艘敌舰，"冠军"号的6英寸主炮也开了火。虽然英方占有巨大优势，但它们并没有追赶敌人，德舰迅速消失在大雾中，它们载着"吕措夫"号上的1250名幸存者返回了基地。[①]

夜间战斗就此结束。公海舰队穿过了（由于双方反复相遇而极度混乱的）一片英军驱逐舰密集部署的海域，并且没有遇到激烈的抵抗，只付出了一艘前无畏舰、3艘轻巡洋舰和一艘雷击舰损失的轻微代价，同时还击沉了英军5艘驱逐舰（包括"雀鹰"号）和一艘巡洋舰。后者是脱离了阿布思诺特中队的"黑王子"号[②]，它被远远抛在英国主力舰队后方，并于12时10分被德军战列舰队发现。

"在战略上，使用驱逐舰支队拦截敌军战列舰队的权宜之计失败了……它们在敌人的探照灯、照明弹[③]和副炮面前，被轻易地压倒了。"[22]科贝特的结论是准确的，驱逐舰支队还有另一个缺陷。科贝特相信，"在编制上采用更小的单位"可能会取得更好的效果，不过"互相干扰和误击友军的风险"会大大增高。英国海军后来终于意识到，由18艘驱逐舰组成的支队过于臃肿。战后，驱逐舰支队不仅将驱逐舰数量减少到9艘（后来为8艘），而且为了增加灵活性而规定在实施夜间攻击时，最大单位不能超过分队规模（每个分队有4艘驱逐舰）。

驱逐舰一个更严重的问题是缺乏战术训练。战前，"路易吉"·贝利担任驱逐舰部队指挥官时（1907—1908年），他的主要训练原则，是让驱逐舰尽可能地待在海上，但并不执行特定任务。"当我在舰上工作时，从星期一到星期五都在远海活动，然后返回基地。"[23]1910—1912年，阿布思诺特在本土舰队，先后担任第1和第3驱逐舰支队指挥官，他更多关注的，是体育锻炼和军容整洁，对真正的驱逐舰训练工作只是偶尔为之。[24]

---

① "冠军"号称它未能继续战斗，是因为要规避敌人发射的一枚鱼雷，该舰也因此与敌人失去了接触。
② 有人在5时42分，看见它向左转向12罗经点，随后就消失了；之前它曾发出信号称"电力系统失灵"。
③ 可以使敌人在不暴露自己位置的情况下确定英军驱逐舰的位置。

（海军上校道森的评论）因此，我们加入大舰队时心情很轻松，没有别的想法！我们加入舰队后才发现，80%的工作是在斯卡帕湾外巡逻，后来是为商船护航。杰利科著名的战斗训令中有很多详细规则，但是我们一旦到了海上，就要在他训练大型舰艇时为战列舰队提供保护（这意味着在各个方向上没完没了的巡航），从来没有时间来训练自己的本职任务。

杰利科的参谋部，让驱逐舰肩负各种五花八门的任务，严重影响了驱逐舰部队指挥官（海军准将）开展正常训练工作。除了随同舰队活动外，他们还被用于护航舰队的辅助船只，有时还要参加护航队，保卫进行炮术练习或其他演习的舰艇，在彭特兰湾执行巡逻任务，以及无数舰队以外的任务，如搭载重要人物横渡彭特兰湾等。结果，就是有些驱逐舰连续几个月都没有进行过鱼雷或炮术训练。因为驱逐舰支队经常缺编，编队训练也遭到忽视。上述情况可以解释，为什么驱逐舰支队在战斗中无法发挥作用。在夜战中，只有第12驱逐舰支队试图迎头攻击对面驶来的敌舰，有些舰长从不利的角度，比如与敌人几乎处于平行航线时就发起攻击，却不觉得有什么问题。（他们轻率地采取行动，认为除此之外不会再有机会。）

影响驱逐舰行动的最大因素，是无法迅速识别敌我。敌舰出现时，总是只显现出轮廓和侧影，有些舰影在短时出现后，就消失在黑暗中。而英德双方对己方舰艇位置的不明确，又加剧了这一困难。结果就像"喷火"号报告的那样，"（驱逐舰）根本不知道敌人在哪里，对己方舰艇的位置也只有一些模糊概念"。由于缺少这些信息，它们在识别视野中的舰艇时，遇到了极大困难。德军舰艇很可能在发出英国海军识别信号的同时，向英舰开火，所以英军驱逐舰必须在极短时间内识别敌人，并做出反应。识别所需时间和这种不确定性，拖延了它们投入战斗，直到为时已晚。最后，英军驱逐舰的涂装为黑色，后来人们才意识到，这是夜间最容易辨认的颜色，造成它们在夜战中极易被德国人发现。[25] 德军雷击舰为灰色，海战后英国海军立即为驱逐舰涂上了同样的颜色。

杰利科并没有将敌舰队位置、阵型和航向通知驱逐舰支队，因为他本人也不知道。他声称："（驱逐舰）对敌人位置知道的和我几乎一样多。我猜测，贝蒂也因此没有向他的驱逐舰通报敌人位置（夜战中第1驱逐舰支队一直伴随着战列巡洋舰队）。**他没有这样做**，所以我反对这一问题出现在海军部的日德兰海战评论中。"[26] 但是，杰利科可以解释他未能将敌舰位置和动向通知自己的驱逐舰支队，却无法解释，他为何没有将自己的位置告诉驱逐舰支队。如果他这样做，至少可以让驱逐舰更了解当时的态势，后来困扰它们的问题也不会发生。[①] 有人批评杰利科未能向驱逐舰明确它们的任务，致使驱逐舰在夜间战斗中只扮演了防御角色，但是，杰利科却对这种批评不以为然——用海军上将迪尤尔的话说，"仅仅命令它们部署在舰队后方并向南航行，这本身就是一种不作为"。贝蒂也没有命令他的驱逐舰在夜间攻击敌舰队，"虽然他比我精确得多地，将自己的位置通报给了驱逐舰"，[27] 杰利科事后认为，驱逐舰无须提醒就应该知道，它们的职责，是无论何时与敌舰遭遇都应该发起攻击。在这一点上，他并非完全正确。1916 年 5 月 1 日，他为 GFBO 增加了一份备忘录，名为"驱逐舰支队对敌战列舰队的鱼雷攻击"，其中指示："在夜间或雾天，驱逐舰支队可能会突然与敌舰队，或其前卫分队遭遇，或极其接近，此时驱逐舰支队必须以最快速度发起攻击，否则它们将会被敌火击沉……成功的关键，在于驱逐舰各分队指挥官的迅速行动……在夜间，他们应该无须等待命令就立即行动。"（第 13 节）**但是当舰队 5 月 30 日出动时，这份备忘录还没有下发给舰队**，这也是舰队参谋工作低效和缺乏紧迫感的一个例证。我们现在只能猜想，如果备忘录能及时下发，驱逐舰在 5 月 31 日夜间的行动，会不会更加有效和富有战果。

不管怎样，驱逐舰支队只进行了一次有组织的编队进攻（第六次战斗中的第 12 支队）。第 4、9、11 和 13 驱逐舰支队都有机会发动鱼雷攻击。但是这些支队的行动，更多地属于防御性质，而不是进攻。其中一个原因，是它们不确定是否应该投入攻击；但是当发现的舰艇确属敌舰，这种不确定性已经消失时，驱逐舰支队并没有抓住所有发射鱼雷的机会。在对我们的讨论即将做出结论时不应忘记，为夜战做出充分准备的德军，根本没有取得任何战果——它们的雷

---

① 与之形成对比的是，德国海军在演习时，总是随时向雷击舰通报主力舰队动向。

击舰虽然竭力搜索，但未能发现英军战列舰队。

在夜间的间歇性的战斗中，英军战列舰队在做什么呢？晚上10时41分，海军部发给"铁公爵"号一份极为重要的情报。[28]"铁公爵"号的译电室于11时5分收到该电报。但是杰利科直到11时15分至11时30分之间，才看到解码后的电文。电文内容是："德军战列舰队于9时14分（9时10分）受命返航。战列巡洋舰殿后。航向南偏东南3/4东。航速16节。"虽然电报中并没有明示舍尔的目的地，**但是如果根据当晚9时推测的敌人位置**，在图上绘制敌人直达合恩斯礁的返航路线，可以看出，公海舰队将从大舰队的后方通过。这份情报非常精确，如果杰利科据此行动，不晚于12时30分改变航向开往合恩斯礁，他就能在白天再次与公海舰队交战。[①]但是大舰队仍安静地继续向南驶去。问题出在什么地方？

首先，海军部在5月31日中午发给杰利科的情报（即"公海舰队仍在杰德湾"），已经动摇了杰利科对海军部情报的信心。另外杰利科在收到情报时知道，德军舰队已不在较早前9时58分情报中给出的位置了。"铁公爵"号于10时23分收到这份情报，并于10时45分送达杰利科，其中指出，德军战列舰队后卫舰只，在当晚9时的位置是北纬56度33分，东经5度30分，航向南。这份情报错得离谱，杰利科根本未予理睬。情报中，英军战列舰队转向南方时，德军后卫舰只的位置，位于英军舰队前卫分队西南方约8英里处，而当时杰利科知道，德军舰队肯定仍在"铁公爵"号的西北方向。[29]9时58分电报的灾难性结果，就是增加了杰利科对海军部情报的不信任感，于是他也没有采信10时41分电报中敌舰的航向信息。另外，10时41分电报"没有给出有关他（敌人）位置的任何线索，所以，我对德国人意图返回基地所采取的航线仍持怀疑态度"。[30]

最后，"铁公爵"号于11时30分后不久，收到了"伯明翰"号（第2轻巡洋舰中队，舰长是海军上校杜夫）发来的情报，称在东北方向发现了一队数量不明的巡洋舰，正在向南航行，也就是说，航线与大舰队平行。[②][31]几分钟后，

---

① 他距合恩斯礁比舍尔近6英里，而且他的航速比德军舰队高几节。
② 实际上，它们是正在与第4驱逐舰支队交战的德国第1战列舰中队。

11 时 38 分，杰利科收到了古迪纳夫通过"诺丁汉"号发来的情报："10 时 15 分与敌巡洋舰交战，敌舰方位西南偏西。"这些通过目视发现的敌情，与海军部 10 时 41 分的电报相比，反映了更新近的态势，使杰利科更加确信，德军舰队仍在他的西方，正在向南航行，尚没有踏上返回基地的航程。"我应该相信谁呢？是手下那些亲眼看到敌舰的舰艇的报告，还是海军部发来的，比'伯明翰'号报告早两个小时的敌人动态呢？"[32]

海军部 10 时 41 分的电报，是对三封由第 40 室破译的电报的总结。其中一份是由舍尔于 9 时 6 分发出的，海军作战处于 10 时 10 分，从第 40 室获得破译的电文："舰队司令致飞艇部队：紧急要求清晨时分对合恩斯礁实施侦察。"这毫无疑问地指明了他选择的航线。但万分遗憾的是，这份极其重要的情报未能送达。如果这条信息出现在 10 时 41 分的电报中，有关飞艇侦察的命令，正如杰利科所说，将使他确信敌人的意图。他写道："整个事件的根本在于，如果海军部在发出电报时，能向我提供他们收到的所有信息，我心中对舍尔意图采取的返航航线，就不会再有怀疑，或者几无疑虑。早在 10 时 10 分，舍尔发给飞艇部队的信息……就已经被海军部掌握。这实际上已指明了他的航线，但情报并没有传达给我。"[33] 科贝特认为，海军作战处的错误，是他们以为 9 时 58 分发给杰利科的电报已经包含了足够的信息，显示舍尔意图采取的路径。如果能给海军部些许公正的话，那就是他们并不知道杰利科质疑情报的准确性。

第 40 室在晚上 11 时 15 分至凌晨 1 时 25 分之间破译的多份电报中，海军作战处仅转送了一份，这足以说明其疏漏错误的严重性。[①] 其他 6 份未向杰利科传达的情报，收到的时间分别为 11 时 15 分、11 时 50 分、午夜、12 时 5 分、1 时 20 分和 1 时 25 分，情报中包括舍尔在 10 时 43 分、11 时、11 时 43 分、11 时 37 分、12 时 30 分和 1 时的航向和 / 或位置。11 时 50 分的电报，是将近两个小时里（上一份传达给杰利科的情报是在 9 点 58 分）第一份给出德军舰队位置的情报。另一份于 11 时 15 分交给作战处的，极其重要的破译电报，也没有转

---

① 这份情报于 1 时 48 分发出，通报了"吕措夫"号在午夜时分的位置、航向和航速，并加了一句话："所有德军潜艇正从基地紧急出发，实施攻击。"

发给杰利科，该电报是德军雷击舰支队指挥官（海军准将麦克尔森）于10时43分发出的，命令驱逐舰支队2时在合恩斯礁集结。毫无疑问，如果将所有8份情报，特别是10时10分（飞艇侦察命令）和11时15分（驱逐舰集结命令）的电报转发给杰利科，他将可以及时向合恩斯礁进发（即在12时30分之前）并切断舍尔的退路，而且非常有可能在白天的战斗中，再现光荣的六月一日海战。

如果只将发给飞艇和鱼雷舰艇支队的命令转发给我，就已经给了我全部所需信息，或者，如果能将公海舰队在夜间经过的位置和航线情报发给我，就能证实10时48分（10时41分）发给我的电报内容，将我心头有关敌舰队是否会保持舍尔在9时45分（9时46分）命令中航向的疑虑打消，也会使我无视11时38分从"伯明翰"号收到的情报，后者显示，敌人正在向南航行。海军部参谋部的这种严重疏漏，是根本无法理解的，但是无疑，公海舰队成功避开在合恩斯礁外的白天战斗就归因于这一疏漏。[34]

杰利科自然将海军部情报传递方面的失误，收入了"日德兰海战中的错误"一文。"这些错误是极其致命的，因为如果情报传达到我，将清晰地显示，舍尔会前往合恩斯礁。这些证据如此确凿，将使我在夜间改变航向，开往合恩斯礁，而不是像我当时做的那样，等待至黎明，在没有收到敌人驶往其他航道的情报之后，才转向合恩斯礁。"

海军参谋部作战处未能将这些情报（所有这些情报在发出后45分钟之内就被破译，并交到了作战处）传达给真正可以使用它们的人，这一不可原谅的疏失，反映了该部门的严重问题。海军上校罗斯基尔在他未出版的讲座中，将"海军部令人震惊的失误"，列为"胜利从我们的指尖滑走"的四个主要原因中的第三个。第40室的工作非常出色。但是他们不知道哪些信息将被送出，这和德国海军情报人员完全不同，他们不能将任何信息直接发给舰队司令。1917年春天，当海军上将詹姆斯加入第40室时发现，破译人员对于送交作战处的情报根本没有得到他们的正确处理，"依然愤愤不平"，他们事后得知，很多破译的情报被归类为未使用文件。

这里有两个根本性错误。首先，海军部过于执迷于保密工作：

……日德兰海战时，海军部依然痴迷于保密。非常重要的情报不是以适当的途径送出，而仅仅交给海军参谋长和作战处长，由他们决定是否继续传达这些情报。这一体制的缺陷非常明显。本应对这些情报负责的部门，只能"检查"情报的连续性和累积性。很明显，海军情报处的职责，是将公海舰队的动向持续地向舰队司令通报，但是由于这一职责被剥夺，他们根本没有这样做。[35]

其次，海军作战处的组织不像应有的那样有效，因为它实际上只是一场个人秀。海军参谋长奥利弗只手主导了所有作战行动。第40室的所有情报都必须送交给他，或者直接对他负责的人——通常是作战处长，虽然也有可能是一名值更的海军上校。负责人将决定，什么情报可以转交给舰队司令。海军上校托马斯·杰克逊（日德兰海战结束后一周被晋升为海军少将）被任命为海军作战处长，肯定是因为他具备了某些能力，但是，奥利弗并没有找到有创造性头脑的人来辅佐他。他仅仅希望这些人能帮他分担一些日常工作。值更上校也不是根据是否具备所需能力而挑选的；有些是因为不适合舰队工作，有些是因为正在等候海上职务。另外，第一海务大臣亨利·杰克逊似乎很高兴看到奥利弗有头脑和能力来掌控一切，所以在战斗期间，也极少涉足作战室查看进展。所以，我很怀疑他在海军部对作战的干涉中，是否起了任何作用。未能将重要情报传达到舰队的根本原因，就是有人只手遮天——这个人肯定精明强干，但是没有哪个人，可以在不借助一支强大参谋团队的协助下，同时指导四到五场战役和应付潜艇战。

关于未能将关键的侦察合恩斯礁的电文，及后来的电文传达给杰利科的责任，第40室的工作人员告诉海军上将詹姆斯，当情报被送达作战处时，奥利弗正利用舰队出动后的第一段空闲时间来放松休息，因为他已经极度疲劳。德军舰队的航向和位置已经通报给了杰利科（9时58分）；双方都不想进行一场夜战；此时奥利弗能做的也不多。第40室的人员还称，海军大臣的助手，海军上校 A. F. 艾弗里特（A. F. Everett）临时向奥利弗负责。作战处长杰克逊本应接手参谋长的工作，但如果他也在休息，那就由一名值更上校来担责。那么为什么是艾弗里特呢？我们不知道。艾弗里特是一名极其聪慧而能干的军官，工作勤奋，头脑清醒，虽然言语不多，但非常博学。但是他对德国海军作战命令，和海军的工作程序知之甚少，不知道空中侦察命令，和所有驱逐舰支队在合恩斯礁集结的命令的重大意义。这些情报仅仅被归档了。这些只是我的推测。海军上将詹姆斯写道："如果海军上校艾弗里特，确实是这些重要情报的接收人，他肯定不会不经与任何作战军官讨论，就将它们归档，当时肯定有些作战军官在场。我们能够确定的是，这些情报确实被归档，没有传达给杰利科。经历此关键时刻的作战处军官现在已无一在世，所以我们永远也不会知道他们向杰利科传达情报的观点，以及是谁下令不采取行动的。"[36]

　　杰利科一直没有得到任何情报，可以证明公海舰队已经不在大舰队西方或者北方了。贝蒂也认为，德舰队还在自己的西方，那也是天黑前他最后一次看到敌人的方向。那么在晚上10时到午夜之间，在"铁公爵"号上看到的炮口闪光，和听到的照明弹爆炸声又意味着什么呢？这里可以引用海军上将迪尤尔略带偏见的描述：当大舰队正向南航行时，"公海舰队和英军驱逐舰支队之间的战斗，正从英舰队的右舷，逐渐向左舷后方发展，这显然是将德舰队的航向指向合恩斯礁；**炮口闪光、探照灯的光芒、驱逐舰突然发生的爆炸和中弹燃烧时的火焰也都将敌人的航向像'腓特烈大帝'号上的罗盘一样准确地标出**"。他的结论和丘吉尔，以及海军部《评论》中暗示的一样，就是舰艉方向的战斗，标志着公海舰队正在由西向东通过大舰队的后方，这根本不需要目视证据。

　　杰利科对火光的理解肯定不同。它们不能使他完全相信，德军战列舰队正在驶往合恩斯礁。他对这些战斗的印象，是舍尔"让轻型舰艇部队担任前锋，确认前往合恩斯礁或赫尔戈兰湾的航线是否安全"。[37]这也是"铁公爵"号炮术长的看法，当夜大部分时间他都在舰桥上。"我看到了舰艉方向正在进行的战斗，我们都认为那是德军和我方驱逐舰支队之间的交战，后者正在从后方保护战列舰队，而与前来进攻的德军雷击舰战斗。"[38]杰利科希望，这一系列的战斗，将迫使德军舰队避开英军驱逐舰支队，进一步向北方和西方转移，"或者至少尽量拖延其向南的机动，使我们有机会在早上迫使敌人投入战斗"。[39]他没有切实的证据，表明德军战列舰参与了这些战斗，如果它们投入战斗，也会遭到驱逐舰的打击。如果舍尔根据 9 时 14 分下达给的他命令行事（海军部 10 时 41 分的电报），对杰利科来说，仍然无法解释，为什么他没有收到一份来自己方舰艇的报告。这里又引出了，可以解释为什么大舰队一直按计划向南航行的关键原因。

夜间在战列舰队后方发生了一次又一次混战。一些驱逐舰分队指挥官（以及舰长）座舰的无线电设备被打坏，所以他们没有将战况上报是可以原谅的，但其他人完全做得到。他们的僚舰一直保持沉默，位于战列舰队后卫位置上的舰长和将领也是如此。这些战列舰反复看到了探照灯光柱、炮火和照明弹，首先是在西北方向，后来呈弧形来到了他们后方，但他们没有意识到这些战斗的重要意义。第 5 战列舰中队多次成为最靠近敌人的主力舰中队（特别是在第 4 驱逐舰支队的战斗——第四次战斗中），处于查明敌人意图的最佳位置。"巴勒姆"号的报告中写道："我们似乎在夜间遭到了鱼雷舰艇的持续攻击，开始是从西方，接着是从北方……"中队的殿后舰"马来亚"号（明显是指第 4 次战斗）称，在 11 时 40 分，看见右舷后方"似乎有我方驱逐舰，正在向航向与我方相同的敌人大型舰只发起攻击……敌人的先导舰（从一枚英国鱼雷爆炸时发出的闪光中看到）……有两具桅杆、两座烟囱和非常明显的小艇吊车（显然是'威斯特法伦'级）"。那其实就是"威斯特法伦"号。因为一些奇怪的原因，"马来亚"号的舰长［A. D. E. H. 博伊尔（A. D. E. H. Boyle）］没有将自己看到的情况上报。杰利科在他的"日德兰海战中的错误"一文中，说他本应该报告敌情。"这将为我提供有关舍尔从舰队后方通过的线索。我认为一些驱逐舰领舰也应该报告这些情况"。帕特里克·布林德（Patrick Brind，当时是一名海军上尉）当时在"马来亚"号的舰桥上值第一更，他说，当发现公海舰队时，所有火炮都指向了敌舰，火炮军官请求允许开火。但是舰长拒绝了，理由是中队司令就在相隔一艘军舰的前方，他也能看到"马来亚"号看到的情况！第 5 战列舰中队的第二艘军舰"勇士"号［舰长是莫莱斯·伍尔科姆（Maurice Woollcomb）］，在很近的距离上观看了"卡斯特"号的战斗（第 2 次战斗）。11 时 35 分，在第 4 次战斗中，"勇士"号在大雾的短暂间隙中看到了两艘敌"巡洋舰"，虽然从用于收放重型小艇的吊车，可以明确地断定它们其实是战列舰。（英国军舰使用吊架。）"勇士"

号将发现巡洋舰的情报，用遮光灯发给了"马来亚"号，后者接力传送给了"巴勒姆"号。但是埃文－托马斯认为，他前方的军舰肯定也看见了德国军舰，因此未采取任何行动。[40] 杰利科没有收到有关这些见闻的只言片语。一位批评者将这种令人难以置信的疏失说成是，"比其他任何因素都更加悲剧性地导致我们失去了在白天恢复战斗，取得日德兰胜果的机会"，另一位参加海战的驱逐舰军官痛楚地评论道："我们所需的全部，就是这几十位公认优秀的军官中的一位，能下令用无线电或闪光灯发出信号，'**战列舰、战列舰、战列舰**'，整个历史的进程将会因此而改变！"针对第5战列舰中队遭到的激烈批评，时任"巴勒姆"号舰长的海军中将克莱格·沃勒（Graig Waller）做出了如下辩护：

　　我方舰队中的舰艇，是否应该将关于敌舰的种种所见全都向舰队司令汇报，这肯定是值得商榷的。我整夜都和中队司令在舰桥上，我们的结论是，舰队司令知道当前的情况，而且这是按计划展开的攻击。舰队中的舰艇向舰队司令蜂拥致电，似乎是多余的，也是未经允许的。不应该提倡不必要地使用无线电，因为这很有可能将我们的位置暴露给敌人。同样的原因可能也影响了"马尔博罗"号分队。这也许是一种判断上的失误，但不能被称为"难以置信的疏失"。不管怎样，人们对第5战列舰中队的印象是，敌人正在我方舰队后方机动，而我们又处在白天恢复战斗的最佳位置。如果舰队司令从"马来亚"号和"勇士"号收到报告，他是否能得出敌人正在向合恩斯礁进发的确切结论，这也是令人生疑的——"马来亚"号的报告，将使他认为敌人正在向南驶去——如果是这样，他是否会认为天亮之前改变舰队的航向是合理的呢？"铁公爵"号白天向西方的能见度尚有3—4英里，但如果他改变航向，舰队将发现自己处于大雾之中，面向西方的能见度将比之前更低。根据德军舰队司令的报告，合恩斯礁附近的能见度在黎明时分很低，还不到一个战列舰中队列成纵队时的长度。在这种情况下，组成和保持战列线都十分困难，更不用说发现敌人和与之作战了。所谓"日德兰胜果"将是难以到手和下咽的。[41]

　　有关浓雾的观点是很难辩驳的。杰利科本人也承认，黎明时分，"天气状况极其不利于发现敌人并与之交战"，"大雾比舰队在夜间作战时更加浓重，能见度还不到 4 英里（能见度在合恩斯礁不超过两英里），由于伴随战列舰队的只有少数巡洋舰，而且没有驱逐舰，舰队就相当于没有了'眼睛'"。[42] 杰利科肯定已经发现情况对他极为困难，虽然还算不上毫无希望。如果大舰队早在午夜前后就转向驶往合恩斯礁，而且公海舰队保持自己的航向，天亮时英军舰队将在德舰队前方 10 英里至 12 英里。大舰队将会采取惯常的巡航阵型——各分队航线平行，分队中各舰呈单线纵队。显然，即使杰利科知道敌人的位置，并决定不顾难以预料的天气与敌交战，也很难推测他将采用何种机动方式。这种情况下存在着太多的"如果"；但是可以相信，他将会展开战列线（使用倾斜信号），并再次对德舰队形成 T 字有利态势。但是他的驱逐舰分队已经分散在海上，而德军雷击舰将在黎明时分集结完毕，并与主力舰队会合，完全做好了发动鱼雷攻击的准备：它们是第 5 雷击舰支队的 10 艘舰艇，以及来自第 6、第 7 支队的数艘雷击舰。[①][43] 如果舍尔知道英军舰队正在迫近，他很可能派出雷击舰发动攻击。但是他自己的雷击舰也有问题。因为很多雷击舰在前一天的战斗中发射了全部鱼雷，再发动攻击时，它们的威力已大大下降。[②] 但它们至少还是有威胁的。只是如果它们发动进攻，很难预测能对杰利科在装备和心理上产生多大影响。

对于沃勒有关无线电报告的观点，大舰队相关训令指出："发现敌人后立即向舰队司令报告，属第一要务。为了确保情报传送，必须使用所有视觉和无线电通信手段。"但是同一备忘录同时也不鼓励过于自由地使用无线电："只有在向舰队司令发送最重要信息时，才可以使用无线电，线路不能被次要信息拥堵，以至于更重要的情报需要等候发送。"[44] 看起来第二条禁令在实际操作中要高于第一条命令。正如战斗结束后第一海务大臣提醒杰利科的，"我们遵循的原则，是非必要情况下不要过多使用无线电，在海上也不要比在港口中更多地使用无线电"。[45]

---

① 第1、3和9支队已经在夜间受命执行打捞营救任务，并各自返回了基地，有些小分队很晚才返航。由最快和最强大雷击舰组成的第2支队，以及第6支队的两艘雷击舰，取道思科角（Skaw）返航。

② 通常德军雷击舰每部鱼雷发射管只配备一枚鱼雷——共4部至6部发射管——一般会留一枚至两枚鱼雷备用。

另外，由于担心敌人驱逐舰的攻击，一个基本原则是，不要在夜间做出可能暴露战列舰队位置的举动。因此在夜间使用灯光和无线电通信是被严格禁止的。[①]因为同样的原因，也不建议战列舰队开火或向不明舰艇发出敌我识别信号，以免暴露位置。即使对方未能给出正确识别信号，战列舰队也不能开火。换句话说，战列舰队的安全，要比发现敌人并对其发动攻击更重要。很明显，对任何一位指挥官来说，他们的军舰暴露给敌人的可能性都比敌人暴露给英国军舰的可能性要小得多。[46]

晚上10时30分，"雷神"号发现了"毛奇"号[②]，但没有开火，"因为，除非敌人有明显的攻击意图，最好不要暴露战列舰队的位置"。杰利科后来评论道："我完全不能理解'雷神'号的举动。"[47]

"阿金库尔"号（第1战列舰中队）在战斗结束后报告，"一艘大型战舰或驱逐舰"，在夜间曾向它靠近。"我舰没有发出识别信号，因为不能暴露我中队的位置。对方随即转向离开。"[48]11时45分，这艘敌舰穿过了第2和第5战列舰中队之间不到两英里的空隙，距后者不到1600码。这艘"大型战舰或驱逐舰"，其实就是"塞德利茨"号，它像"毛奇"号一样，在战列舰队之间的第3次战斗后，脱离主力独自航行。在这样的距离上，只要几个齐射就能将它结果。到12时12分，它已脱离危险，踏上了归途。发现它的3艘英国战列舰都没有发起攻击，虽然"马尔博罗"号辨认出它是一艘"大型军舰"，"复仇"号认为，"它的外观符合一艘战列巡洋舰的特征"。"复仇"号上的6英寸副炮收到了开火的命令，但是炮手都在观看驱逐舰的战斗，等他们做好准备时已经太晚了！[49]"马尔博罗"号的炮术长［海军少校盖伊·C. C. 罗伊尔（Guy C. C. Royle）］称："当时我错过了一生难得的机会。我在桅顶看见了这艘军舰的模糊轮廓，下令所有主炮对准它，并且测得了4000码的距离和右舷24度的射角，随后我向司令塔中的舰长［乔治·P. 罗斯（George P. Ross）］请求射击。他的回答是'不'，因为他认为那是一艘我们自己的军舰。当然我认为（不论是否是友舰），我们都应该首先下令开

---

火把它轰沉，然后说'抱歉'。"[50] "不惧"号（第1驱逐舰支队）也看见了它，"但是我们前方的军舰没有开火，我们认为别的军舰也看见了它，但是最好别采取行动，因为它的航向正对着我们后方的驱逐舰"。[51] 就这样，因为英军舰队对被发现的"危险"极度敏感，舍尔的两艘已经被重创了的，最有价值的军舰顺利脱身了。虽然德军战列舰队夜间行动的主要目的，是从战场逃脱，但他们显然没有英国人的顾虑，因为当"图林根"号（Thüringen）与"黑王子"号相遇时，它打开探照灯，将倒霉的巡洋舰瞬间击沉。海军上将坦南特问道："历史上，还有什么失去的机会，比让'塞德利茨'号和'毛奇'号脱逃更可惜的吗？"但是就像在第二次世界大战中也出现过的，在"敌情报告"和"战况报告"方面的可悲失误，是当时英军舰队普遍存在的缺陷。

虽然有诸多重要发现，但杰利科没有收到一条信息，以警告他敌人的战列舰队正在从英军舰队后方通过，他一直认为，夜间发生的战斗，是因为德军雷击舰企图突破英方驱逐舰幕，进而攻击战列舰队。即使当他向"卡斯特"号发出询问，并得到答复说与之交战的不仅有驱逐舰，还有巡洋舰，杰利科仍然相信后者参加战斗，只是为了协助驱逐舰的突破行动。他根本没有意识到，这些巡洋舰实际上是德军战列舰队侧方巡洋舰幕的一部分，它们投入战斗，意味着整个德军舰队正在从英舰队后方寻求突破。因此，杰利科在黎明将近时毫无怀疑，他仍处于舍尔及其基地之间，可以在天亮之后迫使舍尔重新战斗。

拉姆塞总结说，由于杰利科未能得到德国重型舰艇出现的情报，"除了依靠自己推测外，他不可能从其他任何途径来了解当时的态势"。我并不想挑战这一结论；但是我要提出的疑问是，杰利科从白天的战斗一直到晚上10时45分，都在要求手下舰艇报告敌人的动向，为什么他在夜间没有要求报告敌情呢？这是很难理解的。查特菲尔德强调了一点。"杰利科没有下达命令，提醒舰队保持与敌人的接触，并强调随时向'铁公爵'号报告敌情的重要性。"[52] 也许是杰利科不愿意打破无线电静默。

很多军官在战斗结束后，都提到了夜间战斗时的"极度困倦"和"过度心理疲劳"，那么分析这一现象究竟对战斗产生了多大的影响也是有趣的。杰利科和几乎所有将官以及指挥官，整夜都在舰桥上，虽然有些人在自己的舱室里小憩了片刻。德雷尔称杰利科"在舰桥上一个司令专用的小舱室里的长椅上，和衣休息了几个小时，且随身带着自己的战术海图"。杰利科肯定一直在行使指挥职责，但不知道在最关键的时刻，他是否在亲自指挥。（他已经感到了压力和紧张感。他在日德兰海战10天之前告诉第一海务大臣："我感到非常紧张，这是无法掩盖的事实。我自己非常清楚。"）[53]他的参谋长麦登，以及参谋部所有成员，除了在舰艉海图室坐下喘息片刻外，都没有任何休息时间。旗舰长德雷尔有48个小时都没有离开舰桥（除了生理原因外）。贝蒂也在舰桥前部①一直待到午夜，随后他和参谋长本廷克，以及查特菲尔德进入舰桥下方各自的舱室，以在白天重新投入战斗之前恢复体力。"狮"号的航海长斯特拉特在舰桥上代行指挥，当然他得到指示，如有**任何**异常情况就唤醒他的上司们，但是什么也没有发生。驱逐舰上的军官也没有任何休息时间。水兵也在战斗岗位上守候了整个夜晚，但是他们被允许轮流睡觉和进食。所有人都异常疲惫。我们知道，"虎"号上的一些担任瞭望哨和操作探照灯的水兵和信号兵，在值第一更时就睡着了。

在这场漫长的海战中，军官们无疑都耗尽了精力和体力。但是，这是否导致了夜战中出现的那些判断失误呢？是的：请注意本章注释25中古迪纳夫的回忆。但是不能草率地将错误都归咎于疲惫。当时还没有现代化导航技术，当军舰在黎明进港靠泊之前，高级军官，特别是舰长，整夜在舰桥上值守是很正常的现象。

在德军一方，舍尔和希佩尔也都一直在各自旗舰的舰桥上指挥——从离开基地的那一刻直到返港。各舰舰长也是如此。在视野中没有敌舰的平静时间，指挥军官可以暂时进入舰桥上海图室隔壁的小休息室，但是也要随时准备在出现异常情况时返回指挥岗位。[54]

## 3. 黎明与上午

（资料图15）

凌晨2时，黎明已近（日出时间为3时9分），舍尔已经完成了从英舰队

---

①他和杰利科一样，都不愿进入有装甲防护的司令塔。

后方的突破。大约3时，他抵达了合恩斯礁。他在书中声称，他决定在合恩斯礁等到"吕措夫"号，还说他渴望在上午时分重新战斗，而杰利科没有出现令他感到沮丧。"敌人并没有从北方赶来……这意味着他们正在退却……"[55] 事实上，德国海军的海图（Plan VII，日德兰海战报告）显示，舰队在3时至4时之间航行了17.5英里。所以真实的情况是，在凌晨收到手下舰艇的状况报告后，舍尔根本没有心情在白天再打一场海战。2时55分，他从希佩尔那里得知，"'德弗林格'号和'冯·德·坦恩'号都仅剩两门主炮可用，'毛奇'号有1000吨进水，'塞德利茨'号也已受损"。整个德军战列巡洋舰中队实际上已经奄奄一息。它们已经无法再投入一场正式海战。（只有"毛奇"号还能保持战斗状态。）第3战列舰中队的先导舰只也肯定失去了战斗力。高速轻巡洋舰方面，只有"法兰克福"号、"皮劳"号和"雷根斯堡"号还能战斗。由于能见度太低，无法指望飞艇执行远距离侦察任务。[56] "因此，根据敌人向南航行的报告，根本无望寻求一场海战。本来如果再次相遇，我们还可以抓住机会。所以我放弃了进一步的行动，下令返回基地。"[57]

舍尔的参谋长对在6月1日再次进行海战的前景显得非常悲观：

很遗憾，我们不能在6月1日上午再次投入战斗，狠狠打击来自南方的敌人。不过我们没这么做也许更好。一方面我们的重型巡洋舰已失去了战斗力，第3战列舰中队的先导舰也均被重创。而且当时能见度很差，目视距离还不到一个舰艇中队的长度——我们几乎无法发现阿姆拉姆滩航道入口。还有我们大部分雷击舰都耗光了弹药，而最好的一个支队已经取道思科角返航。除了这些困难，一些主炮很可能会出现问题……在之前的战斗中，"冯·德·坦恩"号的数门主炮就出现卡弹故障。[58]

与德军不同，大舰队上下都认为，第二天将出现第二场光荣的六月一日海战。

黎明将至，但杰利科仍处于黑暗中，他仍然确信，试图避战的对手还在他的西方。他决定，如果到天亮时分仍未发现德军舰队，就向合恩斯礁开进。但是舰队将在没有反潜幕的情况下进入敌人的水域（海军部1时48分的电报已经强调了这一点），经过夜战，轻巡洋舰和驱逐舰都已大范围分散在海上。因此杰利科决定（2时22分的命令），首先将轻型舰艇重新集结在主力周围。"夜战让我相信，舍尔已被逐往西方或北方，因此他会寻求使用中央航道。这一想法，以及缺少轻型舰艇，使我决定在天亮时转向北方，这样可以同时抓住舍尔和召集原本在我后方的轻型舰艇。"[59] 根据这种意图，杰利科在2时39分命令，战列舰队向北转向并展开成单战列线，以为预期中的战斗做准备。1时48分，海军部向杰利科发出了自10时41分电报之后的第一份电报，内容是"吕措夫"号的动向，"铁公爵"号于2时40分收到了电报。电报称，"吕措夫"号午夜时分的位置在北纬56度26分，东经5度41分。这份情报让杰利科"有理由相信，德军舰队主力仍在我们北方，因为那艘受损的舰艇……很可能仍与他们的舰队在一起，看起来我们向北转向后，将会在白天与敌人再次相遇"。[60] 一直到3时30分，杰利科还抱着仍有一战的希望。就在此时，他收到了海军部于3时12分发出的电报，通知他有一艘受损的德军轻巡洋舰正位于北纬55度45分，东经6度25分。这份情报"让我觉得那艘轻巡洋舰可能就是'吕措夫'号，因为，如果它在夜间一直以14节速度航行，就应该大致到达这个位置"，"因此，似乎仍有在北上途中发现公海舰队的可能，于是我在3时36分命令先导舰（杰拉姆的'国王乔治五世'号），在前方和舰艏两侧方向注意搜索敌人受损的战列巡洋舰"。[61]

一切都太晚了。海军部于3时29分发出，"铁公爵"号于3时55分收到，并于20分钟后送达杰利科的一封电报，称舍尔在2时30分的航向为东南偏南，航速16节，位置在"铁公爵"号东北约30海里，合恩斯礁灯塔船以西16英里处，也就是说，距灯塔船只有一个小时的航程。杰利科这时才明白舍尔的位置和动向，而且他也立刻意识到，舍尔此时已经通过了合恩斯礁并进入了扫雷航道。"这份电报明白地告诉我，在敌人返回基地之前已无可能追上它了，即使我不顾危险跟随敌人进入雷场，或者考虑到对敌人的定位有少许误差也无济于事。3时30分，德军舰队就在我的东方35英里处，如果从那时算起，英军舰队就必须采取与公海舰队完全相同的航线追赶。"[62] 贝蒂依照命令率战列巡洋舰转向，但直到4时4分，他还坚信公海舰队仍在西方，他请求杰利科，允许他向西南方向扫荡，搜索敌舰。结果杰利科发来了令人崩溃的消息（4时40分发出），称敌人已经返回了基地。

现在，大舰队除了向北扫荡，寻找敌人受损或滞后的舰艇外，已无事可做。4时30分，战列舰队重新进入巡航状态，这主要是为了拓宽扫荡范围和利于反潜。至8时52分，一无所获的战列舰队转向南偏西南方向，并与战列巡洋舰队会合，随后在10时转向北偏西方向。10时44分，杰利科向海军部报告，战事已经结束，11时过后不久，他转向西北，向斯卡帕湾高速返航。在横跨北海的航行中，那些在军舰上阵亡官兵的遗体，以传统方式缝入吊床，并举行了海葬。

杰利科顺利地返回了基地，因为大部分监视英国港口的U艇，或者根本不知道大舰队已经出海，或者已在6月1日踏上归途，它们没有收到要求它们多停留24小时，以等待英军舰队返港的命令，其中一艘潜艇U-46号受命搜索轻巡洋舰"埃尔宾"号，结果它在10时30分发现了"马尔博罗"号并向其发射了一枚鱼雷。"马尔博罗"号发现了鱼雷并实施规避，鱼雷从距它50码处掠过。一小时前，U-51号在福斯湾外海向"厌战"号发射了两枚鱼雷，也未能命中。

英军潜艇的表现也乏善可陈。5月30日下午7时，作为杰利科制订的计划的一部分，3艘潜艇离开哈里奇，在6月1日黎明之前抵达维尔（Vyl）灯塔船。它们的任务，是潜伏在海底直到6月2日。由于潜艇在水下和海底无法接受无线电信号，它们无法得知战斗进展情况，也无法在公海舰队返航时占据有利阵位发动攻击。

6月2日，大舰队结束了这次漫长的旅程返回基地。当天早上，战列巡洋舰队回到福斯湾，战列舰队于下午抵达斯卡帕湾。当晚9时45分，杰利科向海军部报告，舰队已经补充了燃料，在接到命令4个小时内就可以重新出海。

第二部

---★---

# 日德兰海战：余波
# （1916 年 6—11 月）

# 日德兰：比较与反思

下午时分（1916 年 6 月 1 日），贝蒂来到"狮"号海图室，既疲倦又沮丧，他在长椅的一角蜷缩着坐下来，闭上了眼睛。无法掩饰对海战结果的极度失望，他用倦怠的声音重复着说："我们的军舰出了些问题。"然后他睁开眼睛看着我，又说："我们的整个体系也有问题。"

——查默斯，《贝蒂》

我看不出还有谁能做得更好，虽然对敌人逃脱倍感失望，我们都知道能见度问题，我们自身是无可指责的。

海军准将 E. S. 亚历山大 - 辛克莱尔致海军上将亚瑟·摩尔，

——1916 年 6 月 24 日

一个人在研究日德兰海战时，面对大量细节，很容易迷失自己，但是基本事实是，英军战列舰队在舰炮火力上的优势为二比一，鱼雷方面略微占优，航速则比最慢的德国战列舰高 4 节，而且占据了非常有利的位置，可以免受敌火的打击，就是在这种情况下，英军舰队与公海舰队发生了两次非全面的战斗，每次持续了大约 20 分钟。敌人在两次战斗中，都转向脱离。由于过度集中和缺乏主动性，英国海军历史上获得的最佳机会就这样失去了。

——海军中将 K. G. B. 迪尤尔，《海军内幕》

杰利科性格中的最伟大之处，可能就是他从来不会屈服于意欲一战的冲动，而是展现出政客一般的心态。他抑制住了获得纳尔逊第二名誉的诱惑。对他来说更重要的，是为了主要战略目标，不惜一切代价保证舰队安全——这就是对赫尔戈兰湾实施远距离封锁。一次对公海舰队的全面胜利，将加速德国在第一次世界大战中的失败，但是一战而胜的风险却难以估量，而通过封锁，虽然缓慢，但切实有效，也能达到同样的目的。

——海军中校弗里德里希·福斯特梅尔（Friedrich Forstmeier，德国海军）

《海军评论》（*Marine Rundschau*），1966 年 6 月

## 1. 装备

日德兰海战，暴露了皇家海军在海军技术上总体落后于德国海军。A. 坦普尔·帕特森教授（A. Temple Patterson）认为，原因"至少部分上在于工程师和技术人员地位太低"，柯莱利·巴内特（Correlli Barnett）则认为，这背后的原因其实是"工业界的社会地位和在知识分子眼中的价值，都低于贵族阶层"。但是先让我们比较一下英德海军的技术和装备。

德国海军的炮术，总体上是非常出色的。他们高效的体视式测距仪，使他们能在战斗初期很快对对手形成跨射。[1] 测距仪的优势，结合"阶梯式射击法"（Ladder system）[2]，是德国海军在日德兰海战初期高效炮术的主要原因，在战争中的数次主力舰交战中，也是如此。但是所有英国火炮军官都同意，英国军舰在战斗开始阶段的射击误差比较大，但随着时间推移，火炮精确性就有明显提高，德国人在开始阶段的射击的确很精准，但是随着战斗的进行，精确性就会下降，并且开始连连中弹。"他们一开始打得又快又准（亚历山大-辛克莱尔在之前引用过的一封信中的评论），但看起来他们无法保持这样的射术，实际上，他们似乎只能在条件对自己有利时才能完美发挥，但很快就陷入了无序状态。"这可以归因于体视式测距仪对测距手的心理，有特别的要求——如果测距手的心理被战斗产生的兴奋和躁动所干扰，特别是当自己军舰被重炮击中时，他就很容易失去准头。但这只是英国方面的观点，我本人并没有找到任何证据。另外，战斗开始阶段，德舰的炮术占优也因为光线对他们有利。下午6时30分之后，他们的射术显得十分平庸，这无疑是因为光线条件已经完全反转了。帕斯特菲尔德（Pastfield）的研究，揭示了一些有趣的事实："……5 时 40 分以前，双方

都在19000码上取得了命中……5时40分之后，没有英国主力舰在10500码以外的距离上中弹……而5时40分之后，德国舰艇在17000码以内的距离上，受到了沉重打击。"[3]总体来看，英国指挥仪和火控装置的性能（指测距和持续测距），在实战中证明与德国海军装备相当。德国人也确实承认这一点，他们的驻奥地利海军武官说：

英军在火炮技术上占有优势。他们的齐射散布面小得惊人，令所有人仰慕。有些人甚至认为他们的炮弹散布面太小，无法覆盖足够大的危险区域。[①]……英军测距仪也比德军的先进，他们的炮塔设计使火炮射程远超过德军……英军也有一个落后于德军之处：就是他们无法快速改变射程，而过于依赖距离钟。英军靠的是在远距离上稳定地射击，他们以此制订战术，避免频频改变航向和射程。德军则相反，在火炮练习中总是大幅度和快速地改变射程，以及练习在转向中射击，所以他们的火炮军官认为自己在这方面占有优势。

德军之所以能在夜战中高效地使用火炮和探照灯，部分原因，是他们的双筒望远镜性能非常优越。皇家海军在第一次世界大战中，没有能与德国军官配备的，福伦达－蔡司7×50双筒望远镜相匹敌的装备（更不用说他们的望远镜还有10倍和12倍放大率）。尤其在夜间和用于瞭望时，这种望远镜比配有艾弗舍得方向指示器的罗斯6×30望远镜先进得多。[②]罗斯双筒望远镜在白昼情况下性能一般，而在夜间几乎毫无用处。对普通瞭望功能，军官们甚至会想办法自己购置望远镜。因为海军没有对望远镜的放大倍数和视界制订标准，军官们配备的望远镜质量，完全取决于个人经济条件和喜好。事实是，海军在当时不重视双筒望远镜。一直到20世纪20年代后期，海军部才开始为舰队全面装备先进的双筒望远镜。性能出众的巴尔－斯特劳德7×50双筒望远镜，从三十年代开始装备海军，其夜间工作性能与蔡司望远镜大致相当。海军上将乔弗里·奥利弗认为："第二次世界大战开始后的几年中，

---

① 奇怪的是，日德兰海战之后有人听到大舰队的军官对德军海军的齐射发出了相同的评论。

② 炮塔指挥官用后者指挥他辖制的所有火炮指向指定方向。这种望远镜也被用于指挥探照灯。

我们在夜间作战取得的所有胜利，都要归功于我们对夜战的熟悉和信心，来自于和平时期所做的大量准备工作。而且，也绝对离不开巴尔－斯特劳德夜间望远镜。所以说，我们在日德兰夜战中从德国人那儿学到的教训，最终为我们所用了。"

德国官方史声称，"德国海军炮术的优势是毋庸置疑的"，很多学者也接受这一观点，但事实并非如此。这是德国方面的数据给人们留下的影响。公海舰队发射了 3597 枚大口径炮弹（11 和 12 英寸），共取得 120 次命中，命中率 3.33%，大舰队发射了 4598 枚大口径炮弹（12—15 英寸），取得 100 次命中，命中率 2.17%。[4] 这些数据具有误导性。德国方面的命中，有超过四分之一是在装甲巡洋舰"勇士"号（15 次）、"防御"号（7 次）和"黑王子"号（15 次）上取得的。这几艘军舰在极近的距离上被轰击，并且几无还手之力。"勇士"号和"防御"号都是在不到 7000 码的距离上被击沉的，而"黑王子"号被击中时，距德舰仅略超过 1000 码。另外，德国数据中的英方战绩，不包括击沉轻巡洋舰"威斯巴登"号时取得的命中，当时这艘军舰遭到了各种口径舰炮的打击。（哥德弗里的数据显示，英国海军向该舰发射了 200 枚炮弹。）在德国的统计中，"边境总督"号被大口径舰炮击中 5 次，没有被中小口径舰炮击中的记录，但是第 3 战列舰中队的战损报告称，它被击中了"大约 13 次"。最后，击中"德弗林格"号的 26 枚炮弹中，有 9 枚被归为中小口径炮弹。这显然是荒谬的，因为它只遭到过大口径舰炮的射击。综合上述证据，德方的命中率应该被调低，而英方的命中率应该更高，不过实际上已不可能精确统计双方的命中次数。[5]

## 双方主力舰舰炮性能对比

| 公海舰队 | 主炮口径（英寸） | 最大仰角 | 射程（码） |
| --- | --- | --- | --- |
| 除了"路易波德摄政王"号外的所有德军 12 英寸主炮主力舰 | 12 | 13.5° | 21000 |
| "路易波德摄政王"号 | 12 | 16° | 22400 |
| "毛奇"号 | 11 | 13.5° | 19800 |
| "塞德利茨"号 | 11 | 16° | 21000 |
| "拿骚"级和"冯·德·坦恩"号 | 11 | 20° | 22400 |

| 大舰队 | 主炮口径（英寸） | 最大仰角 | 射程（码） |
| --- | --- | --- | --- |
| 第 2 战列舰中队的前无畏舰 | 11 | 30° | 20500 |
| 15、14 英寸和 13.5 英寸 Mark V 型主炮 | 15<br>14<br>13.5 | 20° | 24000 |
| 13.5 英寸 Mark VI 型主炮（"爱尔兰"号） | 13.5 | 20° | 23000 |
| 12 英寸主炮 | 12 | 15°<br>13.5° | 21500<br>19000 |

资料来源：国防部海军历史分部，1970 年 6 月 28 日为作者提供的备忘录。

　　两支舰队炮术水准是大致相当的。既然如此，那为什么大舰队遭受了惨重的损失，而敌人却没有呢？例如，为什么它击中了"塞德利茨"号大约 22 枚大口径炮弹，却没能将其击沉呢？为什么"吕措夫"号挨了 22 枚大口径炮弹后才被彻底打垮？即使那样它仍然没有沉没，只是在意识到已无可能让它返回基地的情况下，才不得不由己方舰艇将它击沉。"德弗林格"号也是在受到重创后安全返回的。

　　为什么德国军舰几乎是不可能被击沉呢？坚固性是原因之一。它们的侧舷、水平和炮塔装甲厚度都高于英国军舰，防御面积也更大。战列巡洋舰"德弗林格"号和"铁公爵"号的防护水平相当，比它的对手"虎"号优越得多。之所以这样，是因为在给定排水量的情况下，英舰将更大的重量用于武备，而德舰则用于防护[6]；但实际的抗打击能力则是英国军舰占优。[7]德国军舰的水下防护能力，则优于除"伊丽莎白女王"级以外的所有英国主力舰。这源于德国军舰有更好的内部水密分隔，也就是舰体内部有更多空间被分隔成永久性水密舱，水密舱之间有坚固的舱壁。这使军舰可以承受严重的破坏，即使有大量舱室进水，也不会倾覆。在日德兰，除了"塞德利茨"号和"吕措夫"号外，德国其他主力舰的战斗力都没有因进水而下降。[8]德国的水密系统之所以能这样设计，原因是他们的舰艇只用于短程作战，舰员的舒适性被置于次要地位。排水量和内部空间就可以被装甲和水密分隔占据，而住舱空间则被减少到最小程度。军官住舱通常要容纳 4 个，甚至 6 个人；水兵们则像罐头里的沙丁鱼。德军舰队被扣押在斯卡帕湾时，一名德军军官直言称："我们的军舰是被造来战斗，而不是居住的！"[9]另一方面，具有进攻传统和肩负帝国安全责任的皇家海军，舰员不得不住在军舰上，居住条件也相对舒适。这就要求英军接受军舰在性能方面与对手相比，存在一些不足。正如迈克尔·刘易斯教授（Michael Lewis）对此总结的那样，"所以我们的军舰并没有做细致的水密分隔，水密舱壁也更多地被舱门贯通，以追求方便和通行性，虽然仍保持着水密性，但并没有德国军舰上的水密结构那样坚固，对水压和爆炸产生的冲击的抵抗能力也不足"。

由于英国干船坞的宽度受到严格限制，造成的最大影响，就是英国主力舰的舰宽相对较小[①]，这可以解释英国主力舰存在的缺陷，但却无法作为借口。战争结束之前，DNC 的相关部门就清楚地阐述了这一问题：

这将我们军舰的最大舰宽限制在 90 英尺。如果有更宽的船坞，也就有可能设计更宽的军舰，在同样舰长和吃水的情况下，可以获得更高的战斗力，例如装甲、武备和在受损情况下的稳性，以及改善水下防护……

德国军舰并没有受制于此，他们最新主力舰的舰宽在 90—100 英尺之间，使他们能够布置更多装甲，以及……可以经受严重打击而不至于失去稳性。[10]

另外，德国人在战前就重视防爆问题，并积极寻求各种解决方法。可能是由于"塞德利茨"号在多格尔沙洲海战中获得的教训（当时一枚 13.5 英寸炮弹击穿炮塔后引燃了发射药，而火灾蔓延至弹药舱），大部分德国军舰加强了对弹药处理室和弹药舱之间的出入舱门的防护措施。在日德兰海战中，这一措施并没有阻止一些炮塔的成员因火灾而全部伤亡。

军舰防护能力上的区别，基本上源于英德两国海军在防护观念上的不同，德国（提尔皮茨的观点）认为，无论其他性能如何，主力舰必须要能保证浮力和战斗力——而英国人更强调军舰的攻击能力。用费希尔爵士强调其角色的话

---

① 而这又是由于英国议会对军费开支的吝啬政策。

说："（它必须）先敌打击！狠狠打击！全方位打击！"这样就解释得更清楚了吧？在良好的能见度条件下，后者的优势是毋庸置疑的。

德国军舰体现了优秀的抗沉性，一定程度上也是因为，英军使用的苦味酸装药被帽穿甲弹的穿甲效果极差。当然这并不是说炮弹没有威力，无法造成损害。战斗结束后"德弗林格"号进入船坞，目击者看到的情形可以作为例证：

> 这艘光荣的军舰发生了什么？从远处，我就可以看见它折断倒悬的桅杆。但是舰体和内部受到的损害是我从未见过的。舰艉看起来好像经历过一次火山喷发。破损的甲板上，有一个向上开口的巨大破洞。两枚380毫米炮弹相距很近地击穿了装甲，其中一枚爆炸，另一枚未爆弹还在舱室里。军舰下部还被两枚炮弹击中，但是那里相对较薄的装甲并没有被击穿。不过命中部位附近，大面积的油漆因高温而烧掉了。其他部位有很多呈完美圆形的弹洞。来袭炮弹击中了不同部位，并穿入舰体内部。说明这些炮弹威力的最佳例证，就是击中舰艏的一枚炮弹。炮弹击中了左舷侧面舰体，穿过了整个有装甲防护的炮塔基座，随后在炮塔外部爆炸，也可能未爆炸。上层建筑一片狼藉；基本上已被扭曲、弯折、撕裂和破坏成一堆碎片。所有位于炮郭内的舰炮均被摧毁。其中一门舰炮炮管完全被震脱，像一门榴弹炮那样上仰着。旁边一门火炮显然被碎片从正面击中，炮管已经略有弯曲。[11]

根据"德弗林格"号的舰志和作战报告，两枚大口径炮弹击穿了它的装甲。艉炮塔被一枚击中顶部的炮弹击穿，另一枚炮弹击穿了舰艉背负式炮塔的基座。两座炮塔内都发生了严重的发射药火灾，特别是艉炮塔。

但是，舍尔的参谋长，海军中将阿道夫·冯·特罗塔在战后的国会听证会上称，"日德兰海战中，所有击中我们（主力）舰艇的大口径炮弹中，没有一枚穿甲弹击穿任何重要部位"。[12]特罗塔所说的"主要部位"，指的是弹药舱、发动机舱和锅炉舱（锅炉室），这也是海军参谋部的术语，相关舰志的战损报告证实了特罗塔的说法。这里引用一艘遭到重创舰艇的舰志：日德兰海战中，"塞德利茨"号记录被击中了24次。从弹洞判断，"可以确定的有16次，总共可能有 22 次被大口径炮弹击中"；但是只有 5 枚炮弹，也即大约一半击中装甲的炮弹，真正实现了击穿，但是均没有深入适当的舰体内部位置。它们仅仅击碎了一部分装甲板，装甲板被破坏产生的高温碎片进入了舰体，但穿甲弹本身，却在击中装甲时碎裂或者爆炸。①特罗塔的报告也有误导性，因为"铁公爵"号发射的一枚 13.5 英寸被帽通常弹（CPC）击中"国王"号时，击穿了主装甲带底部，并完全摧毁了布置在一起的，一座 5.9 英寸副炮的发射药舱和炮弹舱。

英制穿甲弹未能发挥作用，是发生在日德兰海战中的悲剧之一。这其中的原因又是什么呢？海战主要在远距离展开，射程较大时，炮弹以陡直角度下坠，所以会以大倾角命中目标的侧舷装甲。②奥地利海军武官作证说："他们（英国）的大口径炮弹，在远距离上的巨大穿透力令他们（德国人）羡慕不已。""英国炮弹具有极强穿甲能力，在不同距离上命中主装甲带，都能轻易将其击穿。"但不幸的是，英军被帽穿甲弹配备的引信使炮弹在以大倾角命中装甲的瞬间就被触发，结果是根本无法对敌舰的重要部位造成损伤。例如，一枚 15 英寸炮弹击穿了"塞德利茨"号炮塔顶部的 10 英寸装甲，一枚 13.5 英寸炮弹也击穿了它的 9 英寸装甲，但是爆炸未波及重要舱室。这种情况频频发生，足以抵消大舰队的精良炮术。用杰利科的话说："我们丧失了本应获得的，由炮弹的巨大重量带来的威力，却承受了为火炮和弹药重量而付出的防护缺陷……"13 海军最出色的炮术专家之一，海军上将德雷尔估计，"我们在日德兰取得的命中，彰显了我们的战术优势和优秀炮术，如果当时有 1918 年才装备的有效引信，至少可以击沉 6 艘德军主力舰"。填充 TNT 炸药的德国高爆被帽穿甲弹的出色性能，则是人所共知的。它们并没有超乎寻常的破坏力，但是弹头上配备的，非常有效的延时引信，却可以让炮弹穿过英国军舰的侧舷装甲后，在舰体内部爆炸。14

对于英国炮弹的低劣质量，有一个非常重要，但却被经常忽视的因素，就是穿甲弹中苦味酸装药的敏感性。即使当炮弹击中相对薄弱的装甲板时，无论命中倾角如何，仅是撞击引起的震动就极易在引信开始工作，以及装甲被完全

---

① 1915年的多格尔沙洲海战中，击中"塞德利茨"号的炮弹也出现了类似情况。
② 在远距离上击中水平装甲甲板时，命中倾角自然接近"正常"状态。

击穿之前引爆装药。[15]

　　怎么会出现这种情况呢？英国海军并不负责炮弹设计和生产。一切均由陆军部下属的军火委员会决定。海军在委员会中有自己的代表。回溯至 1891 年，一名海军少将曾被任命为委员会副主席（兼任），但直到 1919 年，委员会中才有了海军全权代表。但是不管怎样，海军部都无法推卸责任，因为海军炮弹的测试和验收条件，最终是由海军部委员会通过下属各技术部门来决定的。1910 年 10 月，海军军械总监[①]向海军部委员会递交了用于打击战列舰和战列巡洋舰主装甲带的穿甲弹性能要求书。当中要求穿甲弹要能在一定命中倾角下击穿装甲后爆炸。但不幸的是，设计被批准时，是以"正常命中角"为条件的。也就是说，炮弹可以在以垂直或近似角度命中装甲时正常工作。海军部委员会争辩说，这种炮弹在以倾斜角度命中装甲时也能将其击穿。但是这一假设从来没有经过验证。[16]当海军要求对炮弹进行实弹射击试验时，却因成本太高而被否决了。杰利科随后转任舰队指挥岗位（1910 年 12 月），他的继任者并没有继续关注此项事宜。

　　英军炮弹的质量低劣，并非仅仅因为军械专家未能设计出合格的炮弹。海军大口径被帽穿甲弹的检验程序也是重要的原因。曾任军火委员会主席（1941—1945 年）的海军中将弗朗西丝·普利汉姆爵士（Francis Pridham）解释了审批程序是如何工作的。

　　审批工作基本上是由炮弹制造商自行决定的，而在军火委员会看来，唯一让程序听起来合理的假设，就是所有的炮弹都是合格的，而试验失败要么是极为罕见的，要么是有人恶意所为！

　　炮弹制造以每 400 枚为一个"批次"，每批次再被分为 4 个 100 枚炮弹的小批次。当制造商将一个批次的炮弹送来检验时，从 1 号小批次中随机挑选两枚炮弹，用一定厚度的装甲板，并以一定弹着速度和命中倾角测试其穿甲性能。

---

① 其上司是时任第三海务大臣和海军审计官杰利科。

如果第一枚炮弹成功击穿了装甲，整个批次的300枚（399枚）炮弹就将被放行送往部队。如果第一枚炮弹试验失败，就是用第二枚炮弹（来自同一小批次）进行试验。如果试验成功，那么同批次的398枚炮弹就算合格。如果第二枚炮弹也失败了，该小批次就被定为"重新审批"，建议制造商撤回整个批次的炮弹，或者允许剩下的300枚炮弹（其余3个小批次）进行审批试验。不用说制造商会选择第二种方案。于是使用下一小批次的炮弹进行同样的试验，批准程序也和第一次试验相同。

现在我们假设，一个小批次的炮弹中有50%是哑弹，那么连续两枚炮弹试验失败的概率将是三分之一！使用数学推算就知道，用以上程序来进行审批试验，最后合格而被接收的一个批次的炮弹中，可能有71%到84%是哑弹。

军火委员会的统计学教授，根据舰队使用的大口径炮弹的审批试验结果，计算出可能有30%到70%的炮弹是哑弹，但是审批试验的数据不够完整，使他无法得到更加精确的数字。

这套程序一直运作到1944年底！未能通过标准试验的炮弹，虽然数量很少，仍被发往舰队，甚至都没有清楚地标识出来。还要说明的是，多格尔沙洲海战（1915年1月24日）之后，炮弹质量曾受到质疑，但没有采取任何行动。事实上，英国海军直到日德兰海战前夕，还对自己的炮弹充满了信心。舍尔袭击洛斯托夫特（1916年4月25日）后，蒂利特写道：

> 我们［哈里奇舰队的旗舰，轻巡洋舰"卡里斯福特"号（Carysfort）］经历了一番磨难，但老天保佑，发动机和锅炉都没出问题，只有一枚12英寸跳弹击穿了中部烟囱。我越看他们的炮弹，就越怀疑其质量。我认为，如果有3枚我们的12英寸苦味酸炮弹在军舰内部爆炸，那肯定就没有希望了。我们在陆战队员住舱里发现一枚12英寸炮弹（未爆），另一枚打断了主桅，还有一枚穿过了烟囱，这两枚炮弹也没有爆炸，我想，要是你发动进攻的话，没必要担心那些混蛋。[17]

还有一个与炮弹质量无关的因素。GFBO要求，所有军舰开火时首先使用通常弹（这种炮弹可以在击穿轻型装甲后爆炸），当目标被跨射后再使用穿甲弹。当两支主力舰队发生短促的战斗时，这降低了大舰队舰炮的威力。而德军舰队则从战斗开始便使用穿甲弹。

那么德国人的战绩是如何取得的呢？为什么3艘英军战列巡洋舰仅中弹数发（每艘舰大约被击中5次）就发生了爆炸呢？杰利科非常确定英国军舰的缺陷在何处。他在作战报告中宣称：“造成英国军舰损失的原因是，第一，战列巡洋舰装甲过于薄弱，特别是炮塔装甲和水平装甲，第二，我们军舰的防火措施不足。这是毫无疑问的。”或者，正如他在战斗结束后向海军部报告的，“当然，德国战列巡洋舰的防护相当于**战列舰**，而我们的只相当于**装甲巡洋舰**——这就是全部原因，为了海军官兵的荣誉，公众应该知道真相，也应该知会中立国”。[18]

但这并**不**是全部原因。战后多年，在军舰设计上褒奖德国而诋毁英国，成了大众文化的一部分。但实际上，英国无畏舰在设计上和实战中的表现，无论攻击力还是防御能力，已经被证明与德国无畏舰相当，甚至在很多方面优于后者。至于英军战列巡洋舰，它们的甲板和炮塔装甲都比较薄弱，但是对来自远距离、陡直下落的穿甲弹，也有足够的防御能力。大部分被击穿部位的装甲，厚度都不足6英寸。被击穿的厚度最大的装甲，是“厌战”号主装甲带上的一块7.5英寸楔形装甲。虽然很多战列巡洋舰多处中弹，但是当有炮弹击穿舰体进入重要部位时，只有一艘军舰幸存下来。[①] 的确，除了一小块弹片击穿了“巴勒姆”号6英寸副炮弹药舱顶部外，**没有任何德国炮弹，进入任何一艘英国主力舰的重要部位——弹药舱、发动机舱，或者锅炉舱**。[19]

至少，没有确凿的证据可以证明德制装甲优于英制装甲。帕斯菲尔德曾记录了英国装甲被击穿的情况（对战沉的战列巡洋舰则是“合理估计”）：13英寸装甲，击穿一次，距离10500码（“厌战”号）；9英寸装甲，击穿5次，（“狮”号一次，“大公主”号一次，“玛丽女王”号约3次）；7英寸装甲，击穿3次；6英寸装甲，击穿7次或8次。“另外有记录显示，9英寸装甲被击穿的最大距

---

① 一块弹片穿入了“虎”号的动力舱——但没有损伤任何设备。

离是 14600 码（'狮'号，下午 4 时），而英制 12 英寸炮弹则在 17500 码的距离上击穿了德制 11 英寸装甲（'毛奇'号）；英制 13.5 英寸炮弹在将近 19000 码距离上，击穿了 10 英寸装甲，在 20000 码距离上击穿了 9 英寸装甲，英国装甲的质量优于德国是毋庸置疑的。"[20]

战列巡洋舰的"装甲过于薄弱"的观点是杰利科、贝蒂和大舰队的大多数指挥官在海战后的调查中提出来的。我将在第七章回到这个主题，以及与之相关的另一个主题。

即使我们同意，3 艘战列巡洋舰只有薄弱或中等强度的装甲防护，那这也仅仅是导致它们损失的原因之一。设计上的任何弱点，都不是灾难发生的主要因素[①]，弹药舱防火能力不足可能才是罪魁祸首。或许是因为一枚 12 英寸炮弹击穿了弹药舱，或者一枚炮弹击穿炮塔并引燃那里的弹药，火焰顺着 60 英尺高的升降机向下蔓延到弹药舱。我们永远也无法确定，哪一种才是真相[21]。但是可以公正地指出，有大量证据支持"火灾"理论，而没有证据支持"击穿"理论。海军少将丹雷泽在提到他自己的军舰"无敌"号时，坚信摧毁军舰的弹药舱殉爆，是由在一座炮塔内爆炸的炮弹引起的。"就在 Q、P 炮塔弹药舱爆炸前几秒钟，我看见 Q 炮塔（位于军舰右舷）的顶部被炸飞了。这两座弹药舱并排布置，仅由一道轻型舱壁分隔。所有迹象都表明，'不倦'号和'玛丽女王'号也是因类似原因损失的。"他还补充道："任何炮弹击穿弹药舱，并在其内部爆炸都是极为不可能的。遍布于弹药舱到主炮之间通道的弹药，更可能是原因。"[22] 这样，火灾似乎是主要原因。日德兰海战中，英国军舰上没有足够的措施防范发射药火灾，如果没有这个弱点，英国海军可能根本不会损失任何主力舰。

弹药处理室，是弹药舱外侧与之毗邻的一个舱室，主要功能是将从弹药舱输出的弹药装上升降机。但是，英国海军习惯在弹药处理室内堆积弹药，而且为了快速装填，随意敞开弹药舱门，后者并未安装防火出入孔。[23] 如果一枚在炮塔内爆炸的敌弹引燃了发射药，产生的闪爆或火焰将蔓延至弹药处理室[②]，以当

---

① 德国舰炮惊人的准确性也不是，因为这3艘军舰太过轻易就殉爆了。

② 通过炮塔工作间和升降机通道，也许还得需要引燃火炮装填篮及待发位置上的弹药。

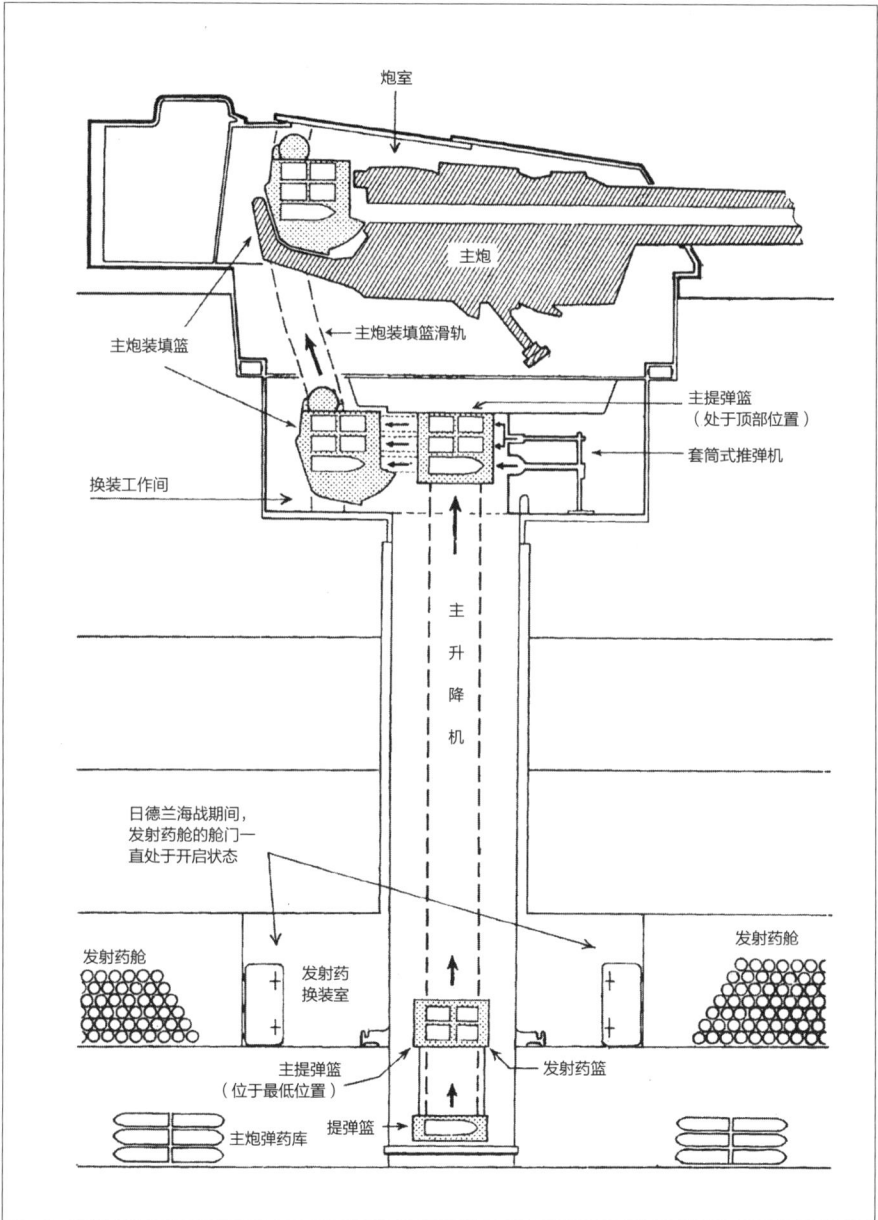

炮室

主炮

主炮装填篮滑轨

主炮装填篮

主提弹篮
（处于顶部位置）

套筒式推弹机

换装工作间

主
升
降
机

日德兰海战期间，
发射药舱的舱门一
直处于开启状态

发射药舱

发射药
换装室

发射药舱

主提弹篮
（位于最低位置）

发射药篮

提弹篮

主炮弹药库

∧ 英国主力舰弹药供给示意图

时的条件，弹药舱内所有弹药将被引燃，并可能发生爆炸。[24] 炮塔设计人员完全了解闪爆带来的风险。升降机和炮塔工作间都有防爆门，在传递发射药时才打开，传递完毕就会立即关闭。但是当一个接一个药包被加热到闪点时，这些措施不足以阻挡猛烈蔓延的火焰。

当时炮术思想的核心，是尽可能地提高射速；安全性并没有得到应有的重视。日德兰海战之后的讨论中，第三海务大臣和海军军械总监多次提及这一点。后者称，"我们运行的这套可悲的供弹系统，包括任由弹药舱门敞开，取掉发射药筒盖，在所有提弹篮和等待位置装满弹药，如果一枚炮弹在工作间或垂直通道爆炸，我肯定这至少出现了一次，即'无敌'号，那么产生的闪爆极有可能向下波及弹药舱"。[25] 海军造舰总监也将军舰损失归因于此。"多年战斗演习的结果是，人们普遍认为，在火炮附近和供弹系统中存放大量备用弹药是极为必要的，而由此带来的火灾风险是可以接受的……虽然在科罗内尔和福克兰群岛海战之后，炮术训令 G043-5（1915 年 2 月 1 日下发）对此观点进行了纠正，但在战斗中，炮塔及其基座中肯定堆积了大量弹药。"[26]

毫无疑问［日德兰海战时的英军第 1 战列舰中队造舰官（Squadron Construction Officer）写道］，在日德兰海战之前，我们并没有意识到发射药火灾的极度危险性。如果炮室到弹药处理室存有一列发射药的话，在最理想的条件下，只要通过升降机，这条线路上任何一处出现闪爆都会一燃俱燃。如果只有一轮齐射所需发射药处于弹药处理室，而且弹药舱门在任何时刻都保持关闭，危险就会降至最低限度——但是在激烈的战斗中，这样的条件几乎是不可能保证的。

我们在日德兰得到的教训，就是有必要在发射药供应的每个环节提供足够的防爆设施，也即是在炮室、升降机、弹药处理室料斗、以及弹药舱的水密舱壁等处。不幸的是，我们的炮术专家和舰炮制造商都没有预见到这一危险，而我相信，这就是我们在日德兰海战中损失多艘主力舰的主要原因。[27]

海军火炮部门的官兵坚称，他们已经采取了所有谨慎措施，但并不是每个人都相信他们的话；DNC 则坚信，装甲厚度已经足够，但是火炮部门的人员也不相信他。其实每一方的观点都只是部分正确的。但是双方都没有正确地为自己辩解，因为在日德兰造成灾难的原因，肯定在于军舰设计和发射药储存手段，不会有其他因素。

德国海军在弹药处理的各个环节都要小心得多。他们发射药的主要成分，是硝化纤维和硝酸甘油，远没有英制发射药那么敏感；它燃烧迅速，但遇到明火并不会爆炸。而英制发射药（成分基本相同，但比例不同）的缺点，正是即使有一枚炮弹在附近，而不是弹药舱内爆炸，产生的震动就足以引爆整个弹药舱。而德国化学家在降低发射药爆炸的危险性方面，也遇到了巨大困难。他们努力钻研，给发射药配备避震设施，同时尽量提高发射药燃点（闪点）——很明显，他们取得了巨大的成功。另外，英制发射药仅仅被装入丝质药包中，没有防爆功能。在德舰弹药舱内，发射药包被独立地存放在坚固的锌制容器中，能够有效地起到防爆作用。为方便处理，主炮发射一次（英德海军相同）需要数包发射药。德制主发射药的后部有黄铜底座保护，同时用于封闭炮尾。前部发射药独立储存在薄金属筒中，并以这种形式被装填入炮膛；金属容器能在短时间内起到防燃作用，当火炮发射时，容器也在高温下燃尽。整个系统表明，德军对闪爆引燃发射药的危险非常警醒。这也许是他们从多格尔沙洲海战中学到的教训。英国方面，大口径火炮一次发射需要 4 个独立药包，每个药包装在丝质药包中，药包两端各缝有一个点火装置（装在一个红色的绒布包中）。一旦这些药包被从弹药舱的发射药容器中取出，装上升降机准备装填，它们就处于极易被引燃的状态，而安装在药包两端的点火装置又加剧了这种危险。英制发射药虽然装填方便，但极其危险。参与 20 世纪 30 年代英国海军火炮试验的海军中校 R. T. 杨说："我总是感到奇怪，为什么我们要花这么长时间才意识到，没有限制地使用未加保护发射药的危险性；日德兰海战之前就有了几次先例：科罗内尔的'好望角'号和福克兰群岛的'肯特'号，它们的发射药都酿成或几乎酿成了灾难，还有希尔尼斯的'堡垒'号，肯定还有其他我不记得的例证。也许我们过于自满，当然在当时，批评高层管理者比起现在要冒更大的风险。"[28] 相比英军，德国并没有经受灾难。尽管遭受了惨重的打击，无论是在日德兰，还是在福克兰群岛和多尔戈沙洲，都没有一艘德国军舰发生爆炸 ①。在多格尔沙洲海战中，"塞德利茨"号被击中后，引燃了舰艉两个相邻弹药舱中的所有弹药，火焰直冲到200英尺的高度，但是也没有发生殉爆，至少有一位英国海军军官就此发出感慨，"这真是我们海军史上最黑暗的一幕"。笔者也认为确实如此。但是要就最基本的责任追究到底则是不可能的。

在一个变革的年代，总是会出现装备上的缺陷。但是在战前人们很少提及。需要比装备缺陷更加引人关注的是，英国海军在发现缺陷后是否能立即做出纠正，我们将很快谈及这个问题。

## 2. 非装备因素

战争中的迷雾——从近旁每一艘军舰烟囱排出的烟尘，北海上的团团雾霭，都导致日月星光难得一见，没有雷达，没有用于舰艇机动的无线电对讲设备，舰队内部所有信号都要借助信号旗、无线电、手旗语，或莫尔斯码（使用信号灯或探照灯的闪光信号）——考虑到这些困难，和实战中的表现，德军和英军的导航和通信已算非常出色。德军主力舰队的无线电通信系统，从来没有出现过问题，即使信号系统出现失误也不是设备问题：有时先后两个行动命令旗语，同时从军舰的不同信号索上升起。而英军方面，除了战列巡洋舰队在信号发布方面出现了数次技术失误，并影响了战斗进程外，大舰队的通信系统是非常有效的。一位参加海战的军官（后来成为海军信号学校校长）说："尽管出现了缺陷，但从技术角度讲，通信成功率达到了95%—99%。"[29] 这并非一个概率问题。火炮和鱼雷演习当然已经算是频繁了：但是也不会超过一周两次，因为没有足够的装备；而在港内的通信和无线电演习，每天都要开展两到三次。另外，当时的通信学校招收的，都是受训水兵中的佼佼者。这两个因素相结合，以海军上将坎宁安·格雷厄姆的话说："所有军阶的通信兵，都能以最快速度编读信号：灯光信号每分钟10个词，手旗语每分钟18—20个词，蜂鸣器或无线电

---

① 可以把前无畏舰"波美拉尼亚"号排除，因为该舰的爆炸是鱼雷所致。

信号每分钟 25 个词。陆军人员从未能达到这样阅读信号的速度。如果你认为这是通信军官带有偏见的观点，你可以找到任何一位舰长，问他的通信部门是不是从头脑到技术都是舰上最优秀的部门。他还会告诉你，他的通信军士长是他最得力的助手，和最好的瞭望手。他的电讯士官长也是同样可靠的人。"

德国海军的干扰行动非常成功，致使英军在接收无线电信号时遇到了很大困难，特别是驱逐舰的无线电通信。但是也不应夸大德国的干扰作用。从 5 月 31 日下午 2 时 15 分，至 6 月 1 日凌晨 2 时 15 分，大舰队共收发了 884 份无线电报（据《日德兰海战作战报告》附录）。其中只有 7 份未能送达，另外有 6 份未能正确接收，或者被严重拖延——而且，这些问题并非全是敌人干扰所致。唯一因干扰而发送失败，因而影响了战斗进程的，就是"福克诺"号于 6 月 1 日 2 时 8 分，和 2 时 13 分发出的两份电报。

杰利科在日德兰作战报告中承认，德国人的"敌我识别信号系统非常出色"，"我们的则形同虚设"。德国舰艇每次遇到英国发出识别询问时，都能以对方的应答信号回复，结果占据了巨大优势。杰利科报告称："我们的舰艇间，极有可能发生误击。必须立即建立可以在白昼和夜晚使用的识别信号系统。现代条件下的夜间识别中，使用闪光灯耗时太久。"[30]哥德弗里和拉姆塞都指出："（需要的是）某种无法被探测的询问方式，只有安装了特殊设备的舰艇才能接收。这种信号即使发送给敌人，他们也无法察觉"。但是直到第二次世界大战，这个问题仍然没有解决。肉眼不可见的红外信号装置的试验一直未能取得成果。在两次世界大战中，英国海军都经历了未得到回应或收到错误回应时，那种疑虑不安的痛苦。大部分指挥官在这种情况下都不会开火。而在两次世界大战中，由于德国海军的海上活动较少，他们知道，只要在海上遭遇到别的军舰几乎就可以肯定是敌舰。

在情报方面，英国海军部未能最有效地利用得到的宝贵情报。他们在夜战最关键的时刻，将情报按住不发，而且他们对情报的价值估计有误，将一份明显错误的报告（"仍在杰德湾"的情报）发送给舰队。

杰利科不仅没有从海军部得到有用的情报，也没有从他的巡洋舰指挥官那里得到什么信息，特别是在海战全面爆发之后。只有一位巡洋舰中队指挥官（即古迪纳夫）认识到了巡洋舰中队的首要任务——那就是巡洋舰不仅要在接敌时向舰队司令提供情报，而且在战斗中也要这样做，特别是在战斗中断，能见度下降，或者烟幕使舰队司令无法观察态势的时候。没有任何一位其他巡洋舰指挥官主动向杰利科报告。GFBO 有关战斗展开后，巡洋舰侦察任务的模糊表述是原因之一。海军上将坎宁安·格雷厄姆认为问题的主要原因是，虽然做出了规定，即"希望每一艘军舰上的军官都能恪守责任——昂贵的巡洋舰的主要职责之一就是作为'舰队的眼睛'，但此时向舰队司令上报情况的责任被分摊到了巡洋舰舰长和航海长身上（导致职责不清）"，"英军在战后采取了一项补救措施，军纪条例要求每艘军舰上都应有一名军官专门负责通信"。[31]

并不仅仅是巡洋舰中队指挥官。其他下级指挥官和舰长也没有很好地帮助舰队司令，一次次地忽略了将重要情报向杰利科汇报。他们看见了德军舰队的重要动向，但并没有意识到，舰队司令并没有看到同样的情况，所以没有报告。另外很多指挥官没有想到，他们对舰队司令的职责，与对自己直接上级的责任是相同的。很多情况下，他们没有报告战况的原因，是有一位更资深的军官在场，而如有必要，应由后者向上级报告。[32]1934 年，杰利科在海军战术学校称，日德兰海战的教训之一是，"不要幻想你的舰队司令看见了你看见的东西"。但是杰利科在此也不是完全无过。如果有一两次独立的，未能报告敌情的事例，还有可能怪罪这些军官**没有意识到**这也是自己的职责之一。但是在夜战中，将情报按住不发是普遍情况，这就要杰利科本人来承担**训导不力**的责任。古迪纳夫与另外一两名指挥官是例外。其他所有指挥官都认为，"分队指挥官会报告""支队指挥官会报告""海军准将会报告""后方的战列舰中队会报告"等等。但是没有人报告。这表明舰队在这一重要事项上极度缺乏训练。

未能向舰队司令报告战况和发现的疏漏，部分原因在于舰长和资深军官没有参加海战前，通信和绘图部门在基地经常进行的敌情报告演习。这些演习仅有导航军官、作战绘图军官和舰上的通信军官出席。海军上将坎宁安·格雷厄姆爵士写道："敌情报告演习的目的，是为了提高通信、无线电、编码和绘图部门的效率。我觉得舰长们不会认为演习对他们有什么益处。"他的解释是："舰长和资深军官没有出席的主要原因，是我们还在慢慢地走出一个资深或年长者坚信年龄将赋予他们神圣智慧和知识的年代。我们的年轻军官也要受到指责，因为他们出于恐惧、忠诚、礼貌或习惯，而没能够纠正长官的错误。这不仅发生在海军，也发生在其他军种以及商界，特别是家庭中，不管父亲说什么都要立即服从；这样可以省却麻烦！我们仍然没有从海军中将特赖恩的撞船事故中汲取教训。"[33]

在"为什么胜利从我们的指尖溜走"一文中，海军上校罗斯基尔列出的第4个主要原因，是"未能有效地报告敌人位置或动向"。但是，我也很怀疑舍尔的侦察舰队是否更好地完成了此项任务。"斯德丁"号（Stettin）及其率领的4艘巡洋舰[①]，在海战的大部分时间里都毫无建树地跟在战列舰队后面，从来没有机会靠近敌人并汇报敌情。"法兰克福"号及其僚舰（跟随希佩尔行动的第2侦察群，指挥官是海军少将博迪克）发现了英舰，从德国官方报告中的通信附录看，它们也发出了大量报告。但是每到关键时刻他们就销声匿迹了。

日德兰海战作战报告中，多次出现了这一句话："敌人转向并脱离接触。"但是极少提到采取了什么行动来恢复接触。这其实部分地构成了一个更严重的问题。

很多人在关键时刻做出了自己认为正确的决定。古迪纳夫和斯特林就是两位标志性人物。还有在舰队展开时杰拉姆显示的主动性（上文111页），以及后来（下午7时22分），他命令第2战列舰中队以分队为单位右转两个罗经点（他可能是试图与刚刚消失的敌人恢复接触），但命令随即因与杰利科的第一次转向机动命令冲突而取消。[34]令人不解的是，他们表现出来的主动性——无所畏惧的责任感——在将官和舰长中极为罕有。其实各个阶层的军官都是如此。军官们死守在他们的战位上，等待着进攻命令。舍尔第二次战斗回转机动后，轻巡洋舰直到晚上8时，得到贝蒂的命令才展开侦察行动（向西扫荡，在天黑之前确定敌战列线前锋的位置），这也是缺乏主动性的表现。一位同情杰利科的传记作者，也是一位参战海军军官说："他可能没有意识到，在他的备忘录、

---

① 跟随舍尔行动的第4侦察群，指挥官是海军准将冯·罗伊特。

训令和指示中，整个指挥链条的广度，他也许竖起了一道阻止人们发声的高墙，只有最坚定最独立的人才敢于突破。"[35]贝蒂在海战后制订的《战列巡洋舰训令》中，明晰地对总体情况进行了总结，并指出了士气因素：

> 事实一再证明，没有什么比"等待命令"更致命的了。高级军官可能正处于激烈战斗中，他们的通信设备可能被摧毁，或者因其他各种原因无法发布命令。因此下属指挥官的责任，就是对要执行的命令进行预测，以司令官的意图和要求行事。而司令官的要求只有两个，而且非常简单。那就是，只要敌人的重型舰艇还没有被击沉，我们必须"对其定位并报告"，以及"进攻并摧毁"。但是，这两个任务是紧密相关的，单独执行其中一个是无法确保成功的，也不能有要保证执行其中一个任务，就必须放弃另一个任务的想法。[36]

对比双方驱逐舰的不同战术也是非常有趣的。舍尔在白天使用雷击舰时，遵循的原则是，进攻就是最好的防御。与之相反，英军驱逐舰支队并非用于进攻。GFBO 规定它们的主要任务是防御。也可能是因为德军战列舰队每次出现在视野中的时间都很短暂，无法组织和实施驱逐舰攻击。[37]具体来说，在白天的行动中，英国驱逐舰只发动了两次进攻：一次是执行贝蒂 4 时 9 分的命令，由"鲨鱼"号率领另外 3 艘驱逐舰于 5 时 55 分发动。7 时 30 分，有半个支队的英军驱逐舰向德军雷击舰发动了反击，这是一次判断准确的行动。在白天的战斗中，78 艘英军驱逐舰发射了 17 枚鱼雷，61 艘德军雷击舰发射了 35—45 枚鱼雷。如果我们把第 12 驱逐舰支队的进攻行动算在白天（虽然能见度极差），那么英军舰队在夜间只实施了一次支队规模的进攻。

双方驱逐舰都没有达到各自的期望。不过，英军对此并没有感到吃惊。除了前文提到的驱逐舰的缺陷外（168—170 页），驱逐舰部队也几乎没有进行过鱼雷攻击演习：斯卡帕湾内过于狭小，而外海的海况通常都无法实施鱼雷回收作业。这是个无解的问题。而且实战表明，白天面对敌人的炮火反击，在没有舰炮支援的情况下，鱼雷攻击很难取得任何战绩。驱逐舰的夜间攻击战术还没有得到真正的发展，在日德兰，驱逐舰夜间进攻，只是一系列徒劳无望的失败尝试。驱逐舰发射的鱼雷获得的战绩为（或者据认为），"波美拉尼亚"号、"罗斯托克"号和V–29号被击沉，"塞德利茨"号轻伤，"马尔博罗"号被击中，"鲨鱼"号被击沉。尽管德军雷击舰装备了比对手更多的鱼雷，但英军的损失却尤其轻微。原因是鱼雷航速太低，鱼雷航迹在2.5英里外就清晰可见，特别是杰利科的转向脱离，和英军舰长们娴熟的规避机动。（海军部估计英舰至少规避了50枚鱼雷。）由于缺乏足够的轻巡洋舰，德国海军不得不让雷击舰执行侦察任务，在日德兰大量德军雷击舰被用于此目的。当以扇形队形前出时，他们证明了自己发现并定位英军舰队的价值。但是它们并没有在夜间发现英军战列舰队。德军雷击舰在战术上的主要成果是迫使英军战列舰队于5月31日下午7时30分转向脱离。

　　鱼雷本身令人失望的一个原因，是双方的主力舰和巡洋舰都错失了一些发射鱼雷的机会。这在一定程度上，要归咎于这些军舰的基本作战模式就是以舰炮与敌人对决，所以尽管每艘军舰上都有受过专门训练的人员，负责在战斗中发射鱼雷，鱼雷的作用还是遭到了忽视。海军部称鱼雷被忽视的原因是：

　　5月31日的低能见度和烟雾（有意或无意施放）……使战场呈现出不利于鱼雷发射的条件，结果很多本可以发射鱼雷的机会也未能抓住。另外一个妨碍我们大量使用鱼雷的因素，是战场上有大量军舰和舰艇中队，它们在同一海域内以不同航向航行，结果使我们的军舰经常放弃发射鱼雷，以免误伤友舰，而经常是当射界扫清后，敌人已经消失在雾中了。[38]

　　英军可能错失的鱼雷发射机会有：6时18分，当战列巡洋舰在公海舰队左舷前方约25度时，德军先导舰（"国王"号）距"狮"号约11000码，只有"狮"号发射了一枚鱼雷，但未命中。（该舰在几分钟前也发射两枚鱼雷，均未命中。）6时20分，第5战列舰中队曾有发射鱼雷的好机会，但"厌战"号错误的机动可能妨碍了其他英舰的鱼雷发射。它们正处于公海舰队前方约45度方向，距离10000码，即使德军舰队随即向东转向，英舰还是有机会发射鱼雷，因为德军战列线太长了。7时15分，战列舰队第5（"巨人"号）和第6（"马尔博罗"号）分队处于公海舰队前方20—40度，距离13000码处。如果此时发动攻击，鱼雷有可能会在敌人正在转向，处于一片混乱时抵达目标处。最后在夜战中，"雷神"号、"马尔博罗"号和"复仇"号错失了在咫尺距离上向"毛奇"号和"塞德利茨"号发射鱼雷的机会。大舰队在白天战斗中发射了38枚鱼雷（重型舰艇发射13枚，驱逐舰发射19枚，轻巡洋舰发射8枚），号称命中6枚；在夜战中共发射了37枚鱼雷（轻巡洋舰发射2枚，驱逐舰发射35枚），号称命中16枚，这当然是被夸大了。[39]

## 3. 战术

公海舰队在和平时期的良好训练，在海战中终得回报。笔者同意奥地利海军武官的评价："中队、分队和单舰的机动，'全体转向'，以及航向与航速的改变，都像钟表一样准确，在以各种阵型机动时都平稳自如。"而英国海军战列舰队的操舰水准，在执行舰队司令的指示和命令时，也表现得完美无缺。

那么如何评价双方指挥官的表现呢？希佩尔的表现堪称上佳。在面对具有决定性优势的敌人时，他的指挥充分体现了信心、技巧和魄力。他的司令官呢？德国国内外的普遍观点是，舍尔的战术极具想象力，也展现了略带奇迹感的灵活性。这里我必须表达不同的意见。舍尔也许是一位娴熟的舰队指挥官，但是他还需要一些真正的战术大师应具有的品质。每次他与英军舰队遭遇都毫无准备，而且每次都吃惊地发现，自己被英军战列舰队抢占了T字有利阵位。当然他在脱身时的表现都无懈可击；但是一位出色的战术家，绝不会两次将自己置于这种自杀般的境地。另外，舍尔采取的机动并非战术退却，因为那其中还蕴含了一位指挥官试图最终赢得海战的希望和努力。他唯一想要的，是尽快离开英舰舰炮的射程并与之脱离接触，他唯一的进攻战术，就是使用驱逐舰发射鱼雷以让自己从绝境中脱身。若非如此，舍尔绝对不会做出如此承认："……所谓的大舰队与一场辉煌胜利失之交臂，只是因为德军舰队在发现英军的回击依然顽强后，主动选择了迅速撤退而已。"[40] 前海军上校恩斯特·冯·魏茨泽克，在日德兰海战中是舍尔的旗尉官（后来成为希特勒的外交部高级官员），也认同我关于舍尔作为战术家的观点。英国驻柏林海军武官曾在一次晚餐会上与魏茨泽克会面：

在愉快和坦诚的气氛中，他证实了我的怀疑，舍尔在海战中，对实际态势不明就里，他的机动，完全不是出自一种高明的战术考虑——相反，他只有两个确定的想法。其一便是保护"威斯巴登"号，如不成功，就让该舰自行脱身返回基地。至于驱逐舰的进攻行动，魏茨泽克说，那源于舍尔说的一句话："驱逐舰什么事都没做——让它们去干点什么。"他说舍尔的成功是因为他的决策能力，但他对战术一无所知，不过他反对舰队闲置在港内，一有可能就会出海活动。魏茨泽克告诉我，当双方第一次接触[①]的消息传来时，他就在舰桥上，他立即冲下舰桥，将消息告诉了正在甲板上来回踱步，享受新鲜空气和阳光的海军中将。舍尔似乎对散步被打断非常不满，几乎对魏茨泽克大发雷霆。也就是说，舍尔和其他海军将领没什么区别，绝不是当代历史学家企图吹捧成的战术天才和超人。[41]

而在英国方面，我发现公正评价贝蒂在战术上的整体表现是极为困难的。说他在战术运用上有极高的水准并不为过。他的战术思想的主旨是以跟随旗舰为基础，这非常适合于完全理解他意图的舰艇中队的机动，但是他不重视如何准确地发布命令，并且一直任用一名不合格的通信军官。但是他在指挥战列巡洋舰队时表现出来的决心和技巧达到了人们的最高期望。

正如我分析的，杰利科的战术一直充满了争议。德国历史学家认为他不是在控制势态，而是甘于等待，"与舍尔鲁莽的进攻精神完全相反"，他们还说杰利科在指挥上"小心谨慎"，而且"过于消极"。舍尔本人写道："每一次有机会以他压倒性优势的力量全歼德军舰队时……海军上将杰利科都将他固守的，避免损失的战略原则化作一场谬误。"[42]很多英国和其他国家的学者也同意他的观点，例如西里尔·法尔斯（Cyril Falls）说："两位舰队司令中，杰利科证明自己更有技巧，和深思熟虑下的自制能力……（但是）他似乎只是在阻止德国人取胜，而不是让自己获得一场大捷……"[43]日本帝国海军的一位军官认为，

---

① 我（武官）认为是"加拉提"号和"埃尔宾"号之间。

杰利科的"弱点",是他专注于"保存舰队,不管什么动机……卓越的领导者都是用坚强和决心来打造的……他们强烈的征服愿望会压倒任何其他思虑……所以才给他们带来了辉煌的胜利"。[44] 很多皇家海军高级军官,例如凯斯和查特菲尔德都认为,杰利科"在5月31日下午未能把握住面前的一次重大机遇"。[45] 蒂利特虽然在性格上很像贝蒂,但在日德兰海战的争论中,他并不属于杰利科和贝蒂中的任何一派,不过他留给儿子的印象是,他认为杰利科不够积极主动,未能全力利用自己的机会。[46] 里奇蒙德很好地总结了众多年轻军官的看法:"当天,J. J. 爵士在敌人触手可及的情况下,未能被以消灭敌人为己任的信念所鼓舞,结果与胜利失之交臂……J.(爵士)不像纳尔逊那样,全身充满着'对胜利的渴望'。他写的书也是这样告诉我们的……""他全心关注的就是安全,而不是消灭敌人。我相信这就是历史对他的评价……"[47]

对杰利科指挥舰队的方式,主要有以下两个非常具体的批评。首先,如一位参加了日德兰海战的杰出海军将领所述,杰利科的"集中指挥原则,主导了我们的战术体系,僵化了犹如一位巨人的大舰队的各个关节,导致舰队无比笨拙,从来都没有体现出赢得海战所必需的灵活性"。一些人补充称,应该给予指挥官更多主动性,当出现了有利于实现舰队司令计划或意图的机会时,在一定程度上让他们自行判断并采取行动。当舰队司令因低能见度、硝烟、烟尘和其他缘故未能了解势态时,他们能够主动抓住机会。

没有人否定高度集中的指挥原则。事实上所有事宜都是以旗舰为中心的。总的原则,是没有舰队司令的命令,就绝不采取任何行动,除了观察到鱼雷轨迹时采取的规避机动,中队和分队指挥官都没有什么主动性可言。海军上将迪尤尔断言,"日德兰海战中,战列巡洋舰错误的火力分配,战列舰队过于集中地向相同的目标开火,以及驱逐舰在战斗中毫无协同的进攻,都可以部分地归结于缺乏以分队形式进行的训练和演习"。

但是实战经验表明,舰队司令僵化地指挥由24艘战列舰组成的,长达6英里的战列线(除了第5战列舰中队),比想象中要困难得多。除此之外,当舰队艰难地将敌人置于火力范围中时,因战列线中的一部分受到鱼雷攻击威胁,就将整个舰队转向，绝不是最佳选择。如果要及时抓住出现的机会，不仅要允许，而且要鼓励分队指挥官主动行事。但是独立的行动不能造成混乱。分队之间必须能够相互支持，这样战列舰队才能保持凝聚力。[48]

《海军参谋部评论》强烈批评了"大量的通信"，认为它就植根于被海军奉为圭臬的集中指挥原则，导致下属指挥官一味地等待命令。

日德兰海战中，大量通信作为英国海军战术特征之一，对战术原则和实战效果而言都是负面的。海战中，唯一真正的战术原则，是建立在互相清晰地理解战术意图基础上的相互信任。发布无数命令，指示转向的罗经点数，将航向转向这里或那里，多次的回旋机动，或者建立前往某个方向的航线，大部分情况下，这些命令都可以简化为切断敌前卫分队，攻击敌后卫，等等命令。这只需训练和相互协同就可以做到。[49]

回顾日德兰海战，除了极少数情况外（例如杰利科背敌转向，和杰拉姆错失了白天最后时刻的战斗机会），并不能明显地看出，阵型上更大的灵活性，和行动上更大的自由能带来什么优势。但是，即使我们承认这一点，并且认识到，要在中心指挥和分散指挥之间达成真正的平衡，是极为困难的，用海军上校克雷斯维尔的话来说就是，分队行动必须能相互支援，不能以保证舰队凝聚力为由来削弱期望指挥更加灵活的正当性——即便如此，日德兰海战的教训还是清晰可见的。舰队司令在战斗中指挥一支庞大的舰队机动，未赋予下属指挥官任何主动性，肯定是不明智的。或者用海军上将坦南特的话说，"希望采取进攻行动的大型舰队的两翼，**必须有善于把握一切机会的指挥官**"。德国人并不需要这一教训。应该期望分队指挥官发扬主动精神，无须等待就采取行动，实现舰队司令的战术意图，而在日德兰，德国海军正是这样做的。例如，晚上8时25分，德国第2战列舰中队未等待命令就脱离主力，南下支援战列巡洋舰。杰利科此后也将这个教训铭记在心。（见第七章。）

其次，另一项杰利科在日德兰海战中广受批评的战术则是笨拙、漫长和僵化的战列线，或者如舍尔描述的："他那赘长的，毫无战术意义的战列线"。批评者问道，是不是应该坚持战列舰队必须保持整体性，而永远不能尝试分队战术的古老原则？他们说，这一原则与集中指挥结合，排除了中队和分队可能集中优势力量于敌舰队一部分，或者通过合围其前卫或后卫来切断其退路的独立战术。用以证明单战列线"僵化性"的一个例子是 GFBO 中的建议，如果战列线中出现空隙，前方的军舰要减速以让后面的军舰跟进。俄国海军武官曾在伯尼中队旗舰的一次晚餐会上（1916 年 11 月 13 日）说："整个舰队保持纵向单战列线，是导致海战不可能产生决定性结果的重要原因。"他得到了在场军官"几乎一致的赞同"。[50] 这里没有必要重提有关单战列线的争论（见前文），但要指出两个事实：如果敌人提供了一个非常有利的机会，且放弃一条紧凑的单战列线阵型是可行的，放弃它才是合理的，如若不然，则阵型越紧凑，战斗力越强大；直到日德兰海战，绝大部分高级军官都依然反对放弃战列线的凝聚性。

接下来一些批评者称，杰利科本应该加强战列舰队的夜战训练，这样他就可以展开夜间行动，不用率舰队南驶，以期在白天阻挡在敌人及其基地之间。但不争的事实是，舰队未经夜战训练。另外，如果经过夜战训练，结果会有什么不同吗？舍尔已经利用低能见度和暮色避开了白天的战斗，他肯定也不会让自己陷入一场夜战。

对作者来说，即使存在一个非常有力的指控（如众所周知的，杰利科面对驱逐舰攻击时的转向），对杰利科的批评也似乎忽视了一个基本作战原则，那就是战略决定了战术。也就是说，战斗是为战争中的主要战略服务的。**杰利科的首要目标，是保持英国的海权，而他也实现了这一目标**。他的第二个目标才是摧毁公海舰队；这是万众期望的，但不是必须的。笔者坚信杰利科不乏进攻精神，但是他知道他可能，像丘吉尔说的那样，"在一个下午输掉战争"。如果大舰队被歼灭，德国将可以对英国实施封锁战略，将协约国运输船和供应船只扫出大洋，切断英国海外运兵航线，并让英国陷入饥饿。海军部在海战之后不久，非常清晰地指出了大舰队的重要性："英军舰队对协约国赢得战争至关重要。德军舰队是次要的；它的损失并不会对同盟国造成致命的影响，因此它比英军舰队更敢于冒险。"[51] 所以杰利科不得不抑制住迫使德军舰队一战的愿望，避免因敌人的鱼雷攻击，或是因错误机动，使自己的部分力量暴露在整个公海舰队火力之下，从而损失大量舰艇。另外迫使他小心谨慎的，是当时两支主力舰队之间交战的条件：他对公海舰队的实力和构成缺乏了解，能见度非常有限，而且在战斗开始阶段，有关敌人位置的错误情报，导致他处于非常不利的地位。

不管怎样，即使能够完美无缺地指挥舰队，我们也很难看出，双方战列舰队的航速差别不大，天色将晚和能见度极低的情况下，英军舰队可以在天黑之前取得决定性的战果——比上述条件更重要的是，其中一方的舰队司令，要不惜一切代价避免战斗。他所能做的就是转向全速脱离，消失在雾中，而这正是舍尔采取的战术。战争结束后，在海军战术学校进行的海战演示中 ①，在场的任何一位军官，显然都想不出任何杰利科当时可以实施，却未能实施的方案，可以迫使不情愿的舍尔投入战斗。正如身为将官的德雷尔、詹姆斯和哥德弗里，海军上校皮蓬，以及其他曾详细研究海战的人们所意识到的，这才是日德兰海战的关键问题。从舍尔意识到他面对的是整支大舰队那一刻起，他的目标就是逃避战斗，并且在尽量减少损失的情况下返回基地。他能够达到目标，因为他舰队的航速只比杰利科慢几节，而且他有巨大的机动空间。在没有绝对速度优势的情况下，迫使极力避战的敌人投入战斗是极为困难的。必须提醒读者的是，如果法西联合舰队在特拉法尔加不是因为被背风所阻，无法向下风方向撤退，而被迫投入战斗，纳尔逊也无法进行一场决定性的战斗。[52]

但是，如果杰利科在夜间能够根据海军部和自己下属的情报，做出更好的部署，他在6月1日白天打一场决定性的海战还是有可能的。如果杰利科置身于舍尔和他的基地之间，加上18小时的白昼时间，什么也拯救不了已遭重创的公海舰队。但未出现这种结果并不是杰利科的错误。

我无法接受丘吉尔和海军上将迪尤尔，以及其他贝蒂帮成员的观点，即如果贝蒂在日德兰海战中担任大舰队司令，"将会有一个完全不同的故事"。贝蒂有很多伟大的优点，发展全面、无惧、勇猛、有远见，但是当时，他以"天

---

① 使用模型代表每一艘军舰，以地图盖板代表"铁公爵"号在各个阶段的能见度。

生的，斗牛犬般的斗士"而著称，而且他"跟随我"的命令被误解，在没有第5战列舰中队支援的情况下就与希佩尔开战，这些都遮掩了他的上述优点。他并不是一位冲动且会轻率冒险的斗士。他的勇气为他冷静的头脑所控。他不会采取戏剧性的，博眼球的行动来讨公众的欢心，让他们忘却因大舰队无声无息而产生的不满，这样的行动无助于赢得战争，而且可能造成无谓的舰艇和人员损失。毫无疑问，在战争的最后两年中，作为大舰队司令，贝蒂并不比杰利科更愿意冒不合理的风险。因此，作者不认为如果5月31日，是贝蒂而不是杰利科指挥舰队，结果会有什么不同，因为作者不相信贝蒂会尝试什么超乎寻常的方案。如果他尝试了，很可能在当时当地就输掉了整场战争。[53]

杰利科因为没有在日德兰创造奇迹，而承受了大部分不公正的指责。他和其他最优秀的海军军官一样勇敢和有进取心，且已经尽一切可能，做到了无人能及的事情。

# 日德兰：评价
## （1916年6—7月）

## 第六章

我们已经通过海战，向全世界证明了英军舰队并不是无敌的。

——舍尔，"斯卡格拉克海战思考"，1916年6月17日

德国宣称自己获得了胜利，这是荒唐可笑的。胜利总是属于主导战斗的一方，我们在第二天大部分时间里就处于主导地位，直到他们全部或者大部分返回了基地。如果他们对胜利如此有信心，就应该继续战斗，而不是仓皇回家。

——杰利科致夫人，1916年6月4日

认为一场海战胜利就能改变局势是错误的；它只能更加确立局势。在日德兰之前以及之后，德军舰队都被关在监狱里；海战是他们打碎囚笼，冲破牢门的一次尝试；他们失败了，而且随着失败，公海舰队再次沉沦到衰弱无力的状态。

——贝尔福，给新闻界的简报，1916年8月4日

……如果在1916年5月31日发生了一次"特拉法尔加"海战，将让英国海军在未来很长时间内重新建立优势。这种抬升既依靠士气，又依靠装备……英国在日德兰，失去了提升士气的不可估量的宝贵机会……美国和日本水兵再也不会畏惧于强大的，甚至是压倒性的英国海军传统优势。

——海军中校霍洛韦·H. 弗罗斯特

（Holloway H. Frost，美国海军），《日德兰海战》

## 1. 反应

公海舰队即将抵达基地时，向国内报告了大舰队的损失情况。舰队在 6 月 1 日午前进入杰德湾口时，舍尔在司令塔上开启了香槟，以示庆祝。很显然，他认为自己打了一场漂亮仗。舰队已经安全返航，而英国的损失远大于公海舰队的损失。舍尔的第一份总结报告称，英军损失了 1 艘无畏舰（他们将"无敌"号误认为"厌战"号）、3 艘战列巡洋舰、2 艘装甲巡洋舰、2 艘轻巡洋舰和 13 艘驱逐舰。[1] 德国人用最快的速度吹嘘自己的成功。6 月 2 日中午的一份公告宣称海军获得了一场胜利，击沉了"厌战"号、2 艘战列巡洋舰、2 艘装甲巡洋舰、1 艘轻巡洋舰、3 艘驱逐领舰、1 艘潜艇和多艘驱逐舰，同时只承认己方损失了 2 艘军舰——"波美拉尼亚"号和"威斯巴登"号，另外"福乐普"号和几艘驱逐舰未能返航。公告没有提到"吕措夫"号、"埃尔宾"号和"罗斯托克"号，它们都是被迫放弃而沉没的。海战被称为"斯卡格拉克大捷"，而舍尔是"斯卡格拉克的胜利者"。[2] 奥地利海军武官向他的上级报告："舰队中气氛非常高涨；他们都为胜利所陶醉……他们感到，尽管英国有很多吹嘘的资本，却无法击败德军舰队，现在也必须对他们刮目相看了。这种自信弥漫于整个舰队中，连最下级水兵也对他们的实力信心十足，并毫不怀疑他们会在下一次海战中再次获胜。"[3] 庆祝胜利的旗帜连续数天飘扬在柏林上空，学校为此而放假，新闻界也陷入了自我庆祝的狂欢之中。德皇那戏剧表演式的情绪几乎使他进入了歇斯底里的状态，他在威廉港登临旗舰（6 月 5 日），拥抱舍尔并亲吻了他的双颊，对海军官兵发表了长篇大论的演讲，连连使用夸张字句，诸如"特拉法尔加的神话已经破灭了"。他随后登上其他军舰，亲吻了每一位舰长，将铁十字勋章和其他荣誉授予官兵。舍尔和希佩尔都得到了德国最高军事荣誉，大蓝徽十字勋章（Order Pour le Mérite），舍尔还被晋升为海军上将。希佩尔被巴伐利亚国王册封为骑士，成了"冯·希佩尔阁下"（Ritter von Hipper）。①

毫无疑问，所有这些自鸣得意都是发自内心的（海军上尉魏茨泽克称之为"5

---

① 舍尔不愿意接受贵族称号，虽然对他实际上有没有被册封尚有争议，但很多人认为他的名字前面绝不应有"冯"。

月 31 日亢奋"），这来自公海舰队的军官们一致认为，海战已经证明了，他们有能力造成巨大的敌我损失比，德国主力舰的防护能力（Widerstandsfähigkeit）也非常出色，海战结果也达到了最高期望。战后，直至希特勒时代，它都被视为一次伟大的胜利，就像德国官方史欢呼的那样，这是德国的胜利，是德国军事力量的伟大壮举。德国政府鼓励国民，每年 5 月 31 日庆祝"斯卡格拉克大捷"。海军中校 M. G. 桑德斯（M. G. Saunders）清楚地记得，他在 20 世纪 20 年代早期参观慕尼黑的德意志博物馆时，一幅在玻璃展台中，用双方舰艇模型摆出的海战场景给他留下了深刻印象。场景的名称是"斯卡格拉克的胜利"（Der Sieg am Skegerrak），桑德斯"饶有兴趣地看到，德国民众见到这幅巨大而又逼真的模拟场景时，流露出的兴奋和自豪表情"。虽然德国从不羞于展示公海舰队取得的成就，并为之极为自豪，但我们必须将德国对海战的观点，和日德兰海战对政治和海军战略的实际影响区分开来，我们将在本章另外讨论。这两点并不是完全一致的。

英国对海战的观点是完全不同的。对大舰队官兵来说，海战结果是极其令人失望的。上天将敌人送到他们手中，他们也处于全歼公海舰队的有利位置。更令他们抓狂的是，在没有明显错误的情况下，胜利的酒杯就在嘴边被抢走了。第 4 轻巡洋舰中队一位年轻军官的痛苦表达可能有些极端，但却是舰队官兵第一反应的真实写照：

我什么也不是，贝蒂什么也不是，杰利科什么也不是，那 5000 名丢了性命的勇敢的弟兄们什么也不是。我们都会死，要么驾着烈火战车驶向天堂，要么在床上咽气。唯一重要的是海军。自打颓废的查理一世之后，海军还没吃过败仗，从那时起海军就是帝国和文明世界的支柱，海军，纳尔逊的海军，德雷克的海军，他们把海军托付给了我们，可是它的盛誉如今却被屠杀妇女的肮脏的条顿人，和傲慢的中立国所啃噬，落得个连娼妓都不如的名声。这些都为我亲眼见证。[4]

6 月 3 日，俄国海军武官与部分大舰队军官讨论了海战。"所有人都确信，这对我们称不上一场胜利。"

尽管如此，舰队上下对杰利科的信心仍未动摇。他手下最优秀的舰长之一，W. W. 费希尔在给总司令的信中（6月2日）说："请允许我打破海军惯例对您说，您仍是'圣文森特'号所有官兵最信任的人。这也是整个舰队的信念……"杰利科收到了来自海军内外的大量信函，祝贺他获得了"完胜"（第四海务大臣兰伯特，6月4日），"给了公海舰队一些没齿难忘的教训"①，等等。第一海务大臣就"战果"向杰利科表示祝贺：他认为敌人"在一段时间内不会再集体出动了（6月1日）"[5]海军大臣也宽慰和祝贺了杰利科（6月5日）："你被客观因素夺走了胜利，如果多一点好运气就可以取得压倒性胜利；我对你的失望感同身受，但是……你已经获得了一场对整个协约国至关重要的胜利。你理应感到欣慰！"[6]不过之后几年里，贝尔福极少提及日德兰海战，有一次在与贝蒂的谈话中，他称日德兰海战是"一次错失的机会"。[7]

虽然杰利科在6月4日通报大舰队，"已经掌握了足够的情报，使我可以坚定地宣布，由几代英勇水兵传承下来的光荣传统，在我们的维护下岿然不动"，但实际上，他内心深处对海战结果倍感酸楚。在海战结束后写给海军大臣的信中，杰利科对公海舰队的逃脱无比失望，并写道："我希望如果有人认为我指挥有误，你能毫无迟疑地发起质询和调查。"[8]他还向第一海务大臣承认："我经常感到，55岁以上的人无法长期胜任此职。但是，我将竭尽所能，我还有一支出色的参谋团队。"[9]陆军大臣基钦纳爵士随"汉普郡"号巡洋舰遇难（6月5日）加重了杰利科的抑郁。"（这一损失）是国家的一场深重灾难，不可避免地令我感到无比伤感，因为我对此负有重大责任，是我下达了军舰出航的命令……我的好运气恐怕已经到头了。"[10]当他越来越意识到，大舰队在海战中无可置疑地错失了多个良机时，愈加感到沮丧了。在南下前往海军部途中（6月24日），杰利科在罗赛斯短停，登上"狮"号与贝蒂见面。他显然非常低落，坐在椅子上双手捧头，痛苦地承认："我错失了一生中最难得的机遇。"[11]

至于贝蒂对海战的反应，他用积极乐观的外表掩饰了内心对苦涩结果的挫

---

① 退役海军上将埃德蒙·坡爵士（Edmund Pöe），6月7日。

折感。海战结束返回罗赛斯后，他找来了海军中校丹雷泽。后者回忆："我在'狮'号上他的舱室内和他独处了一个多小时，他踱来踱去，亢奋地谈论着战斗，用词激烈地抨击舰队司令没有支援他。我当时只是一个年轻的海军中校，但那仍是我一生中最痛苦的时刻。"[12]另一方面，贝蒂在 6 月 9 日，海战后写给杰利科的第二封信中却展现了截然不同的心态。①

　　首先，请允许我对您错失了一场伟大的胜利表示最深切的同情，当您率舰队出现在我视野中时，我对胜利已坚信无疑了。我完全理解您的感受，战列舰队在如此之近的距离上与胜利失之交臂，没有比这更遗憾的事情了。形势对我们极端有利……但是每一次我们都被天气打败了。12 月 16 日，1 月 24 日（再明白不过了），还有这一次……很不幸，我们对位置的计算不够精确，但如果天气晴朗，这只是微不足道的因素。

　　您的南下机动非常明智，我当时确信，能在天亮时抓住他们。现在我相信，他们没有开往您的东北方向，而肯定是向西南方向航行。也许不幸的是，那些发现敌人在北方的舰艇没能报告敌情……

　　我殷切盼望，您能很快乘"铁公爵"号来到这里，以让全体官兵都有幸知道，我们也分享了您获得的荣光。当我们返回基地时吃惊地发现，新闻里称，我们被打败了，这让我们伤心至极……至今仍感痛楚，所以如果能得知您将莅临，全体官兵将转悲为喜，也将万分感激。我们属于大舰队，也希望能见到我们的司令官……

　　在这令人疲倦的漫长等待后，在失去了这么多亲密同伴之后，在经历了种种不利的一个下午的，名副其实的噩梦之后，将是一个可怕的艰难时刻。一想到我们伟大的舰队，在战斗开始后的第 11 个小时错失了胜利机会，我就心痛不已。所以我恳请您前来看望我们，并告诉我们，您仍然对我们充满了信心。[13]

---

① 第一封信仓促而简短，写于6月3日。

贝蒂从来没有以胜利者的姿态庆祝过日德兰海战。这对他来说是悲哀的一天。在海战一周年到来之际，他手下的几名军官问他将如何纪念，他回答说（和他写给妻子的一样）："（那）是我一生中最悲伤的日子，我失去了很多珍贵的老友和可信赖的同僚，海军丧失了一次可以获得最伟大和最光荣胜利的机会，因此这绝不是可以庆祝的一天。我欣赏你们提出的，做哀悼弥撒的建议。这是必须的，也是我们唯一需要的。"[14] 他对海战的评价，可以从日德兰海战之前写给第一海务大臣的一封信中看出端倪。

我非常同意，如果在与公海舰队进行一场海战之后，我们的损失不大于敌人的损失，而是与之相当，那么舰队实力对比仍然对我们有利。但我认为，敌人将在士气上获得胜利，他们仍将保持一支存在舰队。我认为让海军、英国公众和全世界相信我们战胜了敌人，是非常困难的。他们只会认为，优势海军在给劣势海军造成损失的同时，自己也遭受了相同的损失。他们也会认为优势海军未能抓住机会消灭敌人，并一举获得永久性海权。[15]

如果有什么能安慰贝蒂的，那就是他虽历经了这场战斗，却仍拥有战列巡洋舰队对他不可动摇的信心，而且得到了几位著名海军将领，如作为前第一海务大臣（1912—1914年），以及战前最杰出的两三位海军战术家之一的巴滕贝格的路易斯亲王的高度赞赏。

大舰队对海战结果没有感到欢欣鼓舞，但也绝不等于承认失败。因此当官兵们返回基地时吃惊地发现，公众的印象①是，他们经历了一场失败的战斗。在某海军基地，一位在海战中负伤水兵告诉记者："回到这里时我们还是挺振奋的，但是看看这些报纸。它们说我们被打败了！"贝蒂的旗尉官拉尔夫·西默尔也有同样令人丧气的经历。"这可能是历史上对抗最激烈，最血腥的海战之一，世界第二强大的舰队战斗了满打满算10分钟，然后就侥幸逃脱了。我们回家后

---

① 由流言引起，也由德国海军的第一份公告所加深。

却被告知这是一场灾难！我们损失惨重！我们的指挥官是笨蛋！"[16]

受损舰艇抵达东海岸港口，将海战消息传播开来，军官和水兵也为报平安而致电家人和朋友。有大约6000份类似的电报，海军审查部门并没有将它们截留。而且，就像我们已经看到的，德国人迅速发布了宣布胜利的公告。到6月2日，不胫而走的各种消息，已让全国都知道海军进行了一场规模巨大的海战。海军部虽然对海战结果尚不知情（除了收到的大舰队电报外），但也不能再保持沉默了。他们要求杰利科发表一份公告。6月2日，星期五，上午11点前不久，海军部得到了杰利科的公告稿，其中包括了一些海战细节，海军部决定，在这些信息基础上草拟一份新闻公告。贝尔福当天下午拟定了草稿，经杰克逊和奥利弗少许修改后当晚7时向报界公布。[17]公告包含了已知的事实，不多也不少，坦率地承认10艘，也可能多至16艘舰艇，包括3艘战列巡洋舰被击沉，德国方面至少损失一艘战列巡洋舰，可能还有一艘战列舰和两艘轻巡洋舰，还有多艘驱逐舰也被击沉。公告简短而直白，没有任何安抚人心的字句，给人的印象是，英国海军遭受了一场失败，甚至是灾难。

这颗"白厅放出的催泪弹"，随着6月3日星期六早上的报纸在公众中间炸开了。因为在国民的观念中，无论何时，只要大舰队与公海舰队相遇，后者必定会立即被打沉到海底，而前者只会损失轻微，现在每个人脸上都挂着参加葬礼的表情就不足为怪了。报界也给海战定下了悲剧的基调。海战对德国"是一次重大的战略性胜利"（《曼彻斯特卫报》），"必须承认我们在日德兰吃了败仗"（《每日新闻》），《每日邮报》和《每日电讯报》宣称，海战结果"差强人意"。伦敦的报纸中，只有《晨邮报》和《威斯敏斯特公报》看到了海战的真正意义。一位报界人士一反笼罩在众人头上的消极气氛，写了一首打油诗，名为"打消愁云的良药"，开头是这样的：

Plague on these Curs, who give us all the pip
真想把这些恼人的鸭子全部杀完
And for "A victory！" cry "A Sinking Ship！"
但我们却在大捷时哭喊着"沉了一艘船！"

而结尾则是:

Learn, ye who ne`er have struck an honest blow

希望你们这些没吃过亏的家伙虚心学习

Learn that which Briton, all but you, well know:

学点那些所有英国人都知道的粗浅道理:

That any foe can run that has the legs

有腿的对手都会跑

The omelettes, occasion broken eggs

有时鹅蛋碰上煎蛋也会碎掉

And omelettes, cooked in Jellicoe`s caboose

这道菜上了杰利科厨房的菜单

Merely anticipate the German goose.

他只需要一只德国鹅来下蛋

 

首相阿斯奎斯对公告非常不满,认为内容对海军不公。[18]舰队对海军部极为愤怒,杰利科和贝蒂也被公告激怒,分别给杰克逊写信表示抗议。(6月4日)贝蒂希望海军部"能够很快发布一个更有积极意味的声明","从报纸的反应看,需要振奋一下国民的士气,而战列巡洋舰队的士气则一直保持着高涨状态"。首份公告的一个副作用,是一些人①再次提出,要费希尔重掌海军大权,立即重振国家对海军管理层的信心。② [19]

根据杰利科提供的更多信息,海军部于6月3日凌晨1时15分,发布了第二份公告,指出双方损失的差距并不像第一份公告声言的那样巨大。当公告在星期六下午的报纸上刊出时,起到了一定安抚作用。6月4日星期日晚间,发布了第三份公告,并刊登在第二天早晨的报纸上,让英国人民更加感到欢欣鼓舞,

---

① 劳合·乔治,《每日新闻》、《曼彻斯特卫报》和《观察家报》。
② 费希尔本人向杰利科和贝蒂表示了祝贺,但对他们在战斗中的指挥表现则有微词。

开始认为海军取得了海战胜利。公告仍旧高估了德军的损失，并声称杰利科"将敌人赶回老家后，重返海战的主战场，扫荡并搜索受损舰只"。公告称敌人的损失肯定大于英国，其中包括2艘战列舰，2艘战列巡洋舰，4艘轻巡洋舰，至少9艘驱逐舰和一艘潜艇。

　　6月6日，海军大臣带着解脱感写道："情绪被迅速和彻底地反转了。"虽然，他一直被指责对正在遭受痛苦的人缺乏同情和理解，但贝尔福却从来不思悔改。在帝国商业大厅举行的午餐会上（6月7日），他声称，"坦诚，以及立即让人民知悉我了解的最好和最坏消息的愿望"，是正确和最好的政策。他辩称，当天德国发布了他们夸大和掩盖事实的第一份公告后，才承认损失了"吕措夫"号和"罗斯托克"号。[20]我在这里必须引用海军部秘书的话，作为这场公告争议的结束语。"贝尔福先生担任海军大臣期间，有两件事（达达尼尔战役和日德兰海战）显示了他的优点和弱点。优点是，当他认定某项政策或行动是正确的，就会勇敢地全力支持；弱点是，在这些事例中，他对自己言行对公众观点产生的影响过于掉以轻心。"[21]

　　6月5日前后，公众的观点已经彻底扭转了，人们现在都在谈论的，是一次"重大胜利"：只是因为"夜幕降临和德军战列舰队的谨慎小心"，敌人才免于一次粉碎性灾难；英国毫不动摇地，更加稳固地控制着海权；皇家海军继续着对德国的封锁，公海舰队被"封闭"在威廉港，而英军舰队则在"以无可挑战的优势横扫北海"。J. 萨克森·米尔斯（J. Saxon Mills）的诗"悖论"（《帕尔默尔公报》，6月5日）反映了公众的心态：

The Germans cry aloud, "We`ve won"!

"我们赢了！"德国佬高声哭喊

But surely `tis a curious view

可这想法真是古怪

That those are conquerors who run

因为胜利者在拼命逃窜

And those the vanquished who pursue.

而失败者却在紧紧追赶

这样乐观的口吻不光是"外行"在用。军队中最热门的《海陆军记事》也声言（6月14日）："目前，海军的威望高于一百年来的任何时刻。"海军联合会将海战称为"第二次特拉法尔加"。所有报纸都辟出专栏，赞颂杰利科和贝蒂的战术运用，并称他们可以与纳尔逊相媲美。

7月6日的《伦敦公报》，将杰利科的日德兰海战作战报告作为特别增刊[22]，这打消了公众最后一丝疑虑，除了极少数人，全国上下都坚信英国赢得了一次伟大的，也许是决定性的胜利，德皇的舰队遭到了重大打击。《泰晤士报》（6月7日）称，作战报告"证明我们获得了全面胜利，它（公海舰队）没有被全歼的唯一原因，是黑夜让敌人逃脱了。这说明我们的战略是正确和巧妙的，而我们的战术在理论和实施上都是高超的，再一次实现了'以最有力方式维护了光荣的海军传统'。"《每日快讯》的海军记者H. C. 费拉比（H. C. Ferraby）因为坚持己见而遭到了嘲讽。"这个国家如果还有任何人仍在质疑英国的胜利……他就应该去看心理医生。"

海军自己倒是对"光荣胜利"一说心存疑虑。大部分军官认为，这最多算一次部分性胜利，而不是他们从1914年8月开始就期望的压倒性胜利，后者才属于英国海军的伟大传统，而且也将确保对德军舰队的最大优势。海战后的几周里（特别是在作战报告公开以后），出于认识到海战中出现了大量判断失误，以及希望能找出问题所在，海军上下出现了对海战结果越来越深的失望。虽然费希尔提议，舰队也竭力支持，但是对杰利科表现的不满，还是使他未能被晋升为海军元帅。如果是为了与舍尔获得的晋升相称，这显然经过了慎重的考虑。（退休）海军元帅海德沃斯一封可能对此产生了影响的信中，阐述了对杰利科指挥海战的观点，用歪曲事实的方式，来证明晋升杰利科的决定是荒谬的。

如果杰利科抓住了上天给予的机会，并且在贝蒂协助下，拦截并歼灭了德军舰队，他应该被册封为伯爵——但是他没有追踪德军舰队，而是让自己的前卫分队（杰拉姆分队）漫无目的地游荡，他们几乎未发一弹——而其他舰只只是跟进。杰利科的作战报告声称，他的战列舰队与敌人交战了两个小时，这显然不是事实，而且给全国民众造成了错误印象。整个战斗基本是由战列巡洋舰队完成的，我们的战列舰队只打了几轮齐射——几乎没有一艘战列舰受到了哪怕是最轻微的损伤，他们也没有给敌人造成过同样的损伤！……杰利科在舰队组织和训练方面的工作极为出色，但我只能遗憾地说，他没有展现出一丝纳尔逊、罗德尼或者霍克的气质。[23]

英国政府在9月，为日德兰海战参战人员颁发了大批勋章和荣誉，其中包括授予杰利科具有极高荣誉的功勋勋章（OM）。贝蒂也获得了一等巴斯勋章——骑士大十字勋章（GCB）。

缪克斯的信说明海军军官、海军记者已经开始形成亲杰利科和亲贝蒂两大阵营。从1916年夏天开始出现的，"日德兰争议"的基调，就是杰利科过于谨慎，过于侧重于防御，未能竭力迫使敌人投入战斗：他错失了上天赐予的，同时也是贝蒂浴血奋战才得到的，粉碎公海舰队的机会。一些极端的人（其中有第四海务大臣塞西尔·兰伯特）甚至声称，杰利科在6月1日早上的行动是"逃跑"！另一方面，贝蒂也被指责为过于鲁莽，毁掉了杰利科取得决定性胜利的机会。很自然，在争议的过程中，主力舰队军官比较倾向于杰利科，而战列巡洋舰队军官则维护贝蒂。

一个加剧对立情绪的因素，是战列巡洋舰队①坚信，当他们进行了大部分战斗，并把敌人引向杰利科时，后者却没有抓住机会完成自己的使命。战列巡洋舰队的官兵自然充满了失望和受挫感，也可以理解他们要迁怒于杰利科和他的懦弱。这种感觉是不公正的，但确实大行其道，也对大舰队的团结毫无助益。主力舰队的一名军官指责了"战列巡洋舰队的自大、松懈和无情"。[24]海军上将杜夫试图挖掘战列舰队和战列巡洋舰队之间恶劣关系的根源。在与帕肯汉姆进行了一番谈话后，他说：

从表面上看，战列巡洋舰队不满的，是他们在没有足够支援的情况下，被派出去进行了一次危险的一日游，德国人使用战列舰队支援自己的战列巡洋舰，而杰利科却对此一无所知。这当然并不完全是事实，但是可以说，这是德国海

---

① 前文提到过，他们被认为是海军的精英。

军一直贯彻的基本战略。我相信我们战列巡洋舰队独立的海上行动和杰利科没有关系。无疑在 5 月 31 日以前，战列巡洋舰队傲气冲天，胸有成竹，他们的想法就是要歼灭公海舰队，虽然并不是不需要战列舰队的支援，但却是在贝蒂指挥下，得到战列舰队足够限度的支援就可以了。他们要掌控整个战局，我们甚至连旁观都轮不上。有了这样的意图，他们采取的第一个步骤，就是贝蒂劝说杰利科把第 5 战列舰中队交给他指挥。但是当德国战列巡洋舰 5 月 31 日重创我们的时候，贝蒂并没有使用第 5 战列舰中队作为支援力量，事实上他抛下第 5 战列舰中队，让他们自行决定该如何行动。如果战列巡洋舰队没有学到任何有益的教训，就决不应该再允许他们出海巡游，或者背弃自己在舰队中的责任。[25]

为了缓和这种"分裂主义"情绪，杰利科竭力让战列巡洋舰队感到他们是大舰队真正的一分子。8 月初，战列巡洋舰队访问斯卡帕湾，杰利科给予他们"热情欢迎"，以打消那种他很遗憾地认为，存在于战列巡洋舰队中的"将自己视为独立于战列舰队力量"的想法。"为此在他们访问期间，我安排了大量舰际间的社交活动，并以昨天晚上，战列舰和战列巡洋舰队将官和舰长的晚餐会作为开场。我认为我的'款待'产生了极好效果，我担心的问题已经不复存在了。"[26]贝蒂对这次会面的评论彰显了它的效果：

……战列舰队为我们举行了盛大欢迎仪式，对我们的到来欢呼雀跃。然后军官们就受到了如潮的晚餐邀请，事实上热情得有些过火，我都怀疑他们到底是真诚的，还是受命而为。所有将官都被要求在周日与杰利科共进晚餐，显然在席间谈论海战是被禁止的。老帕克（帕肯汉姆）突然对海战中的某事发表了一句评论，气氛顿时凝固下来，但随即就被众人七嘴八舌地岔开了话题。这样我们仍然不明就里，但我今天请来了老维克托·斯坦利（"爱尔兰"号舰长），应该能找到背后的真相。[27]

风帆时代一些海战之后，出现了巨大争议。例如土伦海战（1744 年）之后，马修斯（Mathews）指责他的副司令莱斯托克（Lestock）没有支援他；凯佩尔的属下，也在乌桑特海战（1778 年）后向帕利瑟（Palliser）提出了类似指控。由于四位将领在伦敦社交圈和议会中都有很多朋友，每场争论都激烈持续数月之久。而日德兰争议，无论在情绪激烈程度和持续时间上都超过了上述争论。争议在剩下的两年多战争里慢慢发酵，但还没有失控。1919 年，杰利科出版了《大舰队》一书，突然令争议升级，随之出现了众多充满了扭曲事实和错误前提的反杰利科著作。[①]20 世纪 20 年代初，围绕着撰写和出版日德兰海战"官方记录"（"哈珀报告"），甚至出现了胡闹般的争吵，使争议达到了沸腾状态。就在争议开始逐渐平息之际，丘吉尔在 1927 年出版了三卷本《世界危机》，让它死灰复燃。整个 20 世纪 20 年代，报纸及各种场合充斥着批评、指责、谩骂和诽谤。杰利科派（以哈珀和培根为首）与贝蒂派激烈地交锋，互相攻击对方的英雄，两位海军将领本人也卷入了争斗，虽然他们的矛盾并未公开。关于这些不光彩事件的细节，包括孰对孰错，我很乐意留给他人去评论，但我却不能不赞同沙恩·莱斯利爵士（Shane Leslie）的看法，他认为这些将军的夫人们，"一群自私的人"，对加剧日德兰争议起到了极坏的作用。我还要补充，至少在海军上将悉尼·弗里曼特尔爵士看来，造成杰利科和贝蒂之间关系恶化的主要责任人，是两位将领的支持者，而不是他们本人。

日德兰争议直到第二次世界大战仍未平息。1940 年，再次担任海军大臣的丘吉尔，给海军部委员会写了一份纪要，称"使用最近离世的著名海军将领，如杰利科和贝蒂的名字来命名新主力舰（即将下水）是不合时宜的，因为舰队中仍存在着他们曾经卷入的各种争议"。海军部委员会"对此完全赞同"，并将"杰利科"号和"贝蒂"号分别改名为"安森"号和"豪"号。[28]

但是我们必须回到日德兰海战本身。英国公众确信这是一次完全的，或者是近似的，纳尔逊式胜利。德国的官方观点则坚称，日德兰海战是公海舰队的辉煌胜利。在这两个极端观点之间，是皇家海军内部普遍感觉到的，英国获得了一次非决定性的胜利。那么事实到底如何呢？换句话说，谁赢得了日德兰海战，

---

① 其中菲尔森·杨（Filson Young）、A. H. 坡伦（A. H. Pollen）和卡莱恩·贝莱尔斯（Carlyon Bellairs）的书产生了最大的轰动效应。

胜利的实际意义又有多大呢？

## 2. 结果

从损失来看，无论是吨位还是舰艇数量，公海舰队都比大舰队轻微得多：英国损失了 14 艘舰艇，111000 吨，德国损失 11 艘舰艇，62000 吨。具体损失见下表：

|  | 英国 | 德国 |
|---|---|---|
| 战列舰 | — | "波美拉尼亚"号 |
| 战列巡洋舰 | "不倦"号<br>"无敌"号<br>"玛丽女王"号 | "吕措夫"号 |
| 巡洋舰 | "黑王子"号<br>"防御"号<br>"勇士"号 | — |
| 轻巡洋舰 | — | "埃尔宾"号<br>"女性之赞"号<br>"罗斯托克"号<br>"威斯巴登"号 |
| 驱逐舰 | "热心"号<br>"幸运"号<br>"内斯特"号<br>"游牧民"号<br>"鲨鱼"号<br>"雀鹰"号<br>"蒂珀雷里"号<br>"急流"号 | S-35<br>V-4<br>V-27<br>V-29<br>V-48 |

笔者认为，将杰利科作战报告中敌人的损失和上面的数据相比较是非常有趣的：2 艘无畏舰（确定）、1 艘前无畏舰（确定）、1 艘战列舰或战列巡洋舰（可能）、1 艘无畏舰（可能）、4 艘轻巡洋舰（确定）、1 艘重型舰艇或轻巡洋舰（确定）、9 艘驱逐舰（7 艘确定、2 艘可能）、以及 4 艘潜艇（1 艘确定、3 艘可能）。中立国接受了英国公布的数字，因为德国后来调高了自身的损失数量，导致他们的数据失去了可信性。

顺便一提，海军部对己方损失并没有感到恐慌。他们尤其不在乎装甲巡洋舰的损失。这些军舰被视为早已过时。航速不高，防护脆弱，它们既不能打又不能跑，最后只能将自己化作空中一团浓密的黑云。通常说来，海军部不大愿意从外国购置现代化军舰，以免这些国家以为，英国正在担心自己的海军优势。但海军部有兴趣从日本购买轻巡洋舰，因为它们"总是合用的"，另外还想购买一艘战列巡洋舰来代替"玛丽女王"号。[①] 接近日本还有另外一个用意。第一海务大臣说："我们只能从盟友那里购买战斗舰艇；这些国家中，只有日本还没有在战争中使用自己的全部海上力量。它目前的态度，使我们对它在战后，当我们的实力耗尽时的行动心存疑虑，如果将来它断绝与我们的同盟，而成为我们的敌人，那么现在让我们的海军获得一些它最优秀的舰艇，对我们是有利的。以它目前的财政状态，向我们出售军舰是可能的。"[29] 这一想法并没有产生任何结果；英国没有为此联系过日本。但是日德兰海战之后，大舰队的轻巡洋舰力量得到了稳步增加，战列舰的优势也加强了。超级无畏舰"决心"号和"拉米利斯"号分别于 1916 年 12 月和 1917 年 10 月加入大舰队。另外，4 艘"王后"级（前无畏舰）也在 1917 年初从亚德里亚海调回本土。[②]

人员损失方面，大舰队共有 6097 名官兵阵亡，510 人负伤，177 人被德军舰艇救起，成了战俘。总损失为 6784 人，或者舰员总数（60000 人）的 8.84%。公海舰队亡 2551 人，伤 507 人（无人被俘），总损失为 3058 人，占舰员总数（45000 人）的 6.79%。[30]

德军宣称自己获胜的主要理由，就是给英军造成了更大的损失，特别是主力舰艇。他们就此，以及在海战中安然逃脱而庆祝也是合乎情理的。但是损失数字远不能说明问题；比军舰被击沉更重要的，是军舰的持续作战能力。大舰队返回基地时，有 8 艘战列舰受伤，而德军有 10 艘[③]，英国受损主力舰占主力舰总数的比例远小于德国。[31] 杰利科手中有 24 艘毫发无损的战列舰和战列巡洋舰，而舍尔只有 10 艘。6 月 2 日上午 9 时 45 分，杰利科致电海军部，称战列舰队处于 4 小时待命状态。到 7 月底，所有受损英国舰艇都恢复了战斗力，而公

---

① "反击"号和"声望"号即将完工，它们比"无敌"号和"不倦"号先进得多。
② 见本章末尾注释。
③ 包括"东弗里斯兰"号（Ostfriesland）战列舰，它于 6 月 1 日早上 5 时 20 分触发了一枚 5 月 4 日由"神仆"号布下的水雷。

海舰队直到8月中旬才准备完毕。"塞德利茨"号到9月16日才离开船坞，"德弗林格"号则一直修理到12月。[①]

更多问题也浮出水面：装备和人员损失对评价战斗结果到底有多重要？答案是：就损失本身来说并非十分重要。海军上将奥斯伯恩（Usborne）曾提醒我们，"在对弈中你可能会损失很多棋子，但只要能将死对方你就是胜利者"。

从战术角度看，由于英德舰队都未能严重削弱对方，所以和海战史上的大部分战斗一样，这是一场非决定性和非全面胜利的海战。而海战的战略意义才是真正重要的——也即海战对整个战争趋势的影响——大舰队毫无疑问是胜利者。舍尔的目的，是切断和歼灭杰利科的前出力量，但他却被迫撤回了基地。虽然他的撤退是成功的，但没有从根本上改变海上态势。**英国对海上交通线的控制并没有动摇。**《环球报》在海战结束后4天，非常简洁地对形势进行了总结："那些摇旗呐喊的德国人得到了更多他们政府最急需的铜、橡胶和棉花了吗？一磅也没有。柏林的肉类和黄油价格下跌了吗？一芬尼也没有。考验的方式只有一个，胜利者也只有一个。战斗结束后又是谁控制了战场呢？"

海战不仅没有动摇英国的海权，而且保证了英国继续巩固海权。战后，"德意志"号的炮术长坦率地承认：

（1918年）11月曾尽最大努力试图一战。但是失败了……因为官兵感到那将是毫无希望的……眼见为实，他们并不傻，你们的战列舰队（在日德兰）投入战斗的那一刻，我们就被完全压倒了，也完全失去了信心。如果白天的战斗再多一个小时，一切都将结束了……英军的损失肯定大于我们，但是我不知道，他们在军舰上的损失能否抵消我们失去的士气……我认为我们的水兵——除非我们把他们骗出去，就像最后我们拼命尝试的那样——如果知道将遇到英国战列舰队，就绝不可能再愿意驾舰出海了。[32]

---

① 海军部也知晓德国海军的状况。

著名德国海军史学家，海军上校帕休斯（Persius）在《柏林日报》刊文指出（1918 年 11 月 18 日）："尽管我们得到了幸运女神的眷顾，但我们舰队的损失是惨重的，而且在 1916 年 6 月 1 日，每个有常识的人都会清醒地认识到，这场海战只能是，也必将是唯一一场海战。高层权威也都公开承认这一点！""高层权威"首先指的是德皇和舍尔。后者在给德皇的秘密作战报告中（7 月 4 日的"Immediatbericht"），表达了他"对海战的最后印象"（德皇在报告的开头评注："漂亮！"），他虽然对海战结果表示满意，但对于在未来进行更多同等规模的海战，以为德国锁定最后的胜利，则丝毫没有感到乐观。舍尔本应头戴桂冠，携胜利之威来书写这份报告，却在最后做了这样的总结：

> ……除了"德弗林格"号和"塞德利茨"号，公海舰队到 8 月中旬就可以再次出动与敌人作战了。
> 如果这些未来行动在对我们有利的条件下进行，我们就能给敌人造成严重的损失。尽管如此，毫无疑问的是，即使我们在舰队作战中获得一次最大的海上胜利，也不能迫使英国求和。相对于英伦诸岛，我们的军事地理条件非常不利，加上敌人装备上的优势，我们的舰队无法通过作战来达到打破封锁，或者攻占英国本土的目的——即使将我们全部潜艇都投入针对敌海军的作战中也不行。（德皇在此段的页边评论："没错！"）
> 要想在合理的时间内赢得战争，唯一方法就是挫败英国经济——也就是使用潜艇打击英国贸易。在此我有责任再次强烈建议陛下，不要对潜艇战加以限制，那样不仅不符合潜艇本身的作战功能，不会产生有效的结果，而且因为美国在英国水域有巨大利益，不管我们的潜艇指挥官多么谨慎，完全避免不幸事件都是不可能的；除非我们能以全部决心投入行动，否则我们还会不得不因为这些事故引起的羞辱而放弃潜艇战。[33]

简而言之，日德兰海战使德国海军指挥层确信，即便强迫公海舰队再次进行决战也是毫无胜算的。大舰队的士气有所下降，但仍大大高于公海舰队残余的士气。最初的振奋消散之后，大舰队仍然是无可征服的，而英国仍牢牢控制着海权。纽博尔特注意到，"（日德兰）海战证明了以前唯一可以证明的海上优势"。德国海军中性急的人，可以讨论再次挑战英军舰队，一分高下，但是舍尔和海军参谋部知道这主意简直是发疯。德国逐渐将希望寄托在无限制潜艇战上，将潜艇作为决定性武器，而一度骄傲的公海舰队，只能承担支援这种小型水下舰艇的被动角色。舰队比以前更没有兴趣投入一场大规模海战；的确，此后公海舰队只出动了三次，分别在1916年8月和10月，以及1918年4月。无所作为的状态，逐渐磨光了舰队因在日德兰海战中优异表现而产生的士气。将战争末期的哗变与日德兰海战联系在一起有些过于牵强（不过很多学者都这么做了）。但很明显的是，在海战结束后的几个月内，德军舰队的士气开始逐步下降，这同样是部分地因为，日德兰海战带来了称颂和人为注入的高度期望之后，公海舰队出现的消极态度。到了最后，公海舰队宁愿哗变，也不愿再次出海作战。

如果这些就是日德兰海战的主要结果，那为什么大舰队在当时和之后，会受到大量无情的批评呢？为什么它会成为英国海军一次痛苦的经历，而后来证明，唯一能治愈痛苦的良药，是在第二次世界大战中获得压倒性的海上胜利？答案就在以下几点思考中：（1）海军已经为此进行了长期准备和训练，对海战结果怀有高度期盼，甚至可以与特拉法尔加海战相比。自然对没有取得决定性胜利感到不满和失望。（2）仅仅取得有限的胜利，而且还是在火力和军舰数量的绝对优势下，无疑让人感到颜面尽失，这不像英国海军传统中，纳尔逊和其他海军将领取得的胜利。（3）德国人在海战后，乃至战后时期的吹嘘，不管如何可笑，都刺痛了英国。所以，在评价杰利科的《大舰队》时，在日德兰指挥德军第3战列舰中队的将领禁不住认为："大舰队在漫长的战争中，未取得伟大的战果或其他光辉战绩，而在战争结束时，依靠停战协定，将它无法消灭的对手带回了英国！"[34]

以下是几点评论。**如果**由纳尔逊来指挥，他在5月31日至6月1日的战场上，会与杰利科有所不同吗？批评者没有注意到的事实是，纳尔逊是靠预见、快速判断和战术技巧，而不是靠鲁莽大胆地向敌人发起冲锋赢得伟大海战的，而且他知道对手将要采取的行动，以及他们的能力和弱点——而杰利科在与敌人真正交锋之前，对这些都一无所知。批评者们还似乎忘记了，纳尔逊处于一场持续多年的漫长海战的最高潮一刻。尽管他准备"为机遇做些保留"，但他的战术基础，是对装备在战斗中如何发挥威力了如指掌。纳尔逊的舰队不必面对任何不确定性和水下武器带来的恐惧。在日德兰需要更多的见机行事，因为这是第一次发生在两支无畏舰队之间的战斗，而且它们都面临着驱逐舰的集群攻击。另外一点，针对的是以德国人为主的抹黑者，纳尔逊的对手，不像舍尔，要么选择奋起战斗（比如在特拉法尔加），要么无助地停泊在锚地，即使想逃也无路可走（比如在哥本哈根和尼罗河）。海军上将詹姆斯对此有一段合理而简练的评论：

> 海战史上，无论使用风帆还是蒸汽机，因为双方舰队速度相同，也因为其中一方指挥官无意打一场决定性战斗，在开阔洋面上进行大规模海战是很少见的。在基伯龙湾、尼罗河和哥本哈根，敌人无法拒绝战斗。特拉法尔加是少数极为激烈的海战之一，之所以能够发生，是因为维伦纽夫已经获得了耻辱性的警告，试图用一场胜利为自己正名。杰利科和霍克及纳尔逊一样，渴望迫使敌人投入战斗：但是一场战斗需要两个人来打。[35]

对英国海军在日德兰海战中表现不满的军官和民间批评者，经常强调海战远没有达成压倒性胜利的结果：

（1）一场新特拉法尔加海战将对士气产生巨大影响。它将强化整个大英帝国的意志力，特别是战场上的英国陆军。而对德国士气将是一个重大打击，甚至有可能导致战争结束。一位海战史研究者写道："除了胜利的光彩，和对整个世界的震撼外，我认为，它将使所有国家相信，胜利必将属于协约国，它甚至有可能将战争缩短一年时间。"[36] 不管海战胜利对全世界的影响如何，它绝不可能让德国人更早投降。在德国，海军舰队的声望远不及陆军。

（2）胜利将把驻守在英国，用于防范德军袭击或者登陆的数十万英军解放出来，使他们可以投入西线战场或者两栖行动。

（3）一次决定性胜利，将为一支英军分舰队打开通往波罗的海的大门，因为驻守赫尔戈兰湾的公海舰队，实质上把守着斯卡格拉克和卡特加海峡，使英军水面舰艇无可奈何。毫无疑问，在通往波罗的海的浅水和狭窄海域时，水雷和潜艇仍会给英国海军造成大量损失；但是如果公海舰队不复存在，这些危险因素也会消失，或者大大减少。英国控制波罗的海将可以实现三个期望：打开为重压下的俄国提供补给的通道，也可以阻止 1917 年 3 月俄国革命的发生；加紧对德国的封锁，断绝来自瑞典的铁矿石和其他必需的战争物资；实施费希尔爵士建议的，在波美拉尼亚发动两栖攻击作战的计划。

（4）胜利将使 U 艇失去它们的主要支援力量，因为公海舰队为潜艇战提供了强大的支援。舍尔本人写道："如果能够摧毁德军舰队，将是英国的巨大成功，因为我们再也不可能发动潜艇战了……如果没有主力舰的支援，潜艇部队很快就会被封锁在港内。"由于有主力舰队存在，英国就不可能在德国基地附近拦截潜艇。另一个方案，在赫尔戈兰湾内布设大量水雷来遏制潜艇（1917 年制订的计划）也被证明是不可行的。德国扫雷舰在公海舰队支援下，非常有效地扫除了水雷。换句话说，只有在严重削弱公海舰队的前提下，英国才能通过控制赫尔戈兰湾来挫败德军潜艇战。

（5）一次决定性海战胜利还可以以另一种方式，来阻止 U 艇威胁升级到 1917 年的严重程度。胜利将使大舰队的大部分轻型舰艇可以用于保护商业护航队。

（海军上校罗斯基尔的观点）总的来说可以确定，一场决定性的胜利，从各个方面对北海战局都会产生深远的战略性影响。正如我们早期经历的数次战争，特别是在北美独立战争期间（1775—1783 年），未能摧毁敌人主力舰队让我们付出了沉重代价，所以在日德兰，未能把握机会无疑也是法国和弗兰德斯战场上僵局得以持续，以及当我们试图在 1917 年打破僵局，却付出了惨重伤亡的原因之一。[37]

就某种程度来说，上述五点中，除了第一点都是完全可信的。不幸的是，杰利科在 1916 年 5 月不可能知道，控制赫尔戈兰湾和波罗的海，将成为可以左右 1917 年局势的最关键目标。直到 1916 年下半年，俄国局势才逐渐恶化，在

1916年6—10月向奥地利发动的，成功的"勃鲁西洛夫攻势"中，俄国又付出了巨大的人员伤亡（超过100万人），更重要的是，俄国民众对政府的信心大跌。当时U艇威胁还没有像一年之后那样严重。不过从4月底开始，德国就显现了利用U艇发动航运袭击战的迹象。但是直到1916年秋天，才真正拉响了潜艇战的危险警报。

但是让我们假设，杰利科在5月31日就对战争前景有了全面了解。他还会因此甘冒"在一个下午输掉整个战争"的风险，利用自己巨大的优势，制造第二次特拉法尔加海战吗？或者，换一种说法，日德兰海战**注定**要成为一场非决定性的海战吗？它还可能有别的结果吗？要获得这些问题的答案，我们还要回到我们在前面章节讨论的，杰利科使用的战术。

一群态度坚决的军官和民间海军专家总是坚称，杰利科没有必要一定要获得一场决定性胜利，因为即使歼灭了公海舰队，英国也不会比海战前更有力地掌握海权。持这一观点的人认为，制海权就是控制海上交通线，控制了后者就控制了一切，不摧毁敌人舰队也能达此目的。这一学派在战前几年里逐渐兴起。退休海军上将赛普里安·布里奇爵士（Cyprian Bridge），曾阐述了他们的基本原则。他认为，"制海权"和"控制交通线"是完全等同的，他强烈建议："海战的原则，就是要在战争一开始就赢得制海权。为此必须消灭敌人的海上力量。敌舰队必须被逐回他们的基地并被封锁，或者'遮蔽'起来，这样它们就处于无害状态；或者就击败和摧毁敌人的舰队。最好能实现后者，因为那是更加有效的方案。"[38] 战争期间这种理论鲜有出现，直到丘吉尔在1916年10月的《伦敦杂志》上发表了一篇文章，为其注入了新的生命力。我们将在另一章讨论这篇文章，及其引起的轩然大波。

衡量战斗力的标准，是海军如何对危机做出反应，日德兰海战就是很好的例子。虽然士气并没有受到打击，但海战结果和教训对海军的震撼，是前所未有的。如果我们相信汤因比教授的理论，文明是通过对巨大挑战的响应能力，而逐步达到其巅峰的，那么，大舰队就是通过面对日德兰海战带来的挑战而臻于伟大的：战术原则、指挥体系和装备中不可避免的缺陷终被揭示。杰利科在6月5日给第一海务大臣的信中说，"有大量教训需要汲取"，而他也立即从这第一次主力舰队的作战经验中总结经验。这些经验教训迅速、无声而有效地被应用在战略战术的制订和装备的改进上。改革和改进虽然不全面，例如新式炮弹的列装工作就极为拖沓，但是大舰队的战斗力已获得提升，其程度是在日德兰海战之前人们无法想象的，而且若非日德兰海战也不可能实现。可以预测，如果德军敢于在6个或8个月之后，或者在对大舰队更有利的一年之后冒险与大舰队交战，结果将是确定无疑的。

**补充说明：**

无畏舰"君权"号、"伊丽莎白女王"号和"印度皇帝"号，战列巡洋舰"澳大利亚"号都未能参加日德兰海战 [1]，它们在海战后不久加入舰队，而公海舰队在日德兰海战中只有两艘主力舰缺席。无畏舰"阿尔伯特国王"号（冷凝器故障）和新服役的"巴伐利亚"号，它们于海战后加入舰队。

---

[1] "君权"号是因为刚刚服役，另外3艘依然留在干坞中。

# 日德兰之后的改革

## （1916年6—9月）

……（日德兰之后的）几个月里，技术的所有方面都出现了剧烈变革，所有人都夜以继日地思索、规划和批评，试图纠正所有错误。

——海军参谋部专刊，《本土水域，1916年6—11月》

日德兰是一个转折点，但不是一场革命：它导致了装备、战术和管理的变化，但没有改变基本原则。整体来看，这些变化首先是为一场革命做出积累；但是日德兰并不是所有变化的原因。日德兰海战之后开始的最后一次潜艇战，强烈推动了许多新措施的出现，这些措施又通过改变战术、装备和设计，对海战产生了深远的影响。海军在日德兰前后有着巨大的差别；但是日德兰海战本身，仅仅是这些变革出现的一小部分原因。

——亨利·纽博尔特爵士，《海军作战》

## 1. 装备的巨大变革

日德兰海战之后，给人们印象最深的，是海军装备出现了长足发展，变革的剧烈程度超过了战略和战术的变化。6月4日，杰利科成立了一批专门处理装备问题的委员会，委员会中有很多技术专家，他们收集海战经验的信息，调查所有有关装备的事宜。委员会包括鱼雷、无线电、防火和防毒气、通信、探照灯、工程，以及极为重要的炮弹（德雷尔任主席）、防护①，以及炮术②。

---

① 按舰种再分为独立的委员会，战列舰由海军少将亚瑟·莱维森主持，巡洋舰由海军上校约翰·杜马雷斯克（John Dumaresq）主持。

② 也再分为独立的委员会，战列舰由德雷尔主持，战列巡洋舰由查特菲尔德负责。

日德兰海战时，除了"爱尔兰"号和"阿金库尔"号，所有战列舰和战列巡洋舰都安装了主炮火控指挥仪；但所有巡洋舰都没有安装。实战证明，使用珀西·斯科特指挥仪，是在战斗条件下主炮瞄准和射击的最有效手段，而夜战则证明，有必要将指挥仪应用到反鱼雷艇火炮的控制上。在委员会的推荐和杰利科的强力支持下，立即开始了指挥仪装备工作。到1918年5月，所有型号可以向前追溯到3艘"韦茅斯"级（Weymouth，1911—1912年建造）的巡洋舰，都已经安装了指挥仪。1917—1918年，19艘驱逐领舰和130艘驱逐舰也都安装了指挥仪。1917年3月至1918年7月，21艘主力舰安装了副炮指挥仪：17艘最新无畏舰、轻型战列巡洋舰"声望"号和"反击"号，以及"大型轻巡洋舰""光荣"号和"勇敢"号。战列巡洋舰副炮指挥仪的安装开始于1918年5月，但到战争结束时仍未完成。一艘前无畏舰"英联邦"号安装了主炮指挥仪（1918年5月），因为它将被用于对岸炮击任务。

由于在5月31日的海战中，德舰在尽快取得命中方面显然更加成功，所以对火力控制体系进行了详细调查。1916年9月，杰利科发布了一份备忘录，其中有炮术委员会推荐的最新目标定位原则——发布这些原则，主要是想从技术层面引发更多讨论，但新原则确实可以对敌舰实施更快和更准确的跨射。杰利科在1916年11月卸任大舰队司令前，对经过修改的炮术原则取得的进步非常满意。"不夸张地说，用新方法确定敌人距离所需的时间，比原来减少了一半。"[1]炮术上的另一个进步（1917年投入使用），是使用照明弹（仿制德国照明弹），这是比探照灯更好的目标识别方式，在某些条件下，照明弹既可以像探照灯一样照亮目标，又不会像后者一样，让军舰成为敌人射击的靶子。[①]在杰利科的建议下，罗赛斯反潜防御圈内建立了炮术练习靶场，这为停泊在那里的军舰，练习操作6英寸及以下口径舰炮提供了极大便利。日德兰海战中，只有最新型主力舰装有15英尺测距仪，其他主力舰只有9英尺测距仪，后者的基线长度对主力舰队交战距离来说已显不够。1917年，英国海军开始为主力舰制造基线长度

---

①照明弹也会暴露发射它的军舰的位置，直到两次世界大战之间无焰发射药出现，才解决了这一问题。

为 25 英尺和 30 英尺的测距仪。

一些机敏的军官已经在海战中看到，英国急需更好的穿甲弹和引信。但是海军对改变有强烈的抵制情绪。正如德雷尔所抱怨的："我们中很多人都试图强调，我们填充苦味酸装药的被帽穿甲弹，和德国人装填 TNT 和使用延时引信的穿甲弹一样出色，**但我们的炮弹在穿甲过程中会裂成两半**，而德国炮弹则会在我们舰体内部爆炸。不愿意汲取这一教训似乎是极其可悲的。"[2]但是海军部毫不怀疑，自己的炮弹是世界上最先进的。他们不冷不热地回应了杰利科在 7 月 25 日提出的，对装填 TNT 的被帽穿甲弹进行试验，以及仿制并装备德制延时引信的建议[①]。[3]真正促使海军部着手改进炮弹的决定性事件，发生在 8 月 "狮"号举行的一次午餐会上。到会的一位客人，一名曾任驻柏林海军武官的瑞典海军军官告诉查特菲尔德，德国海军军官认为英国炮弹是 "可笑的"——大口径炮弹没有穿透他们的装甲，而是在其表面裂成碎片。查特菲尔德回忆称："我已经听够了，假装对这个话题失去了兴趣；但是我在客人们离开之前几乎无法自制。"[4]他将了解到的情况告诉了贝蒂。贝蒂随即向海军部写了一封措辞强烈的信，要求全面测试炮弹在不同入射角下的穿甲能力。试验最终得以开展，揭示了英国炮弹的严重缺陷。在倾斜入射角下，炮弹甚至无法穿透 2 英寸装甲。用查特菲尔德的话说，这些炮弹 "简直令人绝望"。

海军部对炮弹问题的解决，仍没有很大的热情，直到杰利科在 1916 年底到海军部任第一海务大臣，并在 1917 年 3 月，任命执着而又有钻研精神的德雷尔担任海军军械总监（DNO）[②]。海军开展了更多被帽穿甲弹试验，也揭示了炮弹存在的更多严重问题。贝蒂甚至质疑，炮弹在射程超过 10000 码还是否有效。[③]大舰队只有极少数军官知道真相，而实际情况确实非常糟糕，以至于贝蒂在 1917 年初的一天找来查特菲尔德，递给他一封信让他读。查特菲尔德爵士回忆："信是贝蒂亲手写的，我不用说信是写给谁的，但是它向后人揭示了有关我们

---

[①] 贝蒂、德雷尔和查特菲尔德都表示支持。
[②] 德雷尔在任上对海军装备的发展起到了关键作用。
[③] 因为模拟这一距离产生的倾斜入射角的试验失败了。

炮弹的真相。贝蒂要把信交给银行，只有他在战斗中阵亡后才能打开。他对我说：
'如果我死了，可能你也阵亡了。如果舰队在战斗中没有达到人们的期望，这
封信写明了到底是谁的责任，该受谴责的，绝不是我无力保护的舰队官兵们。'"[5]

　　幸运的是，1917年初，海军部下令用弹药仓储船上的储备弹药，替换所有
有缺陷的被帽穿甲弹。另一个巨大进展是，1917年5月，高效的新型穿甲弹设
计成功了。日德兰海战中使用的1920磅炮弹，可以在16000码距离上，以20
度倾角击穿6英寸装甲，而改进后的15英寸炮弹，采用更呈钝形的弹首，被帽
也呈钝形并增加了硬度，装药和引信也更加先进，可以在同样条件下击穿10至
12英寸装甲，并在距装甲20至30英尺处爆炸。杰利科认为，新型炮弹①"肯定能"
将大口径火炮的威力"加倍"。但是查特菲尔德回忆道："经历了12个月的焦
急等待后"（实际上的时间更长），仅仅制造了少量新型炮弹，直到1918年4
月才开始装备舰队。战争结束时，大舰队主力舰共装备了12000枚新型炮弹（12
英寸及以上）。1917年，13.5英寸高爆炮弹开始使用TNT装药，TNT装药才开
始正式得到应用。而其他炮弹仍在使用苦味酸装药。15英寸被帽穿甲弹一直到
1918年才开始使用TNT代替苦味酸。

　　防护委员会调查了日德兰海战中，导致5艘军舰爆炸的原因。委员会成员
都确信，爆炸是火灾蔓延至弹药舱引起的。其中一种可能，是炮弹在炮塔或炮
塔基座内爆炸（或引爆其他弹药），闪爆或火焰向下抵达弹药处理室，随后进
入弹药舱。根据委员会的建议，采取了严格制度和规程，以及预防和防护措施，
包括立即引入防火设备。每一个药包只装一个点火装置，点火装置也被"可撕
开的碟形封条"覆盖。而最重要的措施，则应当是大舰队所有军舰上，在弹药
舱和弹药处理室之间的舱壁上安装了防火舱门。现在，弹药舱门将在战斗中保
持关闭状态。它们的运转有点像饭店的旋转门（只是它们是水平放置的），这
样就总能将火苗拒之门外。

　　各种防火措施仍不是解决火灾问题的全部手段。如果弹药舱被击穿，或者
被爆炸破坏，仍有可能发生火灾。大舰队官兵都坚信，弹药舱本身就防护不足，

---

　　① 由于被漆成绿色而被称为"绿男孩"（Green Boys）。

而在战斗中，弹药舱爆炸也的确出自以下原因：炮弹或者弹片击穿了装甲甲板，进入弹药舱。而且大舰队，特别是战列巡洋舰队的官兵，都认为战列巡洋舰防护"很弱"——防护的重要性过于让位于速度和火力。贝蒂此前从未见识过，军舰可以像 3 艘英军战列巡洋舰和装甲巡洋舰"防御"号那样发生爆炸，而赫尔戈兰湾海战中的德国轻巡洋舰"科隆"号，日德兰海战中的"威斯巴登"号，以及多格尔沙洲海战中的"布吕歇尔"号，都是反复被大口径炮弹击中，直到沉没也没有发生爆炸。多格尔沙洲海战中，战列巡洋舰"塞德利茨"号燃起大火，火焰窜至主桅高度，仍没有发生爆炸。贝蒂认为，德国所有型号巡洋舰都没有发生殉爆，是因为德国和英国军舰的几点区别："（1）12 英寸及以下口径的舰炮，发射药没有暴露在外，也没有安装极度敏感的点火装置，而是储存在轻型金属封套或者铜质弹药筒中。这两种容器都具有防闪爆的能力。（2）在重型舰艇上——有足够的防护措施，确保被帽穿甲弹在抵达临近弹药舱的区域前就发生爆炸。"他的结论是："我们的军舰在设计上有严重缺陷，同时我们的弹药也不稳定，无法确保安全性。5 月 31 日发生的灾难，肯定源于这两个原因，或者其中之一。"[6]

杰利科也对德军战列巡洋舰的坚固性印象深刻，他也认为，英军战列巡洋舰肯定有设计上的问题。日德兰海战作战报告中，他为英方的损失列出了一些最重要因素，"首先，我们的巡洋舰装甲非常薄弱，特别是炮塔装甲和水平装甲"。随后，他指出敌人有 14 艘军舰（战列舰以下至轻巡洋舰）在战争中沉没，但没有一艘发生殉爆；9 艘英国军舰（战列舰以下至轻巡洋舰）被敌人舰炮击沉，其中 6 艘发生了爆炸[①]。杰利科相信，这证明"德国在引信、装药或者舰体结构上优于我们"。[7]

舰队最重视的还是装甲防护问题。高级军官都认为，英制主力舰，特别是早期型号，对远距离上发射的，陡直下落炮弹的防护极其薄弱，而弹药舱顶部的水平甲板（弹药舱冠部）必须增加装甲，以阻止炮弹和弹片进入弹药舱。1916 年 6 月 25 日，杰利科和贝蒂到海军部开会，会上接受了大舰队的观点。这导致海军部和 DNC 尤斯塔斯·坦尼生－迪恩古尔发生了激烈争论，他坚决拒绝

---

① 5 艘在日德兰，另一艘是在科罗内尔海战中被击沉的"好望角"号。

在弹药舱冠部增设装甲。他列举了大量事实，以及对战列巡洋舰报告的严谨分析，包括来自"玛丽女王"号和"无敌"号幸存者的证词，证明没有证据显示，有任何敌人的炮弹击穿并进入了英国军舰的弹药舱。为支持他的结论，他指出，防护不及弹药舱的发动机舱和锅炉舱都没有被炮弹击穿过。他认为，战列巡洋舰在设计和建造上没有任何问题，损失的原因是发射药安全缺陷，以及那些正在得到改进的防火措施。

似乎有非常有力的证据可以证明，是闪爆引起了发射药火灾，火灾蔓延至弹药舱，最终引起了大爆炸。相对于动力舱和其他重要舱室，弹药舱区域所占面积较小，如果爆炸是因为炮弹直接击穿了弹药舱而引起的，就很难相信没有炮弹击穿了动力舱室，包括锅炉舱、发动机舱，或舰体下层的其他区域。

……所有参战战列舰没有一艘沉没，而有些战列巡洋舰虽然被重创，但是它们的动力舱都没有严重受损，说明其防护总体上是令人满意的……

结论是，应该认真考虑在未来建造的军舰上，加强炮塔顶部的装甲厚度，因为炮塔似乎才是军舰上最危险的部位。[8]

DNC 担心，如果允许战列巡洋舰的损失，是德国炮弹击穿了重要部位所致的观点一直存在下去，会导致海军错误地要求在未来舰艇的设计中，大幅增加装甲防护。

……结果将是，军舰排水量大大增加，和现在相比，总排水量中很大一部分将用于防护。英军军舰设计的基本原则是，最好的防御就是超强的进攻威力，这次海战证明了这一原则是完全正确的，因为，虽然英军战列巡洋舰与敌人的战列舰进行了战斗，但它们并未失去战斗力，而拥有重型防护的德国军舰却遭到了沉重的打击。[9]

第三海务大臣和海军审计官，海军少将图多尔"完全同意"DNC 关于爆炸原因和没有必要增加装甲的观点。"这次海战中最不幸的结果之一，可能就是让人错误地认为装甲防护是**必须和重要**的；我们当然应该尽量布置更多装甲，但是每增加一吨装甲，就要在别的性能做出相应牺牲。"[10] 不管是不是"错误想法"，舰队比以前任何时候都更加重视装甲防护，他们终于战胜了 DNC 和海军部委员会。海军部同意，当年秋天开始为军舰加装装甲。主力舰的主要改进，集中在增加防护能力上，弹药舱上方的水平装甲增加了 1 英寸，副炮（6 英寸）炮郭倾斜部分的装甲增加了 1—2 英寸。由于这些改进增加了重量①，海军部专门成立一个减重委员会。根据委员会的建议，并由海军部批准，涡轮机起吊设备被拆除，燃油、食品和淡水的储备量也被削减。

正在建造的军舰中，最后两艘"君权"级（或者"复仇"级），也是英国战时完成的最后两艘主力舰"决心"号和"拉米利斯"号，都未做改动。已接近完工的高速、"古怪"的轻型战列巡洋舰"反击"号和"声望"号，除了原有 2 英寸水平装甲外，在弹药舱上方增加了 1 英寸水平装甲。大舰队司令的代表与第三海务大臣会晤（10 月 12 日）之后，为这两艘军舰增加了更多的水平防护：发动机舱和 15 英寸主炮弹药舱的顶部等部位增加了 500 吨装甲。同时，"大型轻巡洋舰""暴怒"号和"光荣"号，弹药舱上方的水平装甲也大幅增加。最新设计的战列巡洋舰"胡德"号已于 1916 年 9 月 1 日开工，但随即改变了设计，增加了 5000 吨装甲，尤其是弹药舱上方的防护，使其完工时排水量达到 41200 吨。它的主要防护包括，水线装甲带 12 英寸，并逐渐减少至 6 英寸，弹药舱上方主甲板装甲为 3 英寸。该舰是海军部委员会于 1916 年 3 月批准建造的 4 艘新型战列巡洋舰首舰，也是唯一一艘完工的同级舰，但直到 1920 年 3 月才建成。顺便在这里指出，"胡德"号在 1941 年战沉的确切原因也一直不明，不过没有证据证明火灾是罪魁祸首。

贝蒂总是认为，日德兰海战之后为主力舰增加装甲的改进还远远不够——因为他又一次向海军部抱怨："他们最多只是采取了一些临时性措施，根本不足以弥补设计中的主要缺陷，特别是弹药舱防护问题。"

---

① 例如在弹药舱上方增设1英寸装甲需要增加50吨重量。

除了装备，日德兰海战之后一个值得一提的变化，是情报体系的革新。1916 年 11 月，根据杰利科要求的，应在未来向他全面通报有关德军舰队及其可能动向的情报 ①，海军部同意，每日向他个人发布敌人全部动向和变化的情报总结，但内容除了他，只有他的参谋部能够阅览。情报将在每天早上送达杰利科。具有讽刺意味的是，贝尔福在一封信里告诉杰利科："我恳请你相信，大舰队无论何时出动，你得到的情报，都是我们掌握的最佳和最全面信息……我们对你有百分之百的信心！"11 情报由专人送交杰利科（由信使军官执行），结果经常出现延误，为此贝蒂曾在 1918 年 10 月表达过不满；但是相对于日德兰之前，情况已大有改进。贝蒂告诉克拉克，他要通过每天的情报总结才能了解真正的势态。12 另外还有一个重大改进。担任大舰队司令的贝蒂，对情报的确切来源一无所知，这让他经常怀疑情报的可靠性。他认为，应该通过他本人和破译人员的直接接触，来增加他对情报的信任。因此在 1918 年初，海军部每周都安排一名破译人员访问舰队，向贝蒂解释前一周情报获取的渠道。

1916 年 9 月，击落 L–32 号齐柏林飞艇让海军部获得了最新德国海军信号手册 ②。这使第 40 室幸运地得以继续破译大量德国电报。

第 40 室的工作，在 1917 年获得了积极认可。海军情报处长霍尔于 5 月接替尤因领导第 40 室。（尤因因为担任爱丁堡大学校长而辞职。）5 月 31 日至 6 月 1 日发生的一系列不幸事件让霍尔坚信，第 40 室不应该仅仅是将情报转交海军参谋部作战处的破译部门，而应该成为一个情报中心。显然他认为，如果第 40 室的功能，没有被限制在仅仅是传递破译电报，而是充分利用他们对德国海军及其运作程序的大量知识，向上级递交情报分析报告，那些灾难性错误就不会出现。不过说服奥利弗却花了一些时间。1917 年 7 月，第 40 室终于成为海军情报处的一个分部。它不再向海军作战处转送对他们意义不大的破译电报，或者电报片段，而是将情报分析报告递交作战处。1917 年 9 月，海军情报处德国

---

① 5月31日至6月1日夜里，海军部掌握了德军舰队的动向、位置和意图，但没有将情报发送给杰利科。
② 这份新的手册取代了战争爆发之初从"马德堡"号上缴获的信号手册。

动向分部（E1）和德国分部（14）① 开始直接从第 40 室获取情报，1917 年 12 月，第 40 室和 E1 分部成为在一名情报军官领导下的，同一分部下的两个部门（ID25a 和 25b）。我们将在下一卷讨论这对保护商业航运的意义。

当海军上将詹姆斯加入第 40 室时（1917 年 5 月）：

> 该部门受到极大关注，它的破译人员日夜坚守岗位。截获从德军潜艇、赫尔戈兰湾和波罗的海源源不断地发出的大量电报，而破译人员已经对海军事务非常熟悉，对是否应将情报送交作战处有疑虑时，只需要向霍普（詹姆斯的前任 H. W. W. 霍普），现在是我，略作咨询即可。情报被装进红色信封，由信使送达——一份送交作战处，一份送交反潜处处长。后来我们使用了带锁的红色箱子。我想这是因为有些红色信封掉落在走廊上了！以前霍普会对一些情报做出评论，但等到我接任时，评论已无必要了，而且也不可能了，因为，每天 24 小时情报都在不断涌来。[13]

## 2. 新战术

纽博尔特称海战"没有引起舰队战术的重大变革"。或许的确没有——但是日德兰海战之后，英国海军的战术和装备一样，进行了重要的调整。[14]

几个重要的战术原则并没有变化。例如交战时，以单条长战列线取与敌舰队相似航向，在能见度良好的情况下，保持 10000—15000 码射程的基本概念，仍与以前一样（第 7 章，第 7 段）。在日德兰海战中已经体现的，GFBO 第 7 章第 3 节规定的原则也没有变化："任何情况下都适用的原则，是'无畏舰队'要保持整体性……只要双方舰队交战时保持相似航向，各中队就应保持其在单条战列线中的位置。"第二次世界大战中，由于空中威胁的出现，战列线中各舰前后严格保持 2.5 链距离的原则逐渐被放弃。另外由于战列舰队规模较小（相对于日德兰海战中的舰队），已没有必要组成紧密队形。纵向单条战列线仍是

---

① 前者通过英国本国和中立国情报分析 U 艇的动向，后者分析德国海军的情况——如组织、中队、海岸和港口，以及舰艇和军官等情况。

标准阵型，但是各舰之间距离为4—5链，而且舰长被赋予了更大的灵活性。例如，他们在受到鱼雷攻击时可以脱离战列线中的位置。

日德兰海战之后发布的GFBO，重申了重要的战术原则："除非敌人遭到我方炮火的沉重打击，否则我方不愿冒被鱼雷攻击的危险……概括来说，我方的意图，是不进入敌人战列线的鱼雷射程之内。"（第7章，第7段，与日德兰时的GFBO相同。）另外，"如果我有任何理由怀疑，敌人的转向脱离，是为了将我们引入潜艇和水雷陷阱，可以预料我在敌人转向后，不会立即投入追击，当海战在敌人明显不会'有所准备'的海域进行时，我方前卫分队落入水雷或潜艇陷阱的可能性则比较小"。（第7章，第10段；与原GFBO第7章，第8、9段非常相似。）新GFBO还与以前一样，强调了舰队司令的集中指挥原则。

但是，"由于在激烈战斗中，舰队司令会难以指挥全部舰队机动，我们一直以来都意识到这一困难，它也出现在日德兰海战中……"，所以对集中指挥做出了重要补充修改，赋予战列线更大的灵活性。[15] 一段新指示如下：

> 舰队司令可能下达"MP"命令。该命令意为，舰队司令希望强调在当前情况下，他发现指挥全部舰队机动非常困难，所以提醒所有战列舰中队指挥官，希望他们指挥各自中队独立机动，支援舰队旗舰所处中队或分队的作战。这并不是在暗示，如果没有"MP"命令就不能实施分散指挥。出现"MP"命令，只是意味当时有必要实施分散指挥。（第7章，第2段）

由于杰利科对日德兰海战中，德国海军将战列舰队撤退与驱逐舰支队进攻相结合的战术十分重视，他企图以舰炮火力粉碎敌人的计划因此而失败，所以，海战后还出现了另一个摆脱原有僵硬指挥方式的变革。他认为，敌人这种战术非常难以反制。日德兰海战，"表明我们迫切需要考虑除了转向脱离外的，新的反制敌人鱼雷攻击的战术……特别是在低能见度条件下，我方的转向，使敌人脱离了射程，并使之可以在不受炮火威胁的情况下实施转向"。（第7章，第9段）杰利科解决这一问题的方法之一，是赋予战列舰队前卫分队指挥官在敌人实施这种战术时，更大的自由机动权利。如果敌人对战列舰队的鱼雷攻击，没有威胁到前卫战列舰中队（一般来说它受到的威胁要比中军和后卫小），它的指挥官应该继续向敌人进攻，利用"中队的最大航速，将敌我距离保持在射程之内，但是他不能因此脱离主力舰队的支援"（同前）。这相比以前，是一个巨大进步。

另外，还修改了当战列舰队遭到鱼雷舰艇的攻击，特别是同时伴随着敌人转向脱离机动时的战术原则。日德兰海战时的 GFBO，指示战列舰队要背敌转向，以规避敌人的鱼雷攻击（第 9 章，第 1 段）。在斯卡帕湾进行了大量以鱼雷攻击大型舰艇的演习之后，新战术规定，"战列舰队前卫分队，在没有受到鱼雷威胁的情况下，应将与敌人的距离，保持在舰炮有效射程之内；中央分队如果没有受到威胁，应支援前卫分队，两支分队都应保持高速航行；如果前卫和中军受到严重威胁，就必须实施机动，规避鱼雷攻击"。而后卫分队受到鱼雷攻击时，有四种反制措施：（1）背敌转向；（2）保持航向，但将各舰间距拉大至 3 链以上；（3）将后卫中队或分队组成顺序自由的战列线，战列线应与敌人后卫分队战列线呈直角；（4）面向鱼雷攻击方向转向。每一种战术的优点和缺点都被列出（第 7 章，第 11 段），结论是，没有一个对付敌人驱逐舰发动的鱼雷攻击的"最佳"反制战术。应根据实际态势采取合适的方案。"……晴朗天气下，鱼雷攻击在进行时，甚至在鱼雷发射前一刻都是可以被察觉的，这种情况下，反制攻击并非难事，困难的是将敌我距离保持在射程之内"（第 7 章，第 12 段）。如果鱼雷是从敌潜艇发射的，或者是从敌战列舰或轻巡洋舰上发射的远程鱼雷，反制就将比较困难。这种鱼雷攻击，可能会威胁到战列线的任何一部分，但受威胁最大的是中军和后卫。"这种情况下，直到鱼雷航迹被发现，或者有舰艇被击中，才可能察觉到鱼雷攻击。因此最好的防御手段，就是舰队排列成最安全阵型，最后的手段，就是如有可能，让各舰舰长在尽量不打乱阵型的情况下实施规避机动。"（第 7 章，第 13 段）

至此，GFBO 的修改，并没有超出反制鱼雷攻击的防御战术。1916 年 10 月 17 日，杰利科向大舰队所有指挥舰艇中队和支队的将官和准将，下发了反制敌人鱼雷攻击的各种进攻和防御战术的详尽分析。[16] 其中有三个要点。（1）舰队司令预计，与敌人主力舰队之间的战斗将发展成"一次猛烈的鱼雷攻击，鱼雷不仅仅来自敌轻巡洋舰和驱逐舰，而且包括敌战列线中的重型舰艇，还可能有潜艇"。这里并没有新意。（2）英军舰队首先可以采取的防御战术，包括"从战列线首部，以轻巡洋舰和驱逐舰发动猛烈反击，这些舰艇将与敌人同类舰艇交战，我战列巡洋舰和战列舰将竭力发扬优势火力，如有可能就发射鱼雷"。强调主力舰发射鱼雷的可能性，代表着战术上重要和正确的变化。鉴于日德兰海战中，英军舰队错失了数次发射鱼雷的机会，9月11日，GFBO提醒指挥官，"把握每一次从我方舰艇发射鱼雷的可能机会的极端重要性"（第7章，第7段）。（3）"次要防御战术是规避敌人的鱼雷。"杰利科在此讨论了转向脱离战术：

如果敌人对英军战列线的某一部分，发动大规模鱼雷攻击，而且很明显，我们无法以轻巡洋舰或驱逐舰，或舰炮火力挫败敌人的攻击，那么受到威胁的那部分战列线，将可能被迫采取下列规避机动战术中的一种："背敌转向"，或者"面敌转向"。

其他条件相同的情况下，背敌转向避开鱼雷攻击，比面敌转向更安全，而且，如果能见度足以让转向离开鱼雷射程的舰艇队，仍能将与敌人的距离保持在火炮射程之内，那么这种转向并无不利。但是，如果敌战列线在鱼雷攻击的同时转向2—3罗经点，或者我方后卫与敌战列线的距离大于双方前卫之间的距离，那么有利形势就可能不复存在。

采取背敌转向，还是其他战术，必须依赖于下列因素：（1）当时的射程。（2）能见度条件。（3）所剩白昼时间，以及在天黑前重新进入射程并击败敌人的机会。在满足这些条件的情况下，并没有必要冒受到鱼雷攻击的巨大风险。（4）交战地点与敌人基地的相对位置。（5）敌人的进攻实力。如果进攻强大，就有必要实施防御性的背敌转向。（6）敌人战列线的机动，例如退却是否伴随着驱逐舰的攻击。

11月21日颁布的GFBO，还强调实施驱逐舰的进攻战术，这是一劳永逸地废除日德兰海战时，要求驱逐舰只执行防御任务的重要一步，同时还要求，要使敌舰队更难于脱离战斗。新战术在本质上，是贝蒂长久以来一直敦促实施的：

对德军战术①最好的反制措施……是首先用我们的驱逐舰对敌战列舰队发动鱼雷攻击，因此，我驱逐舰支队要在重型舰艇交战时，尽快实施攻击。它们不应提前进攻，因为会被敌战列舰和轻巡洋舰的舰炮火力驱开，这样进攻也会没有效果；当然低能见度条件下除外，因为，此时驱逐舰可以在敌人能够发挥舰炮火力之前，就对敌战列线发动成功的攻击。

敌驱逐舰对我重型舰艇的进攻，必须要由轻巡洋舰和驱逐舰，通过一发现敌人的行动就立即前出来反制，但是，如果敌人在战斗早期就对我驱逐舰支队发动鱼雷攻击，那反而对他们不利，因为我轻巡洋舰和驱逐舰，将占据有利阵位对敌战列线发动鱼雷攻击，并且能够使用舰炮攻击他们的驱逐舰。（第 30 章，第 1、2 段）

日德兰海战之后新的，或者经过修改的其他训令，进一步证明了，杰利科已经吸取了海战中的主要教训。信号手册中，出现了一个新的非等速展开命令（9 月 11 日）——黄色信号，该信号下舰队将随中心纵队展开，也即由舰队司令所在纵队为先导。这在能见度良好，或者舰队司令已全面掌握敌舰队组成、阵型、位置、航向和航速的情况下非常有用。

也是 9 月 11 日的新训令中，第 5 战列舰中队在舰队巡航时，被置于更靠前的位置，使其能够更容易地占据战列线任一侧翼位置。这也是杰利科根据日德兰海战经验做出的调整。

日德兰海战夜战期间，双方都在战术上犯了错误，未能指派一支力量发现敌舰队并与之保持接触。10 月 26 日颁布的 GFBO，专门对夜战做出了指示："如果天黑后与敌人失去接触，一个或更多轻巡洋舰中队将受命确定敌舰队位置，驱逐舰支队将与轻巡洋舰协同行动，一旦后者与敌舰队接触，就发动鱼雷攻击（这些驱逐舰支队将作为'攻击力量'使用）。在夜间，任何轻巡洋舰中队与敌人发生接触，都将有驱逐舰支队与之协同，以发动攻击。"（第 13 章，

---

① 使用雷击舰和轻巡洋舰对英国战列线发动鱼雷攻击。

第5段）[17]

虽然这些经修改的训令明确指示，在舰队作战之后的夜间，要有一支担任攻击任务的力量，但是一直到战后，英军才对主力舰队的夜战开始认真进行研究，不过在1917年，探照灯控制技术已有了长足进步，还引入了照明弹。[18]当时的看法仍旧是，夜战是一种赌博式战斗，实力较弱，在白天和良好能见度下根本没有胜算的舰队，在夜间却有取胜的机会。因此夜战仍然在舰队中遭到排斥。到1929年，因"戈本"号事件而出名的，勇敢的海军中将霍华德·凯利，在一次战术讨论会上断言，夜战是一场危险的赌博，只要有一点疏忽，你就会发现，自己的军舰在几分钟内变成了一堆燃烧的残骸。但是新的时代正在来临。到第二次世界大战前夕，英国海军已经"对夜战了然于胸"，并在马塔潘和邦角海战中，依靠夜战取得了辉煌胜利。

8月22日颁布的训令，对大舰队潜艇支队的使用战术做出了修改。潜艇支队的任务是：（1）作为独立的攻势巡逻队，在赫尔戈兰湾外活动，监视敌人扫雷通道出口处的海域 ①；（2）在法恩堡岬以北防范敌人袭击（例如德国在1916年8月19日的行动）；（3）在作战中与大舰队进行战术协同。关于最后一种战术，杰利科相信，德国海军已经在日德兰海战中使用了：一些被发现的鱼雷，据信是由U艇发射的。这坚定了杰利科的信念，即潜艇在海战中可以发挥积极作用。事实上，我们已经知道，舍尔使用潜艇来获得英军舰队运动的早期情报，并寻机发动偷袭 ②。不过潜艇的困难在于，其航速很难跟上战列舰队，这严重限制了其在舰队作战中的作用。

可以说，日德兰海战之后发布的GFBO并没有使英国海军战术获得真正的进步。这要留待贝蒂担任大舰队司令后，在1917年带着这些改变进一步向前发展。但是不论杰利科还是贝蒂，他们所颁布的GFBO都极为冗长，说明他们都极力想涵盖海战中所有的可能性。

---

① 从1914年9月开始，德军布下的雷场已经使潜艇无法进入赫尔戈兰湾巡逻。
② 他在日德兰海战后也在一直使用这种战术。

## 3. 战略问题

一直到德国海军在 8 月 19 日再次出动，英国才对海军战略从根本上做出了调整。6 月中旬，杰利科宣称，日德兰海战对大舰队部署有两个重要影响："（1）我们防护不足的战列巡洋舰，在单舰之间对抗方面逊于德国舰艇。因此它们不能过于远离战列舰队。（2）第 5 战列舰中队的航速，不足以甩开德军第 3 战列舰中队，因此无法用作战列巡洋舰队的支援力量而远离主力舰队。"[19] 6 月 25 日，海军部召开了一次有关海军战略的重要会议（杰利科和贝蒂均出席），另外整个夏天，杰利科、贝蒂和海军部之间也多次通信，主要讨论了这两个重要的战略议题。

对第一个问题，合理的解决办法，是将战列巡洋舰队和战列舰队部署在同一基地，这也将大大增加大舰队与公海舰队相遇的机会。其实，海军部 5 月就决定，只要罗赛斯的基地设施被加强到能保证一支大型舰队的安全，就将战列舰队迁往那里，现在只需要推进这一计划的实现。[20] 6 月 25 日的会议决定，"以最优先级别，推进实施必要措施，使第 1、第 2 和第 5 战列舰中队从斯卡帕湾迁至罗赛斯"。[21] 第 4 战列舰中队仍将留在斯卡帕湾。

在这期间又能有什么改进呢？海军部会议做出了以下决定："当主动权在我方手中时，战列巡洋舰不应像以往惯于实施的那样前出过远，失去战列舰队的支援。"前半句中的附带条件，并不会影响到诸如 5 月 31 日的那种情况，当时主动权掌握在德国人手中。那么如何解决德国对东海岸袭击的难题呢？因为这种情况下，总是有必要让战列巡洋舰迅速前出，实施攻击。海军部最终找到了解决方案（7 月 19 日）："当战列巡洋舰队及其附属舰艇受命南下时，如未处于战列舰队的支援距离内，应避免与优势之敌发生大规模战斗，除非海军部认为情况极为紧急，应采取其他必要方案，这种情况下，海军部将直接向战列巡洋舰队司令下达指示。"[22] 这两个决定都体现了杰利科的观点。

但是，这一方案带来的问题和它解决的问题一样多。贝蒂想知道，何为"优势之敌"？根据 5 月 31 日向南航行时发生的战斗，他问道："在评估相对实力时，敌舰队构成方面的优势需要考虑吗？"而且，在大雾天气下搜索敌人的原则又是什么？"实战经验表明，能见度低而航速较高时，双方主动投入的一场战斗会在几秒钟内发生。因此，是否除非能见度极好，以及近距离内有强大支援，就要尽量避免有意与敌人发生接触？" 贝蒂心中一直萦绕着"戈本"号事件中（1914年8月），特鲁布里奇的经历：

我认为，海军部并不想在我做出判断时对我有任何束缚，但还是要恭敬地指出，这些特点鲜明的指示，的确有束缚的意向。我理解，由于相类似的指示，追击"戈本"号的舰队指挥官心中也产生了同样问题。为了避免出现误解，我想知道，是否允许我按自己的判断和决定自由行事。战争中永远充满了意外，在一定条件下，即使没有近距支援，一支弱势舰队向一支优势舰队发起挑战也会产生最重要的结果。[23]

杰利科将贝蒂的信转交海军部时，附上了自己的评论，其中表达了他对"优势之敌"的理解，在他看来，得到一个主力舰中队支援的德国第1侦察群（战列巡洋舰）可算作"优势之敌"：

（贝蒂）在谈论战列巡洋舰应该在大雾天气下与敌接战时，夸大了这种情况下保持与敌接触的同时，又避免交战的困难性，也过分强调了发现敌人后，双方投入战斗的速度。这种情况下，战列巡洋舰队的安全取决于军舰航速，只要我方战列巡洋舰在火力上不逊于第1侦察群，就可以利用高航速，拖延敌人伴随第1侦察群作战的，航速较慢的优势支援力量投入战斗，同时又与敌人保持接触，并向主力方向撤退……

海军中将贝蒂的误解，部分上可能是由于我使用了"战列巡洋舰队"来代表他指挥的力量。这一术语也可适用于一支有别于战列舰队，也不是其附属力量的前出舰队，它的角色相当于一个高速主力舰中队，但不是一支强大的高速侦察舰队，可以利用航速，在优势敌人面前自由选择投入或拒绝战斗。[24]

海军部同意杰利科对贝蒂信件的评论。似乎贝蒂并没有完全理解海军部的意图，7月19日，海军部在一封信中曾经对此做出了解释，指示道："适用于当他的舰队受命南下，反击德军对英国海岸袭击时，战列舰队距离过远，无法对他提供支持的情况。在这种条件下，除非海军部命令他进攻一支优势之敌，他即使未投入攻击也不会受到指责。请将此意见向他转达。"[25] 有关战列巡洋舰队部署的老问题，在经过一番交锋之后，终于得到了解决。

如何使用精锐的第 5 战列舰中队（5 艘"伊丽莎白女王"级），是另一个难题，长时间以来一直没有解决方案。[26] 问题很简单：第 5 战列舰中队可以像杰利科期望的那样，被视为战列舰队的一支高速侧翼分队吗？或者像贝蒂一直敦促的那样，成为战列巡洋舰队的支援力量？杰利科认为，将战列舰队分割使用是一个"战略错误"，而且，给战列巡洋舰队增加一支速度较慢的战列舰中队，将妨碍它们担任一支强大侦察舰队的重要角色。问题似乎又回到了第 5 战列舰中队的航速。杰利科认为，日德兰海战已经证明，德军第 3 战列舰中队的航速要高于第 5 战列舰中队。如果后者处于敌人射程之内，就无法在支援战列巡洋舰队的同时，避免冒被速度更快，火力更强的敌人拖入战斗的风险。[27]

海军部在 6 月 25 日会议上决定，第 5 战列舰中队，将"主要作为战列舰队的一支高速侧翼分队，而不是战列巡洋舰队一部"。杰利科认为，第 5 战列舰中队可以附属于战列巡洋舰队，"但仅仅执行支援任务，而不是战列巡洋舰队序列的一部"。随后（7 月 7 日）海军部又增加了一条指示，即当第 5 战列舰中队归属战列巡洋舰队时，"中队将完全听从战列巡洋舰队司令的指挥，直到战列舰队与之会合"。

贝蒂竭力想要推翻或者修改这一决定，他争辩说，第 5 战列舰中队在 5 月 31 日，使他得以与公海舰队保持接触。没有该中队的支援，"在能见度恶化的情况下，我战列巡洋舰将肯定会被歼灭，或者被迫脱离战斗，这样也就无从将敌战列舰队引向大舰队的利齿"。杰利科对此不以为然。"第 5 战列舰中队虽然实力强大，人员精干，但是无法拖住德军公海舰队。战列巡洋舰队是依靠其高速性，才能够在继续与第 1 侦察群交战同时，将与德国战列舰的距离保持在其射程之外，直到英军战列舰队投入战斗。"[28]

最后，在德军的无意帮助下，贝蒂得以修改海军部的决定。8 月 19 日，当敌舰队出动时，第 5 战列舰中队和战列巡洋舰队一起驻泊在罗赛斯。但是杰利科掌控了战术部署，他要求战列巡洋舰队和第 5 战列舰中队都要与他保持目视接触。

海军部会议还讨论了一旦可能发生海战时，如何使用哈里奇舰队。贝蒂在1916 年 4 月的洛斯托夫特袭击后，就提出了这一问题。[29] 日德兰海战使之再次浮现。杰利科递交了一份具体建议后，海军部在 7 月 17 日做出决定：当海军部对以下三点"有合理的判断"后，蒂利特的舰队将受命加入大舰队："（1）德军舰队是否集中于一个目标，或者他们有两个目的；例如一支舰队吸引我方注意，第二支舰队在不同地点展开行动。（2）当海军部命令海军准将（蒂利特）加入大舰队时，他可以顺利地与大舰队会合，而不会在途中遭到优势之敌的拦截。（3）德国在比利时海岸的舰队被有效地监视。"[30] 第三点指的是德国弗兰德斯支队，据信包括 22 艘驱逐舰，其中半数都是德国最强大的新型驱逐舰。没有哈里奇舰队的支援，仅靠多佛尔巡逻队根本不足以对付弗兰德斯支队。第一点最为重要，再次强调了海军部一直秉承的政策。情况和 5 月 31 日没有根本上的区别，如果对敌人意图没有清晰的了解，海军部不会派蒂利特去与大舰队协同作战。8 月19 日，海军部就对此做出了明确指示。如果有迹象表明，敌舰队不会在北纬 53度（大约与亚茅斯的纬度相同）以南活动，海军部就会命令蒂利特加入大舰队。这一指示于 8 月 24 日被写入 GFBO，并一直保留至 1918 年 4 月。

\* \* \*

日德兰海战刚刚结束几天，第一海务大臣和海军大臣就催促杰利科提出一个"烦扰"敌人的计划。但是杰利科没有做出任何建议，而海军部能想出的最佳方案，是占领北石勒苏益格海岸外的小岛，苏特尔岛。这并没有引起杰利科的兴趣。经过认真考虑，他向海军部报告，称他"确信这是一个非常愚蠢的尝试，不会达成任何军事成果"。他还说："我不知道第一海务大臣希望如何引诱（德国）舰队出动。无疑他们会前出至苏特尔岛阻止我们的登陆行动，但恐怕仅此而已。"[31] 4 天之后，就在杰利科和海军部能够制订一个诱敌出动的计划之前，公海舰队主动出击了。

# 第三部

---★---

# 第一阶段的结束
# （1916 年 8—12 月）

# 日德兰之后的大舰队
## （1916 年 8—11 月）

当天（1916 年 8 月 19 日）的事件具有深远影响，它是一次典型的出人意料的海军行动，正当轰动性的日德兰海战尚未立即对英国海军战略产生影响之时，8 月 19 日的行动，虽然双方未发一弹，却成了海上战争的真正转折点。

——海军参谋部专刊，《本土水域，1916 年 6—11 月》

僵局就此形成，似乎两支庞大的舰队，在将来都会静泊在港，隔着"无人之海"相互监视，进攻和防御都只关乎运输与商业船只。

——纽博尔特，《海军作战》

## 1. 捉迷藏游戏，1916 年 8 月 19 日
### （资料图 16）

日德兰海战之后，德国人也总结了经验教训。虽然，公海舰队认为自己在战斗中表现出色，但他们现在，比 5 月 31 日之前更不愿意与大舰队一战。舍尔准备继续执行他的防御性战略，并加入从日德兰海战中得到的教训。他将航速缓慢的老旧战列舰（"德意志"级前无畏舰）组成的第 2 战列舰中队从主力舰队剥离出去，因为它们在海战中是一个拖累。第 1 侦察群中，只有"毛奇"号和"冯·德·坦恩"号两艘战列巡洋舰可用[1]，舍尔将 3 艘无畏舰补充给希佩尔，包括最新服役的"巴伐利亚"号。对舍尔来说，从海战得到的最重要教训，是如果他想要击败英军舰队，尤其是英军战列巡洋舰队，他就需要更广泛和更有

---

[1] "德弗林格"号和"塞德利茨"号仍在修理中。

效的侦察行动。

如果未来，我们仍要与敌人独立于主力舰队的高速分队交战，就必须尽一切努力出其不意，使他们遭遇我们的主力舰队……此战术的第一要素，就要是完全排除我们与敌优势力量不期而遇的可能。如果我战列巡洋舰与英国高速前出力量相遇，就无法依靠水面舰队执行必要的侦察任务，来确保以上条件的达成。因此，侦察行动必须依靠飞艇来进行。所以必须制订未来远距离作战中，使用飞艇侦察的原则。这在未来极为重要，因为我们可以肯定，英国主力舰队将更靠近他们的高速分队，因此，会比在 5 月 31 日的战斗中更快地实施支援。[1]

换句话说，公海舰队决不能再次毫无准备地，发现自己面对着整支英军大舰队！

舍尔 8 月 19 日的行动计划，基本上与日德兰计划相同。第 1 侦察群将炮击桑德兰（Sunderland），战列舰队提供近距支援。舍尔的作战命令，表明了他的意图："敌人在对我们有利的条件下被迫投入战斗。为此目的，整个公海舰队（欠第 2 战列舰中队）将跟随在对桑德兰方面进行大范围侦察的飞艇后方前进，如果没有提前与敌遭遇，或者敌人没有尽早出动，并以优势力量切断我方退路，桑德兰将遭到大规模炮击，以迫使敌人出动，并在英国和全世界面前宣示，德军舰队无可撼动的威力。"[2] 也就是说，这次行动的部分意图，是恢复舰队最近被击垮的士气。为了避免再次与英国主力舰队意外遭遇，舍尔使用飞艇和潜艇拱卫舰队的前方和两翼。公海舰队 U 艇部队部署成两道防线，每道有 5 艘潜艇，均靠近英国海岸——一条在布莱斯（Blyth）外海，另一道在法恩堡岬（Flamborough Head）外海。另外，弗兰德斯支队的 9 艘驱逐舰，在泰尔斯海灵岛西北偏西的霍夫顿（北海南部）也布置成两道防线。最后，还有一道防线部署在多格尔沙洲，以掩护舍尔撤退，不过，舍尔直到 20 日早晨才下令布置这道防线。参加行动的 U 艇总计有 24 艘。不管战列舰队向前推进，还是遇到被大舰队切断退路的危险而撤回，舍尔都希望前进线路两侧的潜艇，不仅仅执行侦察任务，而且应抓住机会攻击英军舰队，后者在得到炮击的消息后，肯定会向德军舰队进发。另外还可能实现他长久以来的愿望，即消灭英军主力舰队的一部分。舍尔和德国海军参谋部都坚持一个信条，那就是将U艇集中在英国海军基地之外，将有机会削弱英国在主力舰方面的优势。舍尔依靠飞艇执行远程侦察任务，其中4艘在苏格兰和挪威之间布置成一条警戒线，另有4艘分散布置在福斯湾到"North Hinder"灯塔船之间的纬度线上。根据战术安排，德军的两支飞艇分队中，一支将部署在北方，另外一支则在公海舰队前进路线前方展开，在公海舰队航渡北海期间为其提供侦察预警。

公海舰队（18艘无畏舰、2艘战列巡洋舰以及轻型舰艇）于8月18日晚上9时出动，大胆地向英国东海岸开进，第1和第2侦察群位于战列舰队前方20英里。[3] 舍尔最不希望看到的，就是英国海军对他的行动做出快速反应。但是，根据德国官方历史，大舰队"像以往一样令人恼怒地迅速"出动。18日上午9时19分，第40室拦截并破译了一份德国电报，很快得出结论，公海舰队将在缺少第2战列舰中队的情况下，于当晚9时离港。上午10时56分，海军部命令大舰队司令（由伯尼临时代理）出动，在阿伯丁以东的长四十海域集结。主力舰队于下午4时离开斯卡帕湾一路南下——比公海舰队出海早了几个小时！下午6时20分，战列巡洋舰队离开福斯湾。[4] 会合后的大舰队，包括29艘无畏舰（第1、第2、第4和第5战列舰中队）和6艘战列巡洋舰（第1和第2战列巡洋舰中队）。水上飞机母舰"恩加丹"号跟随战列巡洋舰队行动，但是"坎帕尼亚"号和在日德兰海战中一样，因维修动力装置而未能出动。战斗发生前实施的唯一一次空中行动，是一架水上飞机从公海上起飞（19日下午2时），攻击一艘齐柏林飞艇（未果）。"坎帕尼亚"号的系留气球被转移至"大力神"号战列舰上，但是由于载舰的位置过于拖后，没能发挥侦察作用。贝蒂事后建议："气球应该从前出巡洋舰幕中的一艘军舰上起飞，以增加舰队前方的视野。如果系留气球在这次行动中从舰队前方起飞，我认为很有可能发现敌人。"[5]

从8月7日起，杰利科就一直在苏格兰南部奔走工作，已经急需修整。他通知第一海务大臣（7月31日），由于"持续紧张"，自己已经"精疲力竭"。18日晚上9时，他搭乘轻巡洋舰"保皇党人"号出海，后者一直在邓迪外海待命，以应付这种紧急情况，随后从"保皇党人"号登上"铁公爵"号（该舰是独自从斯卡帕湾出发的）。[6] 在那之前行使指挥权的伯尼，已经命令舰队于19日凌晨5时，在泰河（River Tay）以东大约100英里处会合。全部舰队随后将转向南方，进入L字形扫荡航线，首先从通往福斯湾的航道向东南方向，即赫尔戈兰湾南岸方向航行，经过泰恩河口大约60英里后转向东方。[1]

18日上午11时37分，海军部命令哈里奇舰队（5艘轻巡洋舰、19艘驱逐舰和1艘驱逐领舰），在19日凌晨集结在亚茅斯以东约50英里，霍夫顿的布朗海脊（Brown Ridge）。哈里奇舰队于18日晚上10时30分出动。另外，海军部还部署了25艘潜艇：3艘在泰尔斯海灵岛外巡逻，监视赫尔戈兰湾南口；2艘受命于18日中午赶到赫尔戈兰岛海域；5艘部署在霍夫顿；8艘在亚茅斯外海；6艘在泰恩河口，负责近岸防御；1艘在荷兰海岸附近的绍文滩（Shouwen Bank）巡逻。部署在泰尔斯海灵岛的3艘潜艇中，最靠北的E-23，是唯一一艘能够接触公海舰队的潜艇。参战英国潜艇第一次装备了远程无线电设备。[2]

8月19日凌晨5时，英军战列舰队经过了会合海域。由于有日德兰海战中的教训，战列巡洋舰的位置在战列舰队前方仅30英里处，与战列舰队的联络，则通过中继巡洋舰进行，这样杰利科和贝蒂可以交换视觉信号。第5战列舰中队处于杰利科直接指挥之下。战列巡洋舰队前方8英里处，是第1、第2和第3轻巡洋舰中队。5时40分，整个舰队正以18节航速向南航行。5时57分，正在霍利岛（Holy Island）附近以Z字航行的"诺丁汉"号（第2轻巡洋舰中队），突然被两次剧烈爆炸所震撼，它被两枚鱼雷同时击中了。鱼雷是北面潜艇防线中的U-52号潜艇发射的。半小时后，U-52又命中"诺丁汉"号一枚鱼雷。巡洋舰于7时10分沉没。没有发现潜望镜和潜艇的迹象，第一份由第2轻巡洋舰中队（古迪纳夫）发给贝蒂，又被转交杰利科的报告称，"'诺丁汉'号触雷，或者被一枚鱼雷击中了"。杰利科直到6时50分才得到消息。10分钟后，他收到海军部6时15分发出的一份情报，称5时25分，德军舰队在他南偏东约200英里处，也即在亨伯河口以东约170英里处。情报中没有德军舰队的航向。根

---

① 这条扫荡航线，以及另一条20英里宽的M形扫荡航线，都位于多格尔沙洲和亨伯雷场之间。

② 这是海军部6月25日会议做出的另一个决定，因为杰利科在会议上，对潜艇上低劣的无线电装置拖累舰队行动大倒不满。他指出，德军潜艇的通信距离为400英里，而英军潜艇则很难超过60英里。

据这两条信息，杰利科首先决定，转向 16 罗经点（即转向北方），"直到'诺丁汉'号的情况明朗"，也就是说，要知道它到底是触雷还是被鱼雷击中。战列舰队于 7 时 3 分转向，7 时 30 分，贝蒂也随之北转。

杰利科担心的，是大舰队可能会进入水雷陷阱，"而且，直到明确没有雷场前，舰队都应该小心避开这一水域"。[7] 杰利科的支持者认为，让舰队驶入雷场是"愚蠢" ［阿尔塔姆（Altham）语］ 和"疯狂"的（德雷尔语）。而丘吉尔则认为，即使假定"诺丁汉"号是被水雷击沉的，"一个角度很小的转向，就可以让大舰队远离假设中的雷场，而且还可能插入德军舰队及其基地之间"。[8] 也许杰利科认为，根据海军部情报，他在决定舰队取何航线投入战斗之前，还有很多时间来等待进一步的消息。不管怎样，4 个小时就这样失去了，因为一直到上午 9 时（贝蒂则在 9 时 30 分），杰利科才恢复了向南的航向。但正如纽博尔特所说，我们不应夸大杰利科向北航行造成的后果：

如果杰利科没有转向，也就是说，如果他坚持向南航行，他的前卫舰队就可能在 12 时至 1 时之间发现希佩尔中队；但是，这只有假定英军前卫舰队没有被第一道 U 艇防线① 所阻，而且舍尔不顾敌人优势力量正在接近他的撤退航线，坚持向桑德兰开进的情况下才可能发生。不过，舍尔也不可能在大舰队非常接近他之前，对英军舰队的动向一无所知……可以肯定，只要他能躲开，就绝不会与位于他东面的大舰队交战，毕竟离他可以借助以脱离战斗的黑夜，还有 8 个小时。[9]

随着势态发展，当杰利科再次将航向对准敌人时，尽管损失了几个小时，他仍有时间迫使其投入战斗。

上午 9 时 8 分，杰利科得到确切消息，"诺丁汉"号是被鱼雷击沉的[10]，杰利科再次转向南方，航向南偏东南，直指"诺丁汉"号中雷处以东 25 海里的海

---

① 布莱斯防线（Blyth）。

域。他最初的意图，是沿 L 字航向继续扫荡，但是鉴于那里可能有 U 艇出没[1]，杰利科决定横跨航线中心部分，然后向东，取更加安全的 M 形航线扫荡。很明显，这样大舰队插入公海舰队及其基地之间的机会将更加渺茫。如果他继续执行最初的计划，他的位置将更加偏东 20 英里，有可能在当天下午发现敌人，不过也许没有足够时间打一场决定性海战。杰利科对改变计划的解释，是担心敌人的陷阱——舍尔可能用战列舰队做诱饵，吸引大舰队向南，进入他的潜艇陷阱以及（或者）新布设的雷场。10 时 21 分，"铁公爵"号收到 E-23 号潜艇于 9 时 16 分发出的报告，称它向"威斯特法伦"号发射了鱼雷（见下文）。虽然电报因传输问题并不完整，而且对敌人位置的报告，与杰利科于 7 时和 8 时收到的海军部情报不符，但还是让杰利科相信，公海舰队正在开往英国东海岸。

根据战后才得到，而杰利科在 8 月 19 日不可能知道的信息，沿 L 形航线前进，将让舰队驶离 U 艇部署范围。[11]12 时 34 分，杰利科命令大舰队转向正南，向 M 形航线中心开去。1 时 27 分，"铁公爵"号收到了一份海军部于 1 时 15 分发出的重要情报，而杰利科在 2 时才看到，情报称 12 时 33 分，德军舰队的旗舰的位置（通过无线电测向），在北纬 54 度 32 分，东经 1 度 42 分。我们等一会将看到，就在此时，舍尔即将改变航向。但海军部和杰利科都不知道这一情况。海军部情报显示，在对德军旗舰进行测向时，贝蒂距公海舰队大约有 60 英里，或者说，如果德军舰队的航向不变，到下午 2 时，双方距离将不到 40 英里。双方舰队航线大致呈直角，相遇已不可避免。杰利科突然将航速从 17 节增至 19 节，并转向直取（预测中的）德军舰队。下午 2 时，"铁公爵"号挂起旗语："锅炉准备全速航行……全面做好战斗准备。"2 时 15 分再发命令："准备战斗。公海舰队随时可能出现。"接着又挂出纳尔逊式的命令："公海舰队随时可能出现。我以全部信心期待胜利。"天气晴朗。日光充足。形势对大舰队极为有利——此时贝蒂正与战列舰队保持目视接触。一切都已就绪。但是杰利科不知道，命运女神将再次让大舰队满怀的希望破灭。

---

[1] 已经在航线的北部发现了潜艇，他认为在南部也可能有潜艇。

我们再来看舍尔的行动。他从驶离基地到横渡北海的过程中都一直平安无事，直到凌晨 5 时 5 分，正在泰尔斯海灵岛以北 60 英里巡逻的 E-23 号潜艇［艇长是海军中校 R. R. 特纳（R. R. Turner）］，在 1200 码的距离上，向德军舰队的最后一艘战列舰"威斯特法伦"号发射了鱼雷。"威斯特法伦"号虽然受创不重，但舍尔还是在 6 时 30 分命它在驱逐舰的保护下返回基地。[①] 当天上午，舍尔发现公海舰队侦察力量发来的报告令自己陷入了迷惑。位于霍夫顿的 L-13 号齐柏林飞艇于 6 时 30 分报告，发现两个敌驱逐舰支队，其后方有两个巡洋舰中队（其实只有一个），位置在舍尔南方 120 英里处，航向西南。飞艇发现的是哈里奇舰队。[②] 北方 U 艇防线中的 U-53，分别于 7 时和 8 时 10 分，发出发现英军战列巡洋舰和战列舰的报告，敌舰航向均为北方。9 时 50 分，L-31 号齐柏林飞艇（见资料图 16）送出一份不准确的报告，称 9 时 50 分（其实是 8 时 50 分），英国主力舰队正在向东北方向航行。舍尔后来称，这些情报未能给他提供"敌人反击行动的完整态势"，因为敌人所有力量似乎都在离他而去，而不是向他靠拢！舍尔可能认为，哈里奇舰队仅仅是在正常巡逻，而英军主力舰队正在向北方集结，所以他仍然从容不迫地向桑德兰开进。至中午时分，他已到达惠特比以东 82 英里处。

关键时刻终于来临了。12 时 3 分，舍尔收到了正在监视哈里奇舰队的 L-13 飞艇[③]的报告，称在上午 11 时 30 分，发现"一支由 30 艘舰艇组成的强大舰队"，包括 5 艘重型舰艇，位于克罗默（Cromer）以东 60 英里，正在从南方向北驶来。（这支舰队 11 时 30 分时，位于舍尔以南 60 英里。）12 时 22 分，舍尔又收到 L-13 的第二份情报，称这支舰队包括"大约 16 艘驱逐舰，小型和大型巡洋舰，以及战列舰"。[④]1 时 30 分，一阵雷暴使 L-13 失去了与英舰队的接触。但是这些飞艇发来的情报，特别是第二份，表明如果舍尔继续向桑德兰挺进一个小时，杰利科就可以插入他和德国基地之间。但是舍尔相信，他只会和英军舰队的一

---

① "威斯特法伦"号用无线电报告了被击中和损伤情况，违反了舍尔的无线电管制命令，结果电报被海军部截获并转发给杰利科，使他知道了公海舰队的位置。

② 蒂利特已经在 4 时 2 分来到布朗海脊会合地，并在附近海域巡逻。上午 10 时，根据 E-23 号潜艇于 9 时 16 分向全体英国舰艇发出的报告，他转向北方试图发现敌人。

③ 该艇艇长恰好是一名受过良好侦察任务训练的后备役军官。

④ 12 时 50 分收到的第三份电报，报告了英舰队的位置在克罗默东偏东南 75 英里，航向东北。

部分接触，于是他放弃了炮击桑德兰的计划。12 时 15 分，他命令舰队转向。为了让第 1 侦察群转入新航线后重新占据舰队前方的阵位，战列舰队必须暂时减速，到下午 1 时，整个德军舰队已经转向东南方向，准备迎战报告中的英军舰队——舍尔实际上正在从北方南下而逐渐远离大舰队。舍尔自担任公海舰队司令以来的梦想，歼灭一支独立的弱势敌舰队，似乎就要变成现实！可惜与他的期望相反，L–13 的报告是错误的。舍尔正准备迎战一个想象中的英国战列舰中队——实际上那是哈里奇舰队，其中根本没有战列舰。而且，哈里奇舰队还没有看见德军舰队，就在 12 时 45 分转向南方，回到它在霍夫顿的预定海域去了，所以它在不知情的情况下驶离了公海舰队。

2 时 35 分，舍尔放弃追击，转向东南偏东方向。他后来解释了这样做的原因。"舰队一直前进，直到被南方雷场所阻。（他距亨伯雷场已不足 25 英里。）……继续迎击从南方而来的敌舰队已无意义，而且再去炮击桑德兰也为时已晚。"[12] 促使他做此决定的关键因素，是 U–35 号潜艇于 1 时 15 分发出的情报（舍尔于 2 时 13 分收到），称英国主力舰队正在公海舰队北方大约 65 英里处，航向正南，正在向他接近。这是第一份有关英国战列舰队的准确情报，肯定令舍尔大为震惊。

德国官方史严厉批评了 L–13 发出的错误情报，舍尔声称："如果 L–13 的情报没有引导我向南转向，去迎战从那个方向赶来的敌舰，我们就可能在下午 4 时（格林尼治时间下午 2 时）与敌舰队交战。"[13] 舍尔参谋部的作战处处长战后评论，如果舍尔再坚持向桑德兰方向航行一个小时，而不是转向情报中来袭的敌人，他们就将获得"一次重大胜利，这场海战将成为战争的转折点，而且，也是靠一次海上胜利结束战争的最后机会"。[14] 但是历史学家对此不以为然，L–13 的错误事实上似乎拯救了公海舰队，因为如果它们继续前进，就会一头撞向占据巨大优势的大舰队——很有可能将是一场灾难。

此时大舰队上下都处于异常兴奋的状态。大约 2 时 30 分，杰利科收到了海军部于 1 时 36 分发出的情报，告诉他公海舰队已于 12 时 30 分转向。到下午 3 时，杰利科知道与敌人相遇的机会实际上已经不存在了。当时他正在抵达 M 扫荡航线中心海域。3 时 46 分，他从海军部 3 时 22 分的情报得知，舍尔已经在归途之上。3 时 53 分，杰利科命令舰队转向北方，开始撤回基地。

一直到天黑，M航线北部的返途都称得上一场噩梦，因为首先是法恩堡岬一线，然后是布莱斯一线的U艇反复对大舰队发起攻击。"几乎每时每刻都有一艘或更多的英国舰艇，在信号桅上挂起'发现潜艇'的信号。"不过德军潜艇只得手了一次。4时52分，战列巡洋舰队前方，轻巡洋舰幕中的"法尔茅斯"号，在以23节呈Z字航行时，被U—66发射的两枚鱼雷击中。8月20日，当它以拖行状态返回亨伯时，又被U—63发射的两枚鱼雷击中，最终第二天早上，它在距法恩堡岬仅仅7.5英里处沉没。

哈里奇舰队在布朗海脊几番扫荡未果后，终于在大约下午6时发现了公海舰队，并报告了敌情。公海舰队与哈里奇舰队相距最少有20英里，只能在地平线上看到几艘重型舰艇的桅顶指挥平台，但是因为浓烟及其上空的齐柏林飞艇，可以断定这就是公海舰队。蒂利特立即开始追赶敌人，但是6点32分，他接过杰利科的电报，称大舰队距离太远，无法为他提供支援。实际上，杰利科已经放弃追击踏上归途。电报让蒂利特自行决定是进攻还是撤退，但是他毫不犹豫地决定，在敌人的水域冒险攻击实力强大、有重兵护航的敌舰队，而且他距自己的基地150英里，根本没有任何获得支援的希望。他成功的唯一机会，就是占据敌人前方阵位，然后高速向敌人冲锋，所以蒂利特开始全速前进。不幸的是，大约一小时后，情况逐渐明朗，他不可能在月亮升起前占据有利位置，继续前进只能造成一场灾难；因此蒂利特命令撤退，并于7时32分向杰利科报告："我已放弃追击，夜间攻击条件对我不利。"

海军中校弗罗斯特（Frost，美国海军），对蒂利特的决定做出了严厉批评。"20艘主力舰出现在夜间清晰的视野中，对任何驱逐舰指挥官都是天赐良机。除了满月，任何条件都有利于夜间攻击……英国海军放弃夜间攻击机会，舍尔却愿意冒险投入夜间攻击，这让日德兰海战令英国士气更旺的说法不攻自破。"德国官方战史的口吻也并非过分渲染。"他和海军上将杰利科没有进攻德国主力舰队……未能对其造成分毫损伤的原因，在于他们完全不会像德国海军那样，使用鱼雷舰艇部队独立地发起攻击。"[15]但我们还不能就此停止讨论。蒂利特绝不是一名昏聩的指挥官，他有一个比弗罗斯特承认的更合理的缘由放弃进攻：他认为月光将使进攻既无果又过于危险。他的导航军官写道：

232

我肯定，当我们得知要放弃在月亮升起后冒险进攻时，都非常开心。月亮直到午夜才会升起，但是公海舰队可能正在高速撤退，而我们只有在月亮升起后，才有机会赶到它们的前方发起进攻，我们这支小舰队，去进攻未经一战，而且有重兵保护的强大舰队，无异于一次自杀行动。月亮在我们返航途中升起，更加使我们相信自己的判断，因为当时海上简直亮如白昼。[16]

英国官方从来就没有，也不可能对蒂利特的决定做出哪怕是最温和的批评。

## 2. 8月19日行动的结果

没有发生任何战斗，这一天就这样结束了。在英国的批评者看来，敌人"从我们手心溜走"的主要原因是杰利科的谨慎策略[①]，他采取这种策略，是因为日德兰经验使他不信任自己的装备，以及军舰和炮弹的缺陷尚未弥补。这一点，可以从德军舰队径直南行，直到"非常接近"英国海岸（不到70英里）得到证明，一名英国海军军官在1962年对此这样评价：

如果双方在日德兰没有发生战斗，那么舰队在这次行动中更靠近东方似乎是合理的，也就是说，敌人靠近英国海岸时，有更大机会切断其退路。如果敌人保持航向，或者当他们得知英军舰队接近，而在当天某个时间决定撤退时，在多格尔沙洲以东，而不是以西集结，将使英军舰队司令有更大的机动空间和更多时间拦截敌舰队。[17]

批评者的质疑有两方面是站不住脚的。首先，如果杰利科采取他们建议的航线前进，他将不可能阻止敌人炮击东海岸，而这也是敌人最可能采取的行动，也不可能在敌人炮击时正好出现。因为他肯定很清楚，政府和民众都不会容忍炮击发生。但即使他希望通过牺牲东海岸的安全换取歼灭公海舰队的战斗，也

---

[①] 德国人之后对他的评价是"谨慎和逃避的态度"。

不可能获得这样的机会。[18]

舍尔对这次出动的结果相当满意。"虽然此次敌人没有出现，未能发生期待中的海战，但是我们击沉了两艘小型巡洋舰，击伤了一艘战列舰[①]，而我方只有"威斯特法伦"号受损，也至少称得上一场胜利，我们已经不容置疑地让敌人明白，必须时刻提防被德军舰队攻击。"[19]舍尔对潜艇的表现特别满意，它们"出色地完成了"侦察任务。作战记录显示，有 24 艘 U 艇参战，其中 5 艘（均在布莱斯和法恩堡岬防线）发现了英军舰队，发出了 11 份情报（其中 7 份来自 U-53）；潜艇共发射了 16 枚鱼雷，其中 7 枚命中了两艘轻巡洋舰并将它们击沉。相反，舍尔对自己曾经怀有高度期望的飞艇不甚满意。10 艘飞艇中，只有 3 艘发现了英军舰队，发出了 7 份情报，其中 4 份信息不实。舍尔认为，飞艇数量不足，却要覆盖大片海域，造成其情报缺乏可靠性。他似乎认为，飞艇在给定海域内执行了过多巡逻任务，却缺乏足够的搜索和跟踪行动。"飞艇的侦察行动，总体上只有负面效果，因为它们只会通知舰队，敌人主力舰队不在它们的视野中，而重要的是要知道敌人的确切位置。"[20]虽然舍尔对空中侦察提出了批评，但正是一份来自飞艇的错误敌情报告拯救了他！

这是德军舰队最后一次在北海上前出至如此远的距离。虽然舍尔仍有兴趣，在潜艇和飞艇组成的完美侦察体系协助下再次出动，但 8 月 19 日的行动，让德国海军参谋部更加坚定地认为，这样的行动不会产生重要的，更不要说决定性的结果。因此 1916 年 8 月 19 日之后，公海舰队逐渐减少了活动，而从舰队独立出来的 U 艇部队变得愈加活跃。特别是海军参谋部于 10 月 6 日下令，恢复了遵守俘获规则（即登临检查与搜索）的潜艇战。命令明白地宣称，"除非有进一步指令，潜艇根据俘获规则攻击商船的重要性，高于完全将其用于与公海舰队联合行动，或者独立地对抗敌人的海军力量"。这排除了让潜艇再次参与舰队行动的可能性，也让舍尔对大舰队实施有效打击的愿望完全破灭了。我们还将看到，8 月 19 日的行动，也对英国方面产生了深远的影响。那就是驱逐舰的

---

① 他错误地认为一艘U艇在晚上7时50分，用鱼雷击中了"不屈"号战列巡洋舰。

严重短缺，是造成北海僵局的原因之一。

英国民众总体上，对这次行动的官方声明持欢迎态度。[①]《每日快讯》的海军记者 H. C. 费拉比（H. C. Ferraby）认为损失两艘军舰，"对于成功赶走世界第二强大的舰队，是一个微小代价"。但是对海军部和杰利科来说，8 月 19 日不仅是令人失望的一天，更是令他们震惊的一天。

杰利科一直担心的事情终于发生了：敌人的齐柏林飞艇，再加上他们的潜艇，已经成功地担当了哨兵角色。"德国人无疑开始将齐柏林飞艇用于空袭以外的任务。上星期，他们使我们遭受了重大挫折，而且极大地协助了他们的潜艇。只要天气良好，一艘齐柏林飞艇顶得上多艘轻巡洋舰。"[21]8 月 24 日，杰利科询问海军部：东海岸有多少可用的飞艇？它们是否已受命与舰队协同作战？舰队是否应该在飞艇的作战范围内活动？19 日下午，英国侦察飞艇本来有可能发现敌潜艇和舰队，大大有助于大舰队的行动。海军部回复称（9 月 6 日），东海岸共有 10 艘可以作战的飞艇，还有 3 艘以上将在短期内投入使用。但是这些飞艇主要用于海岸侦察，天气良好时，作战半径仅有 150 英里，不足以与舰队协同行动。适合配合舰队作战的，是新式的"北海"型飞艇[②]，天气良好时，其作战半径可达 400 英里。但是，海军部希望杰利科能安排一些海岸飞艇参加舰队演习，以验证当它们离开陆地视距后，能否足够精准地报告自己的位置，这将决定它们是否有使用价值。海军对水上飞机母舰仍然信心不足。舰队也仍然没有装备足够多的水上飞机母舰。第三海务大臣在"铁公爵"号上的一次会议中（10 月 12 日）通知杰利科，意大利商船"罗索伯爵"号（Conte Rosso）正在被改装成水上飞机母舰，但要在一年后才能服役。当他建议用陆基两栖飞机代替水上飞机和母舰时，杰利科指出，它们的作战半径不足以跟随舰队行动，而且，即使它们能安全到达海上的会合地点，在海上进行加油作业也十分困难。因此，大舰队实际上能指望的空中侦察力量，只有"坎帕尼亚"号和"恩加丹"号，另外就是在岸上充气，然后由战列舰携带的系留气球。

---

① 声明当然隐瞒了很多事实。
② 1916年底共建成4艘，另有两艘于1917年建成。

杰利科最关心的，还是驱逐舰的短缺。他（以及第一海务大臣）相信，德国 8 月 19 日的行动还伴随着一次对东海岸的夜袭，以及为大舰队设下的潜艇陷阱。发现潜艇以及两艘轻巡洋舰中雷沉没，证明潜艇对大舰队的威胁是真实存在的。杰利科立即就驱逐舰幕问题向海军部发出了强烈呼吁。他认为除非**所有**军舰，包括轻巡洋舰①，都得到驱逐舰幕的保护，否则都将在有潜艇出没的海域遭到重大损失。杰利科称他最少需要 87 艘驱逐舰，驱逐舰和重型舰艇的比例要达到 12 比 8（一个中队战列舰的数量），对巡洋舰的比例为 2 比 1，对轻巡洋舰的比例为 1 比 1。名义上，杰利科有 86 艘驱逐舰（31 艘在罗赛斯，55 艘在斯卡帕湾），但是因为维修和执行其他任务，实际可用的驱逐舰通常只有 70 艘。驱逐舰短缺"是最严重的问题，需要对驱逐舰制造商紧急施加压力，在我们得到更多驱逐舰之前，即使不是战列舰，我也无法保证我们的巡洋舰不会因敌潜艇而遭受更大损失，而敌人却不会有相应损失"。[22]

在两周时间里，杰利科反复就此问题向海军部施压，直到海军部干脆拒绝答复他最后一次有关通信（9 月 13 日）。奥利弗直截了当地评论："再吵下去也不会有更多驱逐舰。"海军部的立场是，驱逐舰的建造速度②已经无法大幅加快，**而且**他们不能无视其他方面的需要："英军在亚德里亚海上的轻巡洋舰和在北海上的轻巡洋舰一样，需要驱逐舰保护。对封锁奥特朗托海峡，配有水雷阻拦网的100 艘漂网渔船的保护，也只是间断性的和不足的。"对在埃及、萨洛尼卡和美索不达米亚的陆军的海上供应和增援，也需要保护，来自自治领的运兵船也需要护航，如此等等，不一而足。海军部能为杰利科提供的最大帮助（正如他们在 9 月 9 日通知他的），就是继续根据 1915 年 8 月公布的计划，将新式驱逐舰交付给大舰队，直到总数达到 100 艘。驱逐舰问题直接影响了英国的北海战略。

一直以来，大舰队通过海军部情报系统，一旦接到公海舰队出动的消息，就立即行动。现在这种模式已难以为继。杰利科断言，除非他得到更多驱逐舰执行掩护任务，否则这种情况就"需要大幅度改变"。他无法保证，大舰队能

---

① 由于驱逐舰数量不足，它们不可能得到掩护。
② 战争开始后每艘驱逐舰的平均建造时间为14.7个月，战前则为20—24个月。

阻止德国对东海岸港口"打了就跑"式的袭击，以及在德军登陆行动的早期就实施干预，因为在他的轻巡洋舰和主力舰能够得到足够的驱逐舰掩护之前，让舰队深入南方水域是不明智的。但是他也设下了一个重要的例外条件。"如果情况极为特殊，需求极为迫切，那就有必要接受风险。这已在舰队指挥官们和海军部之间达成共识。"[23]9月13日，在"铁公爵"号召开了一次会议，这也是战时最重要的海军会议之一，讨论了上述问题。出席会议的，有杰利科，大舰队参谋长麦登，以及海军参谋长奥利弗。

需要做出决定的问题有：（1）英国政府是否准备面对舰队无法阻止东海岸遭到炮击，以及在登陆早期无法实施干预的事实？（2）只要得知敌舰队已经出动，大舰队是否要无视潜艇和水雷的威胁出海寻敌？（3）舰队是否应该避免进入敌人可以轻易设置潜艇和水雷陷阱的海域，并且把行动限制在北部海域，即北纬55度30分以北[①]？杰利科坚持认为，战列舰队不应在东经4度以东，深入这一纬度以南的海域，"除非情况非常特殊，那片水域的东部已无法用我们的巡洋舰和潜艇来监视，所以在这种情况下，实际上已经有利于敌人大规模地布置潜艇和水雷陷阱"。在东经4度以西海域，"如果有极佳机会可以迫使公海舰队在白天投入战斗"，大舰队可以接受水雷的风险。[②]但是因为潜艇的威胁，大舰队无论如何都不应到多格尔沙洲以南活动，除非"所有军舰"都有足够的驱逐舰幕。杰利科明确地表示，以上建议与舰队以哪里为基地无关——无论是斯卡帕湾还是罗赛斯。奥利弗总结了会议形成的几个结论："大舰队司令和战列巡洋舰队司令（奥利弗于9月1日与他会面）都坚定地认为，每次德军舰队靠近英国东岸时，舰队都不会深入南方海域，而只有获得极佳的白天战斗机会时才会这样做……战列巡洋舰队司令比大舰队司令更强调这一点。"[24]的确，贝蒂认为：

我所持的强烈观点是，战争已经到了必须谨慎实施海军行动的阶段。那句老格言，"想获胜就别冒险"，在今天非常适用。我认为北纬55度30分以南的

---

① 大约与合恩斯礁与法恩群岛（Farne Islands）同一纬度。
② 这是因为英国巡逻潜艇很有可能提前报告，那里是否有敌人的水雷。

北海海域对主力舰非常危险，而仅仅使用潜艇就应该可以在那里遏制敌人主力舰的活动，除非敌人甘愿冒极大的风险。如果敌人这样做，那肯定有一个非常重要的目标，而不仅仅是一番炫耀。他们可能的目标又是什么呢？就算敌人有一个目标，我们也应该能够预料到，并实施反制措施。敌舰队只有突破目前对他们有扼杀效果的封锁，并与我们交战，才算是发挥了作用。而且战斗要发生在我们选择的海域，而不是他们的。[25]

简而言之，8 月 19 日之后，在北纬 55 度 30 分以南使用重型舰艇的问题上，贝蒂比杰利科更加谨慎。他的信件证明了，两人在日德兰海战之后的战略观点与海战之前是非常相似的。[26]

9 月 23 日，海军部"总体上批准了"13 日会议上的结论，接受大舰队有关水雷和潜艇的观点，从根本上改变了北海上的海军战略。

不管德军舰队何时被怀疑正在接近英国东海岸，如果大舰队前往福斯湾以南海域，就必定存在着潜艇和水雷造成损失的巨大风险，而迫使敌人投入战斗的机会却很小[①]，除非敌部分舰艇被我方沿岸力量击伤，而大大延长了他们在海岸附近的停留时间。

据此决定，除非"情况极为特殊"，大舰队重型舰艇将保持在与合恩斯礁同一纬度的北方海域。"极为特殊的情况"，被定义为："一次入侵行动，或者可预见到一次可以迫使德军舰队于白昼，以及对大舰队并非极为不利的海域，投入战斗的极佳机会。如果德军舰队进攻泰晤士河，或多佛尔海峡，也可算作合适的机会。""极为特殊的情况"并不包括敌人袭击东海岸，例如对斯卡布罗或洛斯托夫特的炮击，因为，"我们位于北方基地的主力舰，不可能在报告敌人出现在海岸附近之后 16—30 小时，再迫使敌人投入战斗，时间决定于从基地到南方遇袭

---

① 因为如果天气允许齐柏林飞艇出动，"敌人几乎不可能不获得情报，从而在我方接近他们之前，有充足的时间避开战斗并撤回基地"。

地的距离"。[27] "但是，定期出海巡航对保持舰队战斗力是必要的，舰队出动就必须接受一定的风险；但是让大舰队主力舰在危险海域，冒着受到水雷和潜艇攻击的风险，却只有极其微小的机会在白昼与德军舰队一战，则是一种错误的战略。"

除了决定将主力舰保持在合恩斯礁一线以北外，海军部还在同一份备忘录中，强调了自己对大舰队机动和航行的严格掌控，海军部在命令大舰队司令升火的同时，才会披露行动的紧急程度。随后的命令将包括出动舰队，并在长四十海域以东集结，大舰队司令将决定舰队会合的细节安排。如果天气恶劣，舰队将不会在会合地以南的海域活动。[28] 海军部备忘录中的诸项决定，"主导了大舰队后来的行动，成为战时海军政策中最重要的指导性文件之一，这也是8月19日行动的直接后果"。[29] 同时这也是已经持续了6个月的，有关大舰队角色讨论的最终结果。

8月19日之后，海军部对大舰队一直保持防御态势有所不满。第一海务大臣在一份最后没有下发杰利科的严厉斥责信中，宣泄了自己的怒火：

> 我留意到大舰队司令所强调的，在北海上打击敌人也会给自身带来损失，但是他对如何使用舰队给敌人造成类似的损失却没有任何建议。还应该注意，舰队所有大规模行动都应由海军部策动。我建议，应该再次让大舰队司令知道，我们欢迎他提出的，任何运用他指挥下的舰艇，给敌人造成类似打击的行动。[30]

一个月后，在9月23日给杰利科的备忘录中，海军部极不情愿地承认："实际上，除非敌人愿意并寻求一战，迫使其投入战斗的机会已越发渺茫，也十分困难。"

情况现在已经很清楚，北海上形成了僵局。对大舰队活动区域的限制，以及舍尔对已经没有潜艇可用于外围警戒的情况下任何离开基地的行动的担忧，都使两支舰队未来再无可能相遇。

可以说没有潜艇，海军上将舍尔就不会出动，而没有驱逐舰，海军上将杰利科也不会再追赶德国人。一方失去了侦察力量，另一方失去了保护幕。8月19日既是结局，也是序幕。这场伟大演出的第一部分结束了。幕布随着德军舰队的一次短暂出击而落下，与此同时，他们承诺在另一场战斗中必胜。幕布再次拉开时，北海上已经没有林立的巨舰，而是潜艇不分昼夜地在奔忙寻找猎物，而它们身后也跟随着众多不知疲倦的追猎者。这些意义深远的决定，使8月19日和赫尔戈兰湾、多格尔沙洲以及日德兰海战的日子一样，成为北海海战史上重要的一天。[31]

秋天发生的事件说明和更加确定了这样的态势。

舍尔计划在9月实施一次与8月19日一样的行动。恶劣的天气使计划取消了。在他能够制订下一个计划之前，接到了恢复针对贸易航线的潜艇战的命令。舍尔写道："没有潜艇，我被迫制订完全不同的方案；我只能以雷击舰艇在舰队前方散开，在北海的商业航线上搜索，并俘获遇到的商船，而不是接近敌人海岸，在展开真正的海战之前，将敌人诱向我们的潜艇防线。舰队只能作为轻型舰队的支援力量来使用。"很明显，他仍希望出击能造成双方舰队之间的战斗，但是德国官方史称，"如果舰队司令希望与敌人的水面舰艇交战，机会是极其微小的，因为舰队前出的距离有限"。官方史还提到，"如果条件允许"，他的计划包括发起一次夜间鱼雷攻击。[32]

公海舰队于10月18—19日夜再次出动，西行至多尔戈沙洲以东海域。舍尔虽然没有潜艇，但还有飞艇，其中10艘在舰队前方展开成横跨赫尔戈兰湾的巨大半圆形侦察幕。（其中两艘因故障提前返回。）分散开来的驱逐舰幕则掩护舍尔的侧翼。

海军部截获了舍尔于18日下午5时30分发出的命令，断定他意图再次出动。7时46分，海军部命令大舰队准备出海（"德军舰队有行动迹象"）。其他截获的情报确认了敌人出动在即，晚上11时30分，命令被发往地方防御部队指挥官——东岸防御指挥部［位于伊明汉姆（Immingham）］司令，海军少将蒂利特，以及第3战列舰中队（位于泰晤士河口）司令——警告他们敌人可能会在南部海域发动袭击。根据9月23日备忘录的决定，大舰队没有出动。德国人的意图仍然不明。杰利科向海军部建议，舍尔可能试图诱使舰队开往西南方向，以为水面袭击舰突破封锁扫清道路。小心起见，他派出一支巡洋舰分队到北海北端海域搜索袭击舰。

舍尔出动时，哈里奇舰队的4艘潜艇正在荷兰外海的阿默兰岛（Ameland）附近巡逻，布莱斯潜艇部队的 3 艘潜艇部署在合恩斯礁外海。前者的一艘潜艇 E–38 号［艇长是海军少校 B. 杰索普（J. de B. Jessop）］发现了德军舰队，并于早上 8 时 43 分（10 月 19 日），在 1300 码距离上向轻巡洋舰"慕尼黑"号发射了两枚鱼雷。"慕尼黑"号受创后，在"柏林"号的拖行下安全返航。[1] 舍尔没有发现敌舰，当他在上午 11 时过后不久抵达多尔戈沙洲以东时，转向东北偏东方向，意图通过合恩斯礁以南航道返航。下午 2 时，他命令飞艇返回基地，这是个违背他自己计划的决定。德国官方史道出的唯一原因是，舍尔在下午 2 时认为，明亮的夜晚将不利于发动鱼雷攻击。[2] E–38 号潜艇的鱼雷攻击，恶劣海况使他的驱逐舰难以跟随主力前进，以及得知敌人已经了解他的意图[3]，都足以解释舍尔为何决定返航。

行动就这样结束了。这是整个公海舰队在 1918 年 4 月之前的最后一次出击。没有潜艇执行侦察任务，舍尔不想再冒险，特别是 11 月 3 日被刺痛了之后。当天，U–20 号和 U–30 号潜艇于大雾中，在北日德兰（丹麦）西海岸的伯布峡湾（Bovbjerg)外海搁浅。考虑到一支英国舰艇中队可能在斯卡格拉克海峡外活动，舍尔派战列巡洋舰"毛奇"号、4 艘无畏舰和半个驱逐舰支队前往援助。他们设法带回了 U–30 号，但无法营救 U–20 号，该艇的龙骨已经折断。11 月 5 日，舰队在返途中遭到了一艘英国潜艇 J–1 号［艇长是海军中校诺尔·劳伦斯（Noel Laurence）］的鱼雷攻击，在"恶劣和能见度低下的天气中"，鱼雷的尾迹被海浪遮蔽，两艘战列舰被鱼雷击中。两舰受损均不严重。威廉皇帝严厉斥责了舍尔"拿一个舰艇中队冒险，为救两艘 U 艇几乎损失了两艘装甲舰"。

大舰队一直遵守为其主力舰制订的战略，直到从 1917 年末开始，因为无限制潜艇战，而需要保护往来于斯堪的纳维亚的护航队，这为大舰队开启了一个不同以往的新局面，不过这种变化并没有立即体现出来。同时在 1916 年秋天，公众再一次开始不信任海军部，主要的批评之一，就是海军在北海上缺乏攻势行动。

---

① 杰索普对未能击沉"慕尼黑"号非常失望。"要么是它们极难击沉，要么是我们的鱼雷威力不够。"
② 他似乎察觉如果保持当时的航线，就可能在夜间与哈里奇舰队相遇。
③ 通过新明斯特无线电站于上午11时35分发给他的情报。

# 贝尔福 – 杰克逊时代的结束

## （1916 年 11—12 月）

海军已经创造了奇迹……英国对他们具有坚定的，不可动摇的信心。但是，信心的范围并不包括白厅的海军部委员会……他们已经在任很长时间了，在岸上生活 18 个月，会让水兵对大海的感觉，以及生于大海，存于大海的敏锐决断力和判断力变得迟钝。普遍看法是，他们已经变得非常"迂腐"……

——《泰晤士报》，1916 年 11 月 21 日

大部分人都认为，现在的海军部委员会行事草率，特别是对待潜艇的威胁，似乎有种宿命论态度。

——《海陆军记事》，1916 年 11 月 22 日

我们要看到勇气和干劲，要以进攻战略代替防御战略。

——查尔斯·比尔斯福德爵士致贝蒂夫人，1916 年 12 月 2 日

## 1. 海军部受到抨击

1916 年 11 月，英国再一次历经了不信任海军部的时期，这种不信任总是间断性地发生。这已经是战争中第三次，由于白厅的管理方式而让海军问题受到全国关注。第一次危机发生在战争初期，是随着"戈本"号、"克雷西"级以及安特卫普等事件发生的。海军部因此恶名加身。费希尔的归来，恢复了人们对海军管理层的信心。第二次信任危机，发生在 1916 年初的几个月，公众看到海军无所作为，而德国海军却多次出击成功。第三次危机，来自 1916 年秋天不断增长的，莫名其妙的焦虑感，而德军雷击舰两次袭击英吉利海峡又加剧了这种感觉。

10 月 26—27 日夜晚，2 个德军雷击舰支队（24 艘驱逐舰）从泽布吕赫

（Zeebrugge）突入海峡，向西直抵福克斯通（Folkestone）。其中一个支队攻击了英军的海军巡逻艇，另一个袭击了多佛尔至加莱航线上的运输船。当时条件对德方有利：夜晚漆黑一片，午夜后天空又布满阴云；虽然有迹象表明德国海军会有所动作，但海军部和多佛尔巡逻队都没有收到任何警报。袭击没有取得重大战果。英方驱逐舰一沉一伤，6艘漂网船被击沉，一艘空载运输船被重创，而德方没有损失。但是当晚按计划横渡海峡的57艘运输船无一损失。另一方面，指挥多佛尔巡逻队的海军中将培根，未能发现敌舰。尽管他在多佛尔有6艘"部族"级驱逐舰，沿多佛尔海峡内的阻拦网，还布置有5个分队的漂网船（共28艘，但大部分没有武装），与漂网船在一起的还有1艘快艇、1艘武装拖网船、1艘驱逐舰，在西面运输航线上，还有1艘驱逐舰和2艘P型炮艇①——尽管如此，培根还是认为，他的力量无法阻止袭击再次发生。他在致海军部的信中说："在海峡宽度的水域和暗如厄瑞玻斯②的夜晚，阻止航速33节的敌方雷击舰的袭击，就如同夜晚在克拉珀姆交汇站③，阻止灯火全熄的高速列车的撞击……我防止夜袭的方式，就是保护唐斯，暂停运输船航行，这样敌人就没有什么可以袭击的目标了。"[1]除了一点小问题（培根没有集中他的"部族"级驱逐舰），海军部认为他们的策略和部署是无懈可击的。

袭击提醒人们保护海峡交通线的重要性，以及多佛尔阻拦网的有效性被大大高估了，当晚有14艘德军雷击舰毫发无损地驶过了阻拦网。海军部认识到，培根只能完全依赖驱逐舰来保护多佛尔海峡，而他手下的驱逐舰却非常短缺，于是将蒂利特（10月28日）舰队的一艘驱逐领舰和4艘驱逐舰调给培根指挥。3艘属于亨伯第4驱逐舰支队的驱逐舰于11月21日到位，另两艘于12月2日到位。

培根关于反击敌人袭击非常困难的观点，得到了蒂利特的支持，他在夜袭中没有任何作为。"我对此很不满意，希望下次不会再发生了，但是如果公众认为突然袭击都很容易对付，那他们就错了。""我认为事件反映出我们的一些问题，但是攻击毕竟比防守要容易得多。"[2]但是公众却不这么想，他们也没有受到这些看法的影响。

---

① 实际上就是没有鱼雷的小型驱逐舰。
② Erebus，希腊神话中黑暗的化身。
③ Clapham Junction，伦敦最繁忙的铁路交会站。

海峡袭击受到了公众的过分关注。批评如潮般涌向海军部，特别是贝尔福；有些批评，非直接性地指向了多佛尔巡逻队的战斗力，他们的首要任务，就是阻止德国人进入海峡。袭击本身就是一次不幸。更糟糕的是，海军部在第一份公报中（10 月 8 日），不仅漏报了 6 艘漂网船的损失，而且断言敌人有两艘雷击舰被击沉。10 月 31 日，海军部已经获悉了实际情况，但是贝尔福在下院还在继续夸大公报中的战果。他们有"切实依据"，两艘敌雷击舰"触发了我们布下的水雷，我肯定它们发生了爆炸，可能已经沉没"。他还承认了漂网船的损失。公报和海军大臣的声明，给人们留下了恶劣印象。很多人认为海军部在试图掩盖真相。亚瑟·坡伦的文章称，因为公报内容而对海军大臣的批评，"细看起来，比袭击本身还微不足道"。来自政治对手的批评则准确地抓住了公众心理。"真正困扰公众的是，在海军代表人物那里……竟然在两次事件中（指日德兰海战和本次袭击），都表达了同样的软弱。"（《每日邮报》，11 月 6 日）敌人"奇袭了多佛尔海峡，我们原以为那里要么已被严密地封锁，要么受到极为小心的监视，但敌人却成功地突破，给我们造成了一定的损失，然后安全地返回了泽布吕赫。我们回想这一系列事件，从中得不到半点安慰"（《国家报》，11 月 4 日）。

第一海务大臣建议在议会"坦率地承认"，海军在"阻止敌人'打了就跑'的行动上能力有限，这样可能会取得一些正面效应，因为对海军行动的批评，或者是来自对军事指挥的无知，或者是对军队管理层失去了信心"。[3]11 月 9 日，贝尔福在伦敦市长宴会上的演讲中介绍了实际情况，他承认，"在没有月光的漆黑夜晚，加上阴云和风暴，几艘高速鱼雷舰艇进入海峡，向西抵达福克斯通后返回，给我们的交通线造成了微不足道的损失"。如果他没有信誓旦旦地做出如下承诺，这份直白的声明将会更有效果："我认为（驱逐舰袭击）不会再发生了，因为我怀疑这对敌人是否有价值。但它的确有可能再次发生。我非常有信心，如果敌驱逐舰再次在某个夜晚进入海峡，绝不会安然无恙地返回，我们将肯定给他们以沉重打击。"这让我们想起来他在 1916 年 5 月，向洛斯托夫特、亚茅斯和斯卡布罗的市长做出的那些承诺。[4]

整整四周后的 11 月 23 日夜晚，德军再次来袭，但只以 13 艘雷击舰对唐斯锚地北端发动了一次虚弱无力的进攻。它们一度非常接近唐斯商业航线，但没有造成实质性损害，只是击伤了一艘漂网船，并在仓促撤回泽布吕赫之前，向马盖特（Margate）开了几炮。德舰没有与英国海军发生战斗，整个行动中也没有任何损失。英国报纸立即提醒国民，贝尔福做出的承诺已经破产。《环球报》评论说（11 月 27 日）："不管德国人取得的成就如何，在贝尔福先生信誓旦旦一番之后，这对我们是一次小小的羞辱。我们以前已经听到过太多所谓'下一次'的高论……"《每日邮报》同一天的评论是："坦白地说，贝尔福先生在被德国人牵着鼻子走……"文章提醒人们他曾在去年 5 月做出的承诺，然后总结称："当德军雷击舰在一个月内两次大摇大摆，毫发无损地袭击我们的海岸时，英国海军战略正在极度危险地堕入一种虚弱的防御态势。这并不是海军官兵的错误。他们都是极为出色的。我们只能为受到的耻辱另寻根源。靠巧言令色和空洞的威胁来麻痹议会或者晚餐后的听众，是不能打败德国人的。我们需要的是意志、干劲、洞察力和坚定的进攻精神。"

这一时期，空军委员会事务成为导致海军部日渐受人憎恨的原因之一，不过此事的重要性不及德国海军的袭击。自 1914 年 7 月，陆军和海军各自拥有了自己的航空兵部队，实际上皇家飞行队的海军和陆军分支自成立之初就处于独立状态。由于航空发动机和飞机的产量有限，重复、浪费，以及激烈而无谓的竞争就不可避免。皇家海军航空兵和皇家飞行队在各种功能上几乎完全一致。而且双方都宣称，他们在执行针对敌方区域内目标的远程攻击任务。[5]空中防御问题也造成了航空兵部队之间的摩擦。1916 年 2 月，英国成立了以德比爵士（Derby）为首的联合空中作战委员会，但并没有很好地发挥作用。委员会缺乏执行力，将时间花在调和海陆军矛盾上。寇松爵士提出建议，成立一个由空军部长领导的空军部，但遭到了海军部反对，他们不会放弃对海军航空兵的掌控。

1916 年 5 月，阿斯奎斯接受了一个由寇松和汉奇提出的妥协性建议。一个空军委员会代替了联合空中作战委员会。寇松成为委员会主席，委员会中有两名陆军、两名海军和两名文职委员，他们的角色是担当寇松的顾问。委员会的职责，是协调海陆军的空中战略和作战，"避免角色重叠"，以及一个新功能——为成立空军部做准备。海军部勉强接受了这一决定。委员会和它的前身相比，没有任何改进，因为海陆军都不把它当回事。争夺装备的斗争仍在继续，而海军部的疑心和好斗比以前更加明显。他们拒绝向空军委员会提供信息，对委员会做出的，涉及海军空中事务的决定极为不满，更不愿听到空军部这个名称。第一海务大臣永远也不会同意"让海军部委员会从属于，或者屈从于空军委员会"。贝尔福在内阁极富技巧地为海军利益而斗争。他致信对他表示全心支持的杰利科："如果飞机、水上飞机和飞艇对海战至关重要的话，就必须有一支空中力量从属于海军行动。陆军也可能会发表类似的声明。所以，如果要有一支独立于陆军部和海军部的空中力量，我们不应力促这种单一化和简单化的过程，恰恰相反，应该促成成立三支空中力量，代替现有的两支。"[6]

海军部和空军委员会之间的分歧，终于导致寇松在1916年10月23日，向战争委员会呈递了一份斥责海军部的报告。报告指责海军部，未能更加有效地防范齐柏林飞艇的空袭，及其不合作态度。寇松希望，将海军和陆军航空兵的装备供应纳入空军委员会管理之下，而且让海军部和陆军部各自将空中事务交由一人管理。第三海务大臣（得到海军部航空处人员的协助）是空军委员会中的海军代表，但他没有权威就装备问题为海军发声。[①]汉奇写道，寇松报告中的指责和建议，"引起了激烈争论……一场令人瞠目的舌战（贝尔福对寇松），长剑对大棒"。直到贝尔福离开海军部，争议仍没有得到解决。

11月，空军委员会与海军部之间的分歧，以及由此导致的僵局，从议会传向了公众。报界都站在空军委员会一方。无论对错，报纸首先指控海军部"故意和迂腐的阻挠"，使空军委员会的目的落空。他们还指责海军未能连续对德国海军基地发动空中打击，以及在当年未能击落一艘齐柏林飞艇。报界声称，皇家飞行队的表现更加出色，所以空军委员会应该把更多装备给他们。

另一个更有根据的指控，是海军部缺乏进攻精神，禁止舰队指挥官实施有风险的作战行动。丘吉尔在《伦敦杂志》上发表了一篇引人注目的文章，对此进行了一番精彩论述。海军部的作风与他担任海军大臣时倡导的，以及他公开演讲中鼓吹的精神完全相反。他宣称，"我们哪怕一仗不打，也已经拥有了从

---

① 海军航空兵事务由多名海务大臣分管——人事归属于第二海务大臣，装备归属于第三海务大臣，作战归属于第一海务大臣和海军参谋长——也就是说，没有任何一位海军委员，可以真正代表海军航空兵的所有事务。

那些有着最辉煌胜利的战斗中所能得到的东西"。"……英国海军的作战行动，本质上是积极的和进攻性的"，但是他也请求国民，满足于：

　　我们对敌人至关重要的利益发动无声攻击……战争没有要求我们一定要走得更远……英国也根本没必要（在日德兰）寻求一场战斗……就算德国人出海漫游一次，又能对我们造成什么伤害呢？他们的螺旋桨搅动了海水，他们的旗帜在微风中飘扬，但是海浪很快冲走了泡沫，风也会继续吹——"一切随风而去"。这样一次漫游改变了德国人必须摆脱，否则肯定会灭亡的严峻和致命的海上局势了吗？如果德国人想要重拾主动，它的舰队不仅要出动——它必须出来战斗，而且需要一场决定性的战斗；但是英军舰队将决定海战的地点和条件。[7]

　　文章在 10 月掀起了激烈争论，双方论战的主要战场，是《泰晤士报》的通信栏目。西登汉姆爵士①向"海上异端"打响了第一枪（《泰晤士报》，10 月 4 日）。他认为丘吉尔的声明读起来，感觉"混杂着惊异与沮丧……这一套新的海军战略理论，违背了所有伟大军事家的教导……海军永恒不变的首要任务，就是无论敌人军舰在何时何处出现，都要将其俘获或摧毁"。《海陆军记事》的海军记者 H. W. 威尔逊（H. W. Wilson）和阿奇博尔德·赫德（Archibald Hurd），退休海军上将内森尼尔·保顿（Nathaniel Bowden）和 W. H. 亨德森（W. H. Henderson）支持丘吉尔；而大部分报纸，以及海军记者亚瑟·坡伦和 L. 考普·康福德（L. Cope Cornford），还有一些许久没有发声的活跃分子，如退休海军上将比尔斯福德爵士，E. R. 弗里曼特尔爵士和雷金纳德·卡斯腾斯爵士则支持西登汉姆。费希尔爵士私下里站在后者一方。"费希尔爵士现在简直怒不可遏，因为舰队的战事太少，我们的会议（发明与研究委员会）上没有记者出席简直是太幸运了。"[8]

　　卡斯腾斯准确表达了西登汉姆一派的观点（《泰晤士报》，10 月 9 日）。"丘吉尔的观点忽略了海战的所有价值，包括它在心理和士气上产生的重大后果，

---

　　① 即乔治·克拉克爵士，他是帝国国防委员会的创建人之一和第一任秘书。

而把上述事务（指对宣传的控制）置于这些重要价值之上，是不会引向一场决定性海战的。它代表的是在 18 世纪造成法国海军失败的战略。它培养的是豪和霍瑟姆（Hotham），而不是德雷克、霍克和纳尔逊式的将领。"他认为如果在日德兰取得一场决定性胜利，波罗的海的大门就将向皇家海军敞开，可以同时在波罗的海和北海近距离监视德国港口；U 艇也将被封锁在基地，还会打开通往俄国的交通线。但是西登汉姆一派中，没有任何人提出如何才能歼灭公海舰队，不过他们大谈所谓的"进攻"，以及不要过于纠结于战列舰的安危。

而"海上异端"一方则由资深海军记者，《每日电讯报》海军专栏作家阿奇博尔德·赫德做了代表性的论述：

> 如果德国人还存有些许胜利的希望，一场决定性战斗对他们的救赎就是必须的，而对我们则不是……也就是说，如果英军舰队在日德兰面临巨大风险，就没有绝对必要进行战斗，这种观点被斥为海上异端，代表着对英国海军进攻传统的否定。事实究竟如何？海战不是为了战斗而战斗……投入一场海战要有明确的目的。其中就包括制海权。我们现在自由使用海洋的力度，已经超过了历史上任何一次战争。如果公海舰队消失了，我们能在全世界大洋上获得更大的制海权吗？这是最关键的考量……协约国的全部希望，在于大舰队的战斗力和整体实力。如果英军舰队被击败，即使不是被全部歼灭——而是被德国人施计打败——整个欧洲，乃至全世界的局势都将发生变化……毫无疑问的是，舰队指挥官们必须谨慎小心，避免在条件有利于敌人，或者在敌人的有意安排下投入战斗。我们从一场胜利中所得无几，而一旦失败就会一无所有……大舰队的战略必须是防御性的，但在战术上则要进攻……简而言之……如果为心理解脱考虑，一场海战对我们是奢侈的，充其量是有所值的奢侈，但对德国人就是必须的。[9]

在大舰队应该采取何种战略上，海军部和舰队又是什么态度呢？海军大臣就此宣称：

> 目前，所有海军权威的共识是……大舰队有两个主要任务，即保证对德国

的封锁和在我们的近海阻止敌人入侵，前者是攻势作战，后者是防御作战。完成任务的最佳方式，是歼灭德国公海舰队，但是，只要公海舰队和大舰队维持现在的实力对比，它就不会愿意投入战斗；而所有具有现代舰队实际战术经验的军官，都认为出于地理位置考虑，没有一种安全或有效的方法，可以迫使德军舰队战斗……可能大部分人都希望看到，我们的舰队能够以更勇猛和更积极的面目示人；但毫无疑问的是，海军参谋部和大舰队司令建议的战略最能让德国人无比尴尬。敌人最希望看到的，是一系列小规模和非决定性战斗，他们的战列舰队在战斗中可以及时撤退，避免被歼，而通过水雷和潜艇使我们在各处零星地损失舰艇，直到损失积累到一个对我们非常危险的程度。[10]

海军参谋长也写下了类似观点：“只要战争以对我们有利的方式进行，即使进展缓慢，也不应该冒让德国得以攫取海上实力均衡的风险……这种防御性战略的意图，并非在良机出现时也要避免寻敌一战，而是不要让自己暴露在占有极佳机会的敌人面前。这种总体上的守势战略和攻势战术，不仅是海军部的观点，也是海军上将杰利科和海军中将贝蒂强烈建议的。”[11]

大舰队在争论中，采取了与海军部相似的立场，这在海军一位最具天赋的年轻军官的私人信件中得到了体现。里奇蒙德关于“正确战略”的表述是：“我们必须要对德国实施饥饿和瘫痪战略，这样才能摧毁它。这是我们的首要目标。歼灭德军舰队只是结束战争的手段之一，但不意味着战争立即结束。如果在歼灭德军舰队的努力中，所冒风险危及摧毁德国这一更重要目标的实现，那就是不值得的。”[12]

另外还有一份斯特迪呈递杰利科的长篇备忘录，其中的观点得到了后者的赞赏。[13] 斯特迪写道：“广义上讲，我完全支持目前的海军战略。我们的海军历史，其他海上强国最近的经验，以及这场战争中获得的实战经验，都支持我们的战略。”他批评说，当前公众“应该做点什么”的心态，“主要源于缺乏有关自己国家历史的著作和相关教育，而离开学校和大学后，也只有极少人去研究历史”。批评英军舰队没有炮击德国海岸，就是一种对海军历史的无知，失败的例子包括海军对达达尼尔进攻的失败，以及德国在 1915 年秋天对里加湾的失败进攻。“可以做出的总体结论是，在历史上，除了少数例外，我们发现，除非舰船损失不会危及我们的海上优势，不应该考虑从海上进攻要塞。"[14] 潜艇和水雷、所有地理位置有利的沿岸鱼雷舰艇基地、要塞与岸炮、赫尔戈兰岛上坚固的防御工事，这些都可以用于保卫易北河与亚德河入口，这些防御设施背后，就是拥有各种级别舰艇的强大舰队———一支更强大的舰队也无法对它实施有效的进攻作战。德国人在波罗的海面对实力更弱的俄国舰队时，也由于同样原因而感到棘手，而这一现象同样出现在亚德里亚海，普拉的岸炮和鱼雷防御设施保卫着奥地利舰队，让海上强大的协约国舰队无计可施。"总而言之，这只是纳尔逊时代的重演。纳尔逊用尽手段引诱法国舰队出动，当后者终于选择战斗，而离开了岸炮保护几个月后，他们就在特拉法尔加，以及一个月之后的奥特加角（Cape Ortegal）遭遇了厄运。"

杰利科—斯特迪的立场，是与西登汉姆派吻合的，即舰队应该不断地寻求海战机会，并取得决定性胜利，但条件是对实际困难有清醒的认识，同时也要明白，因为失败将是灾难性的，所以必须避免在对敌人有利的条件下投入战斗，或者被敌人的计划拖入战斗。这也是蒂利特的基本立场。他写道："有趣的是看到公众都热切盼望海军更有进攻性。我只是希望有这样的机会。"[15] "南安普敦"号上的一位年轻海军上尉倒是准确抓住了舰队和所有高级军官的心理。"西登汉姆爵士和查理·B（比尔斯福德）胡扯了一通海军必须获得一场大胜的言论。对这种事情夸夸其谈当然很容易，但是打一场海战就可能有两种结果。我只能祈祷我们不会因为执迷于一场戏剧性的表演，而在德国海岸外布满潜艇和水雷的海域，把协约国的根本（大舰队）给断送了。"[16]

争论引出的，是一些涉及根本的问题。海军的战略目标——"制海权"，仅仅是要保护一个国家的海上交通线吗？如果驻扎在斯卡帕湾和罗赛斯的大舰队就足以保护这些交通线，那还需要打一场海战吗？海战仅仅是远距离封锁中的一次插曲，而敌舰队返回基地就实现了国家战略目标了吗？舰队的任务是否不仅仅监视敌人，而是一旦可能就迫使其投入战斗？对这些问题没有，也不可能有既定的答案。对我们的讨论更加重要的，就是要明白反海军部力量，也就是反海上异端的那些人，指责海军部而同情丘吉尔的立场。

海军大臣在市长宴会上的演讲（11 月 9 日），让批评者认为海军已经"习惯于轻松安逸的消极角色"。他对此坚决否认，指出军事交通线一直保持畅通，对德封锁也丝毫没有松懈等，都是海军成功的证明。他声称舰队既有进攻也有防守。11月15日，就在西登汉姆在上院再次指责海军部后，李顿伯爵①（Lytton）在下院做出保证，海军部不同意丘吉尔有关海军战略的观点。"我代表海军部，以最严正的态度否认这种说法。说我们舰队的主要和优先任务不是寻机歼灭敌舰队，这既不是舰队指挥官们的观点，也不是海军参谋部的观点。"虽然贝尔福和李顿的声明非常清晰明澈，但对于正在散播的，海军部正执行防御性海上战略的不安情绪，也只起到了部分缓和作用，因为很多人感到，海军部对丘吉尔派异端邪说的官方否认并没有说服力。

11月，争议给海军部带来的新负面形象逐渐积累，超出了党派的界限。海军部被说成缺乏新意、活力和想象力。现在最需要的，是"多加点海盐"，因为现有管理集团的根本弱点在于，所有的海务大臣都完全没有实战经验。批评者非常小心地，将海军部和舰队区分开来。他们特别把目标指向亨利·杰克逊爵士，不过他的名字和头衔很少被提及。但他们对贝尔福却没有这么客气。诺思克利夫爵士（Northcliffe）的《每日邮报》就冲在了最前面，直指海军大臣对海军的管理"慵懒而虚弱"。11月21日，在一篇措辞强烈的头版文章中，作者呼吁首相："让海军部出现积极的变化……不幸的是，魅力和友善赢不了战争……"

现在，只需复苏的U艇战来为贝尔福－杰克逊海军部委员会的棺材上钉上最后一颗钉子了。

## 2. U艇攻势的升级

5月以来，英国本土水域的U艇战已经停滞下来。当然这并不是完全平息，德军潜艇还在北海上继续执行布雷任务。U艇战低潮一直持续到8月，当月U艇击沉22艘商船，42553吨（所有战场）——如果我们将一艘因水雷而损失的商船也计入，损失就是23艘，43354吨。大部分损失——大约32000吨——发

---

① 他于1916年8月接替德文郡公爵，担任海军部文职大臣。

生在地中海上，德国人在那里经常无视 1916 年 4 月他们对美国做出的承诺。地中海上极少出现美国船只，因此不必担心政治问题。地中海上的 U 艇指挥官也更加随心所欲地不加警告就击沉任何有武装的商船。可以比较一下 8 月与春天 U 艇最猖獗时的损失量——3 月损失 19 艘，83492 吨船只（包括水雷原因则损失 26 艘，99089 吨）；4 月损失 27 艘，126540 吨船只（包括水雷原因则损失 43 艘，141193 吨）。

德国海军、陆军和政府高层在 1916 年下半年的激烈争论——有关 U 艇破交战的有限无限问题——我们在此并不想涉及。只需知道，陆军司令部在海军参谋长，海军上将冯·霍岑多夫的支持下，赢得了首轮论战的胜利。最后决定不顾舍尔的反对，恢复有限的，或"巡洋舰"破交战，舍尔则反对除无限制潜艇战以外任何形式的破交战。9 月，U 艇攻势卷土重来，首先是弗兰德斯支队（从泽布吕赫出动的小型潜艇）在捕获法规下展开行动。同时，原来一直主要在北海南部活动的弗兰德斯布雷潜艇，开始在更远的海域布雷——克莱德河口以及英吉利海峡中部和西部的港口外，布里斯托尔海峡，爱尔兰海，以及爱尔兰南岸外海。10 月 6 日，舍尔受命派潜艇到西部航道，在捕获法规下作战，这进一步加剧了 U 艇攻势。这一命令是 1917 年 1 月底之前，整个 U 艇战的基础。

新贸易战有 6 个令人不安的特征。（1）损失率急剧增加。U 艇在 1915 年平均每月击沉 62000 吨商船（各种原因共造成 71000 吨损失），1916 年前 8 个月，平均每月 56000 吨（总计 75000 吨），而 1916 年最后 4 个月，平均每月损失 121000 吨（总计 158000 吨）：

**英国商船损失总吨位** [17]
**（括号内为损失数量）**

| 原因 | 潜艇 | 水雷 | 水面舰艇 | 总计 |
|------|------|------|----------|------|
| 9 月 | 84596（34） | 19012（7） | 964（1） | 104572（42） |
| 10 月 | 146891（41） | 27681（7） | 1676（1） | 176248（49） |
| 11 月 | 145195（43） | 23979（6） | — | 169174（49） |
| 12 月 | 109945（36） | 20197（12） | 51999（10） | 182141（58） |

　　损失增加的趋势非常明显，而此时正值英国和协约国，对海上运输量的要求稳定增长的时期，所以非常令人紧张不安。如果按最后一个季度，由各种原因造成的 176000 吨损失量来推算，整个 1917 年将损失 2000000 吨商船，这将超过联合王国和整个大英帝国自战争开始后新登记船舶的总吨位[①]。

　　（2）除了船舶损失外，U 艇警报导致（英国和外国的）船只滞留在港口，结果是增加了港口拥挤程度，严重降低了船舶运输效率。海军中校沃特斯估计，U 艇警报造成 30%—40% 的各种贸易出现延迟。[18] U 艇警报还造成船只绕经危险海域，和在报称有 U 艇海域的实施 Z 字航行，延长了航程，进一步降低了船舶运输能力。[②]

　　（3）9 月，9 艘商船未经警告就被击沉（全部在地中海），而在 12 月这一数字升至 14 艘。随着德军破交作战中违规现象的增加，"有限"破交战正在向"无限制"方向发展。

　　（4）1916 年最后 4 个月，平均每月有将近 60000 吨悬挂协约国旗帜的商船被潜艇击沉（各种原因共造成 61000 吨损失），是 1915 年月平均损失的 3 倍以上。1916 年 1 月至 8 月，这个数字是 31000 吨（总损失 36000 吨）。中立国商船的损失也出现了最大增幅。1915 年，中立国商船月平均损失不到 10000 吨（总损失略低于 17000 吨），1916 年 1 月至 8 月为 15000 吨（总损失 24000 吨）。1916 年最后四个月，上升至 87000 吨（总损失 94000 吨）。如果不能有效遏制 U 艇攻势，中立国的航运将大大萎缩。挪威是主要受害国，1916 年第四季度损失了 160000 吨商船，而在 1915 年损失最大的一个月，只有 17500 吨损失量。这对英国尤其严峻，因为其军火工业依赖从纳尔维克输出的铁矿石。

　　（5）1916 年第四季度，英吉利海峡内大量商船损失使重要的英法煤炭贸易陷入危机。英国煤船由于 U 艇威胁而不能正常航行，导致大量法国工厂因缺煤而停产。

　　（6）虽然如以往一般，最严重的损失出现在地中海、西部航道、北海和英

---

① 1916年全年新建船只1850000吨。
② 一个比较极端的例子，是一艘往来于直布罗陀和伦敦之间的定期客轮，航程由原来的1313英里，增加至2560英里。

吉利海峡（特别是后者），但更坏的情况已隐隐若现，因为 U 艇活动已经开始延伸至美国大西洋沿岸、冰岛、白海以及法国、葡萄牙和西班牙大西洋沿岸水域，这些海域已经超出了英国海军的巡逻区。海军部将危险水域的扩大形容为，"一名医生焦虑地看着一种病症正在稳定无情地蔓延开来"。

但是尽管前景令人担忧，但如费勒所说，其中至少还有一些让人乐观的因素。德军潜艇已经造成了严重损失，由于商船滞留和改道，也造成了可怕的延迟，U 艇已经迫使澳大利亚和远东贸易远远地绕经开普敦，而不是通过苏伊士运河；但是 U 艇从来未能减少英国的贸易总量，即便没有削弱市场，也没有减少贸易所依赖的原料供应量。的确，吨位损失的积累效应是严重的，但与海上运输的总货物量相比，损失率非常低。战争头两年，英国海运损失的货物价值，略高于货物总价值的 0.5%，即使在 1916 年第四季度，月平均损失货物的价值也只有不到 2%。

但是，真正考验英国贸易是否成功的指标，肯定不是损失率，而是到岸的进口货物总量。1916 年的数字（大约是）46000000 吨，与 1915 年大致相同。

虽然潜艇作战效率很高，但相对于协约国对同盟国实施的封锁，它们尚未对供应（食品和原材料）产生限制效应……

到 1916 年秋天，协约国已经对同盟国实施了高效封锁。总体上，各种配给协议以及与中立国航运公司的协议都在顺利执行。由于大量船只都自觉地接受检查，加上海军巡逻行动，相邻中立国与德国的所有贸易都处于协约国的监管之下……

由于海外贸易完全停滞，以及相邻中立国供应的减少，对同盟国经济形成了严重打击。以食品为例，1916—1917 年冬天，德国的战时食品缺乏已经达到了最严重程度。[19]

如果说在 1916 年底，同盟国受协约国封锁遭受的损失要大于协约国受同盟国封锁受到的损失，那么情况在 1917 年发生了逆转，因为 U 艇战的效应已经越来越"从麻烦转变为严重威胁"。不仅商船损失未能减少，击沉的潜艇数量也不值一提。从 1916 年 6 月 1 日到 1917 年 1 月 1 日，仅有 15 艘 U 艇被击沉。[20] 同一时期，德国共有 74 艘新潜艇服役；1916 年 12 月 31 日，在役潜艇数量为 140 艘。（包括数艘训练用艇。）整个 1916 年，德国海军共损失 47 艘潜艇，其中只有大约 30 艘可以确定被英国海军击沉。① 这对 U 艇在同时期击沉的 1640000 吨英国商船（其他协约国损失 674000 吨）来说，实属微不足道。

开战两年多以来发展的反潜技术与装备，根本无法遏制商船损失急剧上升的势头，也无法有效地摧毁潜艇[21]。除了从 1916 年末开始装备军舰的水听器外，没有出现新反潜装备和手段。Q 船还在大规模使用，但并未产生显著效果。11 月，英国海军重新在赫尔戈兰湾实施攻势布雷，累计布下了 22000 枚水雷。主要的反潜手段，还是利用小型舰艇在危险海域巡逻，例如通往英国的各条航线，到 11 月，巡逻舰艇总数达 3000 艘。[22] 尽管巡逻舰艇数量大幅增加，但"攻势巡逻"并不是反潜良方。密集的巡逻行动无疑对 U 艇能起到阻吓作用。但只要回顾一下历史就知道，U 艇指挥官高估了巡逻舰艇的威胁，因为巡逻舰艇在整个 1916 年才击沉了 14 艘潜艇。反潜巡逻无异于大海捞针。9 月初的一周内，3 艘 U 艇在比奇角（Beachy Head）和艾迪斯通（Eddystone）之间的英吉利海峡内，击沉了超过 30 艘英国和中立国商船，却始终未与巡逻舰艇遭遇。要知道在海峡内，除了飞机，共有大约 570 艘反潜舰艇：地方防御支队的驱逐舰、巡逻艇（P 艇）和鱼雷艇，更主要的是辅助巡逻队的武装辅助舰艇（快艇、拖船和漂网船）。另外参与反潜作战的还有来自第 3 战列舰中队（当时驻扎在波特兰）的 9 艘驱逐舰，来自亨伯的 4 艘驱逐舰，哈里奇舰队的 1 艘驱逐领舰和 4 艘驱逐舰，以及来自昆士顿的 6 艘 Q 船。

商船仍然独自航行，只有具特殊价值的商船和运兵船才有舰艇护航。最有效的反潜方法似乎是给更多的商船装备武器。当年最后一季度 U 艇攻击统计数据如下：[23]

| | 受攻击数量（艘） | 被击沉数量（艘） | 逃脱数量（艘） | 逃脱比例（%） |
|---|---|---|---|---|
| 装备自卫武器的商船 | 118 | 38 | 80 | 67.8 |
| 其他商船 | 88 | 60 | 28 | 31.8 |
| 总计 | 206 | 98 | 108 | 52.4 |

---

① 至少有7艘毁于事故——搁浅，或者被己方的水雷或潜艇击沉——还有几艘被其他协约国击沉。

换句话说，经验证明，武装商船在受到攻击时有更大的机会逃生。11月中旬，战争委员会决定，在新制造火炮的分配上，将武装商船置于优先地位。

多佛尔海峡犹如一副筛网。"为阻止来自泽布吕赫的不断袭扰"，同时在成功的比利时海岸阻拦线①的鼓舞下，海军部于9月至12月，构筑了一条横跨海峡的类似阻拦线。它位于多佛尔—加莱航线以东，从古德温沙洲（Goodwins）南端到外鲁伊廷根（Outer Ruytingen）的西南端。支持手段包括漂网船沿着阻拦线巡逻，以及布设在水雷网西方半英里处的数道深水雷场。这些水雷对维护水雷网的船只非常危险，因为它们有时会被水雷网缠住。但是培根本人最后也被迫承认，阻拦线对拦阻U艇完全没有起到作用。1917年缴获的一份德国报告，详细说明了U艇在1916年12月23日到1917年6月6日之间（主要是夜间），190次成功穿越阻拦线的情况；其中只有8次触及阻拦网的记录，另外U艇有8次紧急下潜躲避巡逻舰艇。敌驱逐舰进入海峡时也未受到阻拦线的影响，"不过阻拦线对我们自己的舰艇起到了不可思议的破坏作用"。阻拦线无效的根本原因，是"缺乏有效的深水雷场捕捉下潜的U艇，以及缺乏密集巡逻，当U艇试图从水面突破时可以将其拦截"。[24]

地中海上的局势同样严峻。1916年下半年，德国在地中海的潜艇数量从没超过20艘②，而且同时在海上活动的潜艇只有3—5艘；但是协约国商船的损失仍呈上升趋势。1916年下半年，英国损失96艘，415471吨商船：吨位和数量损失分别占协约国商船总损失量的62%和32%（英、法、意共损失商船256艘，662131吨）。其中单艇一次出动击沉记录，是海军少校阿诺德·德·拉·佩雷拉（Arnauld de la Perière）指挥U-35创造的，从7月26日到8月20日，共击沉54艘商船，91000吨。但德军潜艇在地中海的布雷行动未取得显著战果，原因是很多海域水深过大。

U艇在地中海取得成功的主要原因，是奥特朗托海峡的地理环境使潜艇极易通过，英国在那里布设的阻拦网和水雷阻拦线（由英国漂网船组成的防线保

---

① 1916年4月，海军中将培根在比利时海岸布下的，由锚雷网和深水水雷构成的阻拦线。
② 少数以君士坦丁堡为基地，大部分驻扎在亚德里亚海的卡塔罗（Cattaro）。

护），被证明与一年前在卡塔罗布设的阻拦线一样无效。1916 年，敌潜艇只有 9 次触网记录，其中只损失了一艘——奥地利海军的 VI 号潜艇。[①]

英国海军亚德里亚海指挥官[②]对阻拦线仍具有信心——但前提是海军部要派来更多驱逐舰和飞机，使阻拦线真正发挥作用。科尔的请求没有成功。1916 年下半年，他与第一海务大臣之间的通信犹如一系列挽歌。"我认为，地中海就像被切断的商业大动脉，如果不能重新打通，我们就会失血而亡。所有敌潜艇都来自卡塔罗。我们每天都可以从水听站听到它们在活动。一架奥地利飞机总是飞越漂网船，报告它们的位置，当潮位升高，间隙加大，潜艇就可以下潜并安全通过。"[25] 为阻止潜艇的活动，"或者让它们在行动中付出高昂代价"，科尔要求调拨 150 艘漂网船：目前漂网船数量不足，工作负担过重；为保护漂网船，他还需要 4 艘装备 4 英寸舰炮的高速驱逐舰。他还要求一至两艘水上飞机母舰，和 30—40 架水上飞机，首先"炸平"阜姆[③]（Fiume），然后是卡塔罗，最后是普拉。意大利舰队司令阿布鲁齐公爵对袭击阜姆"非常热心"。这也是科尔最钟爱的计划。他在公爵的要求下，制订了一份作战方案。"对提振士气极为有利，因为目前在亚德里亚海上，最大的威胁无疑就是奥地利……袭击阜姆，肯定有助于减轻目前商船损失的严峻形势。"[26] 但是科尔无法从海军部得到支持，因为后者根本没有富余的装备供他使用。战后他道出了自己的心情："阻拦线在地中海上的重要性首屈一指，但一直未受到关注。如果有数量足够，性能适用的小型海空装备，来迫使潜艇以盲目潜航方式通过奥特朗托海峡，我们就能制造出一条对 U 艇极为危险的航道。但是它们明目张胆，大摇大摆地往来穿梭，而我向海军部要求必要装备的呼吁，要么石沉大海，要么只得到了粗暴的回应。"[27]

只要还能够成功突入地中海，U 艇便有恃无恐，因为协约国在商业航线上的巡逻体制，对保护商船毫无效果，更不用说击沉潜艇了。即使这套体系尚有发挥作用的机会，也被地中海上缺乏统一指挥的弊病给抹杀了。法国、意大利

---

① 从1916年6月到12月底，德军在地中海和黑海只损失5艘潜艇。
② 1916年5月，海军少将马克·科尔接替海军上将瑟斯比指挥亚德里亚海舰队。
③ Fiume，据信奥地利唯一一座鱼雷工厂就设在此处。

和英国海军一直负责各自海区。科尔曾经记述了一个战例，诠释了当时的可悲形势。一艘英国驱逐舰护航一艘大型商船，穿过了英国海区并来到边界。由于没有发现应该来接手护航任务的协约国驱逐舰，驱逐舰进入了盟友海区，找到了友军驱逐舰。英国驱逐舰舰长完成交接，返回基地，却因为自己的行动遭到了上司训斥。"你没有理由离开我们的海区。只要那条商船不在我们的海区，我才不在乎它会不会被击沉。"[28] 科尔还发现，意大利海军在亚德里亚海割裂的指挥也"令人非常沮丧"。"我想在英国国内，没有人会意识到在这里完成一桩事有多困难。一个人管军舰，另一个人管飞机，第三个人管鱼雷艇，第四个人管岸防。想干一件事要征得所有人同意。我从来不知道还有这回事。"[29]

U 艇对商船的威胁成为反海军部运动的催化剂。人们普遍认为，海军部委员会对潜艇战的后果反应迟钝，也不能积极地使用各种必要手段遏制 U 艇攻势。虽然从 1915 年 10 月开始，海军部就不再每周公布对德军潜艇"封锁"效果的统计数字，但人们知道，本国商船的损失正逐步上升。海军部文职大臣李顿爵士承认，形势非常严峻，财政大臣麦克纳马拉于 11 月 15 日声称，从战争开始到 1916 年 9 月，总吨位 1000 吨以上的英国商船，因各种原因损失的总吨位，使英国商船总吨位下降了 2.5%。这是 U 艇威胁升级的明显证据，因为 7 个月以前的 1916 年 5 月 3 日，寇松爵士代表政府宣布，商船损失数量几乎正好相当于战时新建商船数量。

对 U 艇问题的批评主要有两种形式。一种是敦促海军部，迅速为**所有**商船安装武器。比尔斯福德、大部分海军记者、军方媒体，以及主要报刊都支持这一方案。但是他们忽略的事实是，有数以万计的商船，而陆军、防空部队，更不用说海军自己，都对装备火炮饥渴异常。另外一个对海军部的批评，是他们的迂腐和迟钝。论据是明显的。《每日邮报》（11 月 13 日）认为，海军部"成功"与否只需一个衡量标准。"如果目前的海军部委员会不能宣布，新的潜艇威胁'尽在掌握'，为了确保国家安全，我们就必须做出改变。"千载难逢的是，比尔斯福德和费希尔在此事上竟然意见一致——为了遏制潜艇攻势，必须加强海军部委员会。比尔斯福德断言："我们需要年轻血液，带着海上经验而来的年轻人……"费希尔把矛头对向海军大臣："（威胁）可以消除，但绝不是这些掌管海战的，可怜的傻瓜和怀疑论者们能办到的！"[30] 他们的愿望很快将实现，因为秋天大量商船的损失已经让舰队、白厅和整个国家警醒，要缓解这种"大难临头之感"，显然已超出了贝尔福－杰克逊团队的能力。

### 3. 海军高层的动荡

9月初，杰利科就U艇对大舰队的新威胁做出了评论。"潜艇的威胁日益增加，在我日常演习的设得兰群岛以北海域，随时可见潜艇。最近就有3艘在那里活动，显然在监视我。这种情况下是无法频繁演习的……"[31] 以后几周，U艇对商船的猖獗进攻掩盖了大舰队受到的威胁。10月，杰利科意识到，潜艇战，而不是与公海舰队的决战，已经成为海上胜负的关键。但杰利科也对大批英军轻型舰艇"无力"进行远洋反潜感到沮丧，这些军舰缺乏远洋适航能力，燃料储备量也不允许它们在海上长时间活动。杰利科认为，"反制武器必须是潜艇"，特别是水听器的性能完善之后，他还敦促在全国网罗人才研究反潜问题。[32] 杰利科认为危险迫在眉睫，他甚至希望调派一个驱逐舰支队到南方水域专事反潜。10月29—30日，他向杰克逊和贝尔福提出了此项建议。[①] 在北方海域，杰利科无法实施反潜战，因为那里水深太大，而且海域过于开阔。

10月29日，杰利科呈递海军大臣一份包含他首要建议的重要备忘录，开篇即是悲观论调："敌潜艇对商业航线造成的，严重和持续威胁，是目前最紧迫的问题。我们的商船，以及中立国商船的损失，已到了极其危险的地步，有可能在1917年初夏，对协约国食品及其他必需品的进口造成严重影响，使欧洲大陆上的军事形势恶化，远逊于我们的期望，从而被迫接受和平协议。"以往的反潜手段因以下原因已不再奏效：U艇排水量的增加，使它们能够在"遥远水域活动，极大增加了追猎它们的困难"；潜艇更多地使用鱼雷发动攻击，使用于对付水面作战潜艇的手段失效；目前潜艇装备了大威力火炮，使它们面对小型巡逻舰艇具有火力优势；U艇对英国的反潜手段已非常熟悉。因此，目前迫切需要的，是发明新的反潜技术和手段。任何可以取得成功的方案都应该尽快

---

① 他准备在缺少一个战列舰中队的情况下冒险出海，不过他相信，德国人在U艇战失败之前，不敢进行一场舰队决战。

投入使用，要实现这样的目标，唯一的方法，就是成立一个精悍而有强大实权的军官委员会，成员都"具有发明创造的天赋，他们由一些高级军官引领，后者不仅能努力将任何可行的建议，快速地验证和实用化，而且对各路权威具有实际影响力，以克服计划实施中可能遇到的任何阻力"。[33]

海军大臣早在两周前，就对 U 艇威胁显示了一种几乎算得上宿命论的态度。他告诉战争委员会："当前，我们必须满足于威胁有所缓和。"他继续介绍了哪些措施可以实施，"来让这个我们注定不能完全消灭的魔鬼少做些恶"。[34]劳合·乔治（陆军大臣）曾这样描述 1916 年下半年时的贝尔福："我们的商船不断被德军潜艇击沉，而海军将领们却对阻止灾难毫无办法，形势已至如此可怕境地，可他仍泰然处之。听到将军们念出前一天被击沉船只的名单时，他唯一的评论是：'这太讨厌了，真受不了这些德国人。'"[35]不仅贝尔福要为此负责。海军部诸大臣，还包括杰利科，都没有展现出智谋和动力来遏制 U 艇战。连海军部委员会中的增补文职大臣都在抱怨："海军管理层在反潜战方面没有'作为'。我们需要年轻人、热情和积极的建议。"[36]海军少将杜夫恰当地总结了大舰队的观点，他写道："海军部弥漫着无所作为的气氛……很明显，那里每个人都认为考虑和处理潜艇威胁和自己无关。他们的努力只限于在每一次不幸之后机械地发出警告，然后躺下睡大觉，直到事情重演。"一周后他又写道："无论如何，海军部只是平静地接受那些日益增长的不满。他们对潜艇威胁和空军问题的态度受到人们的指责，说他们缺乏主动性和想象力。你可以随处听到安闲的事务，例如，海军参谋长用两天时间来安排德文郡公爵秘密前往加拿大的行程，而不是花时间考虑如何对付德军潜艇。"[37]

说回杰利科的建议，他的信件并没有对贝尔福产生影响——至少当时是这样。10 月 31 日，海军大臣在一次战争委员会会议上首先朗读了信件。在贝尔福的建议下，委员会邀请杰利科出席了 11 月 2 日的会议。杰克逊和奥利弗也在场。会议讨论了反潜措施，其中包括护航队体制，但是在听取了海军将领的意见后，没有被委员会"一致接受"。①杰利科重复了他备忘录中的警告，即商船损失可

---

① 不过劳合·乔治坚持认为，应该将护航队体制作为最后手段。

能在 1917 年夏天迫使英国因饥荒而屈服。但是他任命一个专家委员会的重要建议，并没有在会议上讨论。[38]

会议决定，第二天在海军部召开另一次会议，讨论决定"采取何种其他反潜措施"，以遏制英国商船的严重损失。出席会议的有海军部诸大臣、杰利科、奥利弗、A. K. 威尔逊、海军作战处长（海军少将摩根·辛格）、海军扫雷处长［AMS，海军少将 E. S. 菲兹赫伯特（E. S. Fitzherbert）］，以及潜艇委员会主席［CSC，海军中校 R. G. 赫尔维（R. G. Hervey）］。讨论的问题还包括驱逐舰在反潜战中的拙劣表现［只有极少数潜艇的损失直接归功于它们（到 1916 年 10 月，击沉的 41 艘潜艇中，驱逐舰和鱼雷艇的战绩只有 3 艘）］更广泛地使用潜艇反潜的可能性；扩大布雷计划；使用新型深水炸弹发射器，它可以将一枚 200 磅的深水炸弹抛射至 1100 码的距离，深水炸弹可在水下 30 英尺爆炸。会议决定继续"大胆地"进行各种试验。但会上没有讨论护航队体制，除了奥利弗提到，对高价值船只，例如运兵船实施护航，被证明非常有效，应该坚持下去。[39] 会议的主要建议是："海军部应该赋予一位海军将领权威，充分发挥他的能力，专门从事发展反潜力量的工作，以最快速度考察各种建议，并付诸实施。但是他的职责不应涉及舰船的调动。"最后一句是奥利弗的建议，目的是为了不妨碍海军参谋部作战处所辖航运科的行动，这些部门不想自己的职责受到任何外来干涉。

这些建议并没有立即带来任何实际行动。首先杰利科很有兴趣到海军部，担任潜艇战总监（或者类似的头衔），但是他在与第一海务大臣谈话之后改变了主意。"似乎我以建议中的职务到海军部工作，会让海军参谋长感到尴尬。"回到斯卡帕湾后，杰利科经过思考更加肯定："担任建议中的职务不会产生真正的效果。处于任何人辖制下，我都会令第一海务大臣难堪，或者我的职能会受到限制，而无法发挥作用……我仍然认为，反潜战应该由一名富有经验、活力和权威的军官主导，但是他的资历不能高到与第一海务大臣相当，而且他应当由具有专业能力的年轻军官辅佐。海军少将杜夫将是合适的人选……"[40]

杰克逊提出了一个"可能更令人满意的安排"——让杰利科到海军部来：

作为第一海务大臣的替补人选，让他在一个适当时机接替我。这里唯一需要考虑的，就是交接时间。如果有利于国家，有利于战争的胜利，我随时可以卸任，将职责转交给他，或其他比我更富现代战争经验，精力更加充沛的军官，而我也会对在不堪重负之前，卸去这份繁重责任而感到欣慰。但是我不会主动离职，因为我知道有心怀不满，和不了解实际情况（或被误导）的议会党派和报纸，正在通过各种渠道攻击政府，我这样做会给他们的攻讦和诋毁以另一个口实……[41]

杰克逊的牺牲精神在海军大臣那里引起了共鸣。一段时间以来，杰克逊并不被认为是应对潜艇威胁的强有力领导人。这种压力已经明显地使他精疲力竭。贝尔福无法做出果断反应，因为他和首相一样，同意杰利科的观点，认为应该在反对海军部的呼声减弱之后再做出变动。但是政府高层已经做出了决定，并于 11 月 10 日呈递国王。

接下来的 10 天里却什么也没发生。民众和舰队对海军部的不满，仍在堆积。贝蒂听说，"情况糟透了，可他们什么也没做"，"连舰队司令都很困扰，发出同样的抱怨"，"他们必须立即做出变革，因为我们正在步入灾难"。[42] 贝蒂的方案，除了更换第一海务大臣外，就是要在海军参谋长下，任命一名集中指挥所有反潜作战的将领。[43] "敌潜艇现在不仅仅对舰队构成危险；它已经威胁到整个国家的命运，严重影响了我们种种战时措施的顺利进行……现有反潜体系由一系列地方力量构成，它们只是在事先规定的海区，执行纯粹的防御任务，它们有各自独立的指挥官，上下指挥体系也不同，缺乏进行协同作战和持续进攻所必需的集中指挥，所以根本无法应对潜艇威胁。"[44] 海军部在 11 月唯一积极的表现，就是提出了一个联合进攻计划，旨在于 1917 年春天，攻占弗兰德斯的 U 艇基地。

11 月 20 日，原地踏步终于结束了，首相决定，杰克逊的离职不能再拖延了。他应该立即被"目前最优秀的海军专家取代。很显然，杰利科是唯一人选"。[45] 海军大臣当即表示同意，他请杰克逊为让位杰利科而辞职，因为（用杰克逊的话说），"对不明真相的公众来说，让一位声名显赫的人物接替我是件有利的事情，交接当然会顺利得多，等等"。[46]

杰克逊坦然接受安排，走时也未怀遗憾。"我认为，这正是让位于比我更富精力和经验的海军上将的良机……"他甚至非常高兴能有机会远离白厅乱象。"空军委员会、无视海军战略的战争思想、勾心斗角、媒体以及对政客的不信任，都使我很高兴离开这地方……我喜欢格林尼治，到战争结束时，那里将变得繁忙，我希望能真正从事教育工作。"[47] 任命他为级别相对较低的，格林尼治皇家海军学院院长，曾有一个先例：1889—1891 年担任第一海务大臣的海军上将 R. 维西·哈密尔顿（R. Vesey Hamilton），卸任后担任海军学院院长（1891—1894 年）。杰克逊的身体并不强壮，他已经在重压下不间断，也从未松懈地工作了 18 个月，而这本应由一副钢铁之躯来承担。而且他在做这一切时，总是保持低调，从未自我标榜。

11 月 22 日，贝尔福致电杰利科，邀请他担任第一海务大臣。这并未出乎杰利科的意料，他当天就接受了任命。据费希尔回忆："要让杰利科待在伦敦，三天他就受不了了，结果贝尔福跑到舰队和杰利科一起待了三天，直到他同意任命。"[48] 28 日，杰利科向热爱他的"铁公爵们"（指大舰队官兵，旗舰当时停泊在福斯湾），发表了简短而克制的告别演说。一位在场的军官"发誓称，后甲板上每个人都热泪盈眶"。军官和水兵向杰利科发出了"震耳欲聋的欢呼"，乐队奏起了"友谊地久天长"，杰利科的将旗在日落时分降下，他随即启程前往伦敦。根据麦登的记述，斯卡帕湾的大舰队，"几乎被杰利科不再担任司令官的消息惊呆了"。从 1914 年 8 月就在杰利科参谋部工作的海军中校 M. R. 贝斯特（M. R. Best），在日记中（11 月 28 日）写下了他对杰利科的敬意：

JRJ 在午时离开，将世界上最强大的战争机器交给了他的继任者。海军以外，没有人能够，也将永远不会意识到，世界从 JRJ 那里得到了何等馈赠——没有任何其他人能做到——即使没有超越，他也和纳尔逊同样优秀，而且没有后者的弱点。

他是一个为国家全力以赴的人。真不知道他在放弃舰队指挥权时，会作何感想，在将近两年半时间里，他都在为那个伟大的日子做准备，为英国开辟彻底胜利之路。我知道他心中一刻也没有偏离过这个目标。我非常荣幸，能够一窥他的心情，这肯定是他一生中最痛苦的一天，虽然我知道，只要迈出的下一步是为了国家利益，他就不会有半点犹豫。舰队对他具有无限信心，我也万分确定，"铁公爵"号的每一位官兵都热爱他。

回首在他身边工作的日子，我感觉他对我有一种心灵净化的影响。[49]

杰利科于29日抵达白厅，但是由于一次轻微感冒，他直到12月4日才开始工作。（杰克逊在前一天辞职。）他为离开大舰队伤心至极[①]，他接受新职务，仅仅是出于深植于心的责任感。他说，对"将要履行职责的困难程度心知肚明"，因为他明白，对U艇难题尚无有效解药。但是人们的印象（正如杰克逊感到的），是在他心中，已经当够了大舰队司令——受够了那种持续的压力和无尽的等待。他回首自己的指挥岁月，足以感到自豪。经过两年四个月不懈的工作，伴随着忧虑，试验和错误，他已经将大舰队从和平时期的舰艇集合，打造成一支严阵以待，历经血火考验，捍卫着北海诸门户的战斗舰队。作为一名舰队司令，他最伟大的功绩，就是全面汲取了日德兰海战的教训。1917—1918年英国海军的战斗力，在大多数方面已是1916年5月31日那支海军的两倍，杰利科在离开指挥岗位之前，就为此奠定了基础。

11月29日，贝尔福在下院宣布了杰利科（以及他的继任者）的任命，持续一周的传言终于水落石出。海军大臣暗示，海军部委员会和高级指挥岗位还会有其他变化。公众和舰队都对此热烈欢迎。让来自舰队的新鲜血液，使海军部委员会焕然一新的要求，终得实现。大舰队上下都对用真正的"海上军官"代替"办公室军官"感到欣慰。另外普遍让人满意的，是杰利科丰富的知识和经验，以及他激励下属产生信任和信心的天赋。

那么谁来接替杰利科呢？虽然贝蒂是合理的选择，但事实是，有三名战列舰中队司令的资历比他高：海军上将伯尼，海军中将杰拉姆和斯特迪。伯尼是一名优秀的海上指挥官[②]；但是他在体力和智力上都无法胜任舰队司令的职务。若任命他当司令，必会在大舰队引起惊恐。杜夫坚持认为："伯尼决不能当舰队

---

① 杰利科夫人在给费希尔爵士的信中，说他已经"心碎"。
② 杰利科的评价是，"他指挥军舰的能力无出其右"。

司令。把舰队司令职务交给这样一个丝毫没有个性的人，是致命的，他的人生格言，就是一切为安全计，从不具有人与人之间可以相互依赖的那种责任感——而是把个人安逸置于第一位。"[50] 几乎没有人不同意杜夫的观点。杰拉姆则不在考虑之列——他在日德兰海战中的平庸表现，足以毁掉他可能获得的任何机会。斯特迪非常渴望得到这一职位，尽管他以海军战术家著称，也有辉煌的战绩，却并非热门人选。他被视为冲动型人物，一些想法也过于危险；他的个性使许多人敬而远之，所以，即使他以前拥有指挥一支大型舰队的能力，现在也已经被削弱了。舰队司令只能在贝蒂和杰利科的参谋长麦登之间挑选——除非海军部有勇气和想象力从海军少将的名单中挑选，而他们根本无意这样做。杰利科本人则向贝尔福推荐了麦登，认为他在两名候选人中更优秀。"贝蒂经验不足，而且犯过很多错误。"[51] 他数次向贝尔福表达了这一观点。阿斯奎斯也对贝蒂心存疑虑，认为他"相对来说，还没有在一支真正大规模舰队的指挥层中经受过考验"。但即便如此，首相仍将他视为杰利科唯一可能的接班人。贝尔福也有同感。当杰利科同意离职时，海军部请贝蒂担任大舰队司令，他没有丝毫犹豫就接受了（11月22日）。27日，贝蒂以战时海军上将的军衔就任大舰队司令。麦登则接替伯尼，担任大舰队副司令。

贝蒂的任命得到了良好反响，全英国都认可他的实战经验，和他"生来具有"的领导才能。国王尤其感到高兴。"从我们一起在地中海担任军官生算起，我已与你相识三十年了……你现在指挥的这支伟大舰队，没有任何其他人能够驾驭……"[52] 舰队则有些摇摆不定；有些人还缺乏信心，怀有疑虑，贝蒂还从来没有指挥过一支大型舰队，而且他的脾气也不适合担任舰队司令。

为了给新司令施展权威扫清障碍，海军部随即要求杰拉姆和斯特迪（给他们的电报于11月25日发出）降下将旗。那么他们对去留有何感想呢？杰拉姆的感觉符合海军部的期望，他知道自己将职位不保。斯特迪得知贝蒂将接替杰利科时则悲痛欲绝。同样伤害他自尊的，还有麦登在资历表上超越他担任副司令。但是他决定不再抗争，只是又在大舰队待了15个月。这令海军部极为不悦！斯特迪参谋部的一名军官，"清楚地记得他收到海军部电报的那一天"。"他是个非常自负的人，我肯定他对别人越过自己接替杰利科感到十分意外。他常常辩解说，他决意留下来，是因为他丰富的战术经验会对贝蒂助益良多！"不过斯特迪很大度地适应了与新舰队司令共事，成为贝蒂忠诚而得力的部下。

英国主要报纸对 11 月 29 日宣布的人事变动并不满意。反对海军大臣的呼声反而更高了。《每日邮报》继续毫不留情地抨击他。例如，11 月 30 日头版就有这么一副羞辱性的大标题："贝尔福先生什么时候进格林尼治医院？"其他报刊，如《泰晤士报》《环球报》《国家报》《观察家报》《陆海军公报》《约翰牛》等，都敦促政府任命一位更强力人物担任海军的政治领袖。如果阿斯奎斯继续担任首相，贝尔福还可能保住海军大臣的职位，因为前者曾信誓旦旦地告诉贝尔福（11 月 20 日），对"他作为海军大臣具有完全信心"，也将坚定地与企图赶走他的劳合·乔治做斗争。但是，12 月出现了内阁危机，根本原因就是公众对首相处理战时政务不满。结果，12 月 7 日诞生了由劳合·乔治担任首相的联合政府。新首相虽然高度赏识贝尔福的个人品质和聪明才智，但感到他"在此关键时刻，作为海军大臣，既缺乏活力和主动性，也没有管理者的天赋。让他离开海军部，是我向阿斯奎斯先生提出的，一个未写明的要求"。[53] 他认为贝尔福"理想的位置在外交部"，所以让他当了外交大臣。杰利科和贝蒂都对贝尔福的离开感到遗憾。他们与贝尔福都相处得非常愉快。

当本届联合政府辞职在即时，公众得知劳合·乔治极有可能成为新一届政府的首相，这让费希尔爵士的支持者们又跃跃欲试。《观察家报》（12 月 3 日）希望一位海军军官，也就是费希尔，来接替贝尔福。"直到……战争委员会能清晰地听到来自海上的声音，我们才能把战争的全副重担托付给这些人。这一点不能被有关费希尔爵士个人的争议所模糊。《观察家报》在为一个原则，而不是某个人而斗争。"所谓原则就是在 18 世纪晚期和 19 世纪初，有多名海军军官担任过海军大臣：安森、霍克、豪、圣文森特和巴勒姆。但是风险也不可小觑。抵制费希尔的人认为，他"时常陷入疯狂，当他无法自控时就会搞出一场全国性的丑闻"。两位支持劳合·乔治的政界人士，《曼彻斯特卫报》编辑 C. P. 斯科特，和曾经担任海军部文职大臣（1905—1915 年）的乔治·兰伯特，都极力劝说他将费希尔请回海军部。因为杰利科已经担任第一海务大臣，这只能意味着让费希尔任职海军大臣。但新首相对所有劝说都装聋作哑。劳合·乔治个人很愿意这样做，但他不想冒分裂海军的风险；而且他也知道，内阁绝不会接受任命费希尔担任海军大臣。

劳合·乔治首先选中的海军大臣候选人，是米尔纳爵士，而且他一开始计划让爱德华·卡森爵士（Edward Carson）进入新一届战时内阁（比战争委员会更精悍，更有成效），但不担任具体职务。保守党领袖们则对卡森进入战时内阁充满了敌意，首相只好"极不情愿地"将米尔纳和卡森的职位互换。[54] 任命于 12 月 11 日生效，并得到了报界的一致欢呼。《观察家报》客气地让步了（12 月 10 日），"如果要任命一位文职官员担任海军大臣，爱德华·卡森爵士就是最有力的选择"，公众最欣赏卡森的，就是他为人强悍——充满了勇气、决心和干劲。舰队对任命并没有大的反响。对卡森还有待观察，看新海军大臣能否将他闻名于世的冲天干劲用在反潜战中。

海上危机已迫在眉睫。贝尔福和杰克逊，和他们的前任丘吉尔与费希尔相比，是一对稳重的搭档，但是缺乏勇气和主动。在新的战争局面下，卡森和杰利科能否组成一支更有效的团队呢？皇家海军与 U 艇之间的生死搏斗，随着德国于 1917 年 2 月 1 日发动无限制潜艇战，已经拉开了大幕。

# 附录 A 大舰队序列
## 战列舰队

（战列舰舰名以展开时由首至尾顺序排列）

## 第 2 战列舰中队
### 第 1 分队

"国王乔治五世"号（King George V，海军中将马丁·杰拉姆爵士）

"阿贾克斯"号 (Ajax)

"百夫长"号 (Centurion)

"爱尔兰"号 (Erin)

### 第 2 分队

"君主"号（Monarch）

"猎神"号（Orion，海军少将 A.C. 莱韦森）

"征服者"号 (Conqueror)

"雷神"号 (Thunderer)

## 第 4 战列舰中队
### 第 3 分队

"铁公爵"号（Iron Duke，海军上将约翰·杰利科爵士）

"皇家橡树"号 (Royal Oak)

"壮丽"号（Superb，海军少将 A.L. 杜夫）

"加拿大"号 (Canada)

### 第 4 分队

"本鲍"号（Benbow，海军中将多维顿·斯特迪）

"珀勒洛丰"号 (Bellerophon)

"鲁莽"号 (Temeraire)

"前卫"号 (Vanguard)

## 第 1 战列舰中队
## 第 6 分队

"马尔博罗"号（Marlborough, 海军中将塞西尔·伯尼）

"复仇"号 (Revenge)

"大力神"号 (Hercules)

"阿金库尔"号 (Agicourt)

## 第 5 分队

"巨像"号（Colossus, 海军少将 E. F. A. 冈特）

"科林伍德"号 (Collingwood)

"尼普顿"号 (Neptune)

"圣文森特"号 (St. Vincent)

## 附属轻巡洋舰 [①]

"积极"号 (Active)

"贝罗纳"号 (Bellona)

"布朗什"号 (Blanche)

"布狄卡"号 (Boadicea)

"坎特伯雷"号 (Canterbury)

"切斯特"号 (Chester)

## 其他附属舰艇

"神仆"号（Abdiel, 布雷舰）

"橡树"号（Oak, 服务于舰队旗舰的驱逐舰供应舰）

---

① 主要任务是为战列舰队各单位进行目视通信的中继接力。

## 战列巡洋舰

### 第 3 战列巡洋舰中队

"无敌"号（Invincible, 海军少将 H. L. A. 胡德爵士）

"不屈"号 (Inflexible)

"不挠"号 (Indomitable)

## 装甲巡洋舰

### 第 1 巡洋舰中队

"防御"号（Defence, 海军少将罗伯特·阿布思诺特）

"勇士"号 (Warrior)

"爱丁堡公爵"号 (Duke of Edinburgh)

"黑王子"号 (Black Prince)

### 第 2 巡洋舰中队

"米诺陶"号（Minotaur, 海军少将 H. L. 希斯）

"汉普郡"号 (Hampshire)

"科克兰"号 (Cochrane)

"香农"号 (Shannon)

## 轻巡洋舰

### 第 4 轻巡洋舰中队

"卡利俄佩"号（Calliope, 海军准将 C. E. 勒梅苏里）

"康斯坦斯"号 (Constance)

"卡罗琳"号 (Caroline)

"保皇党人"号 (Royalist)

"酒神"号 (Comus)

## 驱逐舰支队

### 第 4 支队

"蒂珀雷里"号［Tipperary, 驱逐领舰；海军上校 C. H. 文图尔 (C. H. Wintour)］

　　"阿卡斯塔"号（Acasta）

　　"挚友"号 (Achates)

　　"伏击"号 (Ambuscade)

　　"热心"号 (Ardent)

　　"布罗克"号 (Broke，驱逐领舰)

　　"克里斯托弗"号 (Christopher)

　　"竞赛"号 (Contest)

　　"幸运"号 (Fortune)

　　"花环"号 (Garland)

　　"哈迪"号 (Hardy)

　　"蠓"号 (Midge)

　　"奥菲利娅"号 (Ophelia)

　　"猫头鹰"号 (Owl)

　　"鼠海豚"号 (Porpoise)

　　"鲨鱼"号 (Shark)

　　"雀鹰"号 (Sparrowhawk)

　　"喷火"号 (Spitfire)

　　"联合"号 (Unity)

### 第 11 支队

"卡斯特"号［Castor，轻巡洋舰；AS 海军准将 J. R. P. 霍克斯利 (J. R. P. Hawksley)］

　　"肯佩菲尔特"号（Kempenfelt，驱逐领舰）

　　"训令"号 (Mandate)

　　"马恩"号 (Marne)

"马提亚尔"号 (Martial)

"迈克尔"号 (Michael)

"米尔布鲁克"号 (Milbrook)

"米尼翁"号 (Minion)

"蒙斯"号 (Mons)

"月亮"号 (Moon)

"晨星"号 (Morning Star)

"芒西"号 (Mounsey)

"神秘"号 (Mystic)

"奥索里"号 (Ossory)

## 第 12 支队

"福克诺"号［Faulknor, 驱逐领舰; 海军上校 A. J. B. 斯特林（A.J.B.Stirling）］

"迈那得斯"号 (Maenad)

"神枪手"号（Marksman, 驱逐领舰）

"奇迹"号 (Marvel)

"玛丽罗斯"号 (Mary Rose)

"威胁"号 (Menace)

"警觉"号 (Mindful)

"顽皮"号 (Mischief)

"芒斯特"号 (Munster)

"独角鲸"号 (Narwhal)

"纳索斯"号 (Nessus)

"高贵"号 (Noble)

"极品"号 (Nonsuch)

"服从"号 (Obedient)

"攻击"(Onslaught)

"蛋白石"号 (Opal)

# 战列巡洋舰队

（战列巡洋舰的舰名以由首至尾顺序排列）

## 战列巡洋舰队

"狮"号（Lion，海军中将戴维·贝蒂爵士）

## 第 1 战列巡洋舰中队

"大公主"号 (Royal Princess)

"玛丽女王"号 (Queen Mary)

"虎"号 (Tiger)

## 第 2 战列巡洋舰中队

"新西兰"号（New Zealand，海军少将 W. C. 帕肯汉姆）

"不倦"号 (Indefatigable)

## 高速战列舰

## 第 5 战列舰中队

"巴勒姆"号（Barham，海军少将休·埃文 – 托马斯）

"勇士"号（Valiant）

"厌战"号 (Warspite)

"马来亚"号 (Malaya)

## 轻巡洋舰

## 第 1 轻巡洋舰中队

"加拉提"（Galatea，海军准将 E. S. 亚历山大 – 辛克莱尔）

"法厄同"(Phaeton)

"无常"(Inconstant)

"科迪莉亚"号 (Cordelia)

## 第 2 轻巡洋舰中队

"南安普敦"号（Southampton，海军准将 W. E. 古迪纳夫）

"伯明翰"号 (Birmingham)

"诺丁汉"号 (Nottingham)

"都柏林"号 (Dublin)

## 第 3 轻巡洋舰中队

"法尔茅斯"号（Falmouth，海军少将 T. D. 纳皮尔）

"亚茅斯"号 (Yarmouth)

"博肯海德"号 (Birkenhead)

"格罗切斯特"号 (Gloucester)

## 驱逐舰支队
## 第 1 支队

"不惧"号［Fearless，侦察巡洋舰，海军上校 D. C. 罗珀（D. C. Roper）］

"阿刻戎"号 (Acheron)

"埃里尔"号 (Ariel)

"獾"号（Badger）

"防御者"号 (Defender)

"苍鹰"号 (Goshawk)

"海德拉"号 (Hydra)

"田凫"号 (Lapwing)

"蜥蜴"号 (Lizard)

## 第 9、10 支队（联合）
### 第 9 支队

"利迪亚德"号［Lydiard，驱逐舰，海军中校 M. L. 哥德史密斯（M. L. Goldsmith）］

"秧鸡"号 (Landrail)

"月桂"号 (Laurel)

### 第 10 支队

"莫尔索姆"号（Moorsom）

"莫里斯"号 (Morris)

"凶暴神"号 (Termagant)

"湍流"号 (Turbulent)

## 第 13 支队

"冠军"号［Champion，驱逐领舰；海军上校 J. U. 法利（J. U. Farie）］

"莫尔斯比"号 (Moresby)

"纳伯勒"号 (Narborough)

"奈莉莎"号 (Nerissa)

"涅斯托耳"号 (Nestor)

"斗鹑"号 (Nicator)

"游牧民"号 (Nomad)

"顽固"号 (Obdurate)

"昂斯洛"号 (Onslow)

"鹈鹕"号 (Pelican)

"攻城雷"号 (Petard)

## 水上飞机母舰

"恩加丹"号（Engadine）

# 附录 B 德军舰队序列
## 战列舰

──────────（战列舰的舰名以由首至尾顺序排列）──────────

### 第 3 战列舰中队
### 第 5 分队

"国王"号［König，海军少将保罗·贝恩克（Paul Behncke）］

"大选帝侯"号（Grosser Kurfürst）

"威廉王储"号（Kronprinz Wilhelm）

"边境总督"号（Markgraf）

### 第 6 分队

"皇帝"号［Kaiser，海军中将赫尔曼·诺曼（Hermann Nordmann）］

"皇后"号（Kaiserin）

"路易波德摄政王"号（Prinzregent Luitpold）

"腓特烈大帝"号① （Friedrich der Grosse，海军中将莱因哈特·舍尔）

### 第 1 战列舰中队
### 第 1 分队

"东弗里斯兰"号［Ostfriesland，海军中将 E. 施密特 (E.Schmidt)］

"图林根"号（Thüringen）

"赫尔戈兰"号（Helgoland）

────────────

① 不隶属于任何中队或分队。

"奥尔登堡"号（Oldenburg）

## 第2分队

"波森"号［Posen，海军少将瓦尔特·恩格哈特（Walter Engelhardt）］

"莱茵兰"号（Rheinland）

"拿骚"号（Nassau）

"威斯特法伦"号（Westfalen）

## 第2战列舰中队

### 第3分队

"德意志"号［Deutschland，海军少将弗兰兹·毛弗（Franz Mauve）］

"黑森"号（Hessen）

"波美拉尼亚"号（Pommern）

### 第4分队

"汉诺威"号［Hannover，海军少将F. 冯·达尔维格（F. Von Dalwigk zu Lichtenfels）］

"西里西亚"号（Schlesien）

"石勒苏益格－荷尔斯泰因"号（Schleswig–Holstein）

# 巡洋舰

## 第1侦察群（战列巡洋舰）

"吕措夫"号（Lützow，海军中将弗兰兹·希佩尔）

"德弗林格"号（Derfflinger）

"塞德利茨"号（Seydlitz）

"毛奇"号（Moltke）

"冯·德·坦恩"号（Von der Tann）

## 第2侦察群（轻巡洋舰）

"法兰克福"号（Frankfurt，海军少将弗里德里希·博迪克）

"威斯巴登"号（Wiesbaden）

"皮劳"号（Pillau）

"埃尔宾"号（Elbing）

### 第 4 侦察群（轻巡洋舰）

"斯德丁"号（Stettin，海军准将路德维格·冯·罗伊特）

"慕尼黑"号（München）

"汉堡"号（Hamburg）

"弗劳恩洛布"号（frauenlob）

"斯图加特"号（Stutgart）

# 雷击舰部队 [1]

"罗斯托克"号［Rostock，轻巡洋舰，雷击舰部队第一领舰；海军准将安德里斯·麦克尔森（Andreas Michelsen）］

半数第 1 支队（4 艘）

第 3 支队（7 艘）

第 5 支队（11 艘）

第 7 支队（9 艘）


"雷根斯堡"号［Regensburg，轻巡洋舰，雷击舰部队第二领舰；海军少将保罗·海因里希（Paul Heinrich）］

第 2 支队（10 艘）

第 6 支队（9 艘）

第 9 支队（11 艘）

---

① 每个雷击舰支队通常下辖11艘雷击舰，并分为两个半支队，第1支队由第1和第2半支队组成，第2支队由第3和第4半支队组成，以此类推。

# 注释

## 第一章 杰利科的战术：大舰队战斗训令

1. 关于战前海军战术的发展，见 *From Dreadnought to Scapa Flow*, i. 395—404。所有大舰队战斗训令的内容均来自 *Grand Fleet Battle Order in Force at Battle of Jutland*，存于国防部海军图书馆。

2. Jellicoe, *The Grand Fleet, 1914–16* (London, 1919), p.400.

3. 同前，302，304 页。杰利科心中的 13 艘前无畏舰，无疑包括部署在希尔尼斯，第 3 主力舰中队的 7 艘"爱德华国王"级，以及部署在地中海的 2 艘"纳尔逊勋爵"级和 2 艘"女王"级。其他两艘可能是"康沃利斯"号和"怨仇"号（Implacable），但两舰当时正处于维修状态。

4. 杰利科致贝蒂，1915 年 6 月 23 日，8 月 7 日；Beatty MSS。日德兰海战前，仅有一次 U 艇（U-29）闯入战列舰队的战例（1915 年 3 月 18 日大舰队在海上演习时），U-29 未能击中目标，却被"无畏"号撞沉。但是杰利科考虑的是舰队在北海上的作战行动。

5. 杰利科致贝尔福，1915 年 6 月 29 日；Balfour MSS。

6. 贝尔福致杰利科，1915 年 7 月 4 日；Jellicoe MSS。

7. 杰利科致海军部，1915 年 11 月 8 日；海军参谋部专刊第 31 号（1926 年），*Home Waters – Part IV. From October 1915 to May 1916*, p.25。有关第一次世界大战的海军部参谋部专刊（已不受限）存于国防部海军图书馆。

8. 贝蒂致杰利科，1915 年 8 月 12 日；Beatty MSS。

9. 见 *From the Dreadnought to Scapa Flow*, ii. 75–76。

10. 日德兰海战前后，海军部情报显示，德国鱼雷在航速为 27 节时的最大射程为 12000 码（第 29 章，第 1 段）。德雷尔推测德军雷击舰发射的鱼雷，在航速为 25 节时的射程为 13150 码，而且可以通过降低航速获得更大的射程。Admiral Sir Frederic Dreyer, *The Sea Heritage* (London, 1955), p.87.

11. Jellicoe, *The Admiralty Narrative of the Battle of Jutland*, n.d. (1927?) ; Jellicoe MSS. 文字在以下著作中有所修改: Admiral Sir Reginald Bacon, *The Life of John Rushworth, Earl Jellicoe* (London, 1936), pp.310-311。*Narrative of the Battle of Jutland* (1924) 是《海军参谋部评论》（见前言）的删节版，对英国海军的战术、指挥和参谋工作的辛辣批评被删除，试图只保留事实部分。我们获得了海军上校 H. C. B. 皮蓬的许可，他在 1916 年秋从第二海务大臣，海军中将弗雷德里克·哈密尔顿爵士那里听说，杰利科在日德兰海战前收到海军部的口头指示，提醒他不要做无谓的冒险。"虽然没有证据，但这很有可能，因为英国即将于 6 月（7 月）1 日发动索姆河战役，军方高层都相信，索姆河一战将获得巨大的胜利，战役之后也将看到结束整个战争的曙光。在高层看来，唯一的障碍就是舰队遭遇一场灾难。"海军上校皮蓬（Pipon）致 C. S. 弗里斯特（C. S. Forest），日期未明（1943 年？）；引自作者的资料。

12. 海军上将悉尼·弗里曼特尔致作者，1946 年 5 月 1 日。弗里曼特尔当时（1910—1911 年）在海军部担任"作战部"部长，该部是海军参谋部作战与计划部的前身。

13. May, "Notes on Tactical Exercises, Home Fleet, 1909-1911"; Naval Staff Monograph, *Naval Staff Appreciation of Jutland* (1922), P.30.

14. 杰利科致贝蒂，1915 年 8 月 7 日；Beatty MSS。

15. 关于这一事故还有其他轶事。海军中校 W. M. 菲普斯·霍恩比的父亲曾担任特赖恩的副官，他写道："我父亲不止一次告诉我，特赖恩气质威严，令人敬畏。我印象中他的身材也很高大。威严的外表之下他非常和善，但他的这种特质并不容易被察觉。如果一个年轻军官与他的观点不同，而后来又被证明是正确的，特赖恩给予他的肯定比谁都多。但是，如果事实证明将军是正确的，而有意见的年轻人是错误的——他就只能求老天保佑了！我曾经总是怀疑是不是他那种盛气的性格，加上他似乎喜欢玩弄下达看似危险的机动命令的'小把戏'的习惯，使下属盲目地执行他的命令。我父亲曾说，他认为特赖恩在'维多利亚'号的参谋人员都很害怕他，所以他们没有表达自己的疑虑。"海军中校菲普斯·霍恩比致作者，1966 年 7 月 22 日，1970 年 3 月 8 日。

16. 海军上校 J. H. 哥德弗里的讲座，"The Growth of Pre-Jutland Tactics"，皇家海军参谋学院，1930 年 5 月 7 日；哥德弗里 MSS。哥德弗里于 1903 年加入海军。

17. Admiral Sir Edward E. Bradford, *Life of Admiral of the Fleet Sir Arthur Knyvet Wilson* (London,

1923), p.217.

18. Navy Staff, Admiralty, *Addendum No. 1 to Naval Tactical Notes, Vol. I, 1929 (1931)*, p.30；国防部海军图书馆。

19. 同前，32 页。

20. Drax MSS 中一份未具标题的贝蒂备忘录，1913 年 4 月 15 日（丘吉尔学院）。

21. Godfrey, "The Growth of Pre-Jutland Tactics".

22. 同前。

23. 贝蒂致卡拉汉，1913 年 6 月 4 日；Drax MSS。

24. 贝蒂致杰利科，1915 年 8 月 12 日；Jellicoe MSS。

25. Jellico, *The Grand Fleet*, p.398.

26. Jellicoe, "The Grand Fleet and Jutland: a Comment on Mr. Churchill`s Book, *The World Crisis, 1916—1918*", n.d. (1927?); Jellicoe MSS. 日德兰海战中的大部分德军雷击舰（德语中称之为"grosse Topedoboole"，即"大型鱼雷艇"）装备 6 部 19.7 英寸鱼雷发射管；少部分装备 4 部 19.7 英寸鱼雷发射管。而大多数英国驱逐舰装备 4 部 21 英寸鱼雷发射管，较老的驱逐舰只有两部发射管。英国的 21 英寸鱼雷和德国的 19.7 英寸鱼雷性能大致相当。德制 19.7 英寸鱼雷在射程较近时存在深度过大的缺点，但是战雷头的威力更强。1916 年 5 月 1 日的一份备忘录（"Torpedo Attack by Destroyer Flotillas on the Enemy`s Battlefleet"）强调了驱逐舰的进攻任务，这份备忘录直到海战后才发出。它规定了这样的原则："鱼雷攻击发动的越早越好。更早地发射鱼雷命中目标，对阻止敌人可能的逃跑，以及迫使其投入战斗具有决定性的作用。"更多评论见 274—275 页。

27. 日德兰海战时，所有主力舰都装备了主炮指挥仪——大多是在战争开始后安装的——但只有 6 艘主力舰安装了副炮指挥仪。

28. 杰利科致杰克逊，1916 年 4 月 5 日；Jackson MSS。

29. Richmond, "The Modern Conception of Sea Power", *Brassey`s Naval Annual* (1943). 这里我们有海军上校罗斯基尔称为"主要武器悖论"的精彩描述，这是从 19 世纪流传下来的概念。

30. 斯特迪致亨利·纽博尔特爵士，1924 年 3 月；Sturdee MSS。下文中的评论，来自 1915—1924 年 Sturdee MSS 中的通信和备忘录。

31. 杜夫日记，1915 年 10 月 23 日；Duff MSS。A. L. 杜夫是斯特迪的副司令。他告诉杰利科："（我）同意斯特迪的意见，因为我认为当军舰数量超过 24 艘时，根本没有可能组成单条战列线。

他（杰利科）对我说，他的战列线不会多于 24 艘战列舰，当'君权'级加入时老式无畏舰将退出大舰队。我认为这是非常错误的计划，特别是如果战争长时间继续下去的话。"同前。

32. 见本章末有关战术的注释。

33. Captain J. E. T. Harper, "Notes on Captain (K. G. B.) Dewar`s Lecture on Jutland"（at the Naval Staff College）,1922; Cabinet Office MSS。（讲座的基本内容来自《海军参谋部评论》。）引用的文字是哈珀对一位出席讲座的海军少将的评论的回应。但是我的批评需要更多的证明，因为斯特迪在 1916 年秋天提出了另一份建议（在晴朗天气下战列舰中队司令在接敌过程中可以自由机动，中队的位置当然也可以变化）。杰利科显然愿在舰队演习时试验他的建议，但他在试验开始前就离开大舰队到海军部任职。Dreyer, *The Sea Heritage*, pp.195-196. 战后杰利科给海军部的信中提请他们注意他指挥大舰队时期一些主要将官的贡献，他着重赞扬了斯特迪："在组织和运行战术委员会时给我以帮助，解决了诸多问题……他的表率和对战术问题的积极研究，起到了引导其他军官开展类似工作的宝贵作用。为此我对他十分感激。"同前，238 页。

34. Captain S. W. Roskill, "The Strategic and Tactical Aspect of the Battle of Jutland", *The Navy*, May 1966. 海军中将 J. W. 卡林顿（J. W. Carrington）曾在日德兰海战中任"国王乔治五世"号的航海长，他的印象是："不管杰利科想达成什么战术目的，我都认为从操控舰队的角度考虑，使用蓝色信号指挥大型舰队转向十分危险，很可能造成相撞等事故。"海军中将卡林顿致海军上校罗斯基尔，1958 年 2 月 9 日；Roskill MSS。

## 第二章 日德兰：战列巡洋舰的战斗

1. 有关战斗前双方计划和初步行动的细节，以及双方舰队的比较，可见 *From Dreadnought to Scapa Flow*, ii. 436-440，443-446. 文中所有时间均为格林尼治时间，所有航向和方向均为磁罗盘方向。双方舰队的构成见附录。

2. 同前，165 页。英德两国无畏舰和战列巡洋舰的航速、装甲和武备方面的情况可见 *From Dreadnought to Scapa Flow*, i. 439-442. 有证据显示，舍尔设想在特定条件下，让他的前无畏舰承担自杀式任务。舍尔的战术训令第 16 号（1916 年 5 月 10 日）曾被约翰·坎贝尔未出版的《日德兰海战》所引用。

3. "巴勒姆"号上的一名年轻军官注意到："在整个战斗过程中，潜艇一直在我们中间漫舞。它们持续地滋扰我们，简直无法形容它们给我们造成的巨大困扰，除了一艘战列舰的撞角外，它们什么也没有击中，但所有鱼雷都与我们擦肩而过！总的来说……它们没有起到什么作用，那些鱼雷我们也能够通过灵活的转向来规避。"军官生（后来成为海军少将）R. M. Dick 的 "The First Round"，海战结束一周完成的一份未出版的评论；Dick MSS。（国家海事博物馆）

4. 舍尔的战时日记，1916 年 5 月 31 日；德国海军历史分部有关日德兰海战的文件集，德国海军部 MSS。该文件集包括所有高级指挥官的战时日记和作战报告，以及所有参战舰艇的战损报告等。

5. 第 3 战列巡洋舰中队是在两周前接到命令前往斯卡帕湾进行火炮训练的。在海军少将胡德的舱室内召开了一个关于火炮射击方案的简短会议。讨论期间旗尉官打断了会议，通报了杰利科让第 5 战列舰中队前往罗赛斯，在第 3 战列巡洋舰中队缺席时代行其责的命令。胡德读毕命令评论："我认为这是弥天大错。如果戴维（贝蒂）有了这几条船，一旦有机会，什么也阻止不了他挑战整个德军舰队。"海军少将 H. E. 丹雷泽致作者，1962 年 11 月 5 日。丹雷泽出席了此次会议，他当时是"无敌"号上的中校炮术长。胡德有关贝蒂是一位斗士的观点，代表海军上下对贝蒂错误的刻板印象。

6. 海军上将威廉·古迪纳夫在一次 BBC 广播节目中的谈话，1938 年 1 月 13 日。

7. H. P. K. Oram, *Ready for Sea* (London，1974), P.118.

8. F. C. Sillar, "Note of Conversation with Vice-Admiral von Trotha of the German Navy",1939，正值特罗塔于 1939 年 5 月访问英国。引自我收集的资料。就像笔者努力彰显的那样，舍尔的"伟大天赋"需要更多的证明。

9. 古迪纳夫的 BBC 访谈节目。

10. 海军少将 W. S. 查默斯，引自他的一部有关日德兰海战的未完成著作（1957 年）；Chalmers MSS。

11. Grand -Admiral Erich Raeder, *My Life* (Annapolis, Maryland), p.40.

12. 杰利科深得军心的奥秘之一，是他能记住下属的面孔和名字。"铁公爵"号上的一名军官生回忆："他的记忆力惊人，在因弗哥顿，当他走向自己的交通艇，穿过那些等待小艇的水兵时，他总是能毫无差错地叫出一两人的名字和他们的军衔（通常是军士和普通水兵），并且记得他们哪一年于哪一条船上在他手下当差，我相信他记得'铁公爵'号上大部分水兵的名字！"海军中校莫雷·L.考克斯致作者，1970 年 2 月 24 日。

13. 有关战斗中英军方面的通信，我使用的是 *Battle of Jutland, Official Despatches*〔Cmd.1068

(1920)〕（以下引为 *Official Despatches*）附录 II（398—586 页）。它记录了英军方面的通信，但没有第 40 室特别情报的内容。德军通信（所有时间从中欧夏令时，即德国在日德兰海战中使用的时间，改为中欧时间，比格林尼治标准时间快一小时。）引自德国官方史料：Captain Otto Groos, *Der Krieg zur See, 1914-1918. Der Krieg in der Nordsee* (Berlin，1920-1937, 6 vols.)，vol. 5, Appendix 17 (pp. 519-553).（第 6 卷作者为海军上将 Walter Gladisch。）还有一份十分有价值的，录有英德双方更重要通信的名单，附于坦南特日德兰讲座（Tennant Jutland Lecture）。查证英军通信收发的确切时间已无可能，因为所有日德兰海战的通信日志已不幸被销毁。（不过在 Drax MSS 中，有一份"狮"号在 5 月 31 日至 6 月 1 日通信日志的副本。）另外由于各舰之间的计时有差别，以及在战斗中记录通信时间有困难，*Official Despatches* 附录中的通信时间也不完全可靠。

有关英军的通信，"下达时间"（time of origin），指命令制订信号的时间；"发送时间"（time of dispatch）指信号被书记、译码和送交通信人员后，通过目视或无线电方式发送的时间。通过一艘或多艘军舰将信号发送给接受舰，还可能有更多的延误，原因有通信线路繁忙、优先性不够，敌人的蓄意干扰等。"发送时间"和"下达时间"常常一致，或者只有一至两分钟的间隔，特别是敌情报告，因为它们具有最高优先权。机动信号则没有"下达时间"，只有实施命令的时间——即信号旗降下的一刻。如果同时记录有通信下达和发送时间，而二者又有差别，我按照海军惯例采用后者。但是历史记录中常常只有发送时间。

14. W. F. Clarke, "An Admiralty Telegram", 10 Aug. 192; Beatty MSS.（前一份文献的作者为皇家海军后备役少尉。）克拉克从 5 月 31 日上午 9 时直到 6 月 1 日中午，一直在第 40 室值守，只在 5 月 31 日晚上因用餐离开了两小时，杰克逊迈进情报处时他也在场。

15. 同前。

16. Jellicoe, "The Admiralty Narrative of the Battle of Jutland".

17. 贝蒂致 W. F. 克拉克，1918 年 11 月；Clarke, "An Admiralty Telegram"。

18. "坎帕尼亚"，海军上将哥德弗里的日德兰讲座的附录文件；Godfrey MSS。

19. Oliver MSS，被引于 Admiral Sir William James, *A Great Seaman: the Life of Admiral of the Fleet Sir Henry F. Oliver* (London, 1956), p.154，但后者未提及托马斯·杰克逊和布兰德。海战发生五个星期之后，蒂利特仍心有不甘。"我永远也不会原谅老顽固奥利弗，他简直可悲至极。……他们按住我们，就是以为德国人想要同时对南部海岸发动袭击。已经很虚弱的力量还要分兵而战，这根本不可能。结果我按自己的判断出海还遭到了奚落……我知道我是对的，而且换作任何人，都会做出和我一样的决定……"蒂利特致凯斯，1916 年 7 月 5 日；Keyes MSS。

20. *Jutland Despatches*, pp.1–2.

21. 杰利科致杰克逊，1916 年 6 月 6 日；Jackson MSS。解决问题的方案，就是将全部大舰队集中在罗赛斯，这终于在 1918 年 4 月实现了。

22. 罗斯基尔在他名为"胜利为何从我们的指缝间溜走：贝蒂未能有效利用自己的力量，特别是未能充分利用新式而且强大的第 5 战列舰中队"的讲座中，将此列为四个原因中的第一个。1960 年 5 月，帝国国防大学，罗斯基尔未出版的讲座记录，"The Role of Maritime Forces: Lesson of World War I and II"。

23. Lanhorne Gibson and Vice-Admiral J. E. T. Harper, *The Riddle of Jutland* (London, 1934), p.140.

24. 贝蒂的一份未注明日期，未署名的备忘录（1934 年，有可能是为回答吉布森和哈珀的 *The Riddle of Jutland* 中某些评论而写的）；Chalmers MSS。（以下引为贝蒂的 1934 年备忘录。）还有一种为了拔高贝蒂而被饰以伪装的论调："第 5 战列舰中队，是作为支援力量加入战列巡洋舰队的（直到一场战斗打响前，它都不是战列巡洋舰队真正的组成部分），所以它的正确位置，就应该是战列巡洋舰一旦需要就可以回撤的方向。它们的航速逊于战列巡洋舰，而杰利科也坚持要求，它们不能处于一旦出现困境就比战列巡洋舰更难撤离的位置。经验显示，北海上经常出现能见度突然下降的情况，这也是需要特别防范的危险局面。事实上，当敌人被首次发现时，他们与战列巡洋舰队和第 5 战列舰中队各自旗舰的距离几乎相等"。Anon, "The Truth about Harper".（哈珀当时刚刚出版了他的《日德兰真相》。）Beatty MSS 中一份未注明日期的打印文件，可能出自海军上将迪尤尔之手，但反映的全是贝蒂的观点。

25. Rear-Admiral W. S. Charlmers, *The Life and Letter of David, Earl Beatty* (London, 1951), p.268.

26. 杰利科的支持者称，"加拉提"号 2 时 20 分发出敌情报告，贝蒂等待了 12 分钟才命令转向东偏东南。杰利科本人仅仅提到，贝蒂在作战报告中错误地声称他立即实施了转向。杰利科在 1932 年撰写的备忘录中称，"我们在日德兰海战中犯下的错误，有助于他人从我们的经验中获益"。这一重要文件（收于 Jellico MSS）在德雷尔的 *The Sea Heritage* 中首次公开，位于 164—168 页。杰利科在备忘录中并没有为自己开脱责任。

27. 埃文－托马斯后来声称"拖延转向会导致双方距离增加至 8 英里，间距进一步达到 10 英里是'狮'号加速所致……以及'狮'号未打出信号就于 3 时 45 分（2 时 45 分）在烟尘中转向"。埃文－托马斯致海军参谋部训练与参谋职责处处长，海军少将 H. S. 哈加德（H. S. Haggard），1923 年 8 月 14 日；Even-Thomas MSS。哈加德是负责修改海军部 *Narrative* 的军官。

28. 有关贝蒂的副官（负责信号），海军少校拉尔夫·西默尔，见 *From Dreadnought to Scapa Flow*, ii. p.140。

29. 海军上校 A. C. 迪尤尔致海军中将 K. G. B. 迪尤尔，1959 年 12 月 13 日；Dewar MSS。海军上校迪尤尔在两次世界大战之间曾任职于海军部历史分部，他显然在信号日志尚存时查阅过它们。这一说法与第一海务大臣（布里奇曼）于 1927 年 3 月 14 日在下院所作的声明（原文也来自历史分部）不符，布里奇曼声称，贝蒂在 2 时 25 分发出的命令出现在"巴勒姆"号的信号日志中，收到的时间为 2 时 30 分。

30. 坦南特的日德兰海战讲座中有艾格顿的证词。另见下文旗舰长的证词，61 页（出自《皇家联合军种研究所杂志》，1955 年 11 月）。海军中将乔弗里·巴纳德写道："我的叔叔（埃文－托马斯）直到去世都确信，'巴勒姆'号没有收到发给第 5 战列舰中队的机动信号或命令，当然也没有传达给他。现在看来，最有可能的是，'巴勒姆'号确实收到了贝蒂在 2 时 25 分重新布置驱逐舰幕（并开始实施机动）的命令。但是我的叔叔，以他一向依靠信号谨慎指挥舰队的习惯，是不会按照这道命令实施机动的，除非那是命令第 5 战列舰中队实施机动的信号，而不仅仅是传达给他的中队的一条信息。"海军中将巴纳德致作者，1964 年 10 月 31 日。

31. A. C. 迪尤尔在作者引用的这封信中称他引用的是"'巴勒姆'号的信号日志，德普特福德第 23346 号，1927"。布里奇曼在下院称命令发出的时间是 2 时 37 分，"巴勒姆"号舰志显示它在 2 时 38 分转向东偏东南方向。

32. 埃文－托马斯未注明日期的评论（可能于 1923 年 7 月 22 日），附在诺尔基地参谋长，海军上校 H. W. W. 霍普的一份报告中（1923 年 7 月 21 日）霍普前往海军部，代表埃文－托马斯对海军部的 *Narrative* 提出数项反对意见，结果遭到了海军部的"驳斥"，埃文－托马斯的附录就是针对这份驳斥而作；Even-Thomas MSS。

33. *The Riddle of Jutland*, p.118. 另一位争论的领军人物写道："这是一场蛮勇的战士，而不是老道的海军将领的战斗。"Admiral Sir Reginald Bacon, *The Jutland Scandal*, (London, 1925, 2nd ed.), p.59.

34. 埃文－托马斯致海军大臣秘书，海军少将 M. H. 霍奇斯，1923 年 9 月 18 日；Even-Thomas MSS。杰利科在日德兰海战中的参谋长，海军上将麦登也认为，大舰队信号规则要求，在发现敌人后使用探照灯和无线电重复所有命令。麦登致埃文－托马斯，日期未明（1923 年），以及他对埃文－托马斯致哈德信件的评论；Even-Thomas MSS。

35. Jellicoe, "Errors Made in Jutland Battle". 杰利科还注意到，"狮"号的信号索桁桅"的高度很低，而且处于前桅控制塔的背景中，想看清它的旗语信号是非常困难的"，"'狮'号上的人员肯定知道这一情况……"Jellicoe, "The Grand Fleet and Jutland".

36. 海军中将乔弗里·布雷克（Geoffrey Blake）致海军上校罗斯基尔，未署日期，（约在 1958 年）；Roskill MSS。

37. 这一论断来自艾格顿·坦南特的日德兰讲座。海军上校本内特的评论很有道理："两位舰队司令（贝蒂和杰利科）都没有给临时拨调给自己舰艇的舰艇中队任何指示。贝蒂认为，一旦机会出现，埃文－托马斯就会重新加入杰利科舰队，而后者也会把胡德送回战列巡洋舰队。"Geoffrey Bennett, *The Battle of Jutland* (London, 1964), p.61. 很难反驳这一观点，或者更确切地说，很难为贝蒂未能给埃文－托马斯下达指示开脱，因为海军部早在 5 月 16—17 日就已经通知，德军正在计划一次重大行动。这意味着第一海务大臣或海军参谋长曾在 5 月底与杰利科进行过电话交谈。但是有证据的第一次向杰利科和贝蒂传达情报，是海军部 5 月 30 日的命令。

38. 海军少将查默斯对轻巡洋舰的行动作出了友善的解释。"……亚历山大－辛克莱尔（第 1 轻巡洋舰中队）正确实现了贝蒂的意图，占据了敌舰及其基地之间的位置，故意将他们的巡洋舰吸引到西北方向来。纳皮尔的第 3 轻巡洋舰中队，转向支持辛克莱尔，德军舰队（第 2 侦察群）也因此向西机动。"Chalmers, *Beatty*, p.228. 这也是海军上将坦南特的观点。

39. "狮"号在 4 时 10 分通知"大公主"号，自己的无线电发射机失去作用。信号是用无线电发送的，但这里使用的应该是短程无线电设备。自那以后，"狮"号的信号均由无线电（短程无线电？）、信号旗、手旗语和探照灯发出。主无线电的损坏情况一直不明，但无疑部分是因为天线被打断。信号旗桁桅也不可能保持完好状态，虽然更换桁桅并非十分困难。没有记录显示"狮"号上的这些通信设备是何时损坏的（可能是在大约 4 时 5 分，这也是它发出 4 时 10 分信息的原因），以及主无线电设备后来是否在战斗中被修复并重新工作。"狮"号发送信号的功能受损，主要是敌人炮火所致，但它并未完全丧失通信功能。

40. Admiral of the Fleet Lord Chatfield, *The Navy and Defence* (London，1942), p.150-151.

41. 见陆战队中校 F. R. 琼斯发表在 *The Globe Laurel* 上的信件，1956 年 10 月，202 页。琼斯是"狮"号上的一名陆战队军官，他协助抬出了哈维。哈维"被严重烧伤……（但是）遗体基本上保持完整"。

42. 查特菲尔德在一次 BBC 广播节目中的访谈，1941 年 3 月 14 日。

43. Chatfield, *The Navy and Defence*, p.143，是贝蒂这句话的来源。"他（贝蒂）说的话就是我在书中记载的。其他人都没有听到。'今天'一词准确无误，也很自然，并非另外添加。"查特菲尔德爵士致作者，1963 年 11 月 19 日，信中回应了我的询问："今天"一词是不是后来增补以为贝蒂的话添色？还有很多人说贝蒂在冷静地说完这句话后，就命令转向靠近敌人，即在 4 时 30 分向左转了两个罗经点。但是当时的海图并不支持这种说法，显然这只是传说而已。显然，贝蒂实际上在 4 时 30 分向右转了两个罗经点，可能是为了规避德军雷击舰发射的鱼雷。随后，他在 4 时 37 分恢复了原来的航向。

也许这里应该提到一件皇家海军之外鲜为人知的轶事。"新西兰"号战列巡洋舰的大部分建造经费是由新西兰民众提供的。在战前一次对新西兰的访问中，一位毛利族酋长赠给了舰长（海尔赛）一件自己族人的传统草裙。在出席仪式上，这位酋长预言，"新西兰"号将参加一次伟大的海战，如果舰长穿上这件草裙，军舰将会安然无恙。1915 年 6 月，海军上校 J. F. E. 格林接替海尔赛担任舰长，他延续了传统，但凡军舰出海作战时都会将草裙穿在他的制服外面。"新西兰"号参加了贝蒂指挥的所有海战，但是只被弹片击中过一次，损伤轻微而且没有伤亡。日德兰海战中，该舰是海军少将帕肯汉姆的旗舰，经历了英德战列巡洋舰之间的激烈炮战。尽管"玛丽女王"号和"不倦"号就在近旁被击中并爆炸沉没，"新西兰"号却渡过了磨难，并且几乎毫发无损（只有 X 炮塔基座曾被击中一次）。不用说，格林舰长站在舰桥上指挥军舰作战时，就穿着那件毛利族的护体神衣！我感谢已故海军中校肯尼斯·科比（Kenneth Kirby）给我讲述了这个故事。另外我还要破例提到肖恩·莱斯利爵士（Shane Leslie）讲述的趣事——战斗结束后，贝蒂"返回他的住舱，发现在激烈的炮火中，舰上的吉祥猫在他的礼服帽中产下了一窝小猫！"

44. 海军工程少将塞西尔·贝内特，曾被迈克尔·沃尔夫引用在 "Jutland – by Ten Men Who Were There", *Sunday Telegraph*, 29 May 1966。另一次类似的反应，见下文。

45. Goodenough, *A Rough Record* (London，1943), p.95. 1938 年，在 BBC 的访谈节目中，古迪纳夫讲述了"第二次机会"之后的故事："我又坚持了一小段时间，他笑了起来，半是自言自语地说：'这真是太疯狂了。'奇怪的是我竟然对他说：'不，不，中校，不管别的日子里我有多蠢，今天我可不能犯错。'"彼得斯（后来的海军上将亚瑟·彼得斯爵士）是古迪纳夫非常机敏能干的通信官，他负责将敌情报告编码发送出去。

46. 海军上尉史蒂芬·金－霍尔（Stephen King-Hall，后来成为海军中校并封爵）未出版的日德兰海战记录，著于战斗结束后不久，现由海军上将哈罗德·伯勒爵士（Harold Burrough）拥有。海军上将彼得斯解释了"南安普敦"号如何能在白天逃过一劫，虽然在不同时间有多枚炮弹的落点距它很近。"我相信，这很大程度上是因为我们航海长［帕蒂·爱尔兰（Paddy Ireland）］的战术，他总是驾舰冲向最新一处炮弹落点，他知道，如果落点'过远'，敌舰就会减小下一次齐射的射距（'过近'则会增加射距），但实际上到下一次齐射时，我们与敌人的距离已经增加了。这样我们就能安然无恙地保持与敌人的接触，同时持续地报告敌情。"海军上将彼得斯致作者，1962 年 10 月 18 日。"诺丁汉"号（第 2 轻巡洋舰中队）舰桥上的一名军官甚至认为这是一段愉快的经历！"虽然我认为，不能说一个觉得自己很享受海战过程的家伙是个正常的人，但能这样躲开一轮又一轮的齐射，我得承认，当时指挥军舰的那扣人心弦的半小时，是我这辈子最有趣的经历。"H. W. Fawcet and G. W. W. Hopper (ed.), *Fighting at Jutland* (London，1921), pp.70-71. 这位军官是海军上尉威廉·G. 坦南特（后来官拜海军上将并封爵），引自他在 5 月 31 写下的日记。第 2 轻巡洋舰中队甘冒如此风险，当然是源于古迪纳夫的决心，这还要追溯至 1914 年 12 月的斯卡布罗袭击，当时"狮"号发出的错误信号使他与敌人脱离了接触，他不会允许再发生这种事情。斯卡布罗海战之后他总是说，"如果他发现了另一艘德舰，他绝不会让它脱离视线，直到有一方被击沉为止"。海军上校查尔斯·V. 马斯登（Charles V. Marsden）致作者，1976 年 5 月 26 日。马斯登当时是"南安普敦"号上的一名海军中尉。见 *From Dreadnought to Scapa Flow*, ii. pp.138-146。

47. 这可能又是西默尔的责任——贝蒂对他说："命令第 5 战列舰中队转向 16 罗经点，列于我们后方。"很可能贝蒂并没有说明，埃文－托马斯应向哪个方向转舵。

48. 官方海图（科贝特和德国官方史）并没有显示这一更大角度的右转，但这无疑就是实际情况。而且似乎可以确定，第 5 战列舰中队事实上并没有真正接上战列巡洋舰的队尾。

49. 有趣的是，当战列巡洋舰队与第 5 战列舰中队相向而行时，贝蒂的一名参谋询问他，想让战列舰从他的哪一侧通过，贝蒂说，"从未交火的一侧"。海军少将查默斯断定，做出这一决定的原因是，如果埃文－托马斯从交火一侧通过，它们"可能会使希佩尔转向，而贝蒂则会安全脱离德舰的射程"。Chalmers, *Beatty*, p.283. 海军上校罗斯基尔对此评论说："如果当时真的让战列舰从交火一侧通过，贝蒂将不得不以大角度转向拉开与敌舰的距离——从战术角度讲这无疑是他绝对不愿看到的。不管怎样，现在看起来，如果贝蒂给埃文－托马斯更近的距离发挥所有 15 英寸重炮火力的机会的话，希佩尔的军舰将遭到更严重的打击，我方的战列巡洋舰也会获得喘息之机。" Roskill, *HMS Warspite* (London, 1957), p.117.

50. 查特菲尔德对此是这样解释的："我们都承认第 5 战列舰中队高超精湛的炮术，但是拿他们和战列巡洋舰队做鲜明的对比，既不公平也无道理。第 5 战列舰中队的军官们可以立即回应——我们"也许"炮术更佳，我们"有"更好的光线条件，敌人"没有"向我们开火，我们"有"更现代化的装备，瞄准也"更"容易。"（本句中所有的动词均为虚拟语气，实际上表否定）Chatfield , "Some Remarks on Certain Paragraphs in the Various Chapters"（其针对的是科贝特《海军作战》第三卷中有关日德兰海战的内容）该文附在查特菲尔德致凯斯的信中，1923 年 1 月；Keyes MSS。查特菲尔德"完全同意"凯斯的观点，即科贝特的评论是"令人愤慨的"。"它歪曲了事实，似乎大舰队司令在当时环境下的卓越表现，全拜战列巡洋舰队，特别是其指挥官的失败所赐，如果这是合理的，那对纳尔逊也可以这样评价了。作者要么事实不清，抑或就是要含沙射影，从头至尾都没有说过他们一句好话……整部著作都倾向于最初的哈珀报告……哈珀或其他人肯定影响了科贝特，或者在私下里给予了他建议，这些人就是要罔顾事实，恶意中伤贝蒂爵士，而把所有的荣耀都加在大舰队司令头上，事实上，整本书都贯穿着这种印象。"这里要说明，科贝特本来并非杰利科的仰慕者。1916 年 6 月，海军部聘请他来撰写一篇评论文章，作为杰利科作战报告的附录。"针对海军部早先对 TS（打印文本）做出的最后修改，贝蒂在 11 时来访，通过秘书提出了几个修改建议。我对他印象深刻——看似比杰利科优秀得多，后者一直沉迷在鱼雷和雷场中不能自拔。"日记，1916 年 6 月 28 日；Corbett MSS。

51. Scheer, "The Jutland Battle: the German Point of View", *Fortnightly Review*, Oct 1927.

52. *Jutland Despatches*, p.2.

53. Jellicoe, "The Admiralty Narrative of the Battle of Jutland". 在贝蒂看来，杰利科的最后一句话，是为埃文－托马斯在《评论》中受到的"不公"而发声，《评论》是官方出版物，其中"暗示"了埃文－托马斯要为未能与战列巡洋舰同时投入战斗负责。

54. Jellicoe, "The Grand Fleet and Jutland".

55. Jellicoe, "Errors Made in Jutland Battle".

56. 海军少将查默斯致作者，1963 年 11 月 6 日。对此我要补充说明，贝蒂经常在无信号的前提下转向，他手下的舰艇注视着他的举动，只需跟随他机动即可。这里我们又可以见证，第 5 战列舰中队和战列巡洋舰队以前从未协同行动过。

57. 1916 年 7 月 4 日希佩尔作战报告的附录，"Gunnery Lessons of the Battle of the Skagerrak"；German Ministry of Marine MSS。

58. 数据来自坎贝尔的日德兰文件，是仔细研究大量的船厂损伤报告、火炮和鱼雷报告和维修经费报告后得出的。哥德弗里在日德兰海战讲座中，"通过大量的记录"，经过他在海军参谋学院的前任，著名炮术专家兰斯洛特·霍兰（Lancelot Holland，第二次世界大战中随"胡德"号阵亡）的汇总，得出的数据是英军战舰被命中 28 次（27 次击中了战列巡洋舰），德舰被命中 15 次，但是其中并没有说明战列巡洋舰队和第 5 战列舰中队分别取得了多少次命中。海军上将迪尤尔的估算，同时考虑了目击者的证明和官方记录，他的数字（1941 年）是英舰被击中 41 次（40 次击中了战列巡洋舰），德舰被击中 14 次，第 5 战列舰中队的战绩是 4 次命中。帕斯菲尔德（J. L. Pastfield）的 *New Light on Jutland*（London, 1933）第 25 页引用德方资料称，第 1 侦察群被击中 14 次，其中 12 次由战列巡洋舰队取得。帕斯菲尔德曾任海军学院讲师，对日德兰海战中的炮术进行过认真研究。他代表了一种极端的历史修正主义观点。

59. Chatfield, *The Navy and Defence*, p.141. 海军上将查特菲尔德当时在"狮"号的舰桥上，称能见度"极不稳定，这是一个典型的北海夏日，海上弥漫着白色薄雾，时浓时淡，而且湿度太大，使雾气很难被阳光驱散……不幸的是，西方的地平线十分清晰……"Chatfield, *Beatty*, p.229.

60. Beatty MSS.

61. Commander Goreg von Hase, *Kiel and Jutland* (London, 1921), pp.149-150.

62. 杰利科致雷金纳德·麦克纳，1920 年 8 月 5 日；Jellicoe MSS。

63. 通常旗舰舰长只对自己战舰的炮术负责。但是查特菲尔德在 *The Navy and Defence*（109、137、138 页）中给人的印象，是他要指导整个战列巡洋舰队的炮术。例如："海军上校鲁道夫·本廷克被任命为……参谋长（1915 年 2 月）。他要管理所有事宜……除了战斗效能，这主要还是由我来掌握。一位新的炮术中校参谋，悉尼·贝利也将加入参谋部，协助我应付日益繁重的炮术管理工作。"（137 页）笔者认为，查特菲尔德是全权负责战列巡洋舰队炮术的军官，这并不是说他要对每一艘军舰的射击精度负责——那完全是各舰炮术长的工作——但是他要管理整个战列巡洋舰队的炮术训练。我认为，他除了担任旗舰长，还在贝蒂知情和同意的前提下担当这一职责，时间可能是在多格尔沙洲海战前后，在那场海战中，战列巡洋舰队就未能有效地集中火力。但是，查特菲尔德组建的炮术委员会成员之一，海军上将威廉·詹姆斯曾说："我认为查特菲尔德的意思是'我是在为战列巡洋舰队提供足够的炮术训练机会，以及训练必需的拖船和靶标方面对贝蒂负责'，而不是'我要对战列巡洋舰队的射击效能负责'，因为那是各舰舰长的责任。"海军上将詹姆斯致作者，1970 年 2 月 18 日。他的信件见于 *Royal United Service Institution Journal*，1970 年 6 月。但是，我并不怀疑查特菲尔德在他书中的说法，因为肩负额外的责任完全符合他的个性，特别是在他一直热心的海军炮术方面。

64. 贝蒂致海军上将罗斯林·维密斯（第一海务大臣），1918 年 5 月 31 日；Wemyss MSS。查特菲尔德也有类似的观点。"如果我们没有那些哑弹的话，'吕措夫'、'德弗林格'和'塞德利茨'等舰，都将在遇见我们的战列舰队之前（如果它们能幸存的话），就被战列巡洋舰队和第 5 战列舰中队击沉。""事实是德国更优良的炮弹，而不是他们更出色的炮术，导致'不倦'号和'玛丽女王'号爆炸沉没，否则第一阶段的战斗将会有完全不同的结局。英国水兵不能因他们无力弥补的缺陷导致的低下战斗力受责备。"查特菲尔德致凯斯，1923 年 1 月，以及他的 "Some Remarks on Certain Paragraphs"。

65. Chatfield, *The Navy and Defence*, p.144.

66. 德舰中受伤最重的是"塞德利茨"号，它于 5 时 6 分被"巴勒姆"号或"勇士"号的一枚炮弹击中。"炮塔和艏楼甲板之间的外舷板被炸开了一个 $10 \times 13$ 英尺的大洞，瞬间就涌入了大量海水。这部分舰体另外还被 4 枚 15 英寸炮弹击中，前部装甲甲板上方的舱室全部进水。'塞德利茨'号的舰艏吃水量逐渐增加，到 5 月 31 日晚上 9 时，侧舷的弹洞已经非常接近水线，如果'塞德利茨'号舰艏继续下沉，海水将逐渐进入舰艉方向的舱室，并通过电缆孔、传声筒、通风道和舱门向下方泄漏。虽然'塞德利茨'号此前曾被鱼雷击中，但正是 5 时 6 分命中的那枚炮弹几乎导致了它的沉没。"John Campbell, *Queen Elizabeth Call* (London, 1972), p.28.

67. 科贝特和海军部的《评论》给出的距离是 14000 码，查默斯说距离是 15000 码，但是我选择了哈珀在《日德兰海战记录》（伦敦，1927 年）第 24 页的数据。贝蒂的作战报告称，北向战斗中，双方战列巡洋舰队之间的距离为大约 14000 码。在他担任第一海务大臣时，造成了他和正在撰写海战报告的哈珀之间的主要矛盾。哈珀收集的所有证据，都指向双方的距离是 14000 码至 19000 码，平均距离为 16000 码。贝蒂为此恼羞成怒，坚称他当时将距离保持在 14000 码，他甚至直接下令，要求哈珀采用这一数据。海军上校 H. C. B. 皮蓬与作者的通信及谈话，1963 年 7 月 25 日，8 月 20 日。皮蓬是与哈珀一起编纂报告的三位军官之一，这些故事都是哈珀亲自讲述给他的。因为不愿意将太多精力投入到这一不甚重要的数据上，哈珀做了一些妥协。他在自己的报告中引用了贝蒂的距离数据，并将战列巡洋舰队于 5 时 12 分停火的原因归于"敌舰难以辨别"。但是他将 5 时 40 分之后的距离定为 17000 码和 16000 码（哈珀的《记录》，23—24 页）。可以认为，贝蒂不会容忍有人批评他没有向敌人靠近到更具决定性的距离。但即使真是如此，也很难理解他的立场。他英勇过人的指挥已毋庸置疑。此外，靠近敌人显然是愚蠢之举：他 4 艘战列巡洋舰中的 3 艘，都已在前一个小时的战斗中被重创，如果其中有任何一艘再次受创而减速，势必被后方紧追的德军战列巡洋舰击沉，而且最重要的是，己方主力舰队就在他前方不远处。

68. *Der Krieg in der Nordsee*, v. 280.

69. 海军上将马格努斯·冯·莱韦措致鲁道夫·海斯（Rudolf Hess），1936 年 8 月 10 日；*Levetzow Papers*，German Ministry of Marine MSS。战斗结束后，提尔皮茨曾问："如果海军少将贝恩克不是折向东方，而是继续向北前进，会发生什么情况？因为战列舰队的前卫分队不能被敌人抢占 T 字有利阵位，而且右舷方向的射界不能受阻，所以要引导巡洋舰和驱逐舰从右舷舰艏转移至左舷舰艏，针对这种可能性的战术方针是什么？"提尔皮茨致海军中校施布（Scheibe，"冯·德·坦恩"号），1916 年 7 月 13 日；*Tirpitz Papers*，German Ministry of Marine MSS。让贝恩克向左舷转向是一个新的战术思想！当然，所有假设都没有太大意义——除了假设杰利科转向 16 罗经点，不管是蓝色信号还是 9 号信号。但是，因为希佩尔已经向右舷转向，贝恩克向左转向将会造成巨大的混乱。

70. 贝蒂并没有掉入杰利科一年前曾经警告过他的陷阱。杰利科曾写道（1915 年 3 月 23 日）："我可以想象，德国人早晚会把它们的战列巡洋舰当做诱饵……将你引向公海舰队……你可能会距我 100 英里开外，他们知道，一旦诱骗你投入追击，就可以引诱你在没有我的有效支援的情况下深入赫尔戈兰湾……德国人还可能从情报中了解和你的战术，对你惯常的'一旦把握机会就决不让它溜走'的风格加以利用，当然这是你的天赋。因此我在这里……提醒你可能出现的复杂局面……当然，总体上就是出现的机会是否值得把握的问题，这只有在现场的人才能决定。如果局势看起来值得尝试，那么就可以冒险。否则，不管多么遗憾，我想我们的职责都是小心为上。"Beatty MSS.

71. Campbell, "The Battle of Jutland". 哥德弗里的数字是贝蒂舰队和埃文－托马斯中队分别中弹 9 次和 18 次，共计 27 次；德国主力舰被击中 25 次（希佩尔 21 次，舍尔 4 次）。迪尤尔的数字为 25 次（贝蒂 6 次，埃文－托马斯 19 次）和 20 次（希佩尔 16 次，其中 11 次来自第 5 战列舰中队；舍尔 4 次，全为埃文－托马斯中队所取得。）。

72. Jellicoe, "The Admiralty Narrative of the Battle of Jutland".

73. Chatfield, "Some Remarks on Certain Paragraphs".

74. Anon, "The Truth about Harper".

75. 见前文，26 页。

76. Jellicoe, "The Grand Fleet and Jutland".

77. 我在这里不得不提到著名的瓦尔特·科万。有一次"大公主"号正在朴次茅斯维修，所有人都离舰休假，他却和一位朋友跑到了法国前线。他就喜欢当靶子的感觉。更多可见 Captain Kenneth Langmaid, *The Blind Eye* (London, 1972), p.41.

## 第三章 战列舰队的战斗

1. Jellicoe, "The Grand Fleet and Jutland". 战列巡洋舰"兴登堡"号尚未完工，"阿尔伯特国王"号正在船坞中修理它的冷凝器，"巴伐利亚"号刚刚于 3 月建成，仍然在波罗的海进行海试和训练。但是海军部（基于海军情报处的情报）认为这 3 艘军舰都处于备战状态，并在杰利科离开斯卡帕湾前向他进行了通报。也就是说，杰利科预计中的公海舰队比实际多出至少两艘无畏舰和一艘战列巡洋舰。"当得知与我战列巡洋舰队交战的德国第 1 侦察群只有 5 艘战列巡洋舰时，我们认为第 6 艘战列巡洋舰可能加入了公海舰队"。他还认为，由希腊订购，自 1913 年开始建造的战列巡洋舰"萨拉米斯"号（Salamis，8 门 14 英寸主炮）已经完工并被德国海军接收，加入了公海舰队。实际上，该舰虽然于 1914 年 11 月下水，但从未完工。杰利科致科贝特，1922 年 6 月 19 日，以及附录，"Remarks on Phases I, II and III, Jutland Chapter, Vol. III",Cabinet Office, Corbett MSS; *Jellicoe,* "Appendix, Chapter I"，为他计划中的《大舰队，1914—1916》（1922 年）第二版所作，Jellicoe MSS。四篇附录（为第 1、2、3、5 章的评论）均为杰利科在新西兰所作。这些附录从未付诸印刷，因为《大舰队》的第二版未能出版。Jellicoe MSS 中数个版本的附录，被汇集在 Cabinet MSS 中。克拉克则声称，"已经知道德军战舰的确切数量和舰名……" Clarke, "Notes on My Comments on Books about Jutland", 6 Feb. 1959; Roskill MSS. 如果这是真的，那就意味着情报从未离开过第 40 室，或者作战处未将情报发送给杰利科。

2. 杰利科致杰克逊，1916 年 6 月 5 日；Jackson MSS。这样造成的后果影响深远。Jellicoe,

"Appendix, Chapter I"，描述了敌情报告问题的细节。

3. 即使是第 2 巡洋舰中队也令他失望，虽然这也不完全是该中队的错误。"南安普敦"号于 5 时和 5 时 40 分发出的情报，本可以起到重大作用，但它在推算（大致）位置时出现了错误。该舰在 5 时 50 分错误地报告德国战列巡洋舰位于公海舰队主力的西南方向，这让杰利科"非常不解"。在"狮"号前方的"加拉提"号于 5 时 35 分发现了希佩尔的主力舰只，但它没有发出任何报告。

4. "切斯特"号上的信号长认为，军舰未能发出任何敌情报告，"可能"是因为舰长"完全专注于如何让军舰从危局中脱身，以及舰上的通信设备被敌火损坏"。海军中校 W. M. 菲普斯·霍恩比致作者，1966 年 7 月 12 日。

5. "法尔茅斯"号试图向"黑王子"号通报战列巡洋舰之间战斗的信息："战列巡洋舰在我南偏西南方向交战。"（5 时 36 分）。随后"黑王子"号向杰利科报告（5 时 42 分）："敌战列舰在南方 5 英里处……"但是杰利科并未相信。他*知道*这些军舰肯定是贝蒂的战列巡洋舰。

6. 证明就是日德兰海战时，大舰队的主力舰和巡洋舰（或者其中的大部分）都安装了斯派里（Sperry）陀螺罗盘，这种陀螺仪原理的导航设备与磁罗盘都是当时技术创新的产物，但是它们因可靠性问题并未得到普遍应用。陀螺仪可能会因电力中断而失效，或者因为炮火的震动"而被抛离平台"。这些问题非常明显，可以被立即发现，但是还有可能出现不容易觉察的误差，以至于即使出现问题人们也意识不到应该使用磁罗盘代替它工作。（如果陀螺"脱离平台"，重新安装需要 2 至 4 个小时。）总之，长时间炮战可能对战列巡洋舰队的陀螺罗盘产生干扰。

7. Jellicoe, "Appendix, Chapter I".

8. 杰利科致贝蒂，1916 年 6 月 4 日、13 日；Beatty MSS。

9. Sir Julian S. Corbett (vols. i–iii.) and Sir Henry Newbolt (vols. iv–v.), *History of the Great War. Naval Operations* (London, 1920–1931), iii (rev. ed.,1949), p.361.

10. Jellicoe, *The Grand Fleet*，pp.348–349. 下文中杰利科的观点同见 *The Grand Fleet*, pp. 344, 349–350，另可见 Dreyer, *The Sea Heritage*, pp.129, 145，有关能见度的内容。

11. *Naval Staff Appreciation*, pp.81, 85.

12. 同前。笔者承认，在"马尔博罗"分队将面临敌人的炮火，风险"未经仔细推测，但以后来的战况看并不算太大"一句中，"以后来的战况看"显然是事后聪明！而敌驱逐舰的态势当然也是事后才知道的。

13. 斯特迪致亨利·纽博尔特，1924 年 3 月；Sturdee MSS。

14. Corbett, *Naval Operations* ,iii. 362. 第二次世界大战中英国最伟大的海军将领，海军元帅坎宁安爵士，于 1963 年去世前不久写道："我希望我也能得到足够的灵感，做出和 J. J. 同样的展开机动。"

15. Jellicoe, *The Grand Fleet and Jutland*. 倾斜信号机动是一种非等速展开方式，杰利科之所以没有采用，是因为它耗时太长，而德军舰队又近在咫尺。向左展开的命令是等速机动信号。也就是说，若实施倾斜信号机动，以"铁公爵"号纵队为基准展开需要很长时间，因为左翼纵队只有 1 至 2 节的速度优势来前出到舰队前方。很明显，杰利科不想通过减速来加快完成展开机动。见 Dreyer, *The Sea Heritage*, pp.160-161，有各种可能展开方式的示意图。

16. 斯特迪致纽博尔特，1924 年 3 月。

17. Jellicoe, "Appendix, Chapter I".

18. 参 见：Jellicoe, *The Grand Fleet*, p.355；Dreyer, *The Sea Heritage*, p.145；Harper, *The Truth about Jutland*, p.22；以及 *Jutland Despatches*。每一艘战列舰的报告，以及舰队所有射击记录都提到能见度很差。在展开机动和双方第一交火的过程中，"巨像"号（第 1 战列舰中队）的副炮术长从观测塔上能看到的就是："一艘'赫尔戈兰'级战列舰清晰地从雾中现身了大约半分钟，余下的时间里，几乎看不到任何敌舰。"海战后第二天，海军上尉福特·汉米尔（Ford Hammil）的评论；文件为海军上校汉米尔拥有。当晚某个时刻，"壮丽"号（第 4 战列舰中队）上的海军中将杜夫写道："我个人的印象是，（由于雾霭）视野非常朦胧。我从未看到敌人的全部战列线，而且我个人只清楚地观察到两艘敌舰。"日记，1916 年 5 月 31 日。白天的战斗中，位于司令塔最上方的"铁公爵"号的鱼雷长，只看到了"吕措夫"号和另一艘战列舰。海军上校 E. W. 麦基琴（E. W. Mackichan）致作者，1967 年 4 月 14 日。

19. 海军上将布雷克致作者，1963 年 8 月 15 日。杰利科也确认了此事。"我从未同时看见过超过 4 艘军舰，而且当我看见它们时，也确实命令'铁公爵'号暂停射击几分钟，因为当时的光线和总体情况非常复杂，我无法确认看见的是否是我们自己的战列巡洋舰。"Jellicoe, "Remarks on Phases I, II and III, Jutland Chapter, Vol. iii".

20. 杰利科致贝尔福，1916 年 6 月 4 日；Balfour MSS。

21. Dreyer, *The Sea Heritage*, pp.146-147.

22. 并不仅仅是战列巡洋舰。杰利科的参谋长，海军上将查尔斯·麦登，在1934年告诉海军战术学校（德雷尔的报告），"由于缺乏我方前出力量的信息，杰利科的战列线首部出现了拥挤现象，我方轻型舰艇部队未处在能够投入作战的位置，它们一直未能与我们的舰队拉开距离。"同前，169页。斜体为德雷尔所加。一位参战的年轻军官说，有"一大群可怜的轻巡洋舰和驱逐舰，'乱糟糟地'横在主力舰队前方，拥堵得就像皮卡迪利大街一样"。

23. 一个在海军中广泛流传的故事中，埃文－托马斯决定让"厌战"号脱离编队返航，是因为舰长菲尔普茨报告军舰已经无法战斗。但是没有文件能够证实或反驳这一说法。

24. 查特菲尔德在一次观摩海军战术学校日德兰海战演示时做出的评论，1938年7月29日；Chatfield MSS。另外可见他的 The Navy and Defence，第145—146页。还有一种可能性——阿布思诺特的机动是自我牺牲行为，他已经知道敌人的重型舰艇正在接近，"实施这一极其大胆的机动可达到两个目的，掩护正在他的北方进行的英军战列舰队展开机动，以及使用鱼雷攻击德军战列舰"。"他可能期望，英军战列舰队即将开始对敌开火，并且担心战列舰在展开过程中会遭到德军雷击舰的攻击。他的举动意义非凡，也无愧于他在舰队中'推进器'的称号。他以前也经常提到对德舰发动鱼雷攻击。如果这是他的意图，只能慨叹他的勇敢行动未能达到目的。因为杰利科爵士的展开机动，造就了一条连绵巨大的战列线，并使战列舰队远离了德舰，英军战列舰队从开始展开到能够发扬火力同样用时良久。" "Jutland Hero: Story of Fearless Admiral", South Wales Argus, 13 Oct. 1920. 作者可能是海军上校（后来成为海军上将）亨利·布莱基特（Henry Blackett），他在日德兰海战中指挥"爱丁堡公爵"号，它也是阿布思诺特中队唯一幸存下来的巡洋舰。

25. 海军少将 W. S. 查默斯和海军中校 W. M. 菲普斯·霍恩比致作者，1963年5月4日，1970年3月8日。

26. 哈密尔顿日记，1916年6月7日；Hamilton MSS。

27. 杜夫夫人致作者，1959年6月24日，经海军上将杜夫授权（日德兰海战时杜夫为海军少将，指挥第4战列舰中队，旗舰为"壮丽"号），他在战争结束数年后讲述了这一故事。"我能看出来他非常动情，他再也没有提到过那一场景。""无敌"号肯定是杜夫想起的军舰之一，因为"壮丽"号的报告提到，曾在下午7时经过它的残骸。但是海军少将丹雷泽认为，水面漂浮的大量个人物品袋、吊床等，从一艘战列舰的甲板上看，很容易被误认为人体。海军少将丹雷泽致作者，1963年1月11日。

28. 海军上将布雷克致作者，1963 年 8 月 15 日。

29. Campbell, "The Battle of Jutland". 哥德弗里认为英舰被击中 36 次，其中 33 次集中在"厌战"号、"无敌"号、"勇士"号和"防御"号上。德舰主力舰被击中 22 次（12 次来自英军战列巡洋舰，10 次来自杰利科的战列舰）。迪尤尔只提供了德方被命中的次数：共计 20 次。

30. Lieutenant E. J. P. Brind, "Summary of Notes made immediately after the Action of 31st May, 1916"; Fawcett and Hooper, *The Fighting of Jutland*, p.125.（前一份文献的作者后来成为海军上将帕特里克爵士。）第 1 轻巡洋舰中队的指挥官也描述了当时的场景："……两支舰队前方轻型舰艇之间的混战确实难得一见，双方都在发射大口径炮弹，四处都掀起巨大的水柱，每艘军舰都在左右闪躲以避免相撞，实际上，这让我们想起了在女王大街上举办阅舰式，只看到军舰，看不见海水。"亚历山大·辛克莱尔致海军上将亚瑟·摩尔爵士，1916 年 6 月 24；E. Marjorie Moore, *Adventure in the Royal Navy: The Life and Letter of Admiral Sir Arthur William Moor* (Liverpool, 1964), p.200。

31. 对他来说不幸的是，直到 6 时 25 分，他才收到来自第 5 驱逐舰支队的报告："对驱逐舰'游牧民'号被俘人员的审讯[1]表明，附近有大约 60 艘大型军舰，包括 20 艘新型战列舰和 6 艘战列巡洋舰。"舍尔的战争日记。这一报告，可能对舍尔在 6 时 33 分向舰队发出向右舷转向 16 罗经点的命令起了决定性作用。

32. W.F. Clarke, "Jutland", n.d.; Roskill MSS. 克拉克未出版的评论主要参考了德方资料，而且"主要描述了德军舰队在意图、行动和损失方面的细节"。

33. 因为正处于激烈交战中的舰艇可能脱离阵位，也可能拥堵在一起，如果同时转向，很可能发生相撞事故，而在"战斗回转"命令中后卫舰艇会同时转向，但每艘军舰必须看到紧随其后的友舰开始转向后才能转舵。这样当然会增加相邻军舰之间的距离，不过为安全起见，这是必要的，但战列线也会因此而拉长，造成诸多不利影响——德军战列线中，相邻军舰的距离为 3.5 链，本来就大于英国海军的 2.5 链。[2]杰利科一直预计德国会采用这种机动方式，因为他从战争初期缴获的德国海军信号手册中得知，公海舰队对此机动进行了大量演练。见 The Grand Fleet 第 404—405 页。科贝特也认为，这是德国海军经常演练的机动之一，而且他们意图不论何时，只要遭遇英国优势

① 该舰在战列巡洋舰的战斗阶段'被打成瑞士奶酪一般'，于大约 5 时 25 分沉没；幸存者在一小时后被一艘德军雷击舰救起。
② 距离以两舰中心的间隔为计，所以实际两舰之间的水面距离更近。

力量、需要脱离接触，就使用这一机动。*Naval Operations*，第三卷，369 页。但是，德国官方史否认这是公海舰队在投入战斗前预先考虑的主要机动方式。"实际上，德国的作战计划无异于英国的计划，即舰艇中队在遭遇敌人时，如有可能，要从大宽度的预备阵型展开成单战列线，使所有火炮可以同时指向位于侧舷方向的敌人。日德兰海战中出现的那种不利局面下，实施这种机动已无可能，海军上将舍尔在危急关头，能做出的只能是全体转向 16 罗经点，这也是为应对各种战斗态势所作的诸多机动演练之一。他并没有利用这一机动尽可能迅速地脱离战斗，而是藉此在更有利的战术条件下立即重新投入战斗。"*Der Krieg in der Nordsee*，v. 300-301.

34. "伯尼本可以在 6 时 40 分报告敌人的转向。根据报告，他显然看到了这一幕。他没有报告的原因，可能是他认为我也看到了。"Jellicoe, "Errors Made in Jutland Battle".

35. Dreyer, *The Sea Heritage*, p.132，引自杰利科的 "The Admiralty Narrative of the Battle of Jutland"。杰利科在展开过程中，只看到了"国王"号和德军战列线中的其他一两艘军舰（约 6 时 30 分），这也是整个战斗中，他看到的最多数量敌舰。在"铁公爵"号司令塔中的德雷尔，确实看到了"国王"号的转向，但他并没有向舰桥上的杰利科报告。他正专注于自己的职责，密切注视着火炮的齐射情况，没有意识到杰利科可能未看到他看到的情况。同前，168 页。"铁公爵"号的火控通信站在 6 时 37 分记录了一次大角度转向；"敌人 a/c（转向）14 罗经点并消失在雾中。"*Jutland Despatches*, p.55. 虽然此事没有向杰利科汇报。但哥德弗里反问道："但是 TS（通信站）有什么理由，将前桅平台下传给他们的信息传递给舰桥呢？"信息有可能是从测距仪平台发来的——而不是前桅平台。

36. Corbett, *Naval Operations*, iii. 370-372. 科贝特指出，杰利科于 1914 年 10 月 30 日发布的那份著名备忘录中的主要原则，对他在日德兰中采用的战术影响甚微。[①] 杰利科有理由担心会出现 U 艇[②] 但备忘录的前提是德军会主动求战。由于杰利科的行动完全出乎德军的意料，他知道，敌人几乎没有机会提前预设水雷、潜艇，或者水雷－潜艇陷阱。无疑是出于以上分析[③]，杰利科也完全证实了科贝特的评论。"他对我在日德兰战场上心态的洞察力是无与伦比的，而且，他仅依靠官方文件就独立地做出了判断。"杰利科致雷金纳德·麦肯纳（曾任海军大臣），1922 年 12 月 2 日。对 *Naval Operations* 第三卷（第一版）的评论；Jellicoe MSS。杰利科本人

① 杰利科曾声称，他在 1914 年备忘录中考虑到的情况，与他在 1916 年 8 月 16 日重新编写备忘录时的考量非常相似。
② 英军在 5 月 31 日前，曾在北海上发现 U 艇，他的舰艇也在驶往预定海域的航程中报告发现了潜艇。
③ 杰利科本人也曾在与科贝特的通信中做出了分析，虽然他并没有试图去影响科贝特对海战的解读。

对展开机动后自己想法的简短评论，解释了他为何采取谨慎态度，没有转向迅速靠近公海舰队（德雷尔的 *The Sea Heritage*，132、134 页曾引用了他在 "The Admiralty Narrative of the Battle of Jutland" 中的评论），总结为三个原因：1. 当时的能见度为 12000 码，但光线"极度昏暗"——是敌人驱逐舰发动攻击的"理想条件"；2. 位于正在撤退的敌舰队后卫位置的轻巡洋舰，"极有可能"布下水雷；3. 敌人撤退的方向不明。"基于这些原因，更合理的行动是，在采取大规模的接敌机动前，继续向南偏东方向移动。"

37. 杰利科事后怀疑，自己是否等待了太长时间。"（我）可能应该在 6 时 45 分就逐渐将航向转向南方，而不是一直等到 6 时 55 分。直到 6 时 45 分，我方战列线的后卫舰只还在向敌人开火，但从得到的信息看，这实际上是我方舰艇在向'威斯巴登'号射击。如果我在 6 时 45 分转向南方，双方的接触就可能早于实际发生的那样。当舍尔于 6 时 56 分再次转向我方并靠近时，我方再次向其开火，舍尔当然会在面临我们强大火力时立即再次转向脱离。我推迟向南转向的原因是认为敌人被遮掩在渐浓的大雾中。我在海图室顶部，未能看见他转向，和我在一起的其他人也没有看到。" Jellicoe, "Errors Made in Jutland Battle".

38. Corbett, *Naval Operations*, iii. 372.

39. Chatfield, " Some Remarks on Certain Paragraphs".

40. Anon, "The Truth about Harper".

41. 对战列巡洋舰在舰队会战中的角色，见上文，14、27 页。

42. "Jellicoe, "The Admiralty Narrative of the Battle of Jutland". 有 关 这 一 事 件 可 参见章末的注解。

43. 同前。

44. Winston S. Churchill, *The World Crisis* (London, 1923-1931, 6 vols.), iii, 149. 他可能忘了，此时第 5 战列舰中队只有 3 艘，而不是 4 艘战列舰。

45. 哥德弗里的日德兰海战讲座。

46. Commodore G. von Schoultz, *With the British Battle Fleet* (London, 1925), p.258. 斯特迪在另外一个场合评论说："如果我在日德兰海战中处于侧翼位置，我将违背组成单条战列线的命令，率领我的中队迂回到敌人的另一侧……如果你想歼灭敌人，就必须用一张网罩住他。"坦南特的日德兰海战讲座。

47. 舍尔的主要原因摘自他 1916 年 7 月 4 日的文章 "Immediatberisht"; *Jutland Despatches*, p.594.

（全部文件收于同一资料，587—600 页。）有关"威斯巴登"号的考虑出现在报告中，也出现在舍尔的战争日记中。"我希望能帮助可怜的'威斯巴登'号"，他战后的评论中不再有刻薄的言辞，"而且那时我最好能够投入全部的战列巡洋舰力量。事情就这样发生了——像一名处女宣布她生了一个孩子一样。" *Memoirs of Ernst von Weizsäcker* (London,1951), p.33.（舍尔副官的回忆录。）魏兹泽克还在别处写道："炮火沉寂下来，而我们都为丢下那艘轻巡洋舰而悔恨不已，我们相信陷入困境的是'威斯巴登'号。这是可以理解的情感，虽然从战术角度看，再次转向 16 罗经点，冲向两军之间的空隙，投入一片混乱中，无疑将受到后来批评者的无情鞭挞。"来自他 6 月 6 日写下的几段战斗评论；魏兹泽克日记（我要为此感谢玛丽安·冯·魏兹泽克男爵夫人）。

48. 海军中校希洛利姆斯·科洛雷多－曼斯菲尔德（Hieronymus Colloredo-Mansfeld）男爵呈递舰队司令的报告，普拉，1916 年 6 月 17 日；NID087/19, Cabinet Office MSS。海军上校福斯特迈尔（Forstmeier）表达了这样的观点："他还没有尝试一下在战列舰队的对决中施展自己的威力就被迫脱离战斗。整个舰队都对他充满了信心，现在在所有官兵的注视下，他是率领他们孤注一掷，还是像他的前任们那样可耻地退却呢？舍尔在此关口说：'我不会以那种方式离开此地！'（So gehe ich hier nicht weg!）" Friedrich Forstmeier, "Zum Bild der Persönlichkeit des Admirals Reinhard Scheer (1863-1928)", *Marine Rundschau*, Apr. 1961. 福斯特迈尔本人对舍尔的决定的解释混合了这一因素和舍尔自己声称的主要理由："在第一次陷入 T 字不利阵位后，舍尔发现自己被迫后撤到一个忍无可忍的境地，这肯定使他异常愤怒。现在，到了彰显他的勇气和率领舰队脱离险境的时刻，因为他正在被大舰队追猎，而且归途也被切断，他认为在黑夜来临前，自己的唯一机会就是对敌人的战列线发动一次新的进攻，而驱逐舰和战列巡洋舰将担当先锋——虽然这是一场即便不算蛮勇，在战术上也不得当的进攻。但事实上公海舰队不是在第三次回转机动后得以向南逃脱吗？"海军上校福斯特迈尔致作者，1972 年 2 月 12 日。

49. Bacon, *Jellicoe*, p.277.

50. *Memoirs of Ernst von Weizsäcker*, p.32, Forstmeier, "Scheer". 舍尔的参谋长，海军上校冯·特罗塔十分开心地告诉奥地利海军武官，如果一位舰队司令在演习或图上作业时实施了这种机动，他将永远不会再被委以任何职务。从内容上看很明显指的是舍尔对英军舰队发动的两次冲击。

51. Scheer, "The Jutland Battle: the German Point of View". 他有关英军战列舰队位置的最新情报来自"毛奇"号发来的灯光信号，收到信号的时间是 6 时 45 分，"毛奇"号报告"敌人的前卫"在东偏南方向，而实际上英国舰队的前卫在东偏北方向。这里出现向南 3.5 英里的误差，但是也足够让双方航线不可避免地交汇了。如果舍尔采信了"毛奇"号的情报并以此绘制海图，"国王"号可能将在英军战列线的尾端通过——但只有 4 英里的距离，因此这也绝不是理想的情况。

52. Campbell, "The Battle of Jutland". 哥德弗里的数据显示英方被击中 2 次，德方被击中 27 次，其中 19 次命中了战列巡洋舰。迪尤尔的数据是德方被击中 23 次，其中 16 次击中了战列巡洋舰。

53. *Der Krieg in der Nordsee*, v. 319. 命令由信号旗发出。命令同时还以无线电发出，但接收方为"全体舰队"，无线电信号手册与旗语信号手册在"编组"上有所不同，所以电文的字面意义也稍有区别："战列巡洋舰，向敌人转向，抵近射击！前进！"（Grosse Kreuzer Gefechtswendung rein in den Feind! Ran!）同前，530 页。

54. 英国海军学院的所有讲座中都强调了这次以转向来规避鱼雷攻击的战术，但这一战术的效果被高估了。7 时 22 分和 7 时 35 分之间，各中队与敌驱逐舰之间增加的距离如下：第 2 战列舰中队（杰拉姆），1200 码；第 4 战列舰中队（斯特迪），2800 码；第 1 战列舰中队（伯尼），3800 码。转向对前卫舰只的效果不明显。这主要是因为杰拉姆预计杰利科会在大约 7 分钟后命令恢复原航向，所以他看到鱼雷攻击没有威胁到舰队的前卫分队后，于 7 时 28 分重新转向南方。对后方两个中队效果明显，是因为各舰都自行采取了规避机动。对这两个中队来说，无论如何都会拉大与敌人的距离，因为杰利科于 7 时 10 分命令第 1 战列舰中队占据第 4 战列舰中队后方的阵位。当转向命令发出时，伯尼（"马尔博罗"号）率领的第 1 战列舰中队的一个分队正在实施 7 时 10 分命令中的机动。

55. Corbett, *Naval Operations*, iii. 382. 杰利科也在战后证实了当时的场面："可以代替背敌转向的是面敌转向，或者在保持航向的同时规避鱼雷。如果第一次鱼雷攻击后又相继有第二次和第三次攻击，面敌转向就会造成巨大的危险，没人能说这不可能发生。如果能发现鱼雷航迹，保持航向规避鱼雷就可能成功。我事先接到的情报称德军已经能在一定程度上让鱼雷隐蔽航行。因此这样机动是危险的。所以当时采用了背敌机动。" Jellicoe, "Errors Made in Jutland Battle".

56. 海军上将德拉克斯致作者，1960 年 4 月 28 日。

57. 日记，1916 年 6 月 22 日；Duff MSS。当敌人对战列舰队发动鱼雷攻击时，"预备"信号旗指示战列舰以小队为单位分别背敌转向，代表转向罗经点的数字信号旗则会紧接着"预备"信号旗挂起（GFBO，第九章，第 1 段）。杜夫的批评乍听起来极为合理。战列舰队以分队为单位，每 4 艘为一纵队前进，此时遭到敌人驱逐舰的鱼雷攻击，是一种非常微妙的情况，杰利科还从来没有想过这种情况下该怎么办。杜夫在日德兰海战前却有完全不同的想法——他们决不能被

"引向任何明显的陷阱"。当敌人处于英军舰队和他的基地之间转向脱离时，聪明的做法是"中断战斗，转向脱离"，"当然一个内心强大的人会跟随目视距离内的敌人转向，但对一个明智的指挥官来说，这样做的风险太大，因为几乎可以确定他的很多舰艇会被敌人主力舰、驱逐舰和潜艇发射的鱼雷击中。"日记，1915 年 6 月 11 日。

58. 斯特迪致纽博尔特，1924 年 3 月；有关伯尼的态度，见 Sir Shane Leslie, *Long Shadows* (London，1966), p.214。莱斯利在给我信中称，告诉他这一故事的是斯特迪海军元帅的儿子。

59. 日记，1917 年 3 月 7 日；Arther J.Marder, *Portrait of an Admiral: the Life and Papers of Sir Herbert Richmond*。

60. 罗斯基尔未出版的讲座，"The Role of Maritime Forces: Lessons of World War I and II"。他还谈到除了这次转向机动外，大舰队当时的低航速也是杰利科的过错。对航速的批评这里可以作一解释。杰利科在舰队展开后就将航速降为 17 节[1]，7 时 20 分又降至 15 节。这并非怯懦的表现。这是根据早先以分队为单位转向来估计敌人位置的结果（6 时 44 分，6 时 55 分），因为转向造成先导分队（第 2 战列舰中队的第 1、第 2 分队）在新的战斗航向上出现了重叠。杰利科已经命令他们在旗舰前方组成战列线（7 时 16 分）。为了让这两个分队占领前方阵位，在它们向前疾驶时杰利科命令舰队减速至 15 节。几分钟后为规避鱼雷做出的转向机动使情况更为复杂，但杰利科没有增速，而是需要保持航速，因为 7 时 36 分他命令全体舰队组成单战列线。当战列线在 8 时组成完毕后，舰队才再次达到 17 节航速。当然，如果杰利科知道德国人已经转向脱离，而他又决心不顾鱼雷攻击从后追赶的话，他可能不会转向，而是命令增速至 21 节（最高航速），并希望一切顺利，不过战列线中可能会出现一些混乱。

61. 在《世界危机》第三卷第 153 页中，丘吉尔再次提到杰利科应使用分队战术。丘吉尔用他的海图证明，当舍尔在 7 时 18 分实施第二次战斗回转时，"对英军舰队来说，一种非常简单的战术是让第 5 战列舰中队引领右侧各分队，使敌人处于两支英国分舰队的夹击之中"。杰利科发现这一建议和丘吉尔之前提出的建议一样荒谬。"我必须再次提醒丘吉尔，这张海图显示的位置及舍尔的运动和当时的情况完全不同。我倒希望真是这样……和敌人在 6 时 35 分做出的转向机动类似，我不知道海军上将舍尔已经转向撤退了。即使我知道，并且决定不顾鱼雷的，以及任何临时布设的水雷的威胁，也没有必要将舰队分开。我只需要带领全体舰队尾随敌人向

---

[1] 比战列舰的设计航速低 4 节，我猜测这是为了在舰队以分队为单位机动时更容易操控。

西，并努力超越它们，而第 5 战列舰中队当时——正如丘吉尔先生的海图显示的那样——与敌人的距离比第 1 战列舰中队还远，它们肯定不能作为先导分队使用……丘吉尔先生在海军战术领域的自学和兴趣恐怕并未将他引向成功。"Jellicoe, "The Grand Fleet and Jutland".

62. 见上文，62 页。

63. Bacon, *Jellicoe*, p.301. 如果以德雷尔简化了的估算，这些驱逐舰支队发动攻击之后，德军舰队还有 180 枚鱼雷。"如果杰利科保持航向或面敌转向，这 180 枚鱼雷中的大多数就可能发射出去，击中他的舰艇或者穿越战列线。"Dreyer, *The Sea Heritage*, p.180.

64. 他并没有说明这种机动被军官们接受的程度。在一次高级军官会议上，杰利科向军官们介绍了遭受驱逐舰攻击时的背敌转向命令，据说他当时宣布："好吧，先生们，这就是我的决定——对不得不实施这种机动的指挥官我只能表示同情。"坦南特的日德兰海战讲座。任何人都可以做出英勇无畏的举动，但明知会招致批评却毅然为之则需要特别的胆魄和勇气。

65. Jellicoe, *The Grand Fleet*, pp.361–362. 在海战中遇到对方的鱼雷攻击时，双方都采用背敌转向机动（贝蒂在多格尔沙洲海战中也是如此）。杰利科在 "The Admiralty Narrative of the Battle of Jutland" 和 "Chapter III Appendix" 中列举了这些战例。德雷尔则引用了这些例子，见 *The Sea Heritage* 第 181—182 页。

66. Bacon, *Jellicoe*, pp.314–315. 德雷尔也有几乎相同的结论。"但是在背敌转向中，敌人也许会向我们发射 150 枚鱼雷，这些鱼雷可能会抵达我们的战列线，并且导致有 5、6 艘主力舰被击沉。"Dreyer, *The Sea Heritage*, p.152. 海军中校菲普斯·霍恩比回忆，1921 年在'弗农'号上接受鱼雷长训练课程时，他看到了一幅根据当时的记录绘制的示意图。"示意图显示德国鱼雷并不是以固定间距发射的——对他们来说是一种不幸——而是在军舰之间'成群地'划过。如果鱼雷之间有一定间距，可能获得更多命中。" 海军中校菲普斯·霍恩比致作者，1966 年 7 月 12 日

67. Jellicoe, "The Grand Fleet and Jutland". 他还在别处写道："战前没有就此问题进行详细研究的确非常遗憾，但是试验需要在远距离上对军舰发射大量鱼雷，可能会损失很多鱼雷，高昂的费用和鱼雷库存量的减少都是需要考虑的问题。（我们在）战后就使用剩余的鱼雷进行了大量试验。"Jellicoe, "Chapter III Appendix".

68. 在第二次世界大战中，普遍接受的对抗大规模鱼雷攻击的战术就是转向鱼雷来袭方向。另一方面，第一次世界大战后使用军舰进行了大量背敌和面敌转向试验，发现在面对组织

完善的攻击时，这两种方式都不能完全使军舰脱离危险，而指望军舰自身利用机动规避鱼雷也是完全徒劳的。

69. Admiral Reginald Bacon and Francis E. McMurtrie, *Modern Naval Strategy* (London, 1940), p.87. 查特菲尔德爵士在战列巡洋舰上看到战列舰队转向时也感到非常失望，并写下了类似的感言：“大部分有经验的指挥官都可能像约翰·杰利科爵士那样行事。全世界都要倚仗他，而他发现自己突然处在前所未遇的境地，能见度太低，夜幕降临，他并不想承担巨大的风险。”Chatfield, *The Navy and Defence*, p.148.

70. 它们仍能以高速航行，不过可能达不到最高设计航速。“战列巡洋舰和第 3 战列舰中队的先导舰只肯定在这一阶段的战斗中受到了重创——但尽管如此它们似乎仍可以保持在战列线中的位置，并且能在夜间需要时以高速航行……（它们）的发动机的效率只略有下降……”*Der Krieg in der Nordsee*, v. 332–333.

71. Jellicoe, "Appendix, Chapter II".

72. “我不记得我向西转向到底是收到贝蒂报告的结果，抑或我内心想要与敌人再次接触的本能使然。” Jellicoe, "A Few Remarks on Capt. Ramsay`s Lecture"; Godfrey MSS.

73. Anon,"The Truth about Harper".

74. Chatfield, "Some Remarks on Certain Paragraphs". 似乎从 7 时 30 分至 7 时 40 分，“国王乔治五世”号在“狮”号的左舷，但航向与其差 4 个罗经点，但是到 7 时 45 分，该舰又向右转向 6 个罗经点（到了“狮”号右舷，航向与其差 2 个罗经点，它是在执行杰利科于 7 时 40 分下达给战列舰队的命令），随即成了战列舰队的先导舰。所以查特菲尔德的评论肯定指的是 7 时 42 分以前的态势。一两分钟后他就会看到“国王乔治五世”号开始转向了。

75. 海军上将德拉克斯致作者，1963 年 6 月 27 日。

76. 这里需要注明，“铁公爵”号收到信号和无线电报的时间并非杰利科看到它们的时间。翻译电码，以及将电文抄送至舰桥有时要花很长时间。

77. Jellicoe, "The Grand Fleet and Jutland".

78. 海军少将 A. R. W. 伍兹阁下致海军上将雷金纳德·培根爵士，日期不明（1935 年？　）；Jellicoe MSS. 命令下达于 8 时 10 分，信号发出的时间是 8 时 14 分，但是“国王乔治五世”号舰志记录的接收时间为 8 时 7 分。

79. Chatfield, "Some Remarks on Certain Paragraphs".

80. 也就是说，军舰的航速至少要达到 25 节。日记，1919 年 11 月 29 日；Frewen MSS。当时弗鲁文刚刚与杰利科进行了一次交谈。

81. 雷金纳德·麦肯纳致杰利科（后者当时在新西兰任总督），1921 年 1 月 19 日；Jellicoe MSS。杰利科告诉弗鲁文他当时对此并没有多想。"他平静地说，'事实上，我认为这是以下犯上'。"日记，1919 年 11 月 29 日；Frewen MSS。关于贝蒂的想法可见前文海军上将德拉克斯的报告。

82. 我采用了传统的叙述方法。Nordsee 中称德军前无畏舰当时发射了 23 枚 11 英寸炮弹。但是坎贝尔在他的日德兰海战文章中对此表示怀疑。"军舰的报告明确显示他们没有看过。这些炮弹是第二天早上在一场慌乱中对他们想象中的潜艇发射的。"因此我并不采信这个说法。

83. 1938 年战术学校的《评论》（Chatfield MSS），这是我描述整个事件的依据。当发现敌舰时（大约 8 时 45 分），"国王乔治五世"号位于前桅火控指挥仪平台的火控军官询问 A 炮塔指挥官，海军中尉 R. L. B. 坎利夫（R. L. B. Cunliffe），他认为自己看到的是什么军舰。他立即回答："德军战列舰，因为我能看见小艇吊臂。"这些吊臂是德军重型舰艇最鲜明的特征。但他的意见没有被接受。当时的光线对英方有利，"在那个距离上我们应该能给德军第 1 战列舰中队以沉重打击。"海军上校坎利夫致作者，1976 年 3 月 25 日。

84. 杰利科后来承认，当位于他右舷舰艏方向的"酒神"号（Comus，第 4 轻巡洋舰中队）在 8 时 38 分向他报告，它正在"向西方的敌人战列舰队开火"时，就应该靠近敌人的战列舰队。[第 4 轻巡洋舰中队第 1 分队的"卡利俄佩"号（Calliope）、"酒神"号和"康斯坦斯"号攻击了德军战列线，它们靠近到距离德舰 6000 码处并发射了鱼雷。] "如果我这样做就可以在敌人转向之前向其发射几轮齐射。我被前方我们战列巡洋舰的炮火误导了，它们正在向西北方向的敌舰开火，而我则认为敌舰在西方。" Jellicoe, "Errors Made in Jutland Battle". 他的意思是如果他"转向的角度更靠近西方（战列舰队当时正在向西南方向航行），就可以更接近敌人"，"他可能会从整个公海舰队的尾部通过"。 Jellicoe, "The Admiralty Narrative of the Battle of Jutland". 当他听到敌人的战列舰正在向轻巡洋舰开火时，"他确信我们完蛋了，他甚至转过身去不忍观看"。弗鲁文的日记，1916 年 6 月 9 日（Frewen MSS），称杰利科在战斗结束几天后来到"卡利俄佩"号上，将当时的情形告诉该舰的军官。幸运的是，德军只使用副炮对该中队射击。"卡利俄佩"号身中 5 弹，但仅有 10 人阵亡。

85. 杰利科致夫人，1916 年 6 月 7 日；信件由已故的杰利科伯爵夫人所有。

86. 海军中校拉尔夫·西默尔（时任贝蒂的副秘书）致哈珀，1919 年 12 月 18 日；Harper

and Beatty MSS。

87. 贝蒂给海军助理参谋长的备忘录，1919 年 12 月 22 日。哈珀毫不留情的评论是："任何战术家写下最后那一句话都是不可思议的。任何对舰队战术有基本了解的人都不会同意……如果'狮'号转向 32 罗经点，那么它将在开始转向后 11 分钟回到转向前的位置；如果它先后向右舷和左舷转向 16 罗经点，在同样的时间内，它的位置将偏西约 2000 码，也就是说比转向前更靠近敌人。" Harper, "Facts Dealing with the Compilation of the Official Record of the Battle of Jutland and the Reason It Was Not Published"; Harper MSS. 这一著名文件的全部文本（以及经哈珀少量修正的贝蒂的 12 月 22 日备忘录）可见 A. Temple Patterson (ed.), *The Jellicoe Papers* (London，1966−1968, 2vols), ii.461−485。

88. *Admiral Chalmers's memorandum*, "Some Recollections of Plotting Information in the Battle of Jutland", 25 Oct . 1957; Roskill MSS. 这里还有"新西兰"号航海长的声明："战斗结束后就出现了对 32 罗经点转向的争议。海战后一周，"狮"号航海长，海军上校斯特拉特与我面见时间，我有没有遇到和他的遭遇类似的情况——像那样将一次 32 罗经点转向绘入海图，但是司令官不允许这么做，并让他的助手查默斯对'狮'号的轨迹做了修改。斯特拉特，查默斯二人都和我发生了争论，说那的确是 32 罗经点转向，但是司令官始终拒绝他们的说法！"海军中校 K. E. L. 克雷顿（K. E. L. Creighton）致哈珀，1919 年 11 月 12 日；Harper MSS. 科贝特使用了哈珀的海图，显示了 32 罗经点转向，杰利科也发现这一机动的证据是"确凿的"。Jellicoe, "The Admiralty Narrative of the Battle of Jutland".

89. "Some Recollections of Plotting Information in the Battle of Jutland"，海军少将查默斯致作者的信，略有修改，1964 年 1 月 5 日。

90. 同前。

## 第四章 日德兰：夜间战斗

1. 《日德兰海战作战报告》，21 页，另见上文，27—29 页。

2. 杰利科致杰克逊，1916 年 6 月 5 日；Jackson MSS。

3. Jellicoe, *The Grand Fleet*, p.373.

4. 与笔者的一次谈话，1960 年 2 月 21 日。

5. 《日德兰海战作战报告》。

6. 德国情报机构已经截获并破译了这一命令。德国海军部《日德兰海战报告》（73页）称："海军上将舍尔顽强地坚持自己的航向，这也许是因为，他知道英国驱逐舰及其战列舰队的相对位置。"杰利科也持相同观点。"他（舍尔）掌握了这一情报，他知道一旦和我方驱逐舰交战，就能探明我们的航向，只要他突破了我们的驱逐舰支队，同时保持向东航行，就像他在当晚 10 时 30 分将航向转向东南一样，他就将从后方绕过英军舰队。这可能就是冯·舍尔制订计划的根据。"他又说："我们的无线电站截获了德国通信站发给舍尔的电报，德国人已将破译的我方命令传达给他。"Jellico, "Appendix, Chapter II". 克拉克则认为，德国情报机构破译的情报，没能送达舍尔（W. F. Clarke, "Notes on My Comments on Books about Jutland"），德国海军部档案馆的工作人员未能在官方报告中找到杰利科 9 时 27 分发出的命令。

7.《日德兰海战作战报告》，138—139 页。

8. 当时英国海军的识别信号每日更换，由灯光信号读出：白天使用探照灯，夜晚使用带灯罩的信号灯。"询问"信号由两个字母组成，"应答"信号由两个或更多字母组成。战后不久，在一份文字报告中，"塞德利茨"号舰长（埃吉迪）叙述了 5 月 31 日凌晨 3 时的情形："每个人都在向西北方向眺望，因为有报告称，在那个方向发现了敌人，而且那也是我军高速前进的方向。下一个信号让我们大受鼓舞：'敌人的识别信号是 JO。'这是前方我轻型舰艇部队的功劳，对'塞德利茨'号的夜间行动也具有决定性意义。"同一份报告描述了"塞德利茨"号受损后返回基地途中的遭遇："就在轻重急缓之间，后部司令塔上突然传来报告：'舰艉方向出现数艘深色大型军舰。'当时是凌晨 1 时（格林尼治标准时间晚上 11 时），夜色昏暗，但是天气晴朗。我立即举起双筒望远镜。我的天啊！真是大家伙……距离绝不超过 2000 米……它们只能是英国军舰。有 4 艘……'反击'级！……要想逃生就只能立即行动：'全速前进。''右满舵。''发动机舱全力施放烟幕。''准备战斗！''发出英国识别信号！'"Kaulhusen Papers；German Ministry of Marine MSS。"法兰克福"号的作战日志，证实德军已经获知英军的识别信号："下午 5 时 38 分，从右舷方向的雾霭中，突然出现了一艘敌人的三烟囱轻巡洋舰（'切斯特'号）。它发出询问信号。我们回应以英军应答信号，并向 35 度方向，距离 6400 米的敌舰开火……"另见 Der Krieg in der Nordsee 第 274 页，及下文，161 页。在一份由舍尔参谋部制订并下发舰队的文件中（"Tactical Experiences from the Battle of the Skagerrak", 8 Aug. 1916）有这样的文字："在夜间数次使用敌人的识别信号，对我们受损的重型舰只具有极其重要的价值，如果没有用这些信号成功地欺骗敌人，这些军舰几乎不可能抵御敌人的攻击。"这一段落的页边上批注着"塞德利茨！"；German Ministry of Marine MSS。

9. Jellicoe, "The Grand Fleet and Jutland".

10. 杰利科在他的《大舰队》中（372 页）唯一提到的扫雷航道就是埃姆斯航道。但是很明显，他知道合恩斯礁航道，虽然他不了解具体情况。

11. "狮"号 9 时 38 分的信号，（发出时间为 9 时）是杰利科最后一次收到的，来自己方舰队的情报。这只是德舰暂时的航向。舍尔自 7 时 52 分开始向南航行，但是在英舰压力下，于大约 8 时 35 分转向。9 时 10 分，舍尔转向南偏东南，但是杰利科直到两个多小时以后才知道。

12. Jellicoe, "The Grand Fleet and Jutland". 贝蒂也认为埃姆斯航道最有可能，证据是他于凌晨 4 时 4 分（6 月 1 日），请求杰利科允许他向西南方向扫荡，以期发现敌人。海军部曾明确指出，赫尔戈兰湾航道（这里意为西北航道）此时无法使用。5 月 28 日，德国扫雷艇的电报被第 40 室截获并破译，很明显排除了使用该航道的可能。德军电报显示，航道中某个区域发现了水雷，另一个区域"疑似有水雷"。没有证据显示这些重要情报被传达给了杰利科。*Naval Staff Appreciation*, p.120.

13. Jellicoe, "The Grand Fleet and Jutland".

14. 1922 年，杰利科看到了《日德兰海战作战报告》中舍尔的海图，他说，他当时知道阿姆拉姆滩外侧靠北航道"中间有一条航道，大约在赫尔戈兰湾北部和西北部之间，更有可能位于其西北方向"。但是他在六周后又说："现在，很难回忆起当时我决定向南航向的动机……. 我可能期待赫尔戈兰湾西面的航道……它是数条航道中的一条，选择向南行可能是因为，我在白天将位于合恩斯礁航道和另外两条航道的中间（埃姆斯航道以及赫尔戈兰湾以西的航道），这样只要在天亮时能发现他，无论舍尔选择哪条航道，我都可以拦截他。"杰利科致科贝特，1922 年 8 月 6 日，9 月 17 日（附录）；Cabinet MSS。这也是科贝特使用的解释（*Naval Operations*, iii. 390），不过他不可能看到杰利科的第二封信，因为他已经于 1922 年 9 月 21 日去世。到 1927 年，如前文说明的那样，科贝特已经改变了说法，认为更北面的赫尔戈兰湾航道（经合恩斯礁），是他在 1916 年 6 月 1 日认为舍尔最有可能选取的航线。无疑，杰利科在战后有关舍尔可能选取的航道的数次解释，有些相互冲突。现在已不可能理清他在战场上的真实想法；但是笔者猜测，他一定特别看重英军雷场中的那道空隙，因为他当时肯定知道这道空隙的存在，却不知道公海舰队用于出海的那条航道。

15. 见下文。杰利科回忆道："（向"神仆"号下达的命令）可能是在大舰队出海前做好出海准备，该舰应当是准备投入独立作战行动的。因此，其需要注意的所有事项，都已经写入了下达的命令。"*The Grand Fleet and Jutland*.

16. 海军上将亨利·摩尔致笔者，1966 年 9 月 1 日。他当时是一名海军少校。

17. Corbett, *Naval Operations*, iii. 400–401.

18. Gibson and Harper, *The Riddle of Jutland*, pp.219–220.

19. Tactical School, *Narrative*.

20. 这是记录在《日德兰海战报告》（478 页）信号列表中的版本，但是斯特林在他的作战报告中（同前，333 页）称，他的电文是："敌战列舰队航向东南，大致方位西南。本舰位置在第 1 战列舰中队后方 10 英里处。"

21. 杰利科对海军部《评论》初稿的评论；Naval Historical Library。《评论》的作者采信了杰利科的说法，补充道（在 74 页有关"德国的无线电干扰"之后）："但是即使能够收到电报，也不会影响海战的结果，因为当时大舰队距合恩斯礁太远，拦截敌人并迫使其投入战斗，为时已晚。"但是数年后，德雷尔表示，他相信如果杰利科能够收到第一份电报，他将立即向东面的合恩斯礁转向，至少可以消灭舍尔受损的舰艇。1938 年，海军战术学校的《评论》甚至说："通过计算可以得知，如果'铁公爵'号收到第一份电报，舰队可以立即向东转向，并以 20 节航速前进，将有可能于 3 时 30 分，在距雷场入口 22 英里处追上公海舰队，双方的距离可能仅有10000 码。"根据双方的实际位置和航线，我对所有这些假设的合理性都存疑。但是我必须指出，如果杰利科确切知道斯特林与"铁公爵"号之间的相对位置并向东转向，他有可能在 3 时后不久，在左舷方向发现公海舰队，但距离将会是接近 10 英里甚至更远，所以发现它们的机会非常小。

22. Corbett, *Naval Operations*, iii. 405.

23. 海军上校莱昂内尔·道森（Lionel Dawson）致作者，1966 年 9 月 28 日。

24. 我要感谢海军中校 W. M. 菲普斯·霍恩比给我讲了他听到的"了不起的罗伯特爵士"的故事，故事凸显了当时仍是海军上校的阿布思诺特的个性。在训练中，他总是在早餐之前带着望远镜来到甲板，观察一同训练的驱逐舰，如果发现有任何不对头的地方，就会向出错的舰艇发出"严厉的"斥责信号。其中一艘驱逐舰上的资深海军上尉曾长期在他手下工作，熟知他的这一习惯。所以，早上阿布思诺特走上甲板时，他会让自己的某一侧舷接近旗舰，在面向指挥官的一侧故意安排一些小错误——比如说，"设计"一艘小艇突然落下。不出所料的话，阿布思诺特会发来信号："把你的小艇吊起来。"专门为了这场表演而守候在一旁的一群水兵，就会"迅速升起"出错的小艇。在这之后，这位资深海军上尉就会愉快地度过这一天，因为他知道，指挥官已经"教训了手下"，当天就不大可能再找他们的麻烦了！

25.《与柯林·比伊斯特（Colin Buist）谈日德兰》，1962年4月17日；Roskill MSS。海军中校比伊斯特日德兰海战时是"南安普敦"号的一名海军中尉。他还讲述了"南安普敦"号尾炮塔成员，在夜间发现了从舰艏方向开来的敌舰并两次向舰桥报告，但舰桥没有任何反应。古迪纳夫后来评论说："但愿那时候我能回到住舱，喝上一杯波特酒，然后静下来想想敌人有可能怎么做。"同前。

26. Jellicoe, "A Few Remarks on Capt. Ramsay's Lectures"，类似评论还出现在 Jellicoe, "The Grand Fleet and Jutland"。海军部《评论》（112页）的注释是："驱逐舰支队，受命部署在编队后方5英里处，但是没有命令它们攻击敌舰，也没有将敌人的位置通知它们。这种情况下，驱逐舰在夜间未能发动有组织的进攻。""可以认为，这条注释的出现，得到了作为海军参谋长的贝蒂爵士的同意（从1917年开始第一海务大臣兼任海军参谋长）。"Jellicoe, "The Grand Fleet and Jutland".

27. 同前。

28. 文中海军部信息的时间，都是发送给"铁公爵"号的时间。哥德弗里讲座和克拉克的《日德兰》中，都有对战斗开始前和进行中，第40室破译的更重要信息的类似补充说明。虽然科贝特知道这些破译的情报，但海军部不允许他引用或注明为参考资料。禁令后来被海军情报处长取消，但为时太晚，未及收入修订版《海军作战》第三卷。该版442页的一份附录，收录了7份海军部5月31日晚上11时15分至6月1日凌晨1时25分之间收到的7份重要情报，但均未转送给"铁公爵"号。海军部还拒绝科贝特引用GFBO的内容。

29. 海军部情报的根据是德军轻巡洋舰"雷根斯堡"号（Regensburg，德军雷击舰部队副司令，海军准将海因里希的旗舰），于9时13分向第2和第6驱逐舰支队发出的一份电报。报告德军战列舰队位置时，它出现了10英里的定位错误。德军战列线后卫9时的真实位置更偏北10英里。Der Krieg in der Nordsee, p.382. 错误明显不在海军部，虽然杰利科不可能知道原因。

30. Jellicoe, "The Admiralty Narrative of the Battle of Jutland".

31. 不幸的是，就在杜夫看到敌舰时，它们正好将航向从南偏东南3/4东转向南方，以躲避第4驱逐舰支队的攻击。杜夫发出电报之后几分钟，它们就恢复了正对合恩斯礁的航向。

32. Jellicoe, "The Grand Fleet and Jutlan". "9时14分至11时30分之间，就在我评估态势

的时刻，很多偶然事件都会改变德军舰队司令的计划。一件确定发生的事情，就是轻巡洋舰在战斗。这很可能使舍尔改变航行，即使他最初的意图是通过合恩斯礁返航。另一个事件，是舰队后方驱逐舰之间发生的战斗。"同前。

33. 同前。

34. Jellicoe, "The Grand Fleet and Jutland". 他补充道："但是自战争开始，海军部的态度就让人费解。海军参谋部已经看到，我在夜间的行动招致了众多批评，但他们从未想过让英国人民知道谁应真正为此负责。"

35. *Naval Staff Appreciation*, p.133. 应该注意，由于 War Registry Staff 不被信任，发给舰队司令的电报文字总是有一种模糊性。但其实舰队的保密工作和海军部一样糟糕，海军上将查默斯称，原因可能是缺乏受过良好训练的人员，"舰队司令被一群军需官环绕着，他们负责译电工作，但是对理解电文缺乏足够的知识和经验"。海军少将查默斯致作者，1963 年 5 月 4 日。这里举一个鲜明的例子。日德兰海战中，杰利科派一名参谋人员到海图室取赫尔戈兰湾扫雷航道的海图，但是这些海图除了杰利科以外谁也没见过。Clarke, "Jutland". 在舰队和海军部的执拗保密制度背后，是对情报泄露的无端恐惧，这在很多人看来都荒谬无比。

36. 海军上将詹姆斯致作者，1963 年 3 月 26 日。同见他的 *The Eye of the Navy*（London, 1955），pp. 118–119。

37. Jellicoe, "Appendix, Chapter II".

38. 海军中将布雷克致作者，1963 年 8 月 15 日。从战列巡洋舰的位置，看不到任何在舰队北方发生的战斗。

39. Jellicoe, "Appendix, Chapter II".

40. 有关第 5 战列舰中队的报告可见《日德兰海战报告》201、211、219—220 页；布林德及"勇士"号所发信息的故事见坦南特的日德兰海战讲座。

41. Waller, "The Fifth Battle Squadron at Jutland", *Royal United Institution Journal*, Nov. 1935.

42. Jellicoe, "Appendix, Chapter II".

43. 提尔皮茨对此表示不理解。"在我看来，驱逐舰支队的指挥……需要仔细审视。它们没有用于搜索杰利科的舰队，而这恰恰是他们擅长执行的任务。"提尔皮茨致施伊布（Scheib），1916 年 7 月 13 日。原因在于第 2 驱逐舰支队于 8 时 8 分收到的一道命令。命令来自鱼雷舰艇部队的副司令（海军准将海因里希），内容是："驱逐舰支队将绕道思科角返回基尔港，不建议返回赫尔戈兰湾。""在巡洋舰和驱逐舰的紧逼下",它们采取该航线返航。Scheer, *Germany`s High Sea Fleet* (London, 1920),p.161.

44. 大舰队无线电备忘录,第 8 号,1915 年 11 月 1 日,"Instruction for Signaling Reports of Sighting the Enemy"(日德兰海战期间仍有效);Admiralty MSS。

45. 杰克逊致杰利科,1916 年 7 月 11 日;Jellicoe MSS。

46. 海军上将迪尤尔反复地批评说:"很明显,没有来自中队指挥官的命令,没人会开火,而中队指挥官在没有舰队司令的命令时,也不会采取任何行动⋯⋯这是瘫痪了整个大舰队的错误指挥和纪律原则。"但真正的困难,似乎是舰队过于执着于安全,下面提到的"雷神"号的经历就是例证。

47.《日德兰海战作战报告》,376 页,Jellicoe, "A Few Remarks on Capt. Ramsay`s Lecture"。

48.《日德兰海战作战报告》,93 页。

49. 坦南特的日德兰海战讲座。

50. 海军战术学校《评论》。

51.《日德兰海战作战报告》,243 页。

52. 查特菲尔德致凯斯,1923 年 1 月。在同一封信中,查特菲尔德甚至批评杰利科的夜间部署:"没有考虑到如何与敌人保持接触,对我和其他人来说,考虑的倒好像是如何避免接触。"

53. 杰利科致杰克逊,1916 年 5 月 21 日,引自海军中校 K. G. B. 迪尤尔日记;Dewar MSS。

54. 冯·哈斯讲述了"德弗林格"号舰长,海军上校哈托格(Hartog)竭力保证他的几名重要军官——副舰长、炮术长和鱼雷长,在战斗再次开始之前"尽可能得到足够的睡眠和休息",即使他本人不得不一直在指挥岗位上保持清醒状态。*From Kiel to Jutland*, pp.124–125.

55. Sheer, *Germany`s High Sea Fleet*, p.164. 在发表于 *Fortnightly Review* 的文章中(1927 年 10 月),他再次声称:"德军舰队在合恩斯礁处于待命状态,直到有报告称,受损的舰艇已经返回,而且那时看不见敌人的踪影,正弥漫而来的大雾也排除了再次进行战斗的可能性,我们只得踏上归途。"

56. 让飞艇在合恩斯礁外进行空中侦察的请求没有产生任何结果。晚上 11 时,5 艘飞艇奉命起飞。两艘(其中只有一艘的报告比较准确)发回了报告;其他飞艇因为能见度太低而发现甚少，或者什么也没有看到。飞机和潜艇在整个海战中的贡献可以忽略不计。

57. 舍尔的作战报告，1916 年 7 月 4 日；《日德兰海战作战报告》，598 页。实际上舍尔三次下令返回基地：3 时 24 分向第 1 侦察群下达命令；3 时 38 分向第 2 战列舰中队下达命令；3 时 54 分则向全舰队下令"经阿姆拉姆滩以东返港"。

58. 特罗塔致提尔皮茨，1916 年 7 月 18 日；Tirpitz MSS。关于主炮问题，"拿骚"级（第 1 战列舰中队第 2 分队，它们是德国最老的无畏舰）的所有主炮炮管都在某处出现了一定的变化，这种形变也是"冯·德·坦恩"号主炮出现卡弹的原因，它是德国最老的战列巡洋舰。变化的原因是，"巨大的应力导致火炮内管内部出现了意想不到的挂铜现象，由于炮弹穿过炮管越来越困难，炮管承受了巨大的压力"。不过德国人后来不再需要关注这一问题，"通过更换导电材料，内管内的挂铜现象已经被消除；此外所有火炮都更换了内身管，这也消除了装弹篮的卡弹现象"。同前。

59. 杰利科致科贝特，1922 年 8 月 15 日；Cabinet Office MSS。轻巡洋舰直到 6 时才加入主力舰队，驱逐舰的重新集结则要等到 9 时。杰利科在天亮时还失去了第 6 战列舰分队。在夜间，受伤的"马尔博罗"号逐渐被落在主力后方，航速低于 12 节。这导致它率领的分队已脱离了大舰队。2 时 45 分，伯尼在杰利科的命令下把将旗转移至"复仇"号，而"马尔博罗"号则在轻巡洋舰"不惧"号的护航下向罗赛斯返航。当杰利科的主力向北航行时，伯尼带领"复仇"号、"大力神"号和"阿金库尔"号重新加入战列舰队。就在伯尼登上"复仇"号（3 时 35 分）不久，一艘齐柏林飞艇（L-11）突然出现，距离只有 4000 至 5000 码。气急败坏的伯尼大吼道："你们在等什么？向它开火！"只有鱼雷长一人冲向救生艇甲板，那里有两门新近安装的 3 英寸高射炮。他单手装填，然后操作方向机和高低机，对着飞艇的大致方向开了一炮。但是再没有第二炮了，因为火炮后座之后，没有复进到原位。原来复进机液压筒内没有液压油。但是"复仇"号使用所有 15 英寸主炮，以最大仰角向飞艇打了一次齐射，倒是产生了令人满意的效果。齐柏林飞艇降低高度匆忙离开。同时，那些以最大仰角发射的炮弹在水天线附近，离第 5 战列舰中队很近的海中溅落，引起了他们的不安！

60. Jellicoe , "Chapter IV Appendix".

61. 同前。

62. Jellicoe, "The Admiralty Narrative of the Battle of Jutland".

## 第五章　日德兰：比较与反思

1. 使用长基阵（左右目镜间距超过 6 英尺）体视式测距仪时，测距手旋转一个手柄，直到游标（测距手视野中的一个小十字或箭头标记）正好叠加在他要测距的目标上。这种方法的优点是，可以对受到烟雾干扰，或因其他因素而难以辨认的目标进行测距。英军使用的是合像式测距仪，视野中的景象在水平方向上被分开。合像式测距仪操作手调节一个旋钮，直到左右两部分景象完全重合，要实现这样的效果，就要求目标上有尖锐或垂直的标志，例如军舰的桅杆。英国海军曾经试验过体视式测距仪，但放弃了，表面上的原因是很难找到身体和心理上合格的测距手，而任何人都可以被训练成合像式测距仪操作手，且通过持续训练就可以大大提高测距水准。德国的优势并不仅仅在于体视式测距原理。合像式测距仪需要更长的基阵，在大部分英军主力舰上，测距仪基阵长度（9 英尺）都无法满足远距离精确测距的要求。冯·哈斯说他可以对 20000 米外的目标进行精确测距。（见下文德国人对英国测距仪的看法。）事实是，不管德国人看法如何，英国在复杂光学仪器的制造方面，是无法与德国相匹敌的。不管怎样，结果就是德舰刚开始齐射时，落点就比英舰齐射时的落点离目标近得多，而且，德军舰艇还可以比英军舰艇更快地测得目标航向的变化（以距离改变速率的变化显示）。

2. 德军的"阶梯式射击"对应英军的"夹叉式射击"（Bracket system）。使用夹叉式射击时，开火舰向最佳估测距离（即测距仪测距结果）齐射。当落点距目标过近或过远时，便以一个固定距离进行修正（更远或更近），然后进行第二轮齐射。如果连续两次齐射的落点都在目标一侧，就将修正距离减半继续齐射，直到对目标形成跨射，即有些落点在目标以远，有些落点在目标以近。这时就可以提高射速。这里的"固定修正距离"通常为 400 码，但是如果条件对测距不利，也可以增加修正距离。使用这种方法，可能需要几轮齐射才能找到目标，因为最初的两轮齐射很有可能全都过远或过近。阶梯式射击的关键是无须等待第一轮齐射的落点，而是以数百码的散布，连续快速地打出三轮齐射（第二次齐射的射程为测距仪测距结果），如果目标处于阶梯中间，就等于立时找到了目标，只需进行小范围的修正就可以取得命中。

3. Pastfield, *New Light on Jutland*, pp.17–18.

4. *Der Krieg in der Nordsee*, v. 476–477. 德军战列舰和战列巡洋舰实际上共被击中 104 次，其中有 31 次是第 5 战列舰中队取得的。

5. 有些评论说德军主力舰的炮术出众，是因为他们的大口径舰炮有更高的最大射击仰角。

事实上，德国主力舰的主炮最大仰角总体上并不高于大舰队主力舰的。

6. 见Jellicoe, *The Grand Fleet*, pp.310–313，防护数据列表。防护情况的总结见*From Dreadnought to Scapa Flow*, ii, p.439。

7. 英国在战后使用德国最好的战列巡洋舰进行试验，海军造舰总监声称："我们使用'巴登'号进行了抗打击试验，德制装甲没能经受住实弹打击，而我们按自己防护标准制造的装甲是可以承受这样的打击的。"Sir Eustace Tannyson D`Eyncourt, "Notes on Some Features of German Warship Construction", *Transactions of the Institution of Naval Architects*, LXIII (1921), p.44：一份在海军学院宣读的文件，1921年3月16日。

8. 海军中校W. M. 菲普斯·霍恩比，是从"拉米利斯"号登上在斯卡帕湾自沉未成的"巴登"号的小组成员之一。"我们对它的水密分隔印象深刻。也许最让我们吃惊的，是被称为'Wallgangzellen'（壁垒舱室）的结构。这是并排布置在舰体两侧，位于煤舱和外舷之间的舱室，它们是全空的。我们猜测，其作用只是吸收诸如鱼雷等在紧邻舰体处爆炸而产生的能量。（他们的作用和英国军舰的'膨出部'相当，后者在战争结束前装备在一些我们最新服役的军舰上。）它的水密隔舱的整体布置比我们的军舰精密得多。所以'巴登'号有六个发动机舱，而'拉米利斯'号只有三个。另外，德国人似乎对损管系统考虑得尽善尽美。"给作者的备忘录，1968年3月8日。他还应该提到，德国海军非常有效的底舱排水泵。1920年的"战后问题委员会"比较了"巴登"号和"君权"号，结论是，虽然英国军舰从水密舱室的数量和平均体积方面考虑，尚属良好的水密分隔，但是其效果却因很多过大和过小的水密舱而大大削弱。"巴登"号和"君权"号分别有425个和486个水密舱，但后者的大型水密舱很多，体积也非常大，特别是动力舱室。英舰主机械舱室的体积，是德国工程师制订的标准舱室体积的三倍。英式设计的目标是避免进水，一些大型舱室横跨整个舰体，为的是减轻平衡注水的需求。但是防进水设计并不高明，产生效果也很慢。德国人的原则是一开始就将战损控制在最小范围内。但是海军部在战后组织专家检查了德国军舰之后，DNC却对德国军舰水密分隔优于英舰的观点提出了挑战。"德国最新式主力舰'巴登'号，虽然某些部位的水密分隔比我们的军舰更精密，但其他部位却不然，所以整体设计上，在发生进水和受损时并不比我们的军舰更安全。" Tennyson d`Eyncourt`s paper, "Notes on Some Features of German Warship Construction", p.2. 另见提尔皮茨的首席海军设计师汉斯·伯克纳（Hans Bürkner）对此的批评和其他观点："Der deutsche Kriegsschiffbau in englischer Beleuchtung", *Schiffbau*, *1921*, p.951. 注意"巴登"号是唯一一艘经过英国海军设计师详细检查的德军主力舰。德军其他所有现代化主力舰，当时都已自沉在斯卡帕湾。

9. 德军主力舰有如此细致的水密分隔还有一个原因：军舰停泊在港内时，舰员住在岸基兵营里，而不是舰上。见 *From Dreadnought to Scapa Flow*, v. 311。

10. D. N. C. Department, Admiralty, "Record of Warship Constructiuon during the War, 1914–1918. Capital Ships", Jan. 1918. 国防部海军图书馆。例如，"巴登"号有占据整个舰长的，被称为"壁垒舱室"的结构，我估计，早期德军主力舰在侧舷板和纵向的"防鱼雷舱壁"之间也布置有这种结构。这些壁垒舱室保持中空状态，这样就没有任何物体在其中，来将外部爆炸产生的冲击波传递给防鱼雷舱壁及内部舱室。德国军舰较小的长宽比，无疑使后期建造的主力舰都有这样的结构。有人质疑，如果海军部曾实施过像提尔皮茨宣称的德国人在战前进行的水下爆炸试验的话 [My Memoirs (London, 1919, 2 vols.), i. 131–132]，杰利科在担任海军审计官期间（1908—1910年）就有可能强烈要求建造宽度更大的船坞。看起来，皇家海军直到两次世界大战之间才进行对比试验，而即使那时，海军在试验中所使用的炸药（用以模拟战雷头）依然装药量过少，爆炸深度不足。

11. Daniel Horn (ed.), *War, Mutiny and Revolution in the German Navy: the World War I Diary of Seaman Richard Stumpf* (New Brunswick, New Jersey, 1967), p.214.

12. *Das Werk des Untersuchungausschusses der Verfassungsgebenden deutchen Nationalversammlung und des deutschen Reichstages 1919–1930: 4th series, Die Ursachen des deutschen Zusammenbruches im Jahre 1918* (Berlin,1928), X/I, p.7.

13. *Autobiographical notes; Jellicoe MSS.*

14. 这并非指德国炮弹是完美的。1966年，一名记者在日德兰海战50周年之际撰写有关文章时，采访了海军中将悉尼·劳（Sydney Raw）爵士，本想听到他批评英国炮弹的质量。"萨姆"·劳在日德兰海战中是"虎"号上的一名军官生，他说有一枚炮弹击穿了"虎"号 X 炮塔装甲，就落在他脚下，但是没有爆炸！

15. "毛奇"号军舰志曾记录，5月31日下午6时22分"英国军舰主、副炮使用了一种新型高爆炮弹，爆炸时会产生黄绿色烟雾"。海军中校 R. T. 杨（R. T. Young）在回忆福克兰群岛海战时，也提到了这一点（他未出版的回忆录 *Mischief in My Heart* 第48页，该书现存于帝国战争博物馆）："（军舰上有）两名来自'莱比锡'号的海军上尉，他们非常惊讶于我们苦味酸装药炮弹的效果。他们说炮弹的爆炸效果极其惊人，每个爆点附近的人都被染成了黄绿色。

我经常怀疑这些信息是否传递给了英国的炸药专家，因为，这可能是我们的炮弹未能正常工作，以及炸药出现了低速爆燃，而不是高爆效应的清晰证据。"

16. 在此，我想撤回我在《从无畏舰到斯卡帕湾》第一卷，418 页中的一段陈述。在海军上将弗雷德里克·德雷尔的背书下，我声称，海军少校约翰·A. 邓肯（1910—1913 年在陆军部负责军械监察和试验的海军军官，于 1914 年任海军军械总监察官）是"海军炮弹缺陷的主要负责人"。这一断言并不公正，因为那只是德雷尔的观点，并没有事实证据。如果他还健在，也许会重新考量这一指责。

17. 蒂利特致瓦尔特·科万，1916 年 5 月 5 日；Cowan MSS。

18. *Jutland Despatches* 第 2 页，杰利科致杰克逊，1916 年 6 月 5 日，Jackson MSS。杰利科在前一天给海军大臣的信中说："5 艘德国战列巡洋舰开始成功对抗了 6 艘，后来坚持抵御了 9 艘英军战列巡洋舰，这确实让人非常不安。"Balfour MSS.

19. Naval Staff, Admiralty, *Grand Fleet Gunnery and Torpedo Memoranda on Naval Action, 1914-1918* (1922)，p.45，以及 *D. N. C. Department memorandum*, "Notes on Damage to Warships, 1914-1919" (1920)，两份资料存于国防部海军图书馆；海军上将弗雷德里克·图多尔（第三海务大臣和海军审计官，1914—1917 年）在海军设计学院的演讲，1921 年 3 月 16 日，*Transactions of the Institution of Naval Architects, XLIII*（1921 年），p.32. 笔者在此要对此前做出的积极评价有一点保留。能经受住沉重打击的英国战列舰，都是舰队中最现代化的军舰。试想，"尼普顿"号受到了"厌战"号经历的那种打击会有什么后果呢？

20. Pasfield, *New Light on Jutland*, p10-11. 对"厌战"号的描述有误。前一段的数据显然是可靠的，代表了收集和研究了所有证据之后的官方观点。

21. 战术历史专刊 *Storage and Handling of Explosive in Warships*（第 24 期，海军部，1919 年，2 页）的结论是，战列巡洋舰和"防御"号，"无疑是因为弹药舱爆炸而沉没的，不过我们无法肯定地说，爆炸是由直接进入弹药舱的炮弹引起的，还是由沿通道蔓延的火灾引起的"。见 Chatfield, *The Navy and Defence*, p.151.

22. 海军少将丹雷泽致作者，1966 年 7 月 16 日，1967 年 4 月 23 日。

23. 海军上校克雷斯维尔曾提及贝蒂于 1916 年 6 月 3 日发给杰利科的重要报告："应紧急考虑更改现有弹药舱与弹药处理室之间的提弹方式，<u>重新启用原有的弹药处理室提弹孔</u>，安装工作应该立即展开……'无敌'号的海军中校丹雷泽将于明天（周日）前往海军部汇报此事宜。"Patterson, *Jellicoe Papers*, i. p.265. 斜体为克雷斯维尔所加。他评论说:"所以,在战前这并不是一个完全被忽视的问题。如果有一个或者一些高层人士能够意识到这个问题并采取措施,就可能拯救这3艘战列巡洋舰。也许有人会争辩称:这种布局会导致装填速度大大降低,同时工作间和升降机通道内的防火门已经足以阻止火灾蔓延。就像在同一份报告中贝蒂说:'建议中的弹药处理室供应舱门,也应该满足水密性',这可能是因为最初设计中,该舱门可以在非严重进水情况下,阻止弹药舱进水。"海军少将丹雷泽的证词却将此事复杂化了。"我不记得年轻的时候,有过出入孔或双层供应舱门,这些设施后来都因为要保证供弹速度而被淘汰了……"不过他确实记得,当他来到海军部,"提出在现有的,从弹药舱通往弹药处理室的舱门上安装双层供应舱门的建议,这样就可以使舱门随时保持关闭状态",这项建议被立即采纳了。海军少将丹雷泽致作者,1967年3月19日。

24. "狮"号未遭到与"玛丽女王"号和"不倦"号同样的命运,这要部分归功于它的炮手长亚历山大·格兰特(Alexander Grant)的机警(战斗结束后不久他被晋升为上尉,这在当时是极为罕见的)。他1915年6月开始在舰上任职,不久后就成功地引入了几项规则[①]:(1)战斗中,每座炮塔的两个弹药舱不能同时工作;(2)弹药处理室内,不能存有两次或两次以上全装药射击所需的发射药;(3)弹药只有在需要时才能移出包装筒;(4)不需要弹药舱提供弹药时,必须关闭其舱门。海军上校亚历山大·格兰特未出版的回忆录(1947年),110—111页,117页;打字版本由他的儿子,海军上尉 A. C. 格兰特保存。

25. 海军少将图多尔(第三海务大臣)和摩根·辛格(海军军械总监)的会议纪要,1916年10月26日,8月3日;US Navy Department MSS。海军部长办公室记录,存有更重要的海军部和大舰队在1916年6—9月间,关于日德兰海战中英国军舰爆炸原因的通信副本。这些文件于1917年9月交予美国海军。

26. 坦尼生－迪恩古尔会议纪要,1916年10月7日;US Navy Department MSS。海军部接受了技术专家的结论,于11月4日通知贝蒂,"在参加5月31日战斗的一些军舰上,对发射药安全性的必要重视,逊于提高火炮射速的强烈愿望"。贝蒂却将此视为对他和战列巡洋舰队的侮辱,他愤怒地坚称,"在战沉的军舰上,没有证据显示,'对发射药安全的必要重视'(与海军部用词完全相同)被忽略……"。杰利科也力挺贝蒂,结果海军部被迫让步了。"海

---

① 不过他一度遭到了炮塔指挥官们的抵制,他们反对任何降低火炮射速的措施。

军部诸大臣的观点是，现有规则无法满足提高火炮射速的愿望，在某些情况下，可能导致了对发射药储存系统的安全重视程度有所下降，以后来的经验看，这种重视是需要的。"通信（1916年11月）存于 US Navy Department MSS。我未加评论地引用（除了加上斜体！）这段出自中国分舰队司令，海军中将埃德蒙德·弗里曼特尔1894年9月17日鸭绿江海战（即黄海海战）报告的一段话："'松岛'号上4个发射药包发生了爆炸，13人被炸死，这些药包是为他们的320毫米舰炮准备的，但是要再次强调，非必要地堆积发射药的危险人所共知，我们不需要在经历一场全面海战后才得出这个结论。"（1894年10月8日）。

27. 维克托·谢泼德（Victor Shepheard）爵士致海军上校约翰·克雷斯维尔，1967年2月22日。谢泼德是前海军造舰官（1951—1958年）。

28. 海军中校杨致海军上校罗斯基尔，1964年4月22日；Roskill MSS。

29. 海军上将安格斯·坎宁安·格雷厄姆（Angus Cunninghame Graham）爵士致作者，1970年3月17日。特罗塔对通信的观察比较有趣："令我震惊的是，英国海军极其大量的通信，给他们的指挥带来巨大困难。即使通信量有限，我们已经在战时接收重要和关键的无线电报方面不断遇到麻烦。英国人想必也好不到哪里去。困难肯定是随着通信量增加而迅速增加的。"特罗塔致倬斯麦，1916年7月18日。

30. 杰利科致杰克逊，1916年6月5日；Jackson MSS。这并非反对使用闪光灯的全部理由。当驱逐舰在夜晚使用闪光灯发出识别询问时，第一道闪光（看见第二道闪光就可以确定）就已经告诉德国人自己是英国舰艇，而且暴露了自己的确切位置，然后就像有人描述的那样，"接着就是探照灯直射而来，然后就是炮弹，驱逐舰也随即被击沉"。

31. Commander Angus Cunninghame Graham, "British Signal Communications During the Battle of Jutland", 皇家海军参谋学院论文，1929年；Roskill MSS。有关1914—1918年英国海军的通信可见以下节选自与海军上将和海军中校 W. M. 菲普斯·霍恩比的通信（二人同名，1970年3月）。前者写道："只有旗舰、海军准将、驱逐舰支队指挥官（海军上校）和一些特殊岗位配有通信军官，今天也是这样。皇家海军的普通军舰上，都没有专业通信军官。这样做没有必要，因为通信军士长和电讯士官长（天知道他们现在的职位叫什么）都非常称职……我说的军纪条例（1929年文件），要求每艘军舰上都有一名非专业军官被任命为通信军官，而且在舰桥上有自己的'战位'。他的工作，是监督别人正确地收发所有信号和报告，但不是实际操作，因为那是通信军士长的专职工作。他的角色类似于作战参谋，他本人熟知大舰队训令。"海军中校菲普斯·霍恩比对此作了进一步澄清：" '切斯特'号于 1916 年 4 月服役，我两个月前刚刚成为战时海军中尉——被舰长任命为通信军官。但是我的战位位于火控通信站下方，我在那里当然更关注火力控制，通信人员经常找不到我。作为通信军官，我的职责主要是管理性质的。在战斗中，舰长主要依赖的是通信军士长罗伊（一位士官长），他也是第一批阵亡者之一。"海军上将坎宁安·格雷厄姆爵士对此评论说："菲普斯·霍恩比说的是实情，我在'阿金库尔'号上，也有担任非专业通信军官的类似经历。在日德兰海战中，我指挥 4 号 12 英寸炮塔。我还是副炮术长和舰上的乐队主管！我根本没有多少时间用在通信上！"

32. 海军上校克雷斯维尔提出了非常值得引用的告诫。"批评舰艇没有将看到的情况向上汇报很容易，但是背后意味却深刻得多。如果每个人都试图向舰队司令报告自己的发现，通信系统需要多长时间才能结束拥堵的状况，让重要情报的传递不至于拖延呢？我认为，虽然通信条令并没有预见到这种严重的拥堵情况，但拖延并不会持久。"海军上校克雷斯维尔致作者，1963 年 5 月 19 日。日德兰海战中的困难是，连重要性非常明显（或者本应该发出）的情报，也根本没有送出（特别是在能见度很差的情况下）。

33. 致作者的信，1967 年 5 月 8 日，6 月 17 日。相同的观点见上文，19 页，61 页。海军中校菲普斯·霍恩比认为自己"完全赞同海军上将坎宁安·格雷厄姆。但是说到'恐惧'，我认为必须予以全面的考虑，年轻军官们从来都不惧于向一位资深军官'横剑'，而后者或许因地位很高，而不会危及年轻人的前途。由于海军的职业性，他们自然不想做任何有损自己前途的事情。我能记起两三位同代人——都是佼佼者——被'越级'晋升为海军少校。人们普遍认为，他们迅速晋升的原因就是经常敢于对上级提出异议。这或许是因为他们所处的环境甚佳，上级的错误似乎并没有产生影响！"给作者的备忘录，1968 年 3 月 8 日。

34. 海军上将维克托·克拉奇利爵士（Victor Crutchley）致作者，1967 年 5 月 20 日。日德兰海战中，他是第 2 战列舰中队"百夫长"号上的一名海军上尉。

35. Captain Edward Altham, *Jellicoe* (London, 1938), p.16.

36. 贝蒂的 *Battle Cruiser Order* 第 38 号；Drax MSS。贝蒂成为大舰队司令后，将此指示写进了 GFBO。见《从无畏舰到斯卡帕湾》第四卷，39 页。他几乎逐句引用了 1913 年版的舰队通信手册（*Instruction for the Conduct of a Fleet in Action*）："在战斗中，只要舰长发现自己没有得到特别指示，不管原因是舰队司令的信号无法发出，还是因不可预见的环境导致之前的命令无法执行，他们都要依自己的判断行事，以最大努力尽可能打击敌人，并小心实施火力打击，避免伤及友舰。"国防部海军图书馆藏副本。因未知原因，杰利科的 GFBO 中没有这些内容。

37. 不幸的是，只有极少数海图，显示了驱逐舰支队在白天战斗中的位置：海军部 *Narrative*，19 号（下午 6 时 19 分）和 35 号（下午 6 时 45 分）海图。从不完整的证据推断，在主力舰交战时，英军驱逐舰一直未有机会发动编队进攻。8 时 10 分的海图显示，第 11 驱逐舰支队位于"国王乔治五世"号分队以南约 2 英里处，如果此时英军已经得知敌战列舰队在哪里的话，那显然是一个发动进攻的绝佳位置。

38. "Remarks and Lessons to be Learnt on the Battle of Jutland"，附件，日本海军武官报告第 26 号，伦敦，1916 年 10 月 20 日。文件得自于海军情报处"绝密级"文件。*Wartime Miscellaneous (Naval) Documents, 1914–1920*, CCXXIII, Office of War History, Japanese Defence Agency, Tokyo.

39. Naval Staff, Admiralty, *Grand Fleet Gunnery and Torpedo Memoranda on Naval Action, 1914–1918*, p.48. 这些战例中，双方的距离似乎都大大超过了鱼雷的最佳发射距离。战列舰装备的 Mark II 型 21 英寸鱼雷（"圣文森特"级及之前的战列舰只装备 18 英寸鱼雷）的最大射程为 10000 码（29 节航速），航行时间约 10 分钟，这将给敌人充足的时间，根据鱼雷航行轨迹实施规避。尽管如此，我认为重型舰艇仍可以发射更多鱼雷，不过大多数情况下距离都非常远，舍尔的剧烈机动也可能使大部分鱼雷失的。发射远程鱼雷的确有很高风险，因为你无法预测，在鱼雷航行的大约 10 分钟内敌人将会如何机动。但是如果你有鱼雷，为什么不在位置有利时进行尝试呢？假设距离为 10000 码，而你的位置极佳，鱼雷实际航行的距离将大大少于发射时的距离。向舰艇 40 度方向，航速 20 节的目标发射一枚航速 29 节的鱼雷，射程 10000 码意味着实际航行距离为大约 8000 码。另外，重新装填水下鱼雷发射管的平均时间为大约 3 分钟。（一组训练有素的舰员可以在两分钟内完成。）最后，驱逐舰发射鱼雷通常是可以察觉的，或者可以从它们的机动动作看出来，这样就可以采取规避机动，而重型舰艇从水下鱼雷发射管发射鱼雷，是很难被敌人察觉的。换句话说，舍尔不可能知道一艘英国主力舰向他发射了鱼雷，因为发射的瞬间无迹可寻。

40. Sheer, "The Jutland Battle: the German Point of View".

41. 海军上校（后来成为海军中将和爵士）托马斯·霍普·特鲁布里奇（Thomas Hope Troubridge），1936 年 10 月 23 日。我感谢特鲁布里奇女士允许我引用这段文字。魏茨泽克当时任德国外交部政治部代理主管。

42. Sheer, "The Jutland Battle: the German Point of View".

43. Falls, *The First World War* (London, 1960), p.186.

44. Lieutenant-Commander Ichiro Sato( 海军少校佐藤一郎 ), "The Battle of Jutland‐a Brief Tactical Analysis", *Brassey`s Naval and Shipping Annual, 1921-1922*, p.84.

45. 一份呈递贝蒂的，关于《海军参谋部评论》的联合备忘录，1922 年 8 月 14 日；Beatty MSS。凯斯时任海军副参谋长，查特菲尔德时任助理海军参谋长。虽然他们没有认同评论中带有偏见的论调，也没有同意所有对杰利科战术的批评，但他们在前面提到的观点，以及杰利科"未能为迫使敌人在 6 月 1 日早上再次投入战斗而做出任何部署或指示"方面，"完全赞同作者的主要结论"。

46. 海军中将圣约翰·蒂利特爵士与作者的一次谈话，1960 年 4 月 13 日。

47. 里奇蒙德致海军中校卡莱恩·贝莱尔斯，1919 年 6 月 26 日，8 月 4 日；Marder, *Portrait of an Admiral*, pp.351, 35.

48. Commander John Creswell, *Naval Warfare* (London, 1942, 2nd ed.), pp.121-122.

49. *Naval Staff Appreciation*, p.106. 战斗中的几个例子可以说明通信量的巨大：从下午 2 时 20 分至 6 时 18 分（5 月 31 日），战列巡洋舰队共使用了 96 条旗语，也就是说在 4 小时内，每 2.4 分钟就升起一条旗语。（这还不包括中队中的军舰回复命令升起的旗语。）从下午 5 时 59 分至 8 时 28 分（5 月 31 日）的 2.5 小时内，战列舰队及其附属舰艇部队使用了 129 条旗语。坦南特的日德兰海战讲座。我同意海军上校克莱斯维尔的观点："没有证据证明，这些通信产生了负面影响，或者给通信资源添加了过分的负担——只有一些模糊的批评，称它削弱了主动性，是'集中指挥'的另一条罪状。"海军上校克雷斯维尔致作者，1964 年 5 月 3 日。

50. Schoultz, *With the British Battle Fleet*, pp. 226-227.

51. 海军部致杰利科，1916 年 9 月 23 日；海军参谋部专刊第 33 号（1927 年），*Home Waters. From June 1916 to November 1916*，第 278 页。

52. 1778 年，凯佩尔从乌桑特撤出战斗后，圣文森特（那时他还是贾维斯）致信海军部次秘："我曾经多次告诉你，两支实力相当的舰队间，永远不会产生决定性的结果，除非他们都有同样的战斗决心，或者其中一方司令官搞砸了自己的阵线。"贾维斯致乔治·杰克逊，1778 年 7 月 31 日；Jackson MSS（大英图书馆）。杰利科肯定将公海舰队的实力视为与自己相当。两位舰队司令都没有"搞砸"自己的战列线。所以在低能见度下，依靠足够的航速，舍尔终于得到了他想要的结果：避免与大舰队一战。

53. 在这里引用海军上将德拉克斯在 1964 年 2 月 14 日一封信中对我的观点的评论是很恰当的："让贝蒂在海战前一个月担任舰队司令也许是正确的。但是如果他在 1914 年就担任司令，我认为事情会完全不同。战斗训令中过度谨慎的原则会被修改，驱逐舰会被用于进攻，也不会那么强调集中指挥；主动性和进攻精神将在全舰队得到鼓励。贝蒂最亲近的老友，如蒂利特、帕肯汉姆、凯斯、科万、古迪纳夫、胡德等，他们都和贝蒂一样具有真正的纳尔逊精神，体现了积极主动和进攻的强烈愿望，而且随时准备当他们坚信出现巨大和恰当机会时，就置危险于不顾。这些人的训练不是靠印刷成册的命令，而是靠与他们的舰队司令会晤和交流，头脑可以无所不能。我认为贝蒂带来的'新面貌'，兼以他的战斗精神和领导力，即使是在日德兰战场那样的条件下，也会获得一次<u>真正</u>的胜利。"当然，对这种假设的争论可以永远进行下去，而日德兰海战的魅力也在于此。

## 第六章 日德兰：评价

1. 舍尔 1916 年 6 月 3 日的报告；German Ministry of Marine MSS。

2. 德国几乎立即采用了"斯卡格拉克海战"的称谓，吉布森和哈珀相信，这是为了"强调公海舰队大胆地向北方突进，并在那里与敌人遭遇"。[①] 德国海军部在第一份公告中声称，海战发生在"日德兰外海"。报界则采用了不同的称谓，例如《泰晤士报》称之为"合恩斯礁海战"。贝蒂和科贝特则喜欢"礁岩海战"，但是海军部更倾向于使用"日德兰"。最后决定权留给了杰利科，他在 7 月 6 日的官方报告中使用了"日德兰海战"这一除了敌对国家以外广为接受的称谓。报告的第一段称，德军舰队在"丹麦海岸外，日德兰滩以西"被迫投入了战斗。海军部官方批准使用了"日德兰滩海战"。这一地名很快就被简称为"日德兰"。

3. 提尔皮茨也非常满意。舰队的运用"非常有效……海战无疑证明了我们舰队的建设根基是正确的……舰队总体的战术训练经受了考验……"提尔皮茨致海军中校沙伊贝（Scheibe），1916 年 7 月 13 日。

4. 日记，1916 年 6 月 2 日；Frewen MSS。返回基地时，海军上尉弗鲁文和大部分军官一样，

---

① 德皇可能更喜欢"6月1日北海海战"的叫法，抄袭自1794年豪的"光荣的6月1日海战"。他后来让步，使用了海军提出的称谓。

已经知道英国损失了 6 艘大型军舰（主力舰和巡洋舰），但不知道德国的损失。两天后他写道："我现在觉得，把敌人打得仓皇逃回老家，怎么说也不能算是败仗！"

5. Jellicoe MSS. Bacon, *Jellicoe*, pp. 320-323 中有其他同类信件。另外可与下文（245 页）兰伯特后来的观点相对比。杰利科的作战报告最后提交给海军部时，杰克逊认为其中并无可以指摘之处。"这是对一场英勇战斗的清晰而又谦逊的汇报，每一位官兵秉持海军最伟大的传统精神恪尽职守，舰队和每个舰艇中队的指挥都无可挑剔。敌人虽未被全歼，也已遭到重创，他们在勇敢地战斗之后，利用了所有的气象条件，并藉着在现代战争中起到重要作用的复杂因素和无常变化才得以逃脱。"纪要，1916 年 6 月 25 日。Admiralty MSS。

6. Balfour MSS.

7. Blanche E. C. Dugdale, Arthur James Balfour, *First Earl Balfour* (London, 1936, 2vols.), ii. Pp.162-163.

8. 杰利科致贝尔福，1916 年 6 月 4 日；Belfour MSS。

9. 杰利科致杰克逊，1916 年 6 月 5 日；Jackson MSS。杰克逊试图安抚他（6 月 7 日）："我希望你不要对你和其他任何人在上星期海战中的指挥感到担心……那些有资格评论的人绝不会对你有反对意见……" Jellicoe MSS.

10. 杰利科致杰克逊，1916 年 6 月 6 日；Jackson MSS。杰利科其实无需自责。德国人不知道基钦纳将从斯卡帕湾出发，因为计划在最后一分钟才被修改。但是 U-75 潜艇的艇长却撞上了好运，5 月 28—29 日夜里，他在错误的海区布下水雷。他把奥克尼主岛西北海岸一片突出的海角——马尔维克角（Marwick Head），当成了霍伊岛。海军上将莱昂内尔·普雷斯顿爵士致作者，1962 年 12 月 17 日。他在 1914—1917 年担任大舰队扫雷支队指挥官。

11. 第二代贝蒂伯爵，代表他的父亲与作者的谈话，1960 年 5 月 11 日。类似内容可见 Leopold S. Amery, *My Political Life* (London, 1953-1955, 3vols.), ii. 258："有一次他（贝蒂）向我生动描述了日德兰海战后两天，杰利科在他的舱室中，因为想到自己的失败而崩溃，直到确信自己已经在一片充满不确定的环境下竭尽所能后，才慢慢恢复过来。"

12. 海军少将丹雷泽致作者，1962 年 11 月 5 日。贝蒂接任大舰队司令后，在一封信中也暗示了杰利科未在海战中给予他支援。"你很清楚，我的心永远与战列巡洋舰队在一起，它的高速性无出其右，但我也会照应好它，当战列巡洋舰遇到麻烦时，我能确保战列舰队就在它身旁。"贝蒂致瓦尔特·科万。1916 年 11 月 28 日；Cowan MSS。另外，1923 年 1 月，查特菲尔德致信凯斯："战列巡洋舰队数次在没有支援的情况下与敌接战。"从内容看，这指的是日落前最后的战斗，这也一定是贝蒂所耿耿于怀的。战列巡洋舰队的军官（直至今日）多次表达了不满，称主力舰队只打了半个小时的海战。这种指控是否公正，我将留给读者去思考。

13. Jellicoe MSS.

14. 贝蒂致妻子，1917 年 5 月 24 日；Chalmers, Beatty, p.316. 大约在同时，海军上校里奇蒙德报告，在"上乘"号的一次晚餐会上，"（大舰队的）舰长们一致认为，日德兰海战是一次失败"。"他们几乎都不愿谈起它。古迪纳夫、拜尔德、博雷特、帕克——每个人都这么说……而我听得越多，越觉得这是我们海军史上最不光彩的失误。"日记，1917 年 5 月 7 日；Marder, *Portrait of an Admiral*, pp.248-249. 1922 年，在科贝特向里奇蒙德做了一番解释之后，后者至少部分改变了看法，"以前他从未理解杰利科，也从未认可杰利科"。科贝特的日记，1922 年 2 月 18 日；Corbett MSS。

15. 贝蒂致杰克逊，1916 年 5 月 21 日；Jackson MSS。

16. 西默尔致母亲，1916 年 6 月 4 日；Lady Seymour, *Commander Ralph Seymour, R.N.* (Glasgow, 1926), p.80.

17. 有一个流传多年的谣言，说贝尔福并非公告的真正作者，一位下属撰写了公告，他只是挂名而已。第二海务大臣，海军中将弗雷德里克·哈密尔顿爵士，声称他事后不久得知，贝尔福的秘书，马斯特顿-史密斯（Masterton-Smith）是真正的作者，但是没有其他的证人。海军部秘书格雷厄姆·格林坚称，不管内容如何，贝尔福是公告的起草人。格雷厄姆·格林的回忆录 "Earl Balfour as First Lord of the Admiralty", 1934 年 2 月；Graham Greene MSS。（国家海事博物馆）

18. 他对海战结果的首批新闻也感到不快。他的女婿说："我正在穿衣，爸爸铁青着脸告诉我，我们的舰队在北海遭到了惨败，损失也很惨重——比德国惨得多。"日记，6 月 2 日；*Lady Cynthia Asquith, Diaries, 1915-1918* (London, 1968), pp.169-170. 内阁秘书汉奇的反应也是如此。"但是，两支舰队之间的第一次较量，是这次可怕的，令人绝望的战争中最痛苦，最令人绝望的事件。"日记，6 月 2 日；Hankey, *The Supreme Command*(London, 1961, 2 vols.), ii. 492.

19. 海战后的第二天早上，费希尔在他的发明与研究委员会办公室内来回踱步。"我从来没见过有人这样垂头丧气。他不停地重复道：'他们辜负了我，他们辜负了我！我用生命中的三十年为这一天做准备，他们却辜负了我！'"Sir. J. J. Thomas, *Recollections and Reflections*

(London, 1936 年 ), p.219. 费希尔具体的批评，见 Tevor Wilson (ed.), *The Political Diaries of C.P. Scott*, 1911–1928 (London, 1970), p.210–211。

20. 德国官方史为此做了辩护。"战争中一个公认和正确的原则，就是避免在官方声明中透露对方尚不确定的己方损失，在尽量长的时间内，确保敌人不知道双方互相针对的，军事力量对比的变化，对未来军事行动是极其重要的……但不幸的是，事实很快证明，因为很多人对这种军事需求缺乏理解，这一策略甚至在德国也受到了误解，所以海军参谋部在 6 月 7 日被迫公开了这两艘军舰的损失，主要是出于各方面，特别是中立国，对海战结果的破坏性估测。"*Der Krieg in der Nordsee*, v. 440–441.

21. Graham Greene, "Earl Balfour as First Lord of the Admiralty".

22. 杰利科作战报告上的时间为 6 月 18 日，为了供公众阅读，日期改为 6 月 24 日，并做了一些修改。譬如删掉了有关战列巡洋舰装甲不足和战斗开始阶段德国海军炮术出色等内容。将这些信息保密的重要性是不言而喻的。附上的贝蒂作战报告（虽然贝蒂竭力反对，杰利科还是做了修改），注明是在 6 月 19 日呈递给杰利科的，只描述了战列巡洋舰的战斗。《日德兰海战作战报告》则不仅包括了原始作战报告，还有其他将官和指挥官的报告。

23. 缪克斯致斯塔姆福德汉姆（国王的私人秘书），1916 年 8 月 20 日；温莎 MSS。当时海军名册上有三名现役海军元帅，通常要出现空缺才会有人获得晋升，且要在五年后退出现役。虽然晋升海军元帅属于海军部事务，但是作为一种特别的晋升，国王具有一定的影响力，而缪克斯与国王的关系比较亲近。

24. 日记，1916 年 8 月 4 日，Frewen MSS。

25. 杜夫日记，1916 年 10 月 6 日。

26. 杰利科致杰克逊，1916 年 8 月 7 日；Jackson MSS。

27. 贝蒂致妻子，1916 年 8 月 8 日；Beatty MSS。

28. 海军部委员会纪要，1940 年 2 月 19 日；Admiralty MSS。争议一直断续延续至 20 世纪 60 年代，1968—1969 年冬天，哈珀的揭露性著作问世令争议再起波澜。见前文，148—149 页。

29. 杰克逊致贝尔福，1916 年 6 月 7 日；Balfour MSS。英国海军从来就不热心于将日本视为盟友。日本是不值得信赖的。关于英日同盟中的海军关系，见 *From Dreadnought to Scapa Flow*, i. 233–239。

30. 伤亡数字（德方数据来自 *Der Krieg in der Nordsee*, v.481–482）引自 Corbett, *Naval Operations*, iii.438–439。杰利科在海军部医疗处总医官的支持下，以日德兰海战为例，反对减

少分派给大舰队的医院船数量。（见 *From Dreadnought to Scapa Flow*, ii. 306–307, 394–395。）

"实战已经证明，重型舰艇即使没有失去战斗力，也可能出现大量伤亡，转移受伤人员的速度，决定了舰队需要多长时间才能再次做好出海作战的准备。医院船如果满员，就要将受伤人员送返基地，再返回转移另一批伤员，那么军舰就必须带着伤员作战，这绝对是应该竭力避免发生的情况，不仅是为了伤员，而且也是为军舰上官兵士气着想。"杰利科致海军部，1916 年 6 月 16 日；Admiralty MSS。会议、纪要和通信最终让海军部在 8 月 17 日改变了决定，此时有关医院船的争论已经进行了将近 7 个月。大舰队的医院船数量"暂时"不会减少。

贝尔福和杰利科，曾就后者希望在公开的作战报告中提及德国人营救英国水兵——"只是为了对这种人道主义举动表示感谢"——展开了一番争论（6月底至7月初）。海军大臣称："观众的注意力，集中在海战的军事意义上，而对德国人在战争中首次表现出的，比英国更多的人道主义精神的评价——敌意、中立甚至友好——都应该留给国民自行判断。"在杰利科公开的作战报告草稿中，贝尔福删除了"表现出"几个字："敌人在战斗中也彰显了勇气，在营救落水的英国官兵时也表现出了人道主义精神。遗憾的是，我们没有机会营救下沉的德国舰艇上的官兵。主要原因是敌人的损失主要发生在天黑之前和夜间。"Admiralty MSS. 贝尔福本想在另一份公告中介绍战俘的情况，但似乎他后来没有这样做。

31. 此外"国王"号因大量进水（吃水达 34.5 英尺），直到 6 月 1 日上午 9 时 30 分才得以与"大选帝侯"号（Grosser Kurfürst）和"边境总督"号（Markgraf）一起通过阿姆拉姆滩，且需要全面修理才能重新投入使用。舰艇吃水达 42 英尺的"塞德利茨"号于 6 月 1 日 2 时 40 分在合恩斯礁外搁浅，后来（上午 9 时）进入阿姆拉姆海峡。拖轮历尽艰险才把它倒退着送进杰德湾（6 月 2 日凌晨）。

32. 这是战后对派往德国的协约国海军代表团成员讲述的；*The Times*, 14 Jan. 1919。

33. 《日德兰海战作战报告》，600 页，但其中没有德皇的评论，这似乎是德国海军部的原始文件。*Der Krieg in der Nordsee* 第 449 页将舍尔报告的日期误写为 6 月 4 日，引用了报告的倒数第二部分（"总结"），但没有上面最后两段文字，它们属于报告的最后部分（"海上作战的下一步计划"）。*Nordsee* 第 451 页为引用舍尔 1916 年 6 月 17 日备忘录的最后两段，"对斯卡格拉克海峡海战的思考"："海战已经证明了组建公海舰队的正确性。面对英国的反对，德意志民族的思想只有通过公海舰队才能向全世界传播。但是如果我们在目前处境下没有因物质匮乏而慢慢消亡，就必须使用潜艇来勒紧英国重要的神经和它的食品供应。"德国官方历史试图证明(*Der Krieg in der Nordsee*，第451—452页)，肯定潜艇战的重要性与日德兰海战没有关系。"海军参谋长当时一直想从舰队指挥那里获得潜艇战的控制权，因为后者拒绝以温和的方式继续潜艇战，理由是潜艇和艇员的安全都会因此处于极度危险中。因此海军上将舍尔此时以胜利者的姿态施以权威，要求实施他一直提倡的最严酷的潜艇战就不足为奇了，而且他会极尽劝说之能恢复潜艇战。如果在这一过程中，他有意极其消极地看待公海舰队未来作战的前景，更多的原因是他希望因此达成一个确定的目标，可以将他在海战中取得的胜果，转化为其他方面的最有利的战略优势，而不只是想对海战结果进行一番具体的和无益的批评。"我认为这一解释没有任何道理。

34. 海军中将保罗·贝恩克(Paul Behncke)在《泰晤士报》上的文章，1919年4月26日。

35. 海军上将詹姆斯发表在《星期日泰晤士报》的信件，1960年5月1日。

36. Commander Russell Grenfell, *The Art of the Admiral* (London, 1937年), p.137.

37. Roskill, *The Strategy of Sea Power* (London, 1962), p.121. 对英国获得一场决定性胜利对战略影响的全面讨论，可见 Admiral Sir Herbert Richmond, *National Policy and Naval Strength and Other Essays* (London, 1928) pp.127-153，以及 *Naval Staff Appreciation*, pp.12-18。

38. Bridge, *Sea-Power and Other Studied*, (London, 1910), pp.78-79.

## 第七章　日德兰之后的改革

1. Jellicoe, *The Grand Fleet*, p.421. 新定位原则的核心是"阶梯式射击"，见上文196页。"我们保留了在对目标形成跨射之后使用夹叉式射击方式，但在落点与目标没有方位偏差时，先使用"阶梯式增加或减少射程"的方式来缩短形成跨射所需的时间。我们在阶梯式射击时采用快速进行两轮齐射的模式。"Dreyer, *The Sea Heritage*, p.205.

2. 德雷尔致杰利科，1916年7月23日；同前，203—204页。

3. 海军上校克雷斯维尔写道："这让我回忆起一种曾经听说，但从未出现在文件中的说法：德国炮弹的问题，是它们的引信有时会在飞行中松动，这在多格尔沙洲海战中就发生过，并成为高度机密，否则我们怎么会得到一个引信去仿制呢？如果这个说法属实，我认为其松动程度刚好处于无法引爆炮弹，但是仍让引信留在哑弹上的程度。"致作者的信，1970年2月19日。

4. Chatfield, *The Navy and Defence*, p.153.

5. 同前，158页。

6. 贝蒂致海军部，1916 年 7 月 14 日；US Navy Department MSS。海军部一直拖延到 11 月 4 日才回复贝蒂！德国海军专家伯克纳（Bürkner）说："很怀疑仅仅依靠这些结构上的措施（指日德兰海战后采取的弹药舱防火措施），是否足以在被炮弹、鱼雷或水雷击中的情况下，阻止弹药在舱室里爆炸。而预防手段则涉及发射药制造、实验室研究、弹药包装和储存。我们自己很早就在这些方面开展了工作，经过多年试验，我们坚信自己具有无可置疑的优势。" "Der deutsche Kriegsschuffbau in englischer Beleuchtung", Schiffbau, 1921, p.954.

7. 杰利科致海军部，1916 年 11 月 24 日；US Navy Department MSS。

8. DNC 的纪要，1916 年 6 月 22 日；同前。英军战列巡洋舰的炮塔装甲比德国对手的更薄弱。以最新的英国和德国战列巡洋舰为例：

| | 正面 | 侧面 | 后部 | 顶部 | 装甲重量 |
|---|---|---|---|---|---|
| 虎 | 9 英寸 | 9 英寸 | 8 英寸 | 2.25—2.5 英寸 | 可能略少于 160 吨 |
| 德弗林格 | 10.75 英寸 | 8.75 英寸 | 10.75 英寸 | 4.3—3.14 英寸 | 184 吨 |

"虎"号和"德弗林格"号的炮塔，在外形和体积上有所不同，以上所示重量并非严格的比较。但是"虎"号每座炮塔都加装了至多 40 吨装甲（即在 28500 吨的设计排水量上增加 160 吨重量），以使其防护能力达到"德弗林格"号的水准。有一种意见称，如果战列巡洋舰的炮塔不会被击穿，那么防火措施就不重要了，也不会有任何爆炸发生。但大舰队竭力催促的是加强弹药舱的防护，而不是加强炮塔装甲。战列舰方面，下表比较了"贝勒罗丰"号和"拿骚"号，以及"赫尔戈兰"号和"猎神"号的炮塔：

| | 正面 | 侧面 | 后部 | 顶部 |
|---|---|---|---|---|
| 贝勒罗丰 | 11 英寸 | 11 英寸 | 12 英寸 * | 3 英寸 |
| 拿骚 | 11 英寸 | 8.75 英寸 | 10.25 英寸 | 3.5—2.4 英寸 |
| 猎神 | 11 英寸 | 11 英寸 | 11 英寸 | 4—3 英寸 |
| 赫尔戈兰 | 12 英寸 | 10 英寸 | 11.5 | 4—3 英寸 |

★ 后部装甲厚度数据是准确的；为了平衡炮塔的重心而加厚。

从数据可以看出，英国战列舰的防护要大大优于战列巡洋舰。

9. DNC 的备忘录，1916 年 10 月 7 日；Admiralty MSS。他在 1916 年 12 月 19 日的一份文件中重申了自己的观点；海军参谋部专刊 *Home Waters. From June 1916 to November 1916* 第 245 页。

10. 针对 DNC 1916 年 10 月 7 日备忘录的纪要，1916 年 11 月 16 日；Admiralty MSS。

11. W. F. 克拉克的备忘录 "An Admiralty Letter"，1951 年 8 月 27；Beatty MSS。

12. Clarke, "Retrospect, 1916—1945", 8 Feb. 1959; Roskill MSS.

13. 海军上将詹姆斯致作者，1963 年 1 月。

14. 最重要的变化于 1916 年 11 月 11 日颁布。除另外声明，本章节引用的 GFBO 有关战术变化的内容，来自 Admiralty MSS 的一份副本。

15. Jellicoe, "The Grand Fleet", p.409.

16. "Defence of the Battlefleet against Enemy Torpedo Attack"; Admiralty MSS. 它是 1916 年 5 月制订，但日德兰海战前并未下发版本的扩充版。见前文，26、171 页。

17. 海军在两次世界大战之间对"攻击力量"战术极其重视，在马塔潘海战中（1941 年 3 月 30 日）以极大的热情使用了该战术，结果却像德国海军在日德兰海战夜战中实施的驱逐舰攻击一样，完全失败了。

18. 海军中校普兰基特（后来的海军上将雷金纳德·德拉克斯爵士）是少数力促进行"大量夜间射击训练"，以压制德国海军夜战优势的军官之一。给贝蒂的备忘录 "Lessons from Battle of 31st May, 1916"，1916 年 6 月 21 日；Beatty MSS。

19. 杰利科致杰克逊，1916 年 6 月 14 日；Jackson MSS。

20. 见 *From Dreadnought to Scapa Flow*, ii. 435。

21. 海军参谋部专刊 *Home Waters. From June 1916 to November 1916* 第 10—11 页，记录了会议结论，同时见于杰利科致海军部的信件，1916 年 6 月 29 日。

22. 同前，12 页。

23. 贝蒂致杰利科，1916 年 7 月 27 日；Admiralty MSS。

24. 杰利科致海军部，1916 年 7 月 31 日；同前。杰利科担任第一海务大臣后，立即将战列巡洋舰队改名为"战列巡洋舰部队"（Battle Cruiser Force）。

25. 海军部致杰利科，1916 年 8 月 9 日；同前。

332

26. 关于此问题的背景，见 *From Dreadnought to Scapa Flow*, ii. 432。

27. 海军部并不认为有确凿证据证明"国王"级的最大航速超过22节，而"伊丽莎白女王"级的速度则至少为22节。"国王"级航速高于"伊丽莎白女王"级只是杰利科毫无根据的猜想。他根据战前担任海军审计官和第二海务大臣的经验（即"在海军部得到的机密情报"），认为"德国军舰在海试中实际达到的航速，经常高于军舰设计时官方宣布的航速……"杰利科对海军部《评论》第一稿的评论。

28. 贝蒂致杰利科，1916年7月27日，杰利科致海军部，1916年7月31日；Admiralty MSS。

29. 见 *From Dreadnought to Scapa Flow*, ii. 428–430。

30. 海军参谋部专刊 *Home Waters. From June 1916 to November 1916* 第127—128页。

31. 杰利科致杰克逊，1916年7月9日，8月15日；Jackson MSS。

# 第八章 日德兰之后的大舰队

1. Scheer, "Tactical Experiences from the Battle of Skagerrak".

2. 德国海军历史分部有关1916年8月18—19日行动的资料集；US National Archives。

3. 有些人还在坚持公海舰队"日德兰后从未出现"（A. J. P. 泰勒，《观察家》，1963年11月3日）的讹传。公海舰队不仅于8月19日出动，还在1916年10月19日和1918年4月22日出动过，最后一次远达挪威西南海岸外海。BBC电视台在1970年6月1日讲述公海舰队斯卡帕湾自沉的"昨日见证"节目中再次重复了这一谬论。

4. 8月18—19日英国海军的主要命令见海军参谋部专刊 *Home Waters. From June 1916 to November 1916*，第261—271页。

5. Walter Raleigh and H. A. Jones, *History of the Great War. The War in the Air* (Oxford, 1922–1937, 6 vols., all but i. by Jones), ii. 419.

6. 晚上8时前，就在两艘军舰赶向会合地时，一艘位于"铁公爵"号右舷舰首大约250码的U艇发射了一枚鱼雷，鱼雷从一艘护航驱逐舰舰艉擦过。战争结束后多年，海军上将德雷尔回忆了这一事件。他说，如果U艇推迟几分钟，就会看到"铁公爵"号和"保皇党人"号双双停船，而杰利科正搭乘"保皇党人"号的交通艇行驶在两舰之间。假设U艇突然在交通艇旁边浮出水面，就能生擒杰利科。"我们不能开火，也不能采取任何行动，因为舰队司令就在那里。

然后 U 艇就可以下潜，把约翰·杰利科爵士作为战俘带回德国。"德雷尔认为那将是战争中最具戏剧性的事件。海军上校约翰·里奇菲尔德（John Litchfield，1971 年 6 月 12 日的信件）告诉我这个故事，而他是大约 1924 年从德雷尔那里听来的。

7. Jellicoe, *The Grand Fleet*, p.439.

8. Churchill, *The World Crisis*, iii. 163.

9. Newbolt, *Naval Operations*, iv. 38.

10. Jellicoe, *The Grand Fleet*, p.439，以及"《海军作战》中的错误，第四、五卷，及评论"，（日期不明，Jellicoe MSS），介绍了什么样的考虑促使杰利科恢复向南航行。海军参谋部专刊的通信附录中没有包括相关信息。

11. 海军参谋部专刊 *Home Waters. From June 1916 to November 1916*，第 124 页。

12. Scheer, *Germany`s High Sea Fleet*, p.182.

13. 同前，186 页。

14. 海军少将马格努斯·冯·莱韦措致赫尔曼·戈林。1936 年 9 月 25 日；莱韦措文件，German Ministry of Marine MSS。

15. Holloway H. Frost, *The Battle of Jutland* (Annapolis, 1936), pp.522−523, *Der Krieg in der Nordsee*, vi. 60.

16. 海军中将伯特兰·C. 沃特森（Bertram C. Watson）致作者，1963 年 4 月 12 日。纽博尔特（《海军作战》，第四卷，44 页）为蒂利特辩护时使用了错误的理由："当意识到他的进攻无法将德军舰队拖延至进行一场舰队决战，蒂利特转向返回……"

17. 很明显，这至少也是当时部分大舰队军官的看法，更不用说俄国海军武官，以及杰利科的死对头，海军记者 A. H. 坡伦了。Schoultz, *With the British Battle Fleet*, p.226.

18. 通过图上作业（海军上校克雷斯维尔非常热心地为我做了演示）可以清楚地说明问题。大舰队将在 8 月 19 日下午 1 时 30 分到达多格尔沙洲"危险海域"的东北角，且保持向南的航向。如果舍尔没有得到警告，继续开向桑德兰，他可能会在下午 5 时转向返航，那时他将距英国海岸大约 30 海里。大舰队在他东方约 180 海里处，即使没有更早，那时也肯定已经得知德军舰队的位置。如果杰利科选取最短航线拦截舍尔，双方将会在午夜时分相遇，这显然不在杰利科的计划之中。因此，他将不得不在夜间游弋，期待天亮时天气足够好，可以成功拦截舍尔（日出时间为 4 时 30 分）。而如果舍尔选择走南方扫雷航道（埃姆斯航道），天亮时他将距那里约 110 英里。这样，英军有可能取得一场辉煌的胜利。但是如果出现大雾天气，或者舍尔决定走其他航线（实际上他使用的是赫尔戈兰湾西面的一条新的扫雷航道），他就可能顺利返航。要记住，英国海军并不知道德军雷场覆盖的大片"危险海域"的确切位置，这对大舰队的行动是一个严重阻碍，而对舍尔却相反，他知道雷场中有两条相通的航道（实际上是一条），可以让舰队安全地从北到南穿过。另一方面，如果舍尔没有向英国海岸挺进，而是如实际情况那样行动，杰利科可能会在 19 日晚上 9 时（日落时间是晚上 7 时）将其拦截，所以也好不到哪里去。如果舍尔做出第三种选择，比如说在英国海岸附近停留至下午 3 时，然后返航，他将在夜间顺利返回基地。

19. Scheer, *Germany`s High Sea Fleet*, pp.185—186.

20. 同前，185 页。

21. 杰利科致费希尔爵士，1916 年 8 月 23 日；Lennoxlove MSS。

22. 杰利科致贝尔福，1916 年 8 月 25 日；Balfour MSS。杰利科不明白，贝蒂为什么没有为他的轻巡洋舰布置驱逐舰幕，因为他为自己的 6 艘战列巡洋舰布置了多达 24 艘驱逐舰（一个"非同寻常"的数量）。"我正在对此提出质询。"杰利科致杰克逊，1916 年 8 月 23 日；Jackson MSS。

23. Jellicoe, *The Grand Fleet*, p.447.

24. 杰利科递交给海军部的会议报告，1916 年 9 月 13 日，以及奥利弗在报告上的注释，9 月 21 日；Admiralty MSS。前者见海军参谋部专刊 *Home Waters. From June 1916 to November 1916* 第 274—277 页。

25. 贝蒂致杰利科，1916 年 9 月 6 日；Jellicoe MSS。

26. 见 *From the Dreadnought to Scapa Flow*, ii. 422—424.

27. 但已无必要担心东岸再次遭到炮击，因为英国东岸的防御正在大大加强："现在派昂贵的战列巡洋舰横跨北海，仅仅是为了炮击英国沿海城市，已属极不明智。他们不可能对任何军事据点造成损伤，而且他们肯定要冒巨大的风险——来自大口径岸炮，以及驻扎在东岸的、越来越多的大型潜艇。"贝尔福递交内阁战争委员会的文件，"Report on Recent Naval Affairs. October 1916", 14 Oct. 1916。这份重要文件的部分内容可见 Dugdale, *Balfour*, ii. 149—151。

28. Admiralty MSS。这份长篇备忘录的大部分内容收录于海军参谋部专刊 *Home Waters. From June 1916 to November 1916* 第 277—279 页。一篇新补的后记赞同杰利科

1914 年 10 月 30 日信件中，有关潜艇和水雷对战术影响的讨论。"后来的经验证明，没有理由修改当时批准的各项决定。"

29. 同前，131 页。

30. 1916 年 8 月 29 日，杰克逊对杰利科 1916 年 8 月 4 日呈递海军部信件的评论；Admiralty MSS。

31. 海军参谋部专刊 Home Waters. From June 1916 to November 1916 第 126 页。

32. Scheer, *Germany`s High Sea Fleet*, p.186, *Der Krieg in der Nordsee*, vi.135.

## 第九章　贝尔福 – 杰克逊时代的结束

1. Newbolt, *Naval Operations*, iv. 64.

2. 蒂利特致他的妹妹，弗朗西丝·蒂利特，1916 年 11 月 3 日，以及凯瑟琳·蒂利特，1916 年 11 月 11 日；Tyrwhitt MSS。

3. 杰克逊致贝尔福，1916 年 11 月 6 日；Balfour MSS。

4. 见 *From Dreadnought to Scapa Flow*, ii. 433–434.

5. 到 1916 年年底，我们看到海军航空兵飞行中队在法国与英国陆军协同作战，执行纯粹的地面任务，因为英国远征军司令黑格将军称，除非皇家海军航空兵与皇家飞行队协同作战，否则制空权的争夺"到 1917 年春天，将变得极为严峻，会给陆军带来灾难性后果"。海军部不愿意服从这种安排，因为它与海军航空兵的根本角色不相符，但也只能退让。海军部致贝蒂，1917 年 2 月 14 日；Admiralty MSS。感谢海军上校罗斯基尔热心帮助我总结了信件的内容。

6. 贝尔福致杰利科，1916 年 8 月 26 日；Jellicoe MSS。

7. "The War by Land and Sea", Oct. 1916. 他后来又改变了看法。8 年之后他写道："我关于一系列小事件的结果等同于在日德兰获得大胜的观点发生了动摇。我认为在 1916 年年底到 1917 年，我们本可以进入波罗的海，俄国也可能发生无人可以预料的变化……人们感觉到……在那个阴郁的一天一夜里，英军舰队被畏首畏尾和焦虑怀疑的心态主导着。"丘吉尔致凯斯，1924 年 8 月 25 日；Keyes MSS。《世界危机》第三卷有关日德兰的章节也表达了这样的观点（1927年）。但是在战争结束前，他还"认为杰利科在日德兰的做法是正确的——大雾降临，能见度恶化，风险太大了"。日记，1937 年 7 月 8 日；Thomas Jones, *A Diary with Letters, 1931–1950* (London, 1954), p.355, 经 H. A. L. 费希尔授权，他曾在 1918 年 11 月 1 日出席了一次晚宴，丘吉尔也曾到场。

8. 约瑟夫·汤姆森爵士的信件，1916 年 11 月 8 日；Lord Rayleigh, *The Life of Sir J. J. Thomson* (Cambridge，1942)，p.183。

9. "Sea Heresy, Invasion, and Other Matters", *Fortnightly Review, Dec. 1916*.

10. Balfour, "Report on Recent Naval Affairs. October 1916", 14 Oct. 1916.

11. 奥利弗的备忘录 "Denmark"，1916 年 10 月 2 日；Admiralty MSS。

12. 海军上校 W. H. 里奇蒙德致海军上校雷金纳德·普兰基特－厄内尔－厄尔－德拉克斯阁下和海军上尉 W. S. 查默斯，1916 年 8 月 29 日；Marder, *Portrait of an Admiral*, p.219.

13. "A Few Remarks on the Main Naval Strategy of the War", 24 Nov. 1916; Jellicoe, *The Submarine Peril* (London, 1934 年), pp.25-34.（前一份文件于当日呈送。）

14. 斯特迪在这里指的是战争初期，海军中有人提议进攻赫尔戈兰岛和博库姆岛。（见 *From Dreadnought to Scapa Flow*, ii. 182-191。）"建议者似乎没有考虑到历史教训。让未来文明世界感到幸运的是，他们未能实施计划，所以大舰队才能依旧强大到无论公海舰队何时出动都能占据优势。"

15. 蒂利特致妻子，1916 年 11 月 8 日；Tyrwhitt MSS。

16. 史蒂芬·金－霍尔日记，1916 年 11 月 28 日；L. King-Hall (ed.), *Sea Saga* (London, 1935), p.484.

17. 数据来自珍贵的 "Statistical Review of the War against Merchant Shipping"，由海军部统计处处长于 1918 年 12 月制作。海军部历史图书馆存有一份副本。

18. D. W. Waters, "The Philosophy and Conduct of Maritime War. Part 1. 1815-1918", *Journal of the Royal Naval Scientific Service*, May 1958.

19. C. Ernest Fayle, *History of the Great War. Seaborne Trade* (London, 1920-1924, 3 vols.), ii. 387, 400, 403.

20. 潜艇损失的原因，见 R. H. Gibson and Maurice Prendergast, *The German Submarine War, 1914-1918* (London, 1931, 2nd. ed.), p.371：水雷，5 艘；潜艇发射的鱼雷，2 艘；Q 船火力，1 艘；拖船火力（俄国），1 艘；爆破索，1 艘；水面发现后投下的深水炸弹，1 艘；被指示网发现后投下的深水炸弹，1 艘；被水听器发现后投下的深水炸弹，1 艘；搁浅，1 艘；不明原因，1 艘。同时期海军部的数据显示，1916 年，有 44 艘潜艇 "确认" 被击沉，28 艘 "可能" 被击沉，58 艘 "疑似" 被击沉。海军部反潜处，《月度报告 1 号》（1917 年 5 月）；国防部海军图书馆。

很明显，海军部高估了反潜战的战绩。

21. 见 *From Dreadnought to Scapa Flow*, ii. 355.

22. 计有 326 艘驱逐舰和驱逐领舰，73 艘护卫舰，23 艘巡逻艇，以及 2572 艘鱼雷艇、武装拖船、漂网船、快艇等船只。贝尔福呈递战争委员会的备忘录 "The Navy, the Army, and the Belgian Coast", 1916 年 11 月 19 日；Admiralty MSS。当然，这些小型舰艇并非全部用于反潜作战。

23. Fayle, *Seaborne Trade*, ii. 382. 1916 年的同类数据见 *From Dreadnought to Scapa Flow*, ii. 355。

24. 海军参谋部专刊第 18 号（1922 年），*The Dover Command, in Naval Staff Monographs*, vi. 131。这部专刊是本段的主要资料来源。英国在多佛尔海峡内的布雷行动一直困难重重，因为潮汐涨落和海流对水雷深度影响很大。如果布雷深度不足，水雷在低潮时会浮出水面，它们在水面的漂荡作用会很快磨坏锚链。但如果为避免出现这一问题而加大布雷深度，德军潜艇则可以在高潮时从水雷上方通过，而且当潮流强劲时，水雷会被卷入潮水，使深度进一步增加，这时连驱逐舰都可以从上方安全通过。有证据表明，德军雷击舰在突破阻拦线时确实利用了这一缺点。曾任德国军事史研究室海军历史分部主管的海军上校格哈德·彼得林迈尔（Gerhard Bidlingmaier）写道："我记得 1927 年的一次布雷与扫雷课讲授道，若要经过布有水雷的海域，军舰只能在高潮开始时进入这些危险海域。我的印象是，这在第一次世界大战中是一条经验规则，同时也基于战前的研究。我认为这就是无法在作战记录中找到这些经验的原因。"致作者的信，1967 年 6 月。

25. 科尔致杰克逊，1916 年 6 月 8 日；Jackson MSS。

26. 科尔致杰克逊，1916 年 5 月 29 日；同前。

27. Kerr, *Land, Sea, and Air* (London, 1927), p.212. 科尔的观点不无道理，但是多佛尔海峡的经验说明，对潜防御是极其困难的。水深过大，不适于布雷，虽然 U 艇可能被迫下潜，"盲目航行"，因此出现一些拖延，但他们的航程绝称不上"极为危险"。

28. 同前，207 页。

29. 科尔致杰克逊，1916 年 8 月 31 日；Jackson MSS。科尔和英国亚德里亚海中队还有其他烦心事，其中有不利健康的"可怕气候"，以及意大利海军"极为糟糕"的炮术和火控（科尔看到意大利无畏舰"但丁"号射击时，简直被震惊了："齐射是不错，但射速很慢，而且开火时军舰下了艏艉锚，靶标的拖航速度只有 5 节！"）最恼人的，是意大利和法国巡逻行动频率太低。

"外国盟友不理解持续巡逻的重要性，一直处于疏懒状态，除非能经常得到开炮射击的机会。" 科尔致杰克逊，1916 年 7 月 10 日，8 月 3 日，9 月 21 日；同前。有关战争初期，地中海上指挥缺乏统一，见 *From Dreadnought to Scapa Flow*, ii. 335–339。

30. 比尔斯福德发表在《泰晤士报》的信件，1916 年 11 月 29 日；费希尔致乔治·兰伯特，1916 年 11 月 2 日：Arthur Marder, *Fear God and Dread Nought* (London, 1952–1959, 3 vols.)，iii. 386。"怀疑论司令"是贝尔福，可以参见他此前的著作 *A Defence of Philosophic Doubt*（1879）。

31. 杰利科致杰克逊，1916 年 9 月 6 日；Jackson MSS。

32. 杰利科与第三海务大臣在"铁公爵"号上会晤后的总结，1916 年 10 月 12 日；Admiralty MSS。

33. Jellicoe, *The Submarine Peril*, p.2–7. 信件同时呈递第一海务大臣和首相，呼吁他们关注备忘录和造成他忧虑的种种原因。

34. Balfour, "Report on Recent Naval Affair. October 1916", 14 Oct. 1916.

35. *War Memoirs of David Lloyd* (London, 1933–1936, 6 vols.), ii.1017.

36. 霍普伍德致斯塔姆福德汉姆，1916 年 11 月 1 日；Windsor MSS。

37. 日记，1916 年 11 月 2、10 日；Duff MSS。

38. 海军参谋部专刊 *Home Water. From June 1916 to November 1916* 第 193 页。1916 年 11 月 9 日，贸易委员会主席朗西曼告诉战争委员会，以目前协约国和中立国商船的损失速度，"整个船运业将在 1917 年 6 月前崩溃"。他随后修改了自己的预计：这个日子会更快地到来。Lloyd George, *War Memoirs*, iii.1126. 同见朗西曼 1916 年 11 月 22 日的备忘录；同前，1127 页。

39. 海军参谋部专刊 *Home Water. From June 1916 to November 1916* 第 194 页。笔者使用的有关此次会议的其他资料，来自海军秘书准备的会议纪要；Admiralty MSS。

40. 杰利科致贝尔福，1916 年 11 月 4、6 日；Balfour MSS。

41. 杰克逊致贝尔福，1916 年 11 月 6 日；同前。

42. 贝蒂致妻子，1916 年 11 月 16 日；Beatty MSS。

43. 他在 1915 年 6 月就提出过这个建议。见 *From Dreadnought to Scapa Flow*, ii. 362。

44. 贝蒂致海军部，1916 年 11 月 20 日；Admiralty MSS。

45. 阿斯奎斯致贝尔福；Dugdale, *Balfour*, iii. 164。

46. 杰克逊致斯特迪，1916 年 11 月 26 日；Sturdee MSS。

47. 杰 克 逊 致 贝 蒂，1916 年 12 月 3 日，致 哈 密 尔 顿，12 月 1 日；Beatty MSS, Hamilton MSS。

48. 日记，1916 年 12 月 2 日，Wilson, *The Political Diaries of C. P. Scott*, 1911—1928, pp.242–243。

49. 感谢海军中将乔弗里·布雷克爵士（Geoffrey Blake）从贝斯特女士处得到了此内容。

50. 日记，1916 年 11 月 10 日。

51. 杰利科在费希尔给他的信中的页边评论，1916 年 11 月 28 日；Marder, *Fear God and Dread Nought*, iii.395。费希尔和斯科特称，他们相信贝蒂是"一个真正的危险人物，可能会把一切都毁了"。

52. 国王乔治五世致贝蒂，1916 年 12 月 3 日；Harold Nicolson, *King George the Fifth* (London, 1952), 279–280。

53. Lloyd George, *War Memoirs*, ii. 998.

54. Lloyd George, *War Memoirs*, iii. 1077. 但是有证据显示，保守党领袖们准备接受卡森获得战时内阁席位，而将米尔纳排除在外。"劳合·乔治的解释，虽然不乏真实性，但主要目的是在 1933 年拿卡森 1917 年的失败来责难保守党。"P. A. Lockwood, "Milner`s Entry into the War Cabinet, December 1916", *The Historical Journal*, vii. No.1 (1964). 国王则建议让卡森，而不是米尔纳担任海军大臣，这也许是导致首相做出此决定的原因之一。斯塔姆福德汉姆与劳合·乔治的谈话备忘录，1916 年 12 月 9 日；Windsor MSS。

资料图1

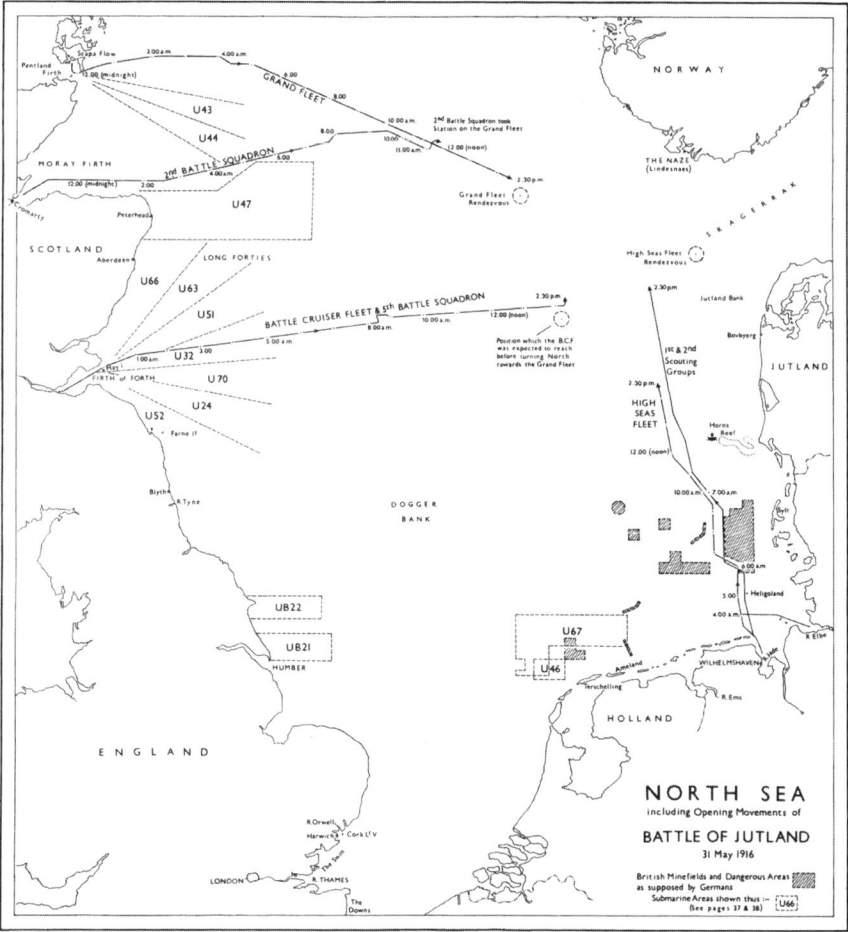

∧ 北海，包括日德兰海战开始时双方的机动

资料图2

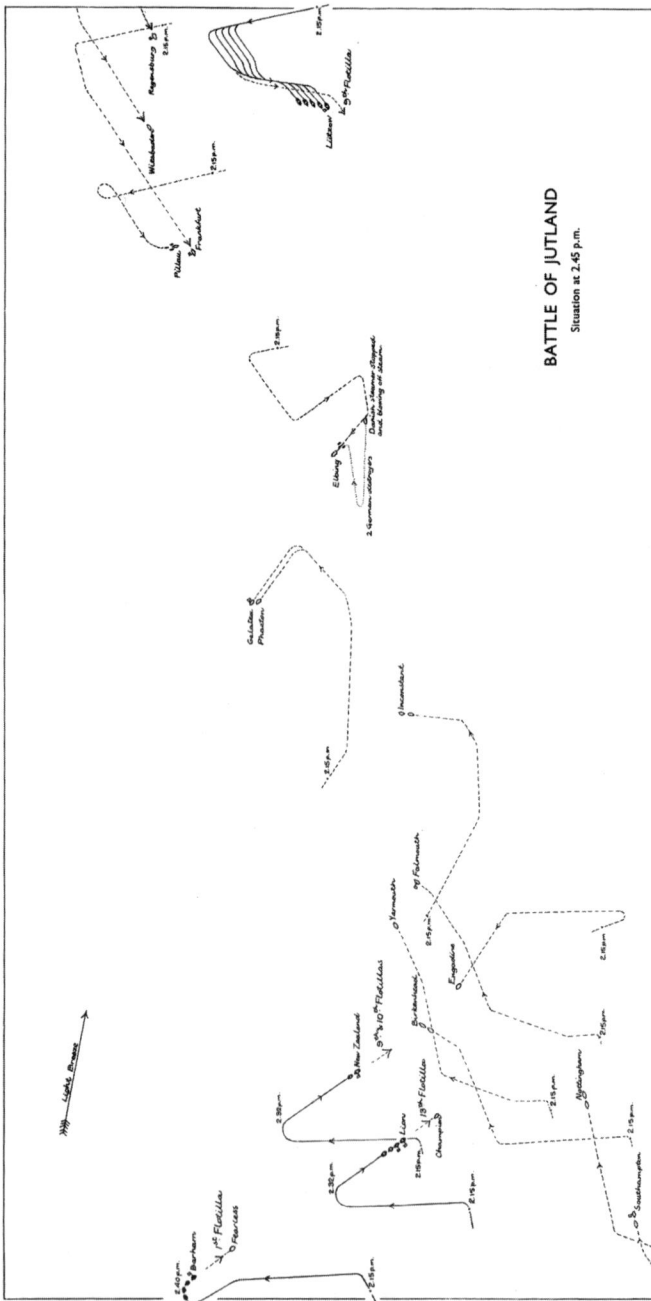

BATTLE OF JUTLAND
Situation at 2.45 p.m.

＜下午 2 时 45 分态势

资料图3

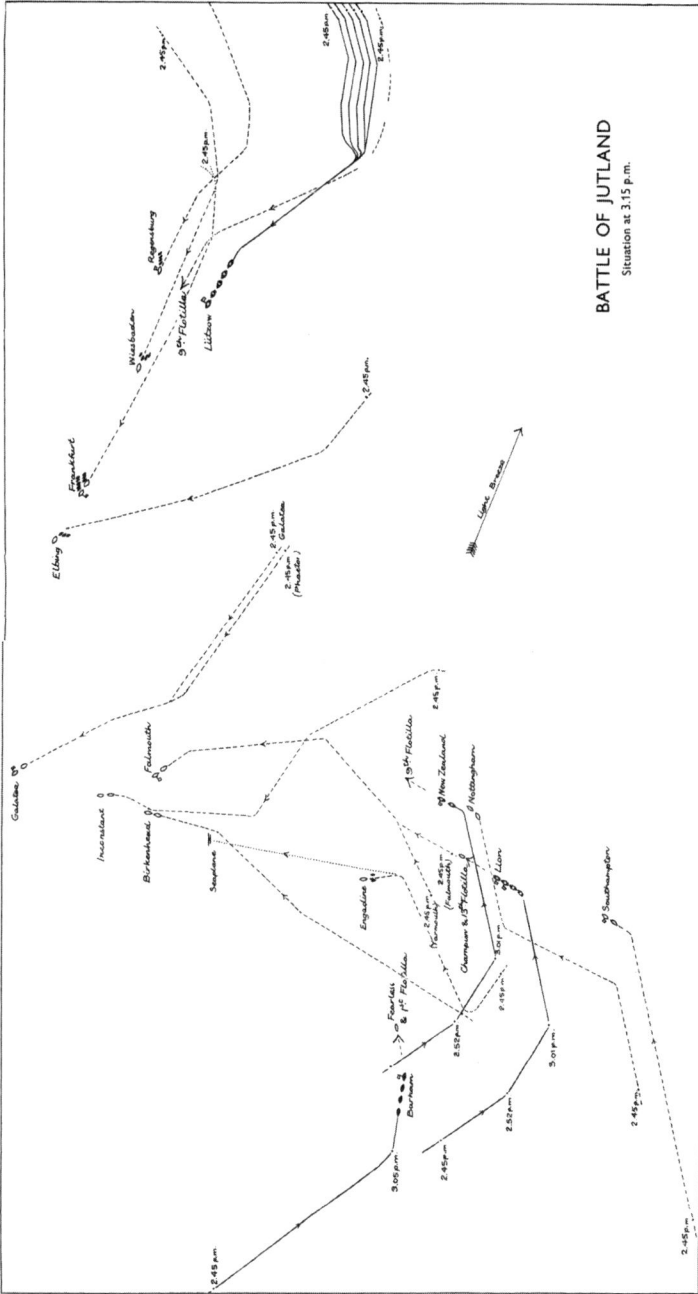

BATTLE OF JUTLAND
Situation at 3.15 p.m.

＜ 下午 3 时 15 分态势

资料图4

BATTLE OF JUTLAND
Situation at 4.10 p.m.

Symbols for ships are approx. twice scale of chart

∧ 下午 4 时 10 分态势

资料图5

BATTLE OF JUTLAND
Situation at 4.48 p.m.
Symbols for ships are approx. twice scale of chart

∧ 下午 4 时 48 分态势

**资料图6**

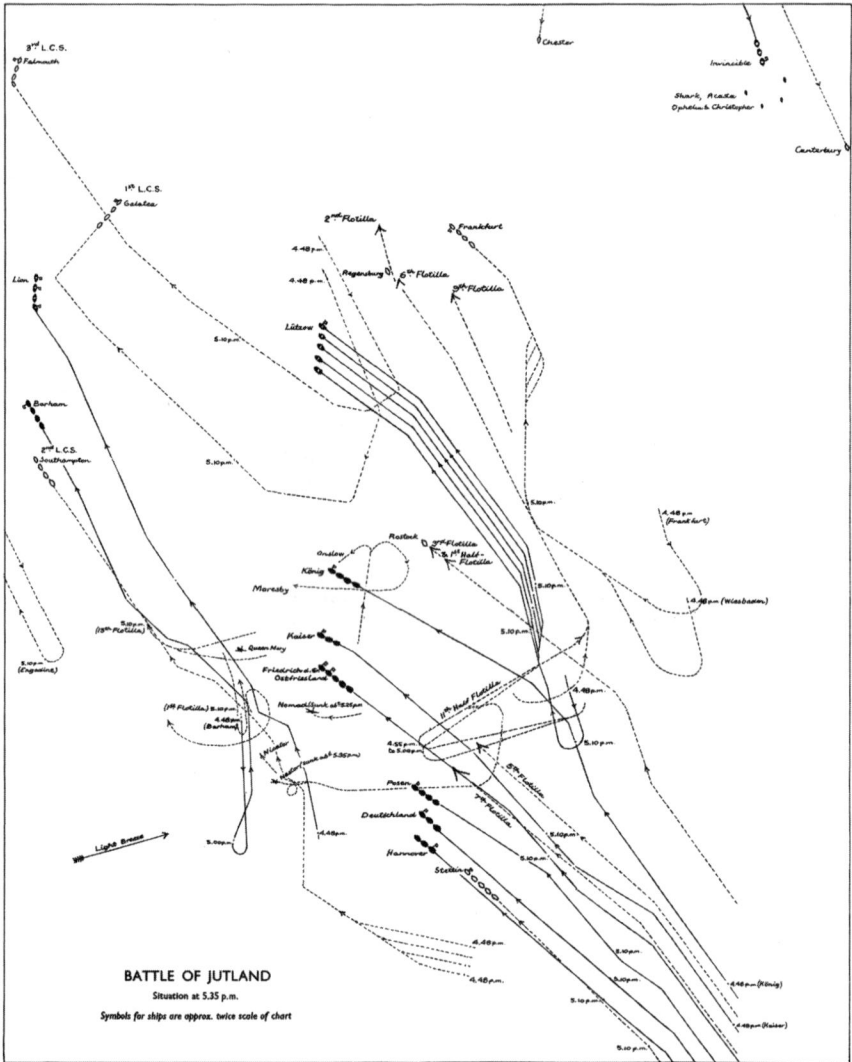

∧下午 5 时 35 分态势

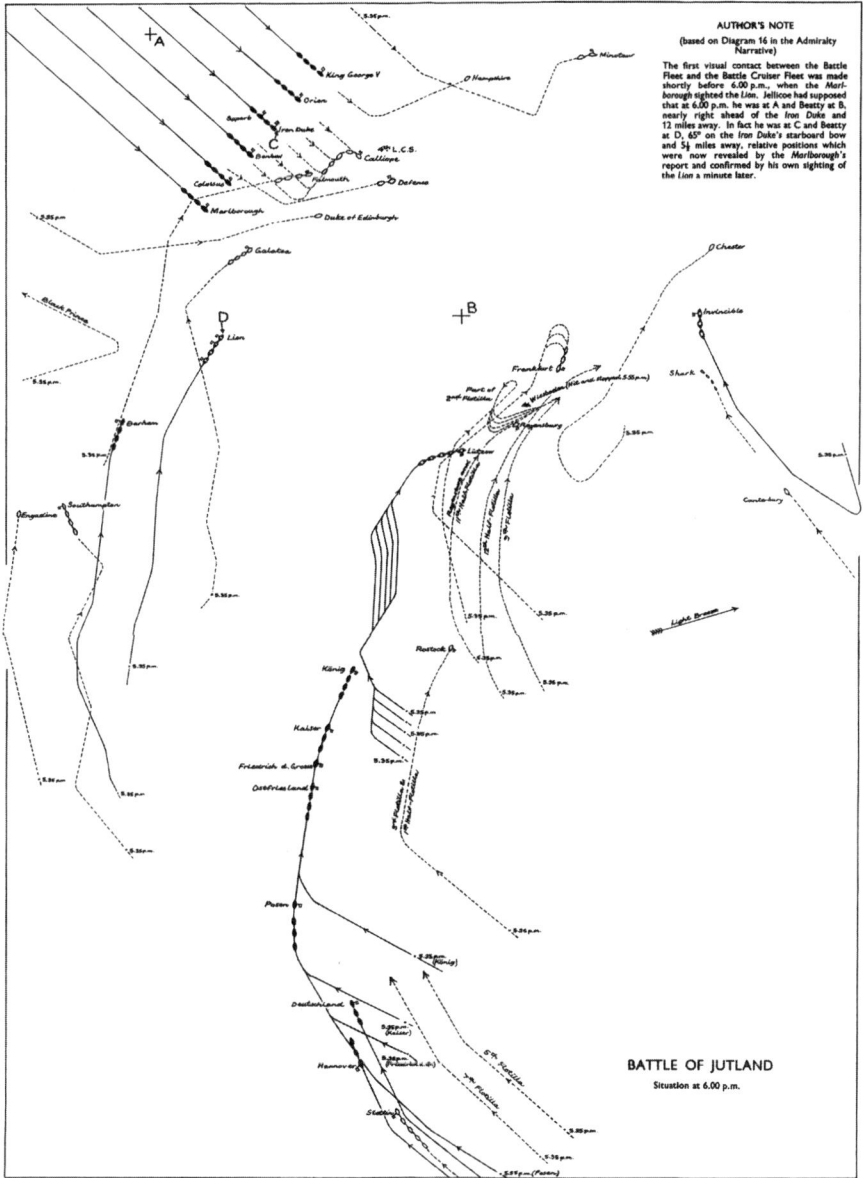

资料图7

AUTHOR'S NOTE
(based on Diagram 16 in the Admiralty Narrative)

The first visual contact between the Battle Fleet and the Battle Cruiser Fleet was made shortly before 6.00 p.m., when the Marlborough sighted the Lion. Jellicoe had supposed that at 6.00 p.m. he was at A and Beatty at B, nearly right ahead of the Iron Duke and 12 miles away. In fact he was at C and Beatty at D, 65° on the Iron Duke's starboard bow and 5½ miles away, relative positions which were now revealed by the Marlborough's report and confirmed by his own sighting of the Lion a minute later.

BATTLE OF JUTLAND
Situation at 6.00 p.m.

∧ 下午 6 时态势

**资料图8**

BATTLE OF JUTLAND
Situation at 6.30 p.m.

∧下午 6 时 30 分态势

资料图9

BATTLE OF JUTLAND
Situation at 7.00 p.m.

Symbols for ships are approx. twice scale of chart

〈下午7时态势

资料图10

BATTLE OF JUTLAND

Situation at 7.25 p.m.

GERMAN BATTLESHIPS
7.00 p.m.–7.05 p.m.
7.05 p.m.–7.15 p.m.
7.15 p.m.–7.25 p.m.

Symbols for ships are approx. twice scale of chart

∧ 下午 7 时 25 分态势

**资料图11**

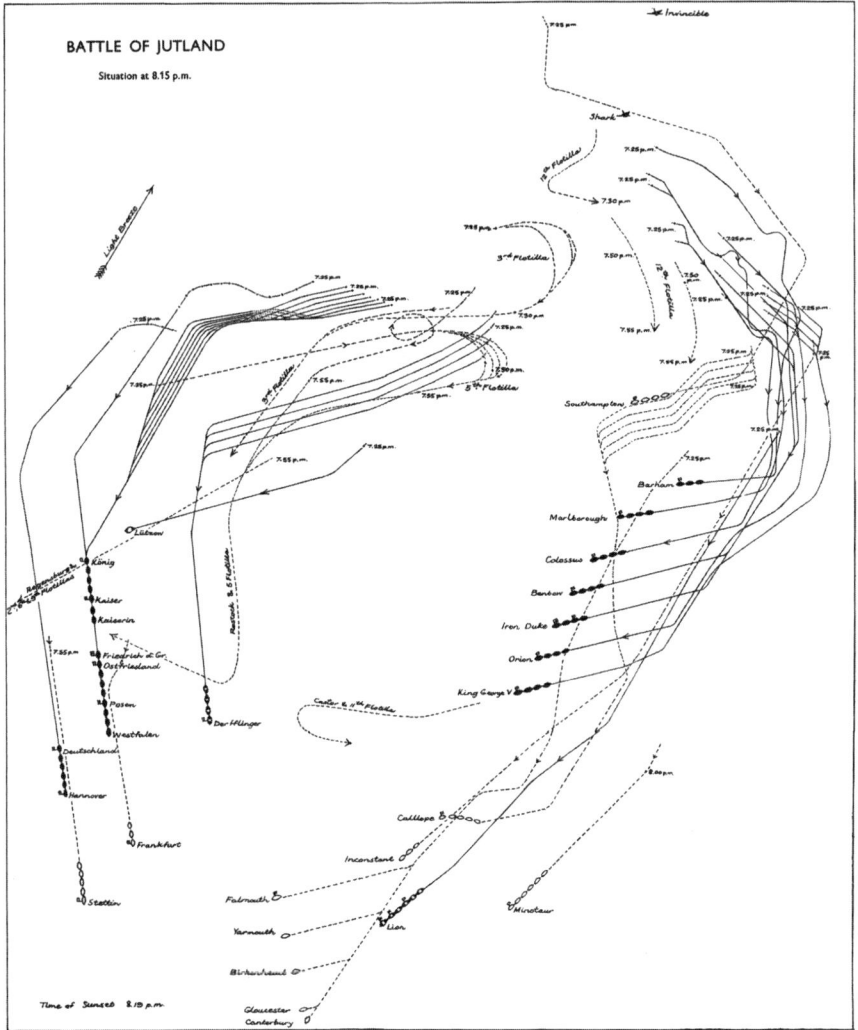

BATTLE OF JUTLAND

Situation at 8.15 p.m.

∧ 晚上 8 时 15 分态势

**资料图12**

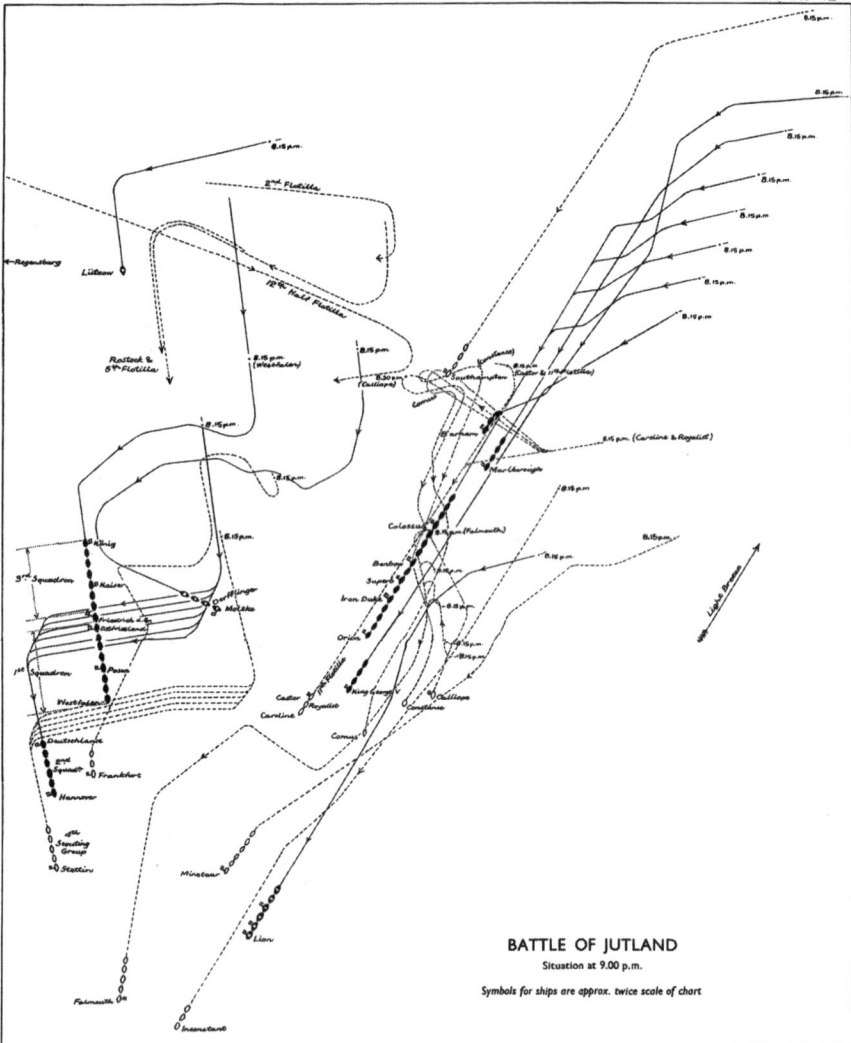

BATTLE OF JUTLAND

Situation at 9.00 p.m.

Symbols for ships are approx. twice scale of chart

∧ 晚上 9 时态势

## 资料图13

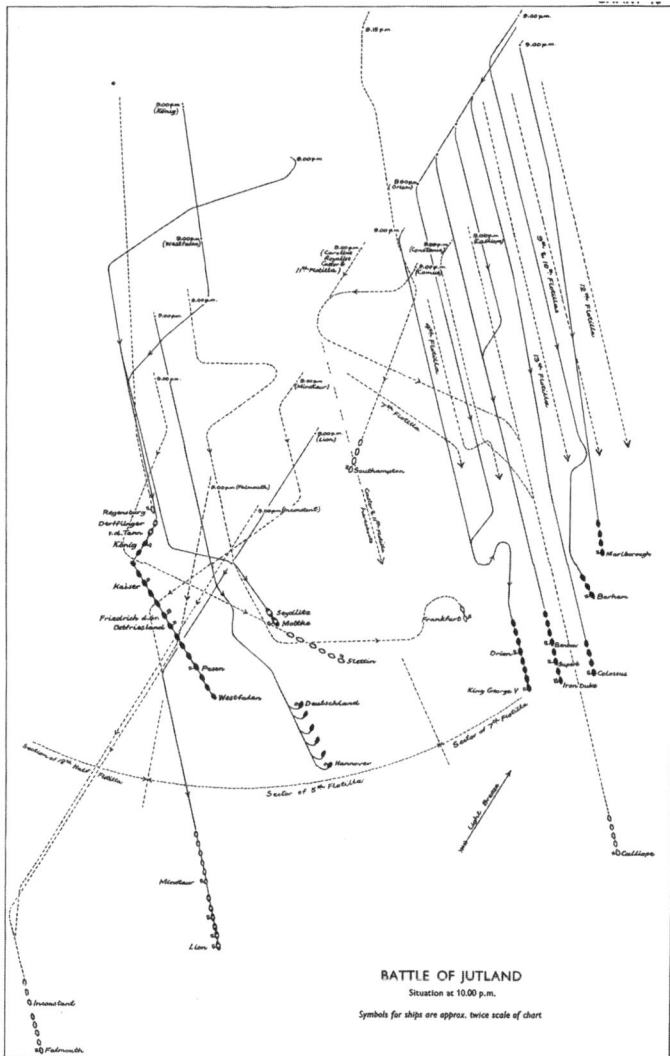

BATTLE OF JUTLAND
Situation at 10.00 p.m.

Symbols for ships are approx. twice scale of chart

∧晚上10时态势

**资料图14**

BATTLE OF JUTLAND
Situation at 12.15 a.m. (1st June)

∧ 从晚上10时至凌晨12时15分的机动

# 资料图15

BATTLE OF JUTLAND
Situations at 1.00 a.m., 3.00 a.m. & 6.00 a.m.
British Minefields shown thus

⌒ 从凌晨 12 时 15 分至凌晨 6 时的机动

**资料图16**

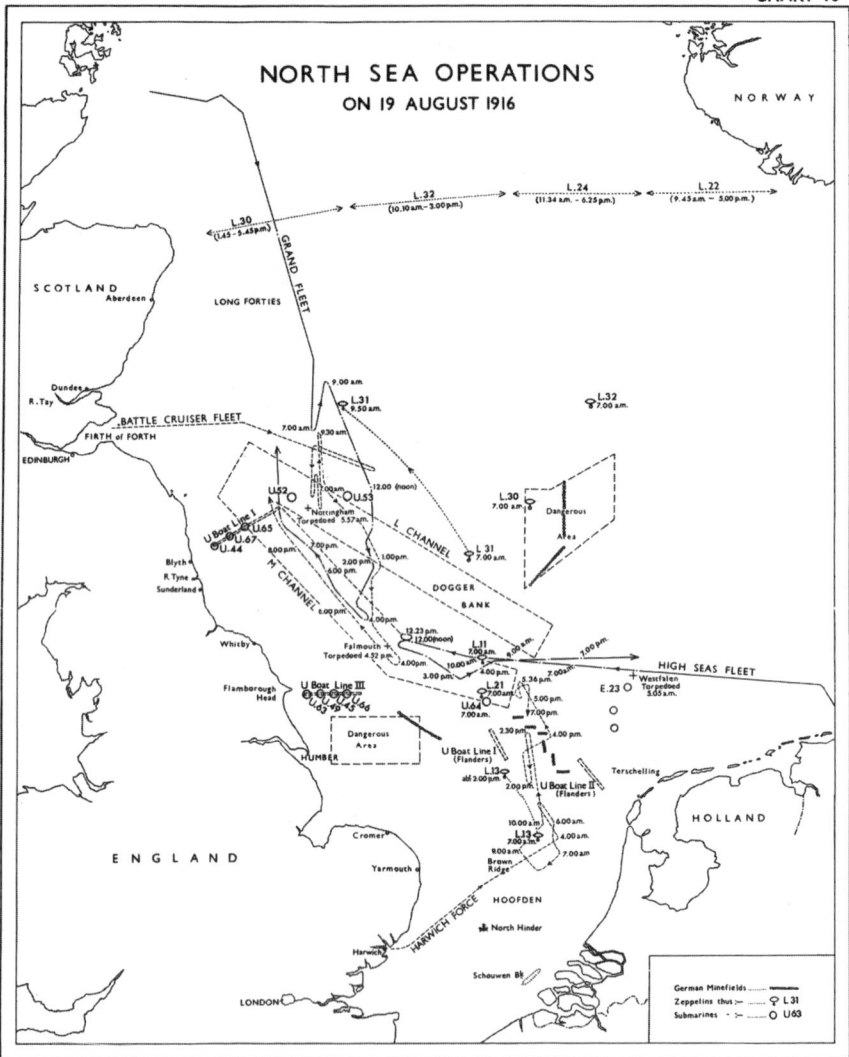

∧ 1916 年 8 月 19 日北海上的行动